Jennifer Willms

Das große Buch der

10 000

Vornamen

Herkunft, Bedeutung, Varianten

compact via ist ein Imprint der Compact Verlag GmbH

© Compact Verlag GmbH
Baierbrunner Straße 27, 81379 München
Ausgabe 2015
11. Auflage

Text: Jennifer Willms
Chefredaktion: Dr. Matthias Feldbaum
Redaktion: Dr. Verena Stindl
Produktion: Ute Hausleiter
Titelabbildung: fotolia.com/Johann 35
Illustrationen: Doris Weigl (Seite 4–21, Aufmacherbuchstaben, Kolumnentitel Puppe);
MasterClips, IMSI USA, Novato, CA (Kolumnentitel Eisenbahn)
Typografischer Entwurf: h3a GmbH, München
Umschlaggestaltung: h3a GmbH, München

ISBN 978-3-8174-6903-1
5769034/11

Besuchen Sie uns im Internet: www.compactverlag.de

Inhalt

Vorwort

„Was ist ein Name? Was uns Rose heißt, wie es auch hieße, würde lieblich duften."

William Shakespeare

Wie der Name, so der Mensch

So unbedeutend, wie dieses Zitat von William Shakespeare aus dem Stück „Romeo und Julia" ihn erscheinen lässt, ist der Name keineswegs. Zwar zählen nicht nur sprichwörtlich die inneren Werte eines Menschen, dennoch begleitet der Vorname die Person ihr ganzes Leben lang – von der Geburt bis hin zur Stunde ihres Todes. Wer den Namen eines Menschen vernimmt, ohne diesen zuvor gesehen zu haben, versucht doch sofort, sich aufgrund des Vornamens ein Bild von der Person zu machen. Im Idealfall steht der Vorname symbolisch für Charakter und Eigenschaften seines Trägers und für ein harmonisches Gesamtbild. Doch den perfekten Namen für einen neuen Erdenbewohner auszuwählen, ist gar nicht so einfach. Denn die Auswahl ist riesig. Über die Jahrhunderte entstanden mehr und mehr Vornamen und schon längst ist die Namensgebung durch die Globalisierung zu einer internationalen und interkulturellen Angelegenheit geworden.

Geschichte der Vornamen

Wie aber sind die Vornamen entstanden? Ihre Geschichte lässt sich sehr weit zurückverfolgen. Bereits vor über 2000 Jahren sahen Germanen und Kelten in der Natur die Quelle für viele der auch noch heute verwendeten Vornamen. Tiere wie „Eber", „Wolf" und „Adler" fanden im Germanischen in den Namen „Eberhard" oder „Wolfgang" ebenso den Weg in die Namensgebung wie Charaktereigenschaften, zum Beispiel „stark", „tugendhaft" oder „lieb", in den Namen „Sieglinde", „Hartmut" oder „Konrad". Da Krieg und Kampf beinahe alltäglich waren, wurden auch diese Wörter zu Vornamen kombiniert. Nicht zuletzt wurden göttliche Wesen, historische Berühmtheiten und Figuren aus den unterschiedlichen Mythologien zu Vornamen verwertet, so zum Beispiel der nordische Gott Thor, die Königin Kleopatra oder der fast unverwundbare Achilles.

Die Römer

Bei den alten Römern waren es neben den Göttern vor allem augenscheinliche Merkmale des Menschen, die ihm als Beinamen gegeben wurden: „der mit der großen Nase", „die Braunhaarige" oder „der Lockenkopf". Mit der Zeit entstanden auch aus ehemaligen Herkunftsangaben Vornamen zum Beispiel „Sabine" – „die Frau aus dem Volk der Sabiner".

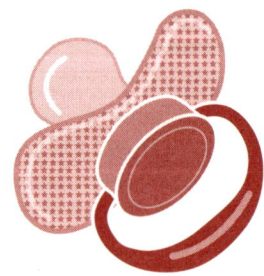

Die Religion

Mit dem Aufleben des Christentums und der immer mehr an Macht und Einflussreichtum gewinnenden katholischen Kirche wurden zudem Namen beliebt, die an Figuren der Bibel und an Heilige erinnerten: Johannes, Paul, Jakob, Thomas, Markus, Andreas, Maria, Anna, Magdalena oder Henriette.

Der technische Fortschritt

Mit der Entwicklung von leistungsfähigeren Schiffen und schließlich vor allem dem Flugzeug, steigendem Wohlstand und der damit einhergehenden Reisebegeisterung eröffneten sich für die Namensgebung nahezu unbegrenzte Möglichkeiten. Vornamen, die im Urlaub oder auf der Geschäftsreise aufgeschnappt und für gut befunden wurden, fanden schnell den Weg in die Heimat und erfreuten sich aufgrund ihrer Exotik rasch größerer Beliebtheit. So vermischten sich die traditionellen Vornamen verschiedener Nationen zu einem großen Fundus. Regionale Unterschiede und Vorlieben brachten zudem oftmals unzählige Variationen und Schreibweisen ein und desselben Namens hervor – Michel, Michail, Michele – nur drei Varianten des klassischen Namens Michael.

Diskriminierung von Namen

Obwohl in unseren Breiten die germanischen Vornamen traditionell am stärksten verwurzelt sind, finden sich unter den beliebtesten Vornamen in Deutschland seit einigen Jahren ungefähr zu drei Vierteln Namen mit fremdländischer Herkunft.

Das 19. und 20. Jahrhundert waren bedeutsam für die Namensgebung zwischen 1933 und 1945. Denn mit der Reichsgründung von 1871 kam ein verstärktes Nationalbewusstsein auf und damit eine Vorliebe für germanische Namen. Dazu kam, dass ein Erlass von 1938 die Namensgebung regelte: Nichtdeutsche Namen wurden nur ausnahmsweise und nicht ohne triftigen Grund genehmigt. Vor allem jüdische oder hebräische Namen wurden diskriminiert. Gerade Letztere erfreuen sich heutzutage wieder großer Beliebtheit. Bei den Mädchennamen sind das zum Beispiel „Hannah", „Lea"

und „Sarah", bei den Jungennamen „Jonas", „Ben" und „Elias".

Neue Medien

Mit dem Aufstieg des Fernsehens wurde auch das neue Massenmedium zum Trendsetter in der Namensgebung. Wer modern erscheinen wollte, nannte seinen Sprössling nach den neuen Stars am TV- und Kinohimmel. Durch die Jahrhunderte hinweg entwickelten sich verschiedene „Namensmoden". Doch ebenso wie bei der Kleidung erlebten die alten Vorbilder immer mal wieder eine Renaissance. Bis heute hat sich daran nichts geändert. Doch kommen zu dem großen Pool an Namen immer neue hinzu. Vorläufer sind meist Stars und Prominente, die ihren Kindern ausgefallene Namen geben möchten und bei den Standesämtern entsprechende Anträge stellen.

Gerichte entscheiden dann im Einzelfall, ob der Name allgemein zugelassen wird oder nicht. Doch was in Hollywood erlaubt ist, bleibt in Deutschland oft verboten. Der Vorname der Tochter von Alec Baldwin und Kim Basinger „Ireland Eliesse" hätte in Deutschland wohl schlechte Karten. Glück hatten jedoch Til Schweiger und seine Exfrau: Ihr Antrag, ihr Töchterchen „Emma Tiger" zu nennen, wurde angenommen.

Es lohnt sich also im Zweifelsfall nicht nur eine Anfrage beim zuständigen Standesamt, ob der gewünschte Vorname zugelassen ist, sondern eventuell auch der Gang vor Gericht.

Die Namenssuche

Häufige germanische Wortstämme in Vornamen

Viele der Namen, die wir als typisch deutsche Namen kennen, stammen aus dem Althochdeutschen – vereinfacht ausgedrückt: einer Sammlung germanischer Dialekte. Hierbei finden sich oft eines oder mehrere der nachfolgend aufgeführten Vornamensglieder wieder, die meist eine charakteristische Aussage über den Namensträger treffen sollen: Eberhard – der Mann, der ebenso hart, also stark ist wie ein Bär, oder Hildebrand, der mit einem Schwert in den Kampf zieht. Viele Bedeutungen dieser klassischen althochdeutschen Namen mögen uns heute etwas rau und gewalttätig vorkommen, doch sind sie in einer Zeit entstanden, in der Krieg und Zerstörung nahezu zum Alltag gehörten und in der viele kleine Stadt- und Kleinstaaten miteinander in Streit lagen.

Vornamenglied	Beispiel	Bedeutung
adal-	Adelbert, Albert, Albrecht	adlig, edel, Abstammung
agil-	Agilbert, Eilbert	Schrecken
alt-	Altmann	alt, vergangen
ask-	Askger	Speer
-bald	Hebold, Wiebold	kühn, mutig
-beraht	Albrecht, Hilbert	glänzend, hell
-brand	Hildebrand, Hadubrand	Feuer, Schwert
-boto	Siguboto, Seibot	Bote
-borg, -burg	Ingeburg	Schutz, Zuflucht
degan-	Degenher, Degenhart, Dehnert	Krieger, Gefolgsmann
diot-	Dietrich, Dietlind	Volk, Menschen
ebur-	Eberhart, Ebert	Eber
ekka-	Eckhardt	Spitze, Ecke
folk-	Volkmar	Volk
-fried-	Friedrich, Gottfried	Friede
-gang	Wolfgang	Bewegung, Gang
-gard	Irmgard	Zaun, Schützerin
ger-	Gerhart	Speer
-gunde	Kunigunde	Kampf
hadu-	Hadubrandt	Kampf
hagan-	Haganwald	umfriedeter Ort
-hart	Sieghart, Gebhart	hart, streng
-heid	Adelheid	Art, Wesen

-helm	Maganhelm, Meinhelm, Wilhelm	Helm, Schutz
-her(i)	Leuter(er)	Heer
hiltja-, hild(e-)	Hildebrand, Hilbert, Liebhild	Kampf
Hruod-	Hruodwolf, Rudolf	Ruhm
kuoni-	Kuonrat, Konrad, Kuhnert	kühn, stark
-lind(e)	Dietlind	sanft
liob-	Liebhild	lieb, angenehm
liut-	Leupold, Leuckart	Leute, Volk
magan-	Maganhart, Meinhart	Kraft, Stärke
-man	Guotman	Mann, Mensch
marca-	Markwart	Grenze
-mari	Waldemar	berühmt, bekannt
-munt	Siegmund	Schutz
-raben, -ram	Wolfram	Rabe
-ragin-	Raginwald, Reinhold	Schicksal
rat-	Rather, Ratolf	Ratschlag, Rat
-rihhi	Reichard, Ulrich	Herrscher, Gewalt, Reich
ruom-	Ruomwalt, Rommel	Ruhm, Ehre
-run	Gudrun, Siegrun	Zauber, Geheimnis
sigu-	Siguboto, Sieghart, Siegfried	Sieg
-trut, -traud	Waltraud	lieb
walt-/waltan-	Walter	Gewalt, Macht/walten, herrschen
-wart	Markwart, Markhart	Wächter
-wig-	Weigold, Hartwig	Kampf, Streit, Krieg
-wini	Volkwein, Alvin	Freund

Der Namenstag

Ein typisch katholischer Brauch ist die Feier des Namenstages. An diesem wird an den Namenspatron erinnert, denn jeder Namenspatron hat seinen eigenen Gedenktag im Heiligenkalender. Meist handelt es sich hierbei um den Todestag. Manche Namen verfügen über mehrere Namenstage, da es viele Heilige desselben Vornamens gab. Damit jedoch in diesem Fall nicht das ganze Jahr hindurch immer wieder Namenstag gefeiert werden muss, wird als Namenstag der Tag gefeiert, welcher der Gedenktag des ranghöchsten oder aber des in der jeweiligen Region wichtigsten Heiligen ist. Viele Menschen glauben, dass sich zwischen dem Getauften und seinem Namensstifter eine Art magisches Band knüpft und dass der Heilige im Alltag seine schützende Hand über den Benannten hält. Sie glauben auch, dass bestimmte Eigenschaften und Merkmale des Heiligen auf den Namensinhaber übergehen. In vielen katholischen Ländern war der Namenstag ursprünglich sehr viel wichtiger als der Geburtstag und wurde dementsprechend groß gefeiert.

Rechtliches

Auch wenn die Namensfülle riesig ist: Nicht jeder Vorname ist in Deutschland als solcher zugelassen. Wer ein Baby erwartet, sollte sich daher zunächst mit den rechtlichen Grundlagen vertraut machen.

Der Vorname ...

1. darf dem Wohle des Kindes nicht schaden, es also weder lächerlich machen noch es als bösartig darstellen. So wurden etwa Namensvorschläge wie der Nachname des Naziverbrechers Heydrich oder auch biblische „Bösewichte" wie Judas und Kain in der Vergangenheit von deutschen Standesämtern als Vornamen abgelehnt.

2. sollte nicht allzu ausgefallen sein. Individualität in allen Ehren, aber Namen wie „Moon Unit", „Tom Tom" oder „Woodstock" gehen deutschen Standesbeamten zu weit.

3. darf in der Regel weder Marken- noch Nachname sein. In der Vergangenheit wurden beispielsweise Schröder, Porsche und Hemingway als Vornamen für Jungen abgelehnt.

4. darf in der Regel keine Ortsangabe beinhalten. Doch hier scheint das Gesetz in letzter Zeit großzügiger zu werden: So durfte eine bekannte Werbeikone ihren Sohn im Jahr 2003 „San Diego" taufen, da sich der Vorname aus zwei erlaubten Namen zusammensetzt. Auch der Name des Londoner Stadtteils „Chelsea" wurde 1995 als weiblicher Vorname zugelassen.

5. muss eindeutig als weiblicher oder männlicher Vorname erkennbar sein. Kann ein Vorname sowohl für Jungen als auch für Mädchen verwendet werden, muss ein weiterer geschlechtseindeutiger Vorname gegeben werden. Beispiel: Kim Michael für einen Jungen oder Kim Maria für ein Mädchen. Ist der erste Vorname relativ unbekannt und kann so für Verwirrung sorgen, ob es sich bei der Person um einen Mann oder eine Frau handelt, muss ebenfalls ein eindeutiger Zweitname angefügt werden.

6. muss zügig vergeben werden. Er muss innerhalb des ersten Monats nach der Geburt des Kindes beim Standesamt verbindlich festgelegt werden.

7. darf nicht beliebig lang sein. Die deutsche Gesetzgebung hat sich auf die Kombination von maximal fünf Vornamen geeinigt.

Ob ein Name als Vorname genehmigt wird oder nicht, entscheidet das Standesamt. Bei neumodischen Vornamen haben Eltern die besten Chancen, wenn sie zahlreiche Belege für seine Verwendung vorweisen können.

Allgemeine Überlegungen zur Namensgebung

1. Wo können werdende Eltern den passenden Vornamen für ihr Baby finden?

Viele Vornamen und einen ersten Überblick liefern folgende Anlaufstellen:

- Namensbücher und Namenslisten beim Standesamt

- literarische Vornamen

- Literatur, Film und Fernsehen

- in der eigenen Familie, zum Beispiel die Namen von Uroma und Uropa - ein Blick in die Familienchronik kann hier hilfreich sein

- im persönlichen Austausch mit Familie, Freunden und Bekannten

2. Wann ist der perfekte Zeitpunkt für die Namenssuche?

So etwas wie den perfekten Zeitpunkt gibt es nicht pauschal. Generell gilt jedoch auch bei der Namenssuche: Der frühe Vogel fängt den Wurm. Je früher Sie sich über den zukünftigen Vornamen Ihres Sprösslings Gedanken machen, desto besser, da Sie sich gelassen und besonnen auf die Suche machen können. Nicht nur die Eltern, sondern meist auch Großeltern und andere Angehörige äußern bei der Namensfindung ihre Meinung - da kann die Entscheidung und der richtige Kompromiss schon mal eine Weile in Anspruch nehmen. Wer erst in den letzten Schwangerschaftswochen oder gar erst nach der Geburt auf Namenssuche geht, gerät schnell in zeitliche Bedrängnis, fällt hektische Entscheidungen und bereut diese vermutlich schon bald.

3. Wie filtert man den perfekten Vornamen heraus?

Bei der Fülle schöner Vornamen besteht die Gefahr, den sprichwörtlichen Wald vor lauter Bäumen nicht mehr zu sehen. Am besten legen Sie sich daher eine Liste an, auf der Sie Namen, die Sie in die nähere Auswahl nehmen möchten, notieren. Wählen Sie ein handliches Format, so können Sie die Liste überall hin mitnehmen und sofort zur Tat schreiten, falls Ihnen ein schöner Vorname „über den Weg läuft". Wenn alles gut läuft, haben Sie schon bald ein Blatt voller Favoriten – aber nur ein Kind? Nun heißt es: aussortieren!

4. Die Kombination aus Vorname und Nachname

Vorname und Nachname sollten eine harmonische Einheit bilden und einfach zueinander passen. Sollten Sie über einen ohnehin schon langen Nachnamen verfügen, gilt beim Vornamen die Devise: In der Kürze liegt die Würze. Meist klingen Vorname und Nachname harmonischer, wenn der Vorname bei einem mit einem Vokal beginnenden Nachnamen nicht mit einem Vokal endet. Da viele Mädchennamen auf „a" oder „e"

enden, kann das die Suche oft erheblich erschweren. Reimen sich Vor- und Nachname, ist das nur im ersten Moment witzig – hierin könnte Potenzial für lebenslange Hänseleien liegen. Sicher haben Sie schon oft über Kombinationen wie „Axel Schweiß" und „Claire Grube" gelacht. Sicher, diese Beispiele sind sehr weit hergeholt, doch der Teufel lauert im Detail. Sprechen Sie daher den gewünschten Vornamen zusammen mit Ihrem Nachnamen laut aus, um möglichen ungewollten Nebenaussagen auf die Schliche zu kommen. Denn auch „Mario Ahner", „Anna Boliker" oder „Andreas Kreuz" können Anlass zu Spott und Hohn geben und das Leben mit diesem Namen zu einem Spießrutenlauf werden lassen.

5. Ausgefallen oder klassisch?

Natürlich ist es letztlich Geschmackssache, ob Sie sich für einen klassischen oder einen ausgefallenen Namen für Ihr Kind entscheiden. Dennoch gibt es ein paar Faktoren, die Sie bei Ihrer Wahl bedenken sollten. Ein klassischer Vorname ist in der Gesellschaft anerkannt und bei den meisten Menschen beliebt. Hinzu kommt, dass Ihr Kind nur sehr selten darum gebeten werden wird, seinen Namen zu buchstabieren. Die Gefahr durch einen klassischen Namen, der noch dazu auf einer Liste beliebter Vornamen steht, in eine Außenseiterrolle gedrängt zu werden, ist sehr gering. Auch wenn es Ihr Anliegen als Eltern ist, Ihrem Kind mit einem außergewöhnlichen Vornamen das Gefühl zu geben, dass es einzigartig ist: Die meisten Kinder wünschen sich doch nichts mehr, als einfach so zu sein wie alle anderen. Ein allzu ausgefallener Name kann die Akzeptanz in einer Gruppe gefährden. Gerade in ländlichen Gebieten, in denen die Menschen noch sehr viel Wert auf Traditionen legen, steht man Neuem nicht selten zunächst sehr skeptisch gegenüber. Aber natürlich bieten ausgefallene Vornamen auch Vorteile: Der Verwechslungsfaktor ist relativ gering. Wenn Ihr Kind bereits im Kindergarten eines von vielen Kindern mit dem Namen „Paul" ist und daher immer mit einem Zusatznamen gerufen werden muss, fühlt es sich eventuell nie wirklich als Individuum wahrgenommen. Namensmoden lassen sich zeitlich recht genau zurückverfolgen. Wer also etwas recherchiert, wird relativ schnell herausfinden, wie alt eine Person mit einem klassischen Namen ist. Natürlich ist dies in den meisten Fällen vollkommen unerheblich. Doch in letzter Zeit wurde diese Tatsache zum Schutz vor Trickbetrügern zu einem nicht ganz unwichtigen Faktor. Telefonbücher und CD-ROMs ermöglichen den Betrügern, mithilfe der Vornamen, aufgrund derer in vielen Fällen auf das Alter der Person geschlossen werden kann, die Suche nach potenziellen Opfern. Ist der Vorname dagegen relativ unbekannt, besteht diese Gefahr nicht.

6. Die Aussprache
Natürlich soll der Vorname Ihres Kindes einen schönen Klang haben. Bedenken Sie aber, dass nicht jeder in Ihrem Umfeld perfektes Hochdeutsch spricht. Wenn Sie in einer Gegend leben, in der ein recht breiter Dialekt die Alltagssprache beherrscht, kann der schönste Name klanglich schon bald zu einem Desaster werden. Gerade bei ausländischen Vornamen tun sich besonders ältere Menschen meist schwer. Beraten Sie sich daher mit Großeltern und weiteren Familienangehörigen. Sind Oma und Opa in der Lage, den Namen richtig auszusprechen? Viele ältere Menschen hatten durch den Krieg und Wiederaufbau keine Gelegenheit dazu, zum Beispiel Englisch oder Französisch zu lernen. Die Aussprache von Namen mit solcher Herkunft fällt den meisten Vertretern der älteren Generationen deshalb schwer.

7. Assoziationen
Manche Namen rufen unweigerlich durch Sprichwörter und Redewendungen bestimmte Assoziationen in den Köpfen der Menschen hervor. Auf der Namenssuche sollten Sie daher im Zweifelsfall genau prüfen, ob Ihr Favorit nicht vielleicht Teil einer Redewendung ist. Wer möchte schon sein Leben lang mit „dummer August" verspottet, als Maja mit „In einem unbekannten Land ..."-Gesängen begrüßt oder still und heimlich als die „fette Elke" – nach

dem gleichnamigen Lied der „Ärzte" - genannt werden. In den beiden letzten Fällen offenbart sich, dass Sie auch ein Auge auf bekannte Musik- und TV-Stars haben sollten, um ungewollte Assoziationen zu vermeiden.

Andersherum gilt natürlich auch: Es ist für viele Eltern toll, wenn der Vorname ihres Kindes an eine Berühmtheit erinnert. Doch nur weil Ihr favorisierter Name bei Ihnen bestimmte Assoziationen weckt, muss Ihr Kind nicht später tatsächlich Charaktereigenschaften aufweisen, die sich mit diesen Annahmen und Wünschen decken. Ihr „Albert" wird nicht automatisch zum Nobelpreisträger und „Heidi" nicht unbedingt zum Supermodel.

8. Spitznamen
Gerade lange Vornamen bieten sehr viel Gelegenheit, sie abzukürzen und mehr oder weniger schöne Spitznamen aus ihnen zu entwickeln. Wenn Sie kein Fan von Spitznamen sind und Ihren mühsam ausgewählten Vornamen nicht ein Leben lang „verschandelt" sehen wollen, sollten Sie sich vor der endgültigen Namensauswahl sehr genau überlegen, ob und wie Ihr Favorit verunstaltet werden könnte. Spielen Sie doch einfach verschiedene Szenarien durch und wägen Sie dann ab, mit welchen Abkürzungen und Spitznamen Sie und Ihr Kind am ehesten leben können. Natürlich sind Sie nicht in der Lage jedem potenziellen Spitznamen von Anfang an aus dem Weg zu gehen, dennoch können Sie auf diese Weise das größte Übel abwenden.

9. Jedes Kind wird mal erwachsen
Bedenken Sie, dass Ihr Sohn oder Ihre Tochter sich später einmal in der Schule, im Studium und im Berufsleben gegen andere Menschen durchsetzen werden muss. Ein verniedlichender Vorname kann sich da leicht negativ auf den zugebrachten Respekt auswirken. Daher ist es wichtig, dass Sie sich bei der Namenssuche Gedanken darüber machen, ob

der Name sowohl zu einem Kind als auch zu einem erwachsenen Menschen passt.

10. Ganz wichtig: Kompromisse

Wenn Sie Ihr Kind nicht alleine erziehen, werden vermutlich nicht nur Sie nach wenigen Wochen eine reichhaltige Liste mit favorisierten Vornamen angelegt haben, sondern auch Ihr Partner. Das macht gleich doppelt so viele mögliche Endergebnisse. Aber wie einigt man sich am besten? Vergleichen Sie Ihre Listen doch zuerst einmal und schauen, ob sich vielleicht Übereinstimmungen finden lassen? Sie begeistern sich zum Beispiel beide für den Namen „Clara"? Klasse! Dann ab damit auf die gemeinsame Liste! Vermutlich werden Sie jedoch nicht das Glück haben, dass genau ein Name auf Ihrer Gemeinsamkeitenliste stehen bleibt. Vielleicht findet sich sogar überhaupt keine Überschneidung. Ohne Kompromisse werden Sie nicht weiterkommen. Suchen Sie den Dialog und werden Sie sich gemeinsam darüber klar, welche Ansprüche Sie an den Vornamen Ihres Kindes stellen und wie Sie Ihre Vorstellungen unter einen Hut bringen können. Vielleicht ist der Blick in die Familienchronik ja eine Hilfe und es lässt sich dort ein Name finden, auf den Sie sich beide einigen können und der dann sogar alte Traditionen weiterleben lässt.

11. Namensänderung

Die Änderung des Vornamens ist nach § 3 (1), 11 NamÄndG. nur in sehr begrenztem Umfang möglich und nur bei Vorliegen eines wichtigen Grundes. Ein wichtiger Grund liegt immer dann vor, wenn das schutzwürdige Interesse des Antragstellers an der Namensänderung das öffentliche Interesse an der Beibehaltung des bisherigen Vornamens überwiegt. Im Einzelfall ist dies meist schwierig nachzuweisen. Alleine die Tatsache zum Beispiel, dass ein Name sehr häufig ist, reicht für eine Namensänderung nicht aus. Geht von dieser Tatsache jedoch ein enormer Leidensdruck aus, der sich auf

Gesundheit und Psyche niederschlägt, sieht die Sache schon anders aus. Hierfür müssen jedoch ärztliche Atteste und umfangreiche Gutachten vorgelegt werden.

Allgemein lässt sich sagen: Die Änderung des Vornamens ist eine sehr schwierige Angelegenheit, deshalb sollten Sie sich in Ruhe nach dem passenden umsehen. Wer zwei oder mehr Vornamen hat und sich nicht nach seinem Erstnamen rufen lassen möchte, hat es einfach: Er kann seinen Rufnamen frei wählen. Die Änderung des Rufnamens muss weder angemeldet werden, noch bedarf es einer behördlichen Zustimmung.

Möglichkeiten der Namensänderung:
- einen weiteren Vornamen hinzufügen
- einen Vornamen streichen
- einen Vornamen durch einen anderen ersetzen
- die Schreibweise eines Vornamens ändern
- eine ausländische Namensform verdeutschen

Checkliste für die Namensfindung:

- Klingt der Name gut?
- Passen Vorname und Nachname zusammen?
- Ist der Vorname geschlechtseindeutig oder benötigt er einen eindeutigen Zweitnamen?
- Bringt der Vorname bestimmte (negative) Assoziationen mit sich?
- Besteht die Gefahr, dass Ihr Kind wegen seines Vornamens gehänselt wird?
- Birgt der Vorname die Gefahr, dass er ständig erläutert/erklärt/buchstabiert werden muss (im Kindergarten, in der Schule usw.)?
- Kann sich auch ein erwachsener Mensch mit diesem Vornamen „sehen lassen"?

Gerichtliche Entscheidungen über zugelassene Vornamen seit dem Jahr 1991:

Nicht jeder Antrag, einen bisher nicht erlaubten Vornamen zuzulassen, wird abgelehnt. Es bestehen durchaus Chancen für Eltern, das Recht zu erwirken, ihrem Kind einen bisher unzulässigen Namen zu geben. Besonders Namen, die in anderen Kulturkreisen und Sprachen schon sehr lange als Vornamen verwendet werden, haben gute Chancen, zugelassen zu werden. Darüber entscheiden im Einzelfall Gerichte. Ob sich dieser Aufwand jedoch lohnt oder ob sich nicht vielleicht doch ein schöner althergebrachter Name finden lässt, muss jeder für sich selbst entscheiden. Nicht immer sind Entscheidungen der Gerichte eindeutig und einheitlich: Während der Name „Latoya" 1993 als weiblicher Vorname zugelassen wurde, verbot ihn ein anderes Gericht in der Schreibweise „La Toya" nur einen Monat später.

Seit dem Jahr 1991 wurden folgende Vornamen per Gerichtsentschluss zugelassen:
Einem Mädchen können die Vornamen „Domino Carina" (zusammengesetzt aus den Namen Domino, bedeutet „der Herr", aus dem Lateinischen und Carina, bedeutet „die Reine", aus dem Griechischen) gegeben werden.
06.02.1991 - R 1991, 321 AG Ravensburg
1 GR 966/90

„Ineke" (friesische und dänische Koseform von „Ina") als einziger Vorname für ein Mädchen ist zulässig.
06.05.1991 - R 1991, 256 AG Bremen
63 II 11/1991

„Lynik" ist neben einem weiteren, eindeutig weiblichen, Vornamen ein Name für ein Mädchen.
20.08.1991 - R 1992, 312 AG Duisburg
42 III 22/91

Einem Jungen können die Vornamen „Michael Cougar" (zusammengesetzt aus den Namen Michael, bedeutet „Wer ist Gott?", aus dem Hebräischen und Cougar, bedeutet „Puma",

aus dem Englischen) gegeben werden.
09.12.1991 - R 1992, 144 AG München 167/91

Ein Junge darf „Claus-Maria" in der Schreibweise mit Bindestrich genannt werden.
12.06.1992 - R 1992, 349 AG Traunstein
10 UR III 61/92

Die Namen „Galaxina" und „Cosma-Schiwa" sind für Mädchen zulässig. Bekannte Namensträgerin: Cosma Shiva Hagen, geboren 1981, deutsche Schauspielerin und Tochter von Nina Hagen.
10.07.1992 - R 1994, 177 AG Duisburg 12 III
43-44/92 LG Duisburg 28.09.1992 2T 177/92

„Lafayette" kann zusammen mit einem weiteren, männlichen Vornamen als Vorname für einen Jungen eingetragen werden. Lafayette ist ein alter französischer Nachname und wurde in den USA zum Vornamen umfunktioniert.
25.08.1992 - R 1992, 378 OLG Celle 12 W 16/92

„Pebbles" ist als dritter Vorname für ein Mädchen neben den Namen „Marie Yasmin" eintragungsfähig. Pebbles stammt aus der Zeichentrickserie „Familie Feuerstein" und ist dort der Name eines kleinen Mädchens.
17.02.1993 - R 1993, 356 AG Bayreuth
UR III 26/92

„Latoya" ist als weiblicher Vorname eintragungsfähig. Bekannte Namensträgerin: LaToya Jackson, geboren 1956, amerikanische Sängerin und Schwester von Michael und Janet Jackson.
22.02.1993 - R 1993, 357 AG Deggendorf
1 UR III 4/93

„Sascha" (Koseform von „Alexander", bedeutet „der Beschützer") als einziger Name für einen Jungen ist zulässig.

26.02.1993 – R 1993, 355 LG Bremen
2 T 669/1992

„Sonne" ist als (weiterer) Vorname für ein
Mädchen zulässig.
07.07.1994 – R 1994, 315 BayOLG BR 35/94

„Simone" (bedeutet „der von Gott Erhörte",
aus dem Hebräischen) dürfen Eltern, neben
einem eindeutig männlichen Vornamen, einen
Jungen nennen.
26.07.1994 – R 1996, 46 AG Bremen 48 III 39/94

„Luca" (bedeutet „die aus Luciana Stammende", aus dem Lateinischen) ist als weiblicher
Vorname gebräuchlich.
22.08.1994 – R 1995, 43 R 1995, 44 AG Frei-
burg Breisgau 14 UR III 76/94

„Tanisha" (bedeutet „die an einem Montag
Geborene", aus dem Afrikanischen) ist als
weiblicher Vorname zulässig.
29.12.1994 – R 1996, 47 AG Marburg
6 III 60/94

Einem Jungen deutscher Staatsangehörigkeit
dürfen die in Italien als männliche Vornamen
gebräuchlichen Namen „Niccola Andrea"
(zusammengesetzt aus den Namen Niccola,
bedeutet „Sieg des Volkes" aus dem Griechischen und Andrea, bedeutet „der Tapfere",
aus dem Griechischen) auch dann erteilt werden, wenn kein weiterer nach deutschem
Sprachempfinden männlicher Vorname beigefügt wird.
27.01.1995 – R 1995, 173 OLG Frankfurt am Main
20 W 411/93

Eltern dürfen ihr Mädchen „Cheyenne" nennen.
Cheyenne ist der Name eines amerikanischen
Indianerstammes. Bekannte Namensträgerin:
Cheyenne Delphin, Tochter von Komiker Mirco
Nontschew.
01.03.1995 – R 1995, 300 AG München
77 III 687/94

„Chelsea" ist als alleiniger Vorname für ein
Mädchen zulässig. Chelsea ist ein Stadtteil von
London.
14.03.1995 – R 1995, 236 OLG Hamm
15 W 404/94

„Nikita" (bedeutet „die Unbezwingbare", aus
dem Russischen) ist neben einem weiteren,
eindeutig weiblichen Vornamen als Vorname
für ein Mädchen zulässig.
12.05.1995 – R 1995, 298 AG Tübingen
11 GR 76/95

Der ausländische Vorname „Dior" stammt aus
dem senegalesischen Kulturkreis. Wenn die
Eltern enge Bindungen dazu pflegen, darf er
einem Mädchen als einziger Vorname gegeben
werden.
30.05.1995 – R 1995, 299 AG Köln
378 III 135/94

„Gor" kann als weiblicher Vorname jedenfalls
verwendet werden, wenn ein zweiter, weiblicher Vorname hinzugefügt wird.
05.07.1995 – R 1996, 43 OLG Düsseldorf
3 Wx 170/95

Ein Junge darf „Godot" genannt werden, wenn
er zusätzlich einen eindeutig männlichen Vornamen bekommt. „Godot" ist eine Figur aus
Samuel Becketts Stück „Warten auf Godot".
14.02.1996 – R 1997, 15 R 1997, 16 LG Hannover
5 T 7/96

Einem Mädchen können die Vornamen „Ibanez
Sophie" gegeben werden.
26.03.1996 – R 1997, 40 AG Essen 76 III 29/95

Ein Kind mit deutscher und amerikanischer
Staatsangehörigkeit, das den Namen des deutschen Vaters als Familiennamen führt, kann
den Familiennamen der amerikanischen Mutter als zusätzlichen Vornamen erhalten.
10.04.1996 – R 1997, 16 AG Berlin-Schönberg
70 III 42/96

Einem Jungen kann der geschlechtsneutrale Vorname „Laurence" (bedeutet „Lorbeer", aus dem Lateinischen) ohne Hinzufügung eines weiteren, eindeutig männlichen Vornamens gegeben werden.
21.05.1996 - R 1997, 74 AG Duisburg
12 III 85/95

„Bo" kann einem Mädchen neben einem weiteren, eindeutig weiblichen Namen als Vorname gegeben werden.
28.06.1996 - R 1997, 37 OLG Köln 16 Wx 71/96

Mehrere Kinder der gleichen Eltern dürfen neben einem jeweils unterschiedlichen Vornamen einen weiteren, gleichlautenden Vornamen tragen.
15.07.1996 - R 1996, 336 AG Tübingen
11 GR 100/96

„Luka" kann einem Jungen als weiterer Vorname gegeben werden.
29.08.1996 - R 1999, 150 AG Tübingen
11 GR 142/96

„Mike" (bedeutet „Wer ist Gott?", aus dem Hebräischen) kann als weiblicher Vorname jedenfalls dann erteilt werden, wenn ein zweiter, eindeutig weiblicher Vorname hinzugefügt wird.
29.10.1996 - R 1997, 69 OLG Frankfurt am Main
20 W 277/94

„Alisha" (bedeutet „kleine Prinzessin", aus dem Arabischen) kann der einzige Vorname eines Mädchens lauten.
21.01.1997 - R 1997, 381 AG Koblenz
28 UR III 17/97

„Uragano" ist als (weiterer) Vorname für ein Mädchen zulässig.
26.03.1997 - R 1997, 207 BayOLG 1 Z BR/97

„Mikado" kann einem Jungen neben einem eindeutig männlichen Namen als Vorname gegeben werden. Mikado ist der Name eines Konzentrationsspiels.
11.04.1997 - R 1998, 209 LG Braunschweig
8 T 962/96

„Sweer" kann ein Junge mit einzigem Vorname heißen.
03.09.1997 - R 1998, 346 AG Bremen
48 III 139/1996

Einem mänlichen Kind können die Vornamen „Johannes-Marie" zusammen mit einem weiteren, eindeutig männlichen Vornamen beigelegt werden.
17.09.1997 - R 1998,347 AG Mönchengladbach
15 III 7/97

„Merle" (bedeutet „Amsel", aus dem Französischen) ist ein Vorname für ein Mädchen. Kein weiterer Vorname weiblichen Geschlechts ist nötig.
21.10.1997 - R 1998, 346 AG Bremen
48 III 93/1997

„Prestige" (bedeutet „Ruhm, Anerkennung", aus dem Französischen) kann einem Mädchen neben weiteren, weiblichen Vornamen als Vorname erteilt werden.
23.11.1997 - R 1998, 288 R 1998, 289
OLG Schleswig 2 W 145/97

„Maha" (bedeutet „Reh", aus dem Ägyptischen) kann einem Mädchen als einziger

Vorname gegeben werden.
15.12.1997 – R 1998, 321 OLG Celle 18 W 14/97

Einem Kind kann der Name „River" (bedeutet „Fluss", aus dem Englischen) als Vorname gegeben werden. Aber nur dann, wenn ein zusätzlicher Vorname gegeben wird, der das Geschlecht des Kindes eindeutig bestimmt. Bekannter Namensträger: River Phoenix, 1970 bis 1993, US-amerikanischer Schauspieler und Musiker.
23.12.1997 – R 1998, 208 LG Berlin
84 T 864/97

„Roi" (bedeutet „König", aus dem Französischen) kann einem Knaben als Vorname erteilt werden. Hier ist kein zweiter Vorname nötig.
20.01.1998 – R 1998, 345 R 1999, 45
LG Augsburg 4 T 4602/97

„Gerrit" (bedeutet „starker Speer", aus dem Althochdeutschen) kann als männlicher Vorname nur benutzt werden, wenn ein zweiter, eindeutig männlicher Vorname hinzugefügt wird.
29.01.1998 – R 1998, 322 OLG Hamm
15 W 307/97

„Speedy" (bedeutet „der Schnelle", aus dem Englischen) ist als weiterer Vorname für einen Jungen zulässig.
9.06.1998 – R 1998, 344 R 1999, 45
OLG Karlsruhe 4 W 166/97

Der Name „Jazz" (Musikrichtung) kann einem mänlichen Kind, wenn es zusätzlich noch einen männlichen Vornamen erhält, erteilt werden.
17.08.1998 – R 1999, 149 AG Dortmund
40 III, 31/98

Ein Mädchen kann „Kiana Lemetri" genannt werden, insbesondere dann, wenn enge Beziehungen zum amerikanischen Kulturkreis bestehen.
11.09.1998 – R 1999, 147 LG Gießen 7 T 342/98

„Fanta" kann ein Mädchen heißen.
17.09.1998 – R 1999, 146 LG Köln 1 T 198/98

Der Vorname „Jesus" (bedeutet „Gott ist Hilfe", aus dem Hebräischen) ist als männlicher Vorname eintragungsfähig.
24.11.1998 – R 1999, 173 OLG Frankfurt am Main
20 W 149/98

Dem Sohn ehemals vietnamesischer, nunmehr deutscher Eltern kann der vietnamesische Vorname „Luu Minh Vinh" gegeben werden.
04.12.1998 – R 1999, 148 LG Tübingen, 311/98

Der Name „Büb" ist ein mänlicher Vorname. Ein Junge darf so genannt werden, wenn er einen zweiten, männlichen Vornamen bekommt.
17.03.1999 – R 2001, 110 OLG Köln,
16 Wx 37/99

„Birkenfeld" ist als weiterer Vorname für einen Jungen zulässig.
14.02.2000 – R 2000, 237 OLG Frankfurt am Main 20 W 190/94

Der Name „Biene" kann einem Mädchen als einziger Vorname gegeben werden.
27.03.2000 – R 2001, 143
AG Nürnberg UR III, 283/1999

Der Vorname „Alke" kann einem Mädchen nur zusammen mit einem eindeutig weiblichen Vornamen erteilt werden.
07.09.2000 – R 2002, 170 LG Braunschweig
8 T 859/00

Ein Junge der Eltern hat, die aus Indien stammen, darf den indischen Namenszusatz „Singh" tragen.
06.11.2000 – R 2001, 112 LG Leipzig 14 T 8239/00

„Sundance" (bedeutet „Sonnentanz", aus dem Englischen) kann ein männliches Kind mit Vornamen genannt werden.
05.01.2001 – R 2001, 177 LG Saarbrücken
5 T 789/00

„Tjorven" kann als männlicher Vorname nur erteilt werden, wenn ein zweiter, eindeutig männlicher Vorname hinzugefügt wird.
15.02.2001 – R 2001, 330 OLG Hamm
15 W 253/00

„Ogün" kann als männlicher Vorname nur benutzt werden, wenn ein zweiter, eindeutig männlicher Vorname vorhanden ist.
20.03.2001 – R 2001, 331 OLG Hamm 1
5 W 399/00

„Luc" („der aus Luciana Stammende", aus dem Lateinischen) kann ein mänliches Kind mit einzigem Vornamen heißen.
08.06.2001 – R 2003, 48 AG Leipzig
35 UR III 71/00

Der Vorname „Jona" oder „Jonah" (bedeutet „Taube", aus dem Hebräischen) ist in Deutschland geschlechtsneutral. Gegen seine Verwendung bestehen keine Bedenken, wenn ihm ein eindeutig geschlechtsspezifischer (weiblicher oder männlicher) Vorname hinzugefügt wird.
18.09.2001 – R 2002, 42 OLG Braunschweig,
8 Wx 40/01

Ein ausländischer Vorname (hier: „Mienaatchi"), der nach deutschem Sprachempfinden geschlechtsneutral ist, kann unter bestimmten Vorraussetzungen als einziger Vorname für einen Jungen oder ein Mädchen verwendet werden.
21.10.2002 – R 2003, 141 OLG Stuttgart
8 W 380/02

„Emelie-Extra" kann einem Mädchen als Vorname gegeben werden.

13.08.2003 – R 2003, 334 OLD Schleswig
2 W 110/03

Ein in Deutschland allein als Mädchenname verwendeter Vorname kann auch dann als alleiniger Vorname eingetragen werden, wenn er im benachbarten Ausland als männlicher Name gilt. Zum Beispiel „Beke" kann als alleiniger Mädchenname verwendet werden.
06.11.2003 – R 2004, 75 OLG Hamm 15 W
52/03

„Kai" kann als alleiniger Vorname eines Jungen eingetragen werden. Kai war einer der Ritter in König Artus' Tafelrunde.
29.04.2004 – R 2000, 75 OLG Hamm
15 W 102/03

Der in Kroatien übliche männliche Vorname „Luka" kann bei Anwendung deutschen Namenrechts im Geburtenbuch für einen Jungen auch ohne Beifügung eines weiteren, nach deutschem Sprachempfinden männlichen, Vornamens eingetragen werden, wenn er im Zusammenhang mit dem Familiennamen auf das Herkunftsland hindeutet.
17.06.2004 – R 2005, 14 OLG Frankfurt
20 W 92/04

„Emma Tiger" ist als weiblicher Vorname zulässig. Bekannte Namensträgerin: Emma Tiger Schweiger, Tochter von Til Schweiger.
06.11.2004 – OLG Celle 18 W 9/04

„Mete" kann für ein deutsch-türkisches Kind als alleiniger männlicher Vorname benutzt werden.

21.12.2004 – R 2005, 234 AG Regensburg
UR III 36/04

Die Schreibweise „LouAnn" für den Vornamen
eines Mädchens ist zulässig.
27.08.2003 – R 2004, 45 R 2004, 46

Der Vorname „Luka" kann für das Kind deutscher Staatsangehöriger jugoslawischer Herkunft als alleiniger männlicher Vorname eingetragen werden.
18.01.2005 – R 2005, 139 OLG Hamm
15 W 343/04

Einem Junge deutscher Staatsangehörigkeit
darf der italienische männliche Vorname
„Emanuele" auch erteilt werden, wenn kein
weiterer, männlicher Vorname beigefügt wird.
15.12.2005 – AG Frankfurt am Main
44 UR III POR 191/05

Der Name „Anderson" kann einem Jungen als
Vorname gegeben werden.
19.01.2006 – OLG Karlsruhe 11 Wx 140/05

„November" kann jetzt einem Jungen neben
einem weiteren Vornamen, der eindeutig
männlich ist, gegeben werden.
13.06.2006 – LG Bonn 4 T 202/06

Der Name „Mika" ist nur in Verbindung mit
einem Zweitnamen eintragungsfähig, der das
Geschlecht des Kindes eindeutig bestimmt.
14.11.2006 – AG Flensburg 69 III 25/06

„Luca" ist als männlicher Einzelvorname ver-
wendbar.
14.06.2007 – OLG Celle 18 W 4/07

Der Name „Mika" kann jetzt auch als männlicher Vorname verwendet werden.
26.09.2007 – AG Gießen 22 III 30/07

Der Name „Carla" darf als weiblicher Einzelvorname verwendet werden. Ein anderer

Name ist nicht nötig.
27.05.2008 – AG Flensburg 69 II 4/08

**Folgende Vornamensanträge wurden seit
dem Jahr 1991 abgelehnt:**
Der Vorname „Tom Tom" für ein männliches
Kind ist nicht erlaubt.
08.02.1991 – R 1991, 255 AG Bremen
62 III 76/90

Der Name „Holgerson" ist als Vorname nicht
eintragungsfähig.
03.09.1991 – R 1991, 314 OLG Frankfurt am Main
20 W 412/90

„Rosa" kann einem Jungen nicht als zweiter
Vorname gegeben werden.
07.07.1992 – R 1993, 50 AG München
126 III 526/91

„Ronit" kann für ein Mädchen nicht als einziger Vorname fungieren, auch wenn er in Israel als weiblicher Vorname gebräuchlich ist. Ein
weiterer geschlechtsbestimmender Name ist
nötig.
09.11.1992 – R 1993, 312 AG Schwerin
80 III 16/92

„La Toya" ist in dieser Schreibweise als Vorname für ein Mädchen unzulässig.
26.03.1993 – R 1994, 195 AG Darmstadt
41 III 28/93

„Stone" ist kein erlaubter Vorname für einen
Jungen.

19.04.1993 - R 1994, 195 AG Ravensburg
1 GR 371/93

Ein Mädchen darf den Namen „Jenevje" nicht besitzen.
22.06.1993 - R 1994, 288 AG Kleve 8 III 30/93

„Micha" ist als einziger Vorname für einen Knaben unzulässig.
28.06.1993 - R 1993, 355 OLD Stuttgart
8 W 149/93

„Josephin" ist als alleiniger Vorname für ein Mädchen nicht zulässig.
07.10.1993 - R 1994, 116 OLG Hamm 15 W 57/93

„Rosenherz" darf als Vorname für ein Mädchen nicht verwendet werden.
12.10.1993 - R 1994, 118 AG Nürnberg
UR III 198/93

„Heydrich" ist als Vorname verboten.
10.02.1994 - R 1994, 317 AG Traunstein
3 UR III 12/94

„Simona" ist auch neben weiteren Vornamen für einen Jungen nicht zulässig.
12.04.1994 - R 1995, 43 LG Bremen 2 T 176/94

Ein Junge darf nicht den Namen „Navajo" als Vorname besitzen.
25.05.1994 - R 1995, 45 AG Tübingen
11 GR 26/94

Der Vorname „Frieden Mit Gott Allein Durch Jesus Christus" kann wegen Verstoßes gegen den ordre public nicht in ein deutsches Personenstandsbuch eingetragen werden, auch wenn er nach dem den Namenserwerb regelnden Recht von Südafrika rechtmäßig erworben und inzwischen 15 Jahre lang geführt wurde.
06.07.1995 - R 1996, 46 LG Bremen
2 T 359/95

„Megwanipiu" kann einem Jungen nicht als einziger Vorname beigelegt werden. Es muss ein eindeutig männlicher Vorname gewählt werden.
25.07.1995 - R 1997, 380 AG Düsseldorf
96 VIII G 16116

„Marey" ist als weiterer Vorname für einen Jungen nicht zulässig.
04.08.1995 - R 1995, 330 AG Ellwangen
(Jagst) 1 GR A 30/95

„Bodhi" darf nicht als alleiniger Vorname für einen Jungen verwendet werden.
25.09.1995 - R 1996, 208 OLG Hamm
15 W 291/95

„Jona" ist auch als weiterer Name für ein Mädchen verboten.
16.11.1995 - R 1997, 213 LG Münster 5 T 1025/95

„Pfefferminze" kann auch als weiterer Vorname für ein Mädchen nicht eingetragen werden.
21.12.1995 - R 1997, 40 AG Traunstein
3 UR III 2334/95

„Kai" ist als alleiniger Vorname für einen Jungen nicht zulässig.
23.09.1996 - R 1997, 309 R 1998, 12
AG Tübingen 11 GR 153/96

„Borussia" darf einem Mädchen auch als weiterer Name nicht gegeben werden.
27.09.1996 - R 1997, 240 AG Kassel
765 III 56/96

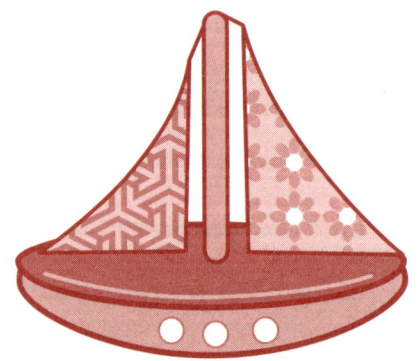

„Noah ben Abraham" ist als Vorname nicht eintragungsfähig.
06.11.1996 – R 1997, 381 AG Tübingen
2 GR 177/96

„Mechipchamueh" kann einem Mädchen nicht als weiterer Vorname erteilt werden.
10.10.1997 – R 1999, 44 LG Gießen 7 T 552/96

Auch bei Berücksichtigung ausländischer Bräuche und Familientraditionen bei der Vornamensgebung kann einem Kind mit deutscher und US-amerikanischer Staatsangehörigkeit nach deutschem Namensrecht als weiterer Vorname nicht der von seiner US-amerikanischen Mutter in der Ehe geführte Familienname erteilt werden.
24.11.1998 – R 1999, 171 Kammergericht Berlin
1 W 1503/98

„Venus" ist ein weiblicher Vorname, der einem männlichen Kind auch dann nicht gegeben werden kann, wenn der Junge noch einen weiteren, zweifelsfrei männlichen Vornamen erhält.
28.01.1999 – R 1999, 373 LG Berlin
84 T 646/98

„Cezanne" ist – auch ohne Accent aigu – als Vorname nicht eintragungsfähig.
30.04.1999 – R 1999, 298 OLG Karlsruhe
11 Wx 12/99

Einem Kind verheirateter Eltern ohne gemeinsame Namensführung, das als Geburtsnamen den Familiennamen der Mutter führt, kann nicht der Familienname des Vaters „Schmitz" als dritter und letzter Vorname erteilt werden.
05.11.2001 – R 2002, 43 OLG Köln
16 Wx 239/01

„Chris" kann einem Jungen nicht als alleiniger Vorname gegeben werden.
20.02.2002 – R 2004, 77 AG Bremen
48 III 85/2001

Der Name „Anderson" kann einem Jungen nicht als Vorname erteilt werden, da er in Deutschland als Familienname gebräuchlich ist.
21.02.2003 – R 2004, 76 OLG Karlsruhe
11 Wx 101/02

Ein Junge darf nicht den Namen „Zooey" als alleinigen Vornamen haben.
10.02.2004 – R 2005, 18 LG Nürnberg-Fürth
13 T 76/04

Für ein deutsches Mädchen mit Lebensmittelpunkt in Deutschland, das der Ehe einer Mutter mit deutscher Staatsangehörigkeit und einem indischen Vater entstammt, kommt der Vorname „Kiran" nicht in Betracht, weil er das Geschlecht des Trägers nicht eindeutig bezeichnet.
01.02.2007 – OLG München 31 Wx 113/06

Kuriose Namen aus der Welt der Stars
Berühmtheiten fallen bei der Namenswahl für ihre Kinder anscheinend gerne aus der Rolle. Was in Amerika jedoch erlaubt ist, ist in Deutschland in den meisten Fällen tabu. Viele Vornamen sind ohnehin ganz schön „durchgeknallt":

Apple Blythe Allison: Tochter von Schauspielerin Gwyneth Paltrow und Sänger Chris Martin

Aquinnah Kathleen und Schuyler Frances: Tochter und Sohn von Schauspieler Michael J. Fox

Audio Science Clayton: Sohn von Schauspielerin Shannyn Sossamon

Blue Angel, Hollie und Arran: Töchter des Musikers „The Edge"

Bluebell Madonna: Tochter von Spice-Girl Geri Halliwell

Brooklyn, Romeo und Cruz: Söhne von Sängerin Victoria Beckham und Fußballer David Beckham

Bronx Mowgli: Tochter von Schauspielerin Ashlee Simpson

Chastitiy Sun und Elijah Blue: Tochter und Sohn von Cher

Dandelion: Sohn von Gitarrist Keith Richards

Don Hugo: Sohn von Schwimmstar Franziska van Almsick

Elijah Bob Patricius Guggi Q: Sohn von Sänger Bono

Geronimo: Sohn von Alex James, Bassist der Popband „Blur"

Grier Hammond Henchy: Tochter von Schauspielerin Brooke Shields

Harlow Winter Kate: Tochter von Society-Girl Nicole Ritchie

Hazel Patricia und Phinnaeus Walter: Tochter und Sohn von Schauspielerin Julia Roberts

Heavenly Hiraani Tiger Lily: Tochter von Moderatorin Paula Yates und Sänger Michael Hutchence

Henry Günther Ademola Dashtu Samuel und Johan Riley Fyodor Taiwo Samuel: Söhne von Topmodel, Moderatorin und Geschäftsfrau Heidi Klum und Sänger Seal

Ireland Eliesse: Tochter des Schauspielerpaares Kim Basinger und Alec Baldwin

Jermajesty: Sohn von Sänger Jermaine Jackson

Jimi Blue, Wilson Gonzales und Cheyenne Savannah: Söhne und Tochter von Schauspieler Uwe Ochsenknecht

Joda: Sohn von Rennfahrer Nick Heidfeld

Kingston James McGregor und Zuma Nesta Rock: Söhne von Sängerin Gwen Stefani

Liam Taj: Sohn von Schauspielerin Ursula Karven

Lilli Camille, Luna, Emma Tiger und Valentin: Töchter und Sohn von Schauspieler Til Schweiger

Lily-Rose Melody und John Jack: Tochter und Sohn von Schauspieler Johnny Depp und Sängerin Vanessa Paradis

Lourdes Maria: Tochter von Sängerin Madonna

Maddox Chivan, Zahara Marley, Shiloh, Pax, Knox Léon und Vivienne Marcheline: die Kinder von Angelina Jolie und Brad Pitt

Makena'lei Gordon: Tochter von Schauspielerin Helen Hunt

Miller: Sohn der britischen Modedesignerin Stella McCartney

Moon Unit, Diva Thin Muffin Pigeen, Ahmet Emuukha Rodan und Dweezil: Töchter und Söhne von Musiker Frank Zappa

Nahla Ariela: Tochter von Schauspielerin Halle Berry

Ocean Alexander, Sonnet Noel und True Isabella Summer: Töchter des Schauspielers Forest Whitaker

Peaches Honeymoon, Fifi Trixibelle und Pixie Frou-Frou: Töchter von Sänger Bob Geldof

Pilot Inspektor Riesgraf: Sohn von Schauspieler Jason Lee

Poppy Honey, Daisy Boo und Petal Blossom Rainbow: Töchter von TV-Koch Jamie Oliver

Princess Tiaamii: Tochter von Model Katie Price

Prince Michael jr., Prince Michael II und Paris Michael Katherine Patricia: Söhne und Tochter von Sänger Michael Jackson

Rocket Valentin, Racer Maximilliano und Rebel Antonio: Söhne von Regisseur Robert Rodriguez

Sage Moonblood, Sophia Rose, Sistine Rose und Scarlett Rose: Sohn und Töchter von Schauspieler Silvester Stallone und seiner dritten Ehefrau Jennifer Flavin

San Diego: Sohn von Werbeikone Verona Pooth und ihrem Ehemann Franjo Pooth

Satchel: Sohn von Mia Farrow und Regisseur Woody Allen

Speck Wildhorse: Sohn des Sängers John Mellencam

Stella del Carmen: Tochter des Schauspielerpaares Melanie Griffith und Antonio Banderas

Sunday Rose: Tochter von Schauspielerin Nicole Kidman und Countrysänger Keith Urban

Suri: Tochter der Schauspieler Tom Cruise und Katie Holmes

Tallulah Belle: Tochter der Schauspieler Demi Moore und Bruce Willis

Hinweise zur Benutzung des Lexikons

Die Auswahl aus der folgenden Liste von 10 000 Vornamen fällt sicher nicht leicht. Sie finden Vornamen aus aller Welt – deutsche, englische, lateinische sowie hebräische, aber auch fernöstliche und arabische Vornamen. Natürlich erfahren Sie ebenfalls die Bedeutung der Vornamen, sofern sie überliefert oder herleitbar sind. Viele Vornamen sind mittlerweile in verschiedenen Schreibweisen verbreitet oder werden je nach Geschmack in einer ihrer ausländischen Varianten benutzt. Diese Vornamensvariationen finden Sie ebenfalls in der Liste. Viele klassische Vornamen verfügen zudem über einen oder, je nach Region, mehrere Namenstage. Damit Sie diesen mit Ihrem Kind ausgiebig feiern können, steht er, sofern vorhanden, gleich hinter den verschiedenen Schreibweisen des Namens. Natürlich ist es auch nicht unerheblich zu wissen, ob es nicht vielleicht eine bekannte Persönlichkeit gibt, mit der Ihr Kind vielleicht schon bald seinen Vornamen teilen wird – egal ob Profikicker, berühmter Schauspieler oder Nobelpreisträger.

Die Qual der Wahl kann Ihnen das Lexikon nicht abnehmen, aber es kann Ihnen Anregungen geben und die Vorfreude auf Ihr Baby bei einer gemütlichen Tasse Tee auf dem Sofa noch etwas vergrößern.

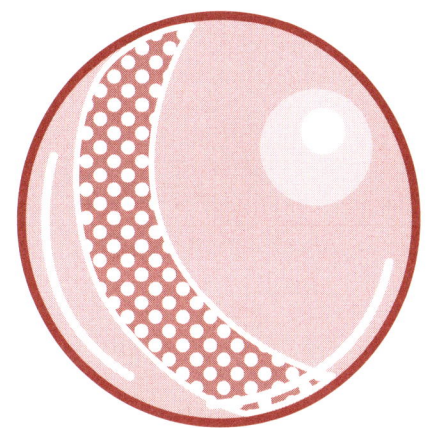

Weibliche Vornamen

Aaliyah bedeutet „die Erhabene"; aus dem Arabischen, Nebenform von → Aliyah

Aaltje Nebenform von → Altje

Aamina bedeutet „die Sicherheit Gebende"; aus dem Arabischen

Aaren bedeutet „die Erleuchterin"; weibliche Form von Aaron; aus dem Englischen

Abelina bedeutet „der Wind, der Hauch"; aus dem Hebräischen

Abelke niederdeutsche Koseform für → Alberta

Abena bedeutet „die am Dienstag Geborene"; aus dem Afrikanischen

Abeni bedeutet „Wir baten um sie, und siehe, wir erhielten sie"; aus dem Afrikanischen

Abha bedeutet „die Glänzende"; aus dem Indischen

Abigail bedeutet „mein Vater ist Freude"; aus dem Hebräischen; bekannte Namensträgerin: Frau Nabals im Alten Testament

Abijah bedeutet „mein Vater ist Gott"; aus dem Hebräischen

Abilene bedeutet „das Gras"; aus dem Hebräischen

Abiodun bedeutet „die auf einem Fest Geborene"; aus dem Afrikanischen

Acanta bedeutet „der Dorn, der Prickel"; aus dem Lateinischen; Variation: Akantha

Ackel Nebenform von → Adelgunde

Ada Nebenform von → Adalie

Adaeze bedeutet „die Königstochter"; aus dem Afrikanischen

Adah bedeutet „die Verzierung"; aus dem Hebräischen

Adalberte Nebenform von → Alberta

Adalburg bedeutet „die edle Beschützerin", aus dem Althochdeutschen; Variationen: Adalburga, Adelburg, Alburg

Adalfrieda Nebenform von → Adelfriede

Adalie bedeutet „die Edle; edel und vornehm"; aus dem Althochdeutschen; Namenstag: 28. Juli

Adamina weibliche Form von Adam, bedeutet „der Mensch"; aus dem Englischen

Adanna bedeutet „die Tochter ihres Vaters"; aus dem Afrikanischen

Adara bedeutet „die Edle, die Noble"; aus dem Hebräischen

Adda Nebenform von → Ada

Adela Nebenform von → Adalie

Adelaide Nebenform von → Adalie

Adele Nebenform von → Adalie; bekannte Namensträgerin: Adele Hesse, 1875 bis

1949, älteste Schwester von Hermann Hesse

Adelfriede bedeutet „der vornehme Friede"; aus dem Althochdeutschen; Variationen: Adalfrieda, Adelfrieda, Adelfriede

Adelgard bedeutet „die edle Beschützerin"; aus dem Althochdeutschen

Adelgonda Nebenform von → Adelgunde

Adelgund Nebenform von → Adelgunde

Adelgunde bedeutet „die edle Kämpferin"; aus dem Althochdeutschen; Variationen: Adelgonda, Adelgundis, Adelgund; Namenstag: 30. Januar; bekannte Namensträgerinnen: Heilige Aldegundis, circa 630 bis circa 684, Klostergründerin und Äbtissin in Maubeuge, Frankreich; Adelgunde Mertensacker, geboren 1940, deutsche Erziehungswissenschaftlerin; Adelgunde von Portugal, 1858 bis 1946, Herzogin, Tochter von König Michael I. von Portugal, auch genannt: Adelgunde de Bragança

Adelgundis Nebenform von → Adelgunde

Adelheid bedeutet „das edle Wesen"; aus dem Althochdeutschen; Namenstage: 28. März, 5. Februar; 16. Dezember; bekannte Namensträgerinnen: Heilige Adelheid, circa 931 bis 999, deutsche

Kaiserin und Klostergründerin; Adelheid von Vilich, circa 970 bis 1015/1018, Äbtissin und Heilige

Adelhild bedeutet „der vornehme Kampf"; aus dem Althochdeutschen; Variationen: Adelhilde, Alhild, Adelhilda

Adelina Nebenform von → Adalie; bekannte Namensträgerin: Adelina Ismajli, geboren 1979, kosovo-albanische Pop-Sängerin und Fotomodell

Adeline Nebenform von → Adalie

Adella Nebenform von → Adalie

Adelmut bedeutet „der edle Sinn"; aus dem Althochdeutschen; Variationen: Adelmute, Almut

Adelmute Nebenform von → Adelmut

Adeltraude bedeutet „das edelmutige Weib"; aus dem Althochdeutschen; Variationen: Adeltraut, Adeltrut; Namenstag: 25. Februar

Adeltraut Nebenform von → Adeltraude

Adeltrut Nebenform von → Adeltraude

Aderyn bedeutet „der Vogel"; aus dem Keltischen

Adesina bedeutet „mein Kommen öffnet einen Weg"; aus dem Afrikanischen

Adhara bedeutet „die Jungfrauen"; aus dem Arabischen; bekannter Namensträger: der Stern „Adhara" im Sternbild „Großer Hund"

Adina bedeutet „die Magere, die Empfindliche"; aus dem Hebräischen; bekannte Namensträgerin: Adina Mandlová, 1910 bis 1991, tschechische Schauspielerin

Adolfa weibliche Form von → Adolf; Variationen: Adolfe, Adolfina, Adolfine, Adolpha

Adonia bedeutet „die Herrscherin", aus dem Hebräischen

Adora Nebenform von → Adalie

Adorinda bedeutet „die Anbetungswürdige, die Bezaubernde"; aus dem Spanischen

Adriana „die aus Hadria Stammende"; aus dem Lateinischen; Variation: Adriane; bekannte Namensträgerin: Adriana Lima, geboren 1981, brasilianisches Model

Adriane Nebenform von → Adriana

Adrienne französische Form von → Adriana

Adva bedeutet „die kleine Welle"; aus dem Hebräischen

Adwoa bedeutet „die am Montag Geborene"; aus dem Afrikanischen

Aella bedeutet „der Wirbelwind"; aus dem Griechischen

Aeorna bedeutet „die Beere"; aus dem Keltischen

Aeronwen bedeutet „die weiße Beere"; aus dem Keltischen

Aeronwy bedeutet „der Beerenfluss"; aus dem Keltischen

Afanen bedeutet „die Himbeere"; aus dem Keltischen

Afon bedeutet „der Fluss"; aus dem Keltischen

Afra bedeutet „die aus Afrika Stammende"; aus dem Lateinischen; bekannte Namensträgerin: Afra von Augsburg, 304 bis unbekannt, frühchristliche Märtyrerin und katholische Heilige

Africa bedeutet „die aus Afrika Stammende"; aus dem Englischen

Afua bedeutet „die am Freitag Geborene"; aus dem Afrikanischen

Agafya Nebenform von → Agape

Agape bedeutet „die Liebe"; aus dem Griechischen; Variation: Agafya; Namenstag: 1. April

Agatha Nebenform von → Agathe; bekannte Namensträgerinnen: Dame Agatha Christie, 1890 bis 1976, bri-

tische Schriftstellerin; Agatha von Catania, 225 bis 250, eine Märtyrin aus Catania

Agathe bedeutet „die Gute"; aus dem Griechischen; Variationen: Agatha, Agda; Namenstag: 5. Februar; bekannte Namensträgerin: Agathe Uwilingiyimana, 1953 bis 1994, ehemalige Premierministerin Ruandas

Agda Nebenform von → Agathe

Aget Nebenform von → Agathe

Aggi Nebenform von → Agathe

Aggie Nebenform von → Agathe

Aggy englische Nebenform von → Agathe

Agi Nebenform von → Agnes

Aglae Nebenform von → Aglaia

Aglaia bedeutet „die Glänzende, die Schönheit"; aus dem Griechischen; Variationen: Aglaja, Aglae; bekannte Namensträgerin: Aglaia Szyszkowitz, geboren 1968, österreichische Schauspielerin

Aglaja Nebenform von → Aglaia

Agnes bedeutet „die Keusche, die Reine"; aus dem Griechischen; Variation: Hagne; Namenstage: 21. Ja-

nuar, 2. März; bekannte Namensträgerinnen: Agnes Windeck, 1888 bis 1975, deutsche Schauspielerin; Agnes von Assisi, 1197 bis 1253, Klostergründerin, Schwester der heiligen Klara von Assisi; Agnes Sapper, 1852 bis 1929, deutsche Schriftstellerin; Agnieszka Holland, geboren 1948, polnische Filmregisseurin und Drehbuchautorin

Agneta Nebenform von → Agnes

Agnetha Nebenform von → Agnes; bekannte Namensträgerin: Agnetha Fältskog, geboren 1950, schwedische Sängerin, Komponistin und ehemaliges Mitglied der Band „ABBA"

Agrippina bedeutet „die unter Schwierigkeiten Geborene"; aus dem Lateinischen

Agrona bedeutet „die Kämpfende, die in die Schlacht Ziehende"; aus dem Keltischen

Agurne bedeutet „die Grüßende, die Salutierende"; aus dem Baskischen

Ah Bedeutung ungeklärt; vermutlich aus dem Chinesischen

Ahladita bedeutet „die glückliche Stimmung"; aus dem Indischen

Ahulani bedeutet „der himmlische Schrein"; aus dem Polynesischen

Aida bedeutet „die Besuchende, die Zurückkehrende"; aus dem Arabischen

Aiko bedeutet „das Kind der Liebe"; aus dem Japanischen; bekannte Namensträgerin: Prinzessin Aiko, geboren 2001, erstes Kind von Kronprinzessin Masako von Japan und dem Kronprinzen Naruhito

Aileen englische Nebenform von → Helene

Ailke Nebenform von → Adelheid

Aimé französische Nebenform von → Amata

Aimee bedeutet „die Geliebte"; aus dem Französischen; bekannte Namensträgerin: Aimee Mann, geboren 1960, amerikanische Sängerin und Songwriterin

Aina bedeutet „die Einzige"; aus dem Finnischen

Aischa Nebenform von → Aisha; bekannte Namensträgerin: Aischa, 614 bis 678, dritte Gattin Mohammeds

Aisha bedeutet „die Erfolgreiche, die Blühende"; aus dem Arabischen; Variation: Aischa; bekannte Namensträgerin: Aisha Tyler, geboren 1970, amerikanische Schauspielerin, bekannt aus der TV-Serie „24"

Aiyana bedeutet „die ewige Blüte"; aus dem Indianischen

Ajda bedeutet „die Starke und die Große"; aus dem Türkischen

Akako bedeutet „die Rote"; aus dem Japanischen

Akantha Nebenform von → Acanta

Akemi bedeutet „die Helle, die Schöne"; aus dem Japanischen

Aki bedeutet „der Herbst"; aus dem Japanischen

Akiko bedeutet „das Herbstkind"; aus dem Japanischen

Akilina Nebenform von → Akulina

Akinyi bedeutet „die am Morgen Geborene"; aus dem Afrikanischen

Akira bedeutet „die Intelligente, die Helle"; aus dem Japanischen

Akulina bedeutet „der Adler"; aus dem Lateinischen; Variation: Akilina

Alamea bedeutet „die Kostbare"; aus dem Polynesischen

Alana bedeutet „der kleine Felsen"; aus dem Keltischen

Alba bedeutet „die Reine, die Weiße"; aus dem Lateinischen

Alba bedeutet „die Morgendämmerung"; aus dem Italienischen

Alberta bedeutet „die Edle und die Glänzende"; aus dem Althochdeutschen; Variationen: Alberte, Adalberte; bekannte Namensträgerin: Alberta Watson, geboren 1955, kanadische Schauspielerin

Alberte Nebenform von → Alberta

Albina bedeutet „die Weiße"; aus dem Lateinischen; Variationen: Albine, Albinia; Namenstag: 16. Dezember

Albine Nebenform von → Albina

Albinia Nebenform von → Albina

Alceste bedeutet „die Starke", aus dem Griechischen

Alda bedeutet „die Adelige"; aus dem Althochdeutschen; Namenstag: 18. November; bekannte Namensträgerin: Alda, Alda Björk Ólafsdóttir, geboren 1966, isländische Popsängerin und Songwriterin

Alea Nebenform von → Eulalia

Aleida Nebenform von → Adelheid; bekannte Namensträgerin: Aleida Guevara, geboren 1960, kubanische Politikerin, Kinderärztin und Tochter von Che Guevara und Aleida March

Aleide Nebenform von → Adelheid

Aleit Nebenform von → Adelheid

Alena Nebenform von → Magdalena; bekannte Namensträgerin: Alena Sidko, geboren 1979, russische Skilangläuferin

Aléna ungarische Form von → Magdalena

Alene Nebenform von → Magdalena

Alenka Nebenform von → Helena

Alessandra italienische Form von → Alexandra

Alessia bedeutet „die Helferin, die Verteidigerin"; aus dem Griechischen; bekannte Namensträgerin: Alessia Filippi, geboren 1987, italienische Schwimmerin

Aletta friesische Form von → Adelheid

Alev bedeutet „die Flamme"; aus dem Türkischen

Alex Kurzform von → Alexandra

Alexa Nebenform von → Alexandra

Alexandra bedeutet „die Schützende"; aus dem Griechischen; Variationen: Alexa, Alexia; Namenstage: 20. März, 21. März, 21. April, 18. Mai; bekannte Namensträgerinnen: Alexandra Maria Lara, geboren 1978, deutsche Schauspielerin; Alexandra von Dänemark, 1844 bis 1925, Königin von Großbritannien und Irland; Alexandra Ripley, 1934 bis 2004, US-amerikanische Schriftstellerin („Scarlett"); Alexa Hennig von Lange, geboren 1973, deutsche Schriftstellerin; Alexandra Kamp, geboren 1966, deutsche Schauspielerin und Fotomodell

Alexandrina Nebenform von → Alexandra

Alexe Nebenform von → Alexandra

Alexia Nebenform von → Alexandra

Aleydis Nebenform von → Aleide; bekannte Namensträgerin: Aleydis von Brabant, unbekannt bis 1249, Ordensfrau im Zisterzienserkloster

Alfrida Nebenform von Elfrida; aus dem Althochdeutschen

Algeht Nebenform von → Adelgard

Algehte Nebenform von → Adelgard

Algoma bedeutet „das Blumental"; aus dem Indischen

Alice Nebenform von → Adelheid; Namenstag: 11. Juni; bekannte Namensträgerinnen: Alice Schwarzer, geboren 1942, deutsche Feministin, Journalistin und Autorin; Alice Kessler, geboren 1936, deutsche Tänzerin und Sängerin; Alice Walker, geboren 1944, US-amerikanische Schriftstellerin („Die Farbe Lila"); Alice Maud Mary, 1843 bis 1878, Großherzogin von Hessen, Tochter Königin Victorias von England und Prinz Alberts

Alika bedeutet „das Mädchen von unübertrefflicher Schönheit"; aus dem Afrikanischen

Alima bedeutet „die Weise"; aus dem Arabischen

Alina bedeutet „die Noble, die Edle"; aus dem Arabischen; Variation: Aline; Namenstag: 28. August; bekannte Namensträgerin: Alina Lieske, geboren 1966, deutsche Sängerin und Schauspielerin

Aline Nebenform von → Alina; bekannte Namensträgerin: Aline Staskowiak, geboren 1976, deutsche Schauspielerin

Alisa bedeutet „die Freude"; aus dem Hebräischen; Variation: Aliza

Alisha bedeutet „die durch Gott Geschützte"; aus dem Indischen

Alison Nebenform von → Adelheid; Variation: Allison; bekannte Namensträgerinnen: Alison Moyet, geboren 1961, britische Popsängerin; Alison Louise Kennedy, geboren 1965, britische Schriftstellerin; Alison Arngrim, geboren 1962, US-amerikanische Schauspielerin

Aliya bedeutet „der Aufruf"; aus dem Hebräischen; Variationen: Aliyah, Aaliyah

Aliyah Nebenform von → Aliya

Aliza Nebenform von → Alisa; bekannte Namensträgerin: Aliza Olmert, geboren 1946, israelische Bildhauerin und Schriftstellerin

Alja Kurzform von → Alexandra; bekannte Namensträgerin: Alja Rachmanowa, 1898 bis 1991, russische Schriftstellerin

Alke Nebenform von → Adalie

Alkje Nebenform von → Adalie

Alla schwedische Form von → Alexandra

Alla russische Form von → Alexandra

Allegonde niederländische Form von → Adelgunde

Allegra bedeutet „die Lebhafte, die Lebendige"; aus dem Italienischen; bekannte Namensträgerin: Allegra Versace, geboren 1986, Erbin des Modehauses „Versace"

Allison Nebenform von → Adelheid; bekannte Namens-

trägerin: Allison Janney, geboren 1959, US-amerikanische Schauspielerin

Alma bedeutet „die Nährende"; aus dem Lateinischen

Almodis Nebenform von → Adelmut; Variationen: Almudis, Almoda, Almode

Almud Kurzform von → Adelmut; Namenstag: 13. März; bekannte Namensträgerin: Almud, circa 1000, Stifterin und Äbtissin des Kanonissenstifts Wetter

Almut Nebenform von → Adelmut; Variationen: Almud, Almute, Almuthe; Namenstag: 12. März; bekannte Namensträgerinnen: Almut Eggert, geboren 1937, deutsche Schauspielerin; Almuth Link, geboren 1938, deutsche Autorin, Schriftstellerin und Journalistin

Aloisa bedeutet „die sehr Weise"; aus dem Althochdeutschen; Variation: Aloisia; Namenstag: 21. Juni

Aloisia Nebenform von → Aloisa

Alondra bedeutet „die Lerche"; aus dem Spanischen

Alraune Nebenform von → Alrun; Variation: Alrune, Alrauna

Alrun bedeutet „die vornehme, geheime Beratung"; aus dem Althochdeutschen; Variation: Alruna, Alrune

Alruna Nebenform von → Alrun; Namenstag: 27. Januar; bekannte Namensträgerin: Alruna, unbekannt bis 1045, Markgräfin von Cham

Alrune Nebenform von → Alrun

Althea bedeutet „die Heilende"; aus dem Griechischen; Variationen: Althäe, Althee

Altje Kurzform von → Adelheit

Altraut Nebenform von → Adeltraud

Aludra bedeutet „die Jungfrau"; aus dem Arabischen

Alva bedeutet „die Weise"; aus dem Lateinischen; bekannte Namensträgerin: Alva Myrdal, 1902 bis 1986, schwedische Politikerin

Alvara bedeutet „die Hüterin von allen"; aus dem Althochdeutschen; Variationen: Alwara, Alwera

Alwara Nebenform von → Alvara

Alwissa Nebenform von → Aloisia

Amabel bedeutet „die Liebenswerte"; aus dem Französischen; Variation: Amabelle

Amabella bedeutet „die Liebenswerte"; aus dem Lateinischen; Variation: Amabilia

Amabelle Nebenform von → Amabel

Amadea bedeutet „die liebliche Göttin"; aus dem Lateinischen; Variation: Amedea

Amadi bedeutet „die Frohlockende"; aus dem Afrikanischen

Amaia bedeutet „das Ende"; aus dem Baskischen

Amala Nebenform von → Amalia

Amalia bedeutet „die Arbeitende"; aus dem Althochdeutschen; Variationen: Amalie, Amelie; Namenstage: 8. Juli, 10. Juli

Amalie Nebenform von → Amalie; bekannte Namensträgerinnen: Amalie von Oldenburg, 1818 bis 1875, Königin von Griechenland; Amalie „Emmy" Noether, 1882 bis 1935, deutsche Mathematikerin; Amalie von Sachsen, 1794 bis 1870, Prinzessin von Sachsen und Schriftstellerin

Amanda bedeutet „die Liebenswerte"; aus dem Lateinischen; bekannte Namensträgerin: Amanda Lear, geboren 1946, britische Sängerin und Schauspielerin

Amarantha bedeutet „die Unvergängliche"; aus dem Lateinischen

Amaryllis bedeutet „die Funkelnde, die Blitzende"; aus dem Griechischen

Amata bedeutet „die Liebende"; Variationen: Amatha, Amate; Namenstag: 20. Februar; bekannte Namensträgerin: Amata, 1200 bis 1254, Klarissin, die durch Klara von Assisi bekehrt wurde

Amber bedeutet „die Bernsteinerne"; aus dem Englischen; bekannte Namensträgerin: Amber Nicole Benson, geboren 1977, amerikanische Schauspielerin, Regisseurin und Drehbuchautorin

Amelia Nebenform von → Amalia; bekannte Namensträgerin: Amelia Fiona Driver, besser bekannt als Minnie Driver, geboren 1970, britische Schauspielerin

Amelie Nebenform von → Amalia; bekannte Namensträgerinnen: Amelie Fried, geboren 1958, deutsche Journalistin, Moderatorin und Autorin; Amélie Nothomb, geboren 1967, belgische Schriftstellerin

Amely Nebenform von → Amalia

Aminah bedeutet „die Sicherheit Gebende, die Vertrauenswürdige"; aus dem Arabischen

Amity bedeutet „die Freundschaft"; aus dem Englischen

Amparo bedeutet „die Schützende, die Sicherheit Gebende"; aus dem Spanischen; bekannte Namensträgerin: Amparo Sánchez, geboren 1969, spanische Sängerin

Amrit bedeutet „die Unvergängliche"; aus dem Indischen

Amy Nebenform von → Aimee; bekannte Namensträgerin: Amy Winehouse, 1983 bis 2011, britische Sängerin

Anais Nebenform von → Anna

Anastasia bedeutet „die Auferstandene"; aus dem Griechischen; Namenstag: 25. Dezember; bekannte Namensträgerinnen: Anastasia Nikolajewna Romanowa, 1901 bis 1918, jüngste Tochter des letzten russischen Zarenpaares; Anastacia, geboren 1968, US-amerikanische Sängerin

Andel Nebenform von → Anna

Andra Nebenform von → Andrea

Andrea bedeutet „die Tapfere"; aus dem Griechischen; Variationen: Andra, Andreana; bekannte Namensträgerinnen: Andrea Ypsilanti, geboren 1957, deutsche SPD-Politikerin; Andrea Sawatzki, geboren 1963, deutsche Schauspielerin; Andrea L'Arronge, geboren 1957, deutsche Schauspielerin und Synchronsprecherin; Andrea Jürgens, geboren 1967, deut-

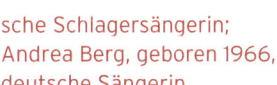
sche Schlagersängerin; Andrea Berg, geboren 1966, deutsche Sängerin

Andreana Nebenform von → Andrea

Angela bedeutet „Die Engelshafte"; aus dem Griechischen; Variation: Aniela; Namenstage: 2. November, 4. Januar, 27. Januar; bekannte Namensträgerinnen: Angela Merkel, geboren 1954, deutsche CDU-Politikerin und Bundeskanzlerin; Angela Carter, 1940 bis 1992, britische Schriftstellerin

Angelika bedeutet „die Engelsgleiche"; aus dem Lateinischen; bekannte Namensträgerinnen: Angelika Milster, geboren 1951, deutsche Schauspielerin und Sängerin; Angelika Kallwass, geboren 1948, deutsche Fernsehmoderatorin und Psychotherapeutin

Aniela Nebenform von → Angela

Anika Nebenform von → Anna

Anila bedeutet „die Luft, der Wind"; aus dem Indischen

Anisha bedeutet „die Ununterbrochene"; aus dem Indischen

Anita Nebenform von → Anna; bekannte Namensträgerin: Anita Ekberg, 1931 bis 2015, schwedische Schauspielerin; Anita Augspurg, 1857

bis 1943, deutsche Juristin und Frauenrechtlerin der radikalen Frauenbewegung

Anja Nebenform von → Anna; bekannte Namensträgerinnen: Anja Tuckermann, geboren 1961, Journalistin; Anja Kling, geboren 1970, deutsche Schauspielerin; Anja Kruse, geboren 1956, deutsche Schauspielerin

Anka Nebenform von → Anna

Anke Nebenform von → Anna; bekannte Namensträgerinnen: Anke Engelke, geboren 1965, deutsche Komikerin, Moderatorin und Schauspielerin; Anke Huber, geboren 1974, deutsche Tennisspielerin

Anna bedeutet „die Anmutige, die Liebreizende"; aus dem Hebräischen; Variationen: Anne, Anja, Anke, Anita, Anika; Namenstage: 7. Juni, 5. Oktober, 26. Juli, 8. Oktober; bekannte Namensträgerinnen: Anna Iwanowna, 1693 bis 1740, Zarin von Russland; Anna Netrebko, geboren 1971, russische Opernsängerin; Anna von der Pfalz, 1329 bis 1353, deutsche Königin

Annabel Nebenform von → Amabel

Annabella bedeutet „die Schönste"; aus dem Italienischen

Annalena Kombination aus → Anna und Magdalena

Annalene Kombination aus → Anna und Magdalena

Annalisa Kombination aus → Anna und Lisa

Anne Nebenform von → Anna; Namenstag: 9. März; bekannte Namensträgerinnen: Anne Frank, 1929 bis 1945, jüdisches Mädchen, das durch die Nazis ermordet wurde und ein berühmtes Tagebuch über die NS-Zeit hinterlassen hat; Anne Stuart, 1665 bis 1714, Königin von Großbritannien und Irland; Anne, geboren 1950, britische Prinzessin, Tochter von Elisabeth II.

Annette Nebenform von → Anna; bekannte Namensträgerinnen: Annette von Droste-Hülshoff, 1797 bis 1848, deutsche Schriftstellerin; Annette Kolb, 1870 bis 1967, deutsche Schriftstellerin; Annette Bening, geboren 1958, US-amerikanische Schauspielerin

Anni Koseform von → Anne; bekannte Namensträgerin: Anni Friesinger, geboren 1977, deutsche Eisschnellläuferin

Annika Koseform von → Anna; bekannte Namensträgerinnen: Annika Becker, geboren 1981, deutsche Stabhochspringerin; Annika Lurz, geboren 1979, deutsche Schwimmerin

Annunziata bedeutet „die Angekündigte"; aus dem Italienischen

Annuschka russische Koseform → von Anna; Variaton: Anouschka

Anouk Koseform von → Anna; bekannte Namensträgerin: Anouk Aimée, geboren 1932, französische Schauspielerin; Anouk Teeuwe, geboren 1975, niederländische Sängerin

Anousha bedeutet „die Blitzende"; aus dem Indischen

Ansa bedeutet „die Heilkraft, die Keusche"; aus dem Finnischen

Anthea bedeutet „die Blume"; aus dem Griechischen

Antigone bedeutet „gegen eine Geburt"; aus dem Griechischen; bekannte Namensträgerin: Antigone, Tochter von Ödipus und seiner Mutter Iokaste, aus der mythologischen Ödipussage

Antje holländische Form von → Anna; bekannte Namensträgerinnen: Antje Weisgerber, 1922 bis 2004, deutsche Schauspielerin und Synchronsprecherin; Antje Buschschulte, geboren 1978, deutsche Schwimmerin; Antje-Katrin Kühnemann, geboren 1947, deutsche Ärztin und Fernsehmoderatorin

Antonia bedeutet „die Frau, die aus der altrömischen Familie Antonia stammt"; aus dem Lateinischen; Namenstage: 27. Januar, 6. Mai, 17. Mai, 29. Februar; bekannte Namensträgerin: Antonia S. Byatt, geboren 1936, britische Schriftstellerin

Apollonia bedeutet „die dem Gott Apollo Geweihte"; aus dem Griechischen; Namenstage: 31. Dezember, 9. Februar; bekannte Namensträgerin: Apollonia von Wiedebach, 1470 bis 1526, sächsische Adelige

Apurva bedeutet „die Einzigartige"; aus dem Indischen

Arabella bedeutet „die eindringliche Bitte"; aus dem Lateinischen; bekannte Namensträgerin: Arabella Kiesbauer, geboren 1969, österreichische Fernsehmoderatorin

Araminta aus dem Englischen; bekannte Namensträgerin: Araminta, aus „The Old Bachelor" von W. Congreve

Aranka bedeutet „die Goldene"; aus dem Ungarischen

Arantxa bedeutet „der Dornenbusch"; aus dem Baskischen

Arata bedeutet „die Tugendhafte"; aus dem Griechischen; Variation: Aretha

Arden bedeutet „das Adlertal"; aus dem Englischen

Aretha Nebenform von → Arata; bekannte Namensträgerin: Aretha Louise Franklin, geboren 1942, amerikanische Soulsängerin und Pianistin

Ariadne Nebenform von → Ariane; bekannte Namensträgerin: Ariadne, Fruchtbarkeitsgöttin auf Kreta, Tochter des Minos

Ariane bedeutet „die meistens Heilige"; aus dem Griechischen; Variationen: Ariadne, Arianna; Namenstag: 17. September; bekannte Namensträgerinnen: Ariane Sommer, geboren 1977, deutsche Moderatorin, Schauspielerin und Autorin; Ariane Mnouchkine, geboren 1939, französische Regisseurin und Autorin

Arianna Nebenform von → Ariane

Ariela bedeutet „die goldene Löwin"; aus dem Hebräischen; Variation: Ariella

Ariella Nebenform von → Ariela

Arista bedeutet „die Beste"; aus dem Griechischen

Arisu bedeutet „das klare, reine Wasser"; aus dem Türkischen

Arlene bedeutet „das Liebespfand, das Kind"; aus dem Gälischen; bekannte Namensträgerin: Arlene Dahl, geboren 1928, amerikanische Schauspielerin

Arlette Nebenform von → Arna; bekannte Namensträgerin: Arlette Yvonne Laguiller, geboren 1940, französische Schauspielerin

Arna bedeutet „der Adler"; aus dem Althochdeutschen; Variationen: Arnka, Arlette

Arndis bedeutet „der Adler und die Schutzgöttin"; aus dem Althochdeutschen

Arnhild bedeutet „der kämpfende Adler"; aus dem Althochdeutschen; Variation: Arnhilde

Arnhilde Nebenform von → Arnhild

Arnka Nebenform von → Arna

Artemis bedeutet „die Sicherheit Gebende"; aus dem Griechischen; bekannte Namensträgerin: Artemis, griechische Göttin der Jagd

Aruna bedeutet „die Dämmerung"; aus dem Indischen; Variation: Aruni

Aruni Nebenform von → Aruna

Arwen bedeutet „die edle Frau"; aus dem Roman „Herr der Ringe" von J. R. R. Tolkien

Asgard bedeutet „der Gott und der Speer"; weibliche Form von Ansgar; aus dem Skandinavischen

Asha bedeutet „die Sehnsucht, die Hoffnung"; aus dem Indischen

Ashera bedeutet „die ans Meer Gehende"; aus dem Hebräischen

Ashley bedeutet „die Eschen-Abholzung"; aus dem Englischen; bekannte Namensträgerin: Ashley Fuller Olsen, geboren 1986, amerikanische Schauspielerin, Zwillingsschwester von Mary-Kate Olsen; Ashley Judd, geboren 1968, amerikanische Schauspielerin

Ásidís bedeutet „die Göttin"; aus dem Isländischen

Asma bedeutet „die Erhabene, die Hervorragende"; aus dem Arabischen

Aspasia bedeutet „die Erwünschte"; aus dem Griechischen

Assunta bedeutet „die Aufgenommene"; aus dem Italienischen; Namenstag: 15. August

Asta Nebenform von → Anastasia

Astrid bedeutet „die schöne Göttin"; aus dem Schwedischen; Namenstag: 17. Oktober; bekannte Namensträgerin: Astrid Lindgren, 1907 bis 2002, schwedische Schriftstellerin und bekannte Kinderbuchautorin

Aswina bedeutet „die Esche und der Freund"; aus dem Althochdeutschen

Atalanta Nebenform von → Atalante

Atalante bedeutet „die im Gleichgewicht Lebende"; aus dem Griechischen; Variationen: Atalanta, Atlanta, Atlante

Athalia bedeutet „stark und erhaben ist Gott"; aus dem Hebräischen

Athanasia bedeutet „die Unsterbliche"; aus dem Griechischen

Athena bedeutet „die Gerissene und Gepriesene"; aus dem Griechischen

Atiya bedeutet „die Geschenkte"; aus dem Arabischen

Atlanta Nebenform von → Atalante

Atlante Nebenform von → Atalante

Auda bedeutet „die Alte, die Bewährte"; aus dem Französischen

Auda bedeutet „die Reiche"; aus dem Isländischen

Audrey bedeutet „die edle Stärke"; aus dem Englischen; bekannte Namensträgerin: Audrey Hepburn, 1929 bis 1993, britisch-niederländische Schauspielerin („Frühstück bei Tiffany")

Augusta bedeutet „die Heilige"; aus dem Lateinischen; Variationen: Auguste, Augustina, Augustine; Namenstag: 27. März; bekannte Namensträgerin: Augusta von Sachsen-Weimar-Eisenach, 1811 bis

1890, deutsche Kaiserin, Gattin von Kaiser Wilhelm I.

Auguste Nebenform von → Augusta; bekannte Namensträgerinnen: Auguste von Preußen, 1780 bis 1841, Tochter von König Friedrich Wilhelm II. von Preußen und Friederike Luise, Prinzessin von Hessen-Darmstadt; Auguste Wilhelmine Louise von Hessen-Kassel, 1797 bis 1889, Herzogin von Cambridge und Vizekönigin von Hannover; Auguste Viktoria Friederike Luise Feodora Jenny von Schleswig-Holstein-Sonderburg-Augustenburg, 1858 bis 1921, letzte deutsche Kaiserin und Königin von Preußen; Auguste Ferdinande, 1825 bis 1864, Erzherzogin von Österreich, Frau des Prinzregenten Luitpold von Bayern; Auguste Charlotte Gräfin von Kielmannsegge, 1777 bis 1863, Geheimagentin Napoleons; Auguste Lechner, 1905 bis 2000, österreichische Schriftstellerin historischer Jugendbücher; Auguste Pattberg, 1769 bis 1850, deutsche Dichterin und Sammlerin von Liedern und Sagen (17 Lieder für „Des Knaben Wunderhorn" beigestiftet)

Augustina Nebenform von → Augusta; bekannte Namensträgerin: Augustina Schumacher, eigentlich Maria Katharina Clara Schumacher, 1887 bis 1945, Ordensgründerin der Nazarethschwestern vom heiligen Franziskus

Augustine Nebenform von → Augusta

Aurelia bedeutet „die aus der Familie der Aurelier Stammende"; aus dem Lateinischen; Namenstag: 15. Oktober; bekannte Namensträgerinnen: Aurelia von Regensburg, unbekannt bis 1027, Heilige; Aurelia, Mutter von Gaius Iulius Caesar; Aurelia von Straßburg, unbekannt bis circa 304 oder 451, Gefährtin von Ursula von Köln, Heilige und Märtyrerin

Aurica Nebenform von → Aurelia

Aurora bedeutet „die Morgenröte"; aus dem Lateinischen; bekannte Namensträgerinnen: Aurora, römische Göttin der Morgenröte; Aurora Borealis, europäisches Schiff zur Polarforschung in der Arktis; Schwester von Sonnengott Sol und der Mondgöttin Luna; Aurora Lacasa, geboren 1947, deutsche Schlagersängerin, vor allem in der ehemaligen DDR bekannt; Aurora Reyes Flores, 1908 bis 1985, mexikanische Künstlerin und erste weibliche Vertreterin des Muralismo; Aurora Rodríguez Carballeira, 1879 bis 1955, Spanierin und Romanfigur in „Auroras Anlaß" von Erich Hackl, die ihre Tochter Hildegart tötet; Aurora von Königsmarck, circa 1663 bis 1728, eigentlich Marie Aurora Gräfin von Königsmarck, deutsche Pröpstin des Stiftes Quedlinburg

Auxilia bedeutet „die Helfende, die Rettende, die Beistand Leistende"; aus dem Lateinischen

Ava bedeutet „das Geräusch, das Wasser"; aus dem Persischen

Ava Nebenform von → Eva; Namenstag: 7. Februar; bekannte Namensträgerinnen: Ava Gardner, 1922 bis 1990, amerikanische Schauspielerin; Frau Ava, Ava von Göttweig oder Ava von Melk, circa 1060 bis circa 1127, erste namentlich bekannte deutsche Dichterin; Ava, circa 4. Jahrhundert, französische Heilige

Averil bedeutet „die mutige Kämpferin"; aus dem Englischen; bekannte Namensträgerin: Dame Averil Millicent Cameron, geboren 1940, Leiterin des Keble College in Oxford, Professorin für Geschichte

Avila Nebenform von → Ava

Avunc bedeutet „die Frostige"; aus dem Türkischen

Ayana bedeutet „die schöne Blume"; aus dem Afrikanischen

Aysel bedeutet „das wildströmende Wasser und der Mond"; aus dem Türkischen

Ayshah Nebenform von → Aisha

Aziza bedeutet „die Kostbare, die Geliebte, der Liebling"; aus dem Arabischen

Babette französische Kose-
form von → Barbara; bekannte
Namensträgerinnen: Babette
Cole, geboren 1949, englische
Schriftstellerin; Babette Einst-
mann, geboren 1961, deutsche
Fernsehmoderatorin

Babirye bedeutet „die erste
von Zwillingen"; aus dem Afrikanischen

Bahar bedeutet „der Frühling"; aus dem Persischen

Bahija bedeutet „die Glückliche"; aus dem Arabischen

Bakar bedeutet „die Alleinige"; aus dem Baskischen

Bala bedeutet „das kleine
Kind"; aus dem Indischen

Balbina bedeutet „die Stam-
melnde"; aus dem Latei-
nischen; Namenstag: 30. April;
bekannte Namensträgerin:
Balbina, circa 100 bis circa
130, katholische Heilige

Balbine Nebenform von →
Balbina

Baltrun bedeutet „die
Geheimnisvolle, die Zauber-
hafte"; aus dem Althochdeutschen

Bambi bedeutet „das junge
Mädchen"; aus dem Latei-

nischen; bekannte Namens-
trägerin: Walt-Disney-Zeichentrickfilm „Bambi" über
ein gleichnamiges Rehkitz
aus dem Jahr 1942

Banu bedeutet „die angesehene Frau"; aus dem Tür-
kischen

Barbara bedeutet „die
Fremde, die Ausländische";
aus dem Lateinischen; Variationen: Bärbel, Babsi;
Namenstage: 4. Dezember,
1. Februar, 18. April; bekannte
Namensträgerinnen: Barbara
Schöneberger, geboren 1974,
deutsche Moderatorin; Barbra
Joan Streisand, geboren
1942, amerikanische Sängerin; Barbara Wussow, geboren
1961, österreichische Schauspielerin; Barbara Bush, geboren 1925, Frau des 41. und
Mutter des 43. Präsidenten
der USA; Barbara Rudnik,
1958 bis 2009, deutsche
Schauspielerin

Bärbel Nebenform von →
Barbara; bekannte Namens-
trägerin: Bärbel Schäfer,
geboren 1963, deutsche Fernsehmoderatorin

Basak bedeutet „der Wei-
zen"; aus dem Türkischen

Basia Nebenform von →
Basilia

Basilea Nebenform von →
Basilia

Basilia bedeutet „die Königliche"; aus dem Griechischen;
Variation: Basia

Basima bedeutet „die
Lächelnde"; aus dem Ara-
bischen; Variation: Basma

Basira bedeutet „die Weise"; aus dem Arabischen

Basma Nebenform von →
Basima

Bastet bedeutet „das Feuer,
die Hitzige"; aus dem Ägyptischen

Batul bedeutet „die Jungfrau"; aus dem Arabischen

Baylee bedeutet „die
Gerichtsdienerin"; aus dem
Englischen

Bea Nebenform von → Beate

Beat Nebenform von →
Beate

Beata Nebenform von →
Beate

Beate bedeutet „die Glückliche"; aus dem Lateinischen;
Variationen: Beat, Beata, Bea,
Beata; Namenstag: 8. April;
bekannte Namensträge-
rinnen: Beate Uhse, 1919 bis
2001, deutsche Pilotin und
Unternehmerin; Beate Klars-
feld, geboren 1939, deutsch-
französische Journalistin und
Aktivistin zur Aufklärung von
Naziverbrechen

Beathag bedeutet „das
Leben"; aus dem Gälischen

Beatrice Nebenform von →
Beatrix; bekannte Namensträgerinnen: Beatrice von Groß-

britannien und Irland, 1857 bis 1944, englische Prinzessin; Prinzessin Beatrice von York, geboren 1988, Enkelin von Königin Elisabeth II.; Beatrice Arthur, 1922 bis 2009, US-amerikanische Schauspielerin

Beatrix bedeutet „die Reisende"; aus dem Lateinischen; Variation: Beatrice; Namenstage: 29. August, 12. März, 30. Juli; bekannte Namensträgerinnen: Beatrix von Oranien-Nassau, geboren 1938, ehemalige Königin der Niederlande; Beatrix von Burgund, unbekannt bis 1184, Kaiserin des Heiligen Römischen Reiches

Becky Nebenform von → Rebecca

Bedelia Nebenform von → Bridget

Béibhinn bedeutet „die schöne Dame"; aus dem Gälischen

Bele Nebenform von → Elisabeth

Belén bedeutet „das Haus des Brotes"; aus dem Hebräischen

Belinda bedeutet „die Schöne und die Weiche"; aus dem Italienischen; bekannte Namensträgerin: Belinda Carlisle, geboren 1958, amerikanische Sängerin

Bella Nebenform von → Belle; bekannte Namensträgerin:

Bella Rosenfeld Chagall, 1895 bis 1944, russisch-jüdische Autorin und Frau von Marc Chagall

Belle bedeutet „die Schöne"; aus dem Französischen; Variation: Bella

Bellona bedeutet „die Kämpfende"; aus dem Lateinischen

Bende Nebenform von → Bernhardine

Bendine Nebenform von → Bernhardine

Benedetta Nebenform von → Benedikta

Benedicta Nebenform von → Benedikta; bekannte Namensträgerin: Benedicta von Origny, unbekannt bis 362, frühchristliche Märtyrerin und Heilige

Bénédicte Nebenform von → Benedikta

Benedikta bedeutet „die Gesegnete, die Gute"; aus dem Lateinischen; Variationen: Benedicta, Benedetta, Bénédicte, Benedita; Namenstag: 7. Dezember

Benedita Nebenform von → Benedikta

Benigna bedeutet „die Liebevolle"; aus dem Lateinischen

Benita italienische Form von → Benedikta

Benoite Nebenform von → Benedikta; bekannte Namensträgerin: Benoîte Groult, geboren 1920, französische Schriftstellerin und Journalistin

Bente dänische Form von → Benedikta; bekannte Namensträgerin: Bente Skari, geboren 1972, norwegische Skilangläuferin

Bentje niederländisch-friesische Nebenform von → Benedikta

Berenice Nebenform von → Berenike

Berenike bedeutet „die den Sieg Bringende"; aus dem Griechischen; Variationen: Berenice, Bernice

Bergiot Nebenform von → Bergjot

Bergit Nebenform von → Birgit

Bergita Nebenform von → Birgit

Bergjot bedeutet „die helle Hilfe"; aus dem Norwegischen; Variation: Bergiot

Berit skandinavische Form von → Birgit; bekannte Namensträgerinnen: Berit Elisabeth Andersson, „Bibi Anderson", geboren 1935, schwedische Schauspielerin; Berit Wiacker, geboren 1982, deutsche Bobfahrerin und Leichtathletin

Berjouhi bedeutet „die elegante Dame"; aus dem Armenischen

Berlind Nebenform von → Berlinde

Berlinde bedeutet „die vor Bären Schützende"; aus dem Althochdeutschen; Variation: Berlind; Namenstag: 3. Februar

Berna bedeutet „die Junge"; aus dem Türkischen

Bernada Nebenform von → Bernharda

Bernadett Nebenform von → Bernadette

Bernadetta Nebenform von → Bernadette

Bernadette bedeutet „die starke Bärin"; weibliche Form von Bernhard; aus dem Französischen; Variation: Bernadett; Namenstag: 16. April; bekannte Namensträgerinnen: Bernadette Chirac, geboren 1933, Ehefrau des ehemaligen französischen Staatspräsidenten Jacques Chirac; Bernadette Soubirous, 1844 bis 1879, französische Ordensschwester, Visionärin und Heilige

Bernadine Nebenform von → Bernadette

Bernardita Nebenform von → Bernadette

Bernetta Nebenform von → Bernadette

Bernharda bedeutet „die harte Bärin"; aus dem Althochdeutschen; Variationen: Bernharde, Bernarda

Bernharde Nebenform von → Bernharda

Bernhardine Nebenform von → Bernadette

Bernice Nebenform von → Berenike

Berry bedeutet „die Beere"; aus dem Englischen

Berta bedeutet „die Helle, die Glänzende"; aus dem Althochdeutschen; Variation: Bertha; Namenstage: 6. August, 28. November, 4. Juli; bekannte Namensträgerinnen: Berta Hummel, bekannt als Maria Innocentia Hummel, 1909 bis 1946, deutsche Franziskanerin, Zeichnerin und Malerin; Berta Karlik, 1904 bis 1990, österreichische Physikerin; Berta Helene Drews, 1901 bis 1987, deutsche Schauspielerin und Synchronsprecherin

Bertha Nebenform von → Berta; bekannte Namensträgerin: Bertha Sophia Felicita Baronin von Suttner, 1843 bis 1914, österreichische Pazifistin und Schriftstellerin, bekam 1905 den Friedensnobelpreis

Bertie Nebenform von → Berta

Bertina Nebenform von → Berta

Bertine Nebenform von → Berta

Bertlinde Nebenform von → Berta

Bertrun bedeutet „der glänzender Zauber"; aus dem Althochdeutschen

Beryl bedeutet „der blassgrüne Edelstein"; aus dem Englischen; Variation: Beryll

Beryll Nebenform von → Beryl

Bess Nebenform von → Elisabeth

Bessie Nebenform von → Elisabeth; bekannte Namensträgerin: Bessie Coleman, 1892 bis 1926, erste Afroamerikanerin mit Pilotenschein und erste Frau mit dem internationalen Pilotenschein

Bethany bedeutet „die aus Bethanien Stammende"; aus dem Hebräischen; bekannte Namensträgerin: Bethany Joy Galeotti, geboren 1981, amerikanische Schauspielerin und Sängerin

Bethari bedeutet „die Göttin"; aus dem Indischen

Betony bedeutet „die Minze"; aus dem Englischen

Betrys walisische Form von → Beatrice

Betsy Nebenform von → Elizabeth; bekannte Namensträgerin: Betsy Ross, 1752 bis

1836, nähte angeblich die erste Flagge der USA

Betta Nebenform von → Elisabeth

Bette Nebenform von → Elisabeth

Bettina Nebenform von → Elisabeth; bekannte Namensträgerinnnen: Bettina von Arnim, 1785 bis 1859, deutsche Schriftstellerin; Bettina Zimmermann, geboren 1975, deutsche Schauspielerin; Bettina Böttinger, geboren 1956, deutsche Journalistin und Moderatorin; Bettina Röhl, geboren 1962, deutsche Journalistin, Tochter von Ulrike Meinhof

Betty Nebenform von → Elisabeth; bekannte Namensträgerinnen: Betty Boop, Cartoonfigur aus den Max-Fleischer-Cartoons, die vom Paramount Studio produziert wurden; Betty Geröllheimer, Figur aus der Cartoonserie Familie Feuerstein; Betty Mahmoody, geboren 1947, US-amerikanische Schriftstellerin

Bettye Nebenform von → Elisabeth

Beulah bedeutet „die Verheiratete"; aus dem Hebräischen

Beverley bedeutet „der Fluss voller Biber"; aus dem Englischen; Variation: Beverly; bekannte Namensträgerin: Beverley Mitchell, geboren

1981, amerikanische Schauspielerin und Countrysängerin

Beverly Nebenform von → Beverley

Bevin anglisierte Form von → Béibhinn

Bianca bedeutet „die Weiße"; aus dem Italienischen; Variation: Bianka; bekannte Namensträgerinnen: Bianca Hein, geboren 1976, deutsche Schauspielerin; Bianca Jagger, geboren 1945, US-amerikanische Menschenrechtlerin und Exfrau von Sänger Mick Jagger

Bianka Nebenform von → Bianca

Bibbi Nebenform von → Brigitte

Bibi Nebenform von → Brigitte

Bibiana Nebenform von → Vivian; Namenstag: 2. Dezember

Bibiane Nebenform von → Vivian

Bibigul bedeutet „die Nachtigall"; aus dem Russischen

Bich bedeutet „das Jade"; aus dem Vietnamesischen

Bidane bedeutet „der Weg"; aus dem Baskischen

Biddy Nebenform von → Bridget

Bidelia Nebenform von → Bridget

Bilge bedeutet „die Weise"; aus dem Türkischen

Biljana bedeutet „die Kräuter"; aus dem Slawischen

Bilke bedeutet „das Schwert"; aus dem Althochdeutschen

Billie englische Koseform von → Wilhelmine; bekannte Namensträgerin: Billie Burke, eigentlich Mary William Ethelbert Appleton Burke, 1884 bis 1970, amerikanische Schauspielerin

Bine Nebenform von → Jacobine

Binh bedeutet „die Frieden Bringende"; aus dem Vietnamesischen

Bionda bedeutet „die Blonde"; aus dem Italienischen

Birga Nebenform von → Brigitte

Birgit skandinavische Form von → Brigitte; bekannte Namensträgerinnen: Birgit Nilsson, 1918 bis 2005, schwedische Opernsängerin; Birgit „Biggi" Lechtermann, geboren 1960, deutsche Fernsehmoderatorin; Birgit von Bentzel, geboren 1969, deutsche Fernsehmoderatorin

Birgitta skandinavische Form von → Brigitte; bekannte Namensträgerin: Prinzessin

Birgitta Ingeborg Alice von Schweden, geboren 1937, Prinzessin von Hohenzollern-Sigmaringen, Schwester des Königs Carl XVI. Gustaf von Schweden

Birte Nebenform von → Bertha; bekannte Namensträgerinnen: Birte Karalus, geboren 1966, deutsche Journalistin und Moderatorin; Birte Steven, geboren 1980, deutsche Schwimmerin; Birte Weigang, geboren 1968, deutsche Schwimmerin

Birthe Nebenform von → Bertha; bekannte Namensträgerin: Birthe Neumann, geboren 1947, dänische Schauspielerin

Björk bedeutet „die Birke"; aus dem Isländischen; bekannte Namensträgerin: Björk Guðmundsdóttir, geboren 1965, isländische Sängerin, Komponistin, Songwriterin und Schauspielerin

Blair bedeutet „die Ebene"; aus dem Gälischen

Bláithín bedeutet „die kleine Blume"; aus dem Gälischen

Blanca bedeutet „die Weiße"; aus dem Spanischen

Blanche bedeutet „die Weiße, die Helle"; aus dem Französischen; bekannte Namensträgerinnen: Blanche Calloway, 1904 bis 1978, US-amerikanische Jazzsängerin, Bandleaderin und Komponis-

tin des Swing; Blanche Sweet, 1896 bis 1986, US-amerikanische Filmschauspielerin

Blandine bedeutet „die Freundliche"; aus dem Französischen

Blanid Nebenform von → Bláthnat

Bláthnaid Nebenform von → Bláthnat

Bláthnat bedeutet „die kleine Blume"; aus dem Gälischen; Variation: Bláthnaid, Blanid

Blejan bedeutet „die Blume"; aus dem Keltischen

Blodeuwedd bedeutet „das Blumengesicht"; aus dem Keltischen

Blondie bedeutet „die Blonde"; aus dem Englischen

Blossom bedeutet „die Blüte"; aus dem Englischen; bekannte Namensträgerinnen: Blossom Dearie, 1926 bis 2009, amerikanische Jazzsängerin; Blossom Rock, eigentlich Edith Marie Blossom MacDonald, 1895 bis 1978, amerikanische Schauspielerin

Bobbie Nebenform von → Roberta

Bobby Nebenform von → Roberta

Bodil bedeutet „die in die Schlacht Ziehende"; aus dem Skandinavischen

Bogdana bedeutet „die von Gott Gegebene"; aus dem Russischen

Bojana bedeutet „die Kämpfende"; aus dem Slawischen

Bolanle bedeutet „die Reichtum in der Heimat Findende"; aus dem Afrikanischen

Bonita bedeutet „die Schöne"; aus dem Spanischen; bekannte Namensträgerin: Bonita Granville, 1923 bis 1988, amerikanische Schauspielerin und Filmproduzentin

Bonnie bedeutet „die Schöne, die Gute"; aus dem Englischen; bekannte Namensträgerinnen: Bonnie Tyler, geboren 1951, walisische Popsängerin; Bonnie Elizabeth Parker, 1910 bis 1934, Freundin von Clyde Chestnut Barrow, besser bekannt als Bonnie und Clyde, amerikanisches Bankräuberpärchen

Bopha bedeutet „die Blume"; aus dem Indonesischen

Bora bedeutet „die Fremde"; aus dem Dänischen

Bothild bedeutet „die Kriegsbotin"; aus dem Althochdeutschen

Botum bedeutet „die Prinzessin"; aus dem Indonesischen

Boudicca bedeutet „die Siegreiche"; aus dem Keltischen

Boyka bedeutet „die im Kampf Stehende"; aus dem Bulgarischen

Bozena bedeutet „das göttliche Geschenk"; aus dem Tschechischen

Brady bedeutet „die von Brádach Abstammende"; aus dem Gälischen

Branca galizische Form von → Blanche

Brandi bedeutet „der Brandwein"; aus dem Holländischen; Variationen: Brandie, Brandy

Brandie Nebenform von → Brandi

Brandy Nebenform von → Brandi; bekannte Namensträgerin: Brandy Ledford, geboren 1979, amerikanische Schauspielerin

Branka bedeutet „Ruhm und Ehre"; weibliche Form von Branko; aus dem Slawischen

Branwen bedeutet „der schöne Rabe"; aus dem Keltischen

Breanne bedeutet „die Hügelige"; aus dem Englischen

Bree anglisierte Form von → Brígh

Brenda bedeutet „das Schwert"; aus dem Englischen; Variation: Brenna; bekannte Namensträgerin: Brenda Lee, geboren 1944, amerikanische Countrysängerin

Brenna Nebenform von → Brenda

Briallen bedeutet „die Schlüsselblume"; aus dem Keltischen

Briar bedeutet „der Dornstrauch"; aus dem Englischen

Brid irische Form von → Birgit

Bridget bedeutet „die Erhabene"; aus dem Gälischen; Variationen: Brid, Birgit

Brígh bedeutet „die Kraftvolle, die Starke"; aus dem Gälischen

Brigitta Nebenform von → Brigitte

Brigitte bedeutet „die Erhabene"; aus dem Keltischen; Variationen: Brigitta, Birgitta, Bridget; Namenstage: 1. Februar, 23. Juli; bekannte Namensträgerinnen: Brigitte Horney, 1911 bis 1988, deutsche Schauspielerin; Brigitte Mira, 1910 bis 2005, deutsche Schauspielerin; Brigitte Nielsen, geboren 1963, dänische Schauspielerin; Brigitte Bardot, geboren 1934, französische Schauspielerin und Tierschützerin

Britney Nebenform von → Brittany; bekannte Namensträgerin: Britney Spears, geboren 1981, US-amerikanische Sängerin

Britt Nebenform von → Brigitte

Britta Nebenform von → Brigitte

Brittania bedeutet „die von der Insel Brittanien Stammende"; aus dem Lateinischen

Brittany Nebenform von Brittania; aus dem Englischen; Variationen: Britney; bekannte Namensträgerin: Brittany Murphy, 1977 bis 2009, Schauspielerin

Brogan bedeutet „der Schuh"; aus dem Gälischen

Bronwen bedeutet „die helle Brust"; aus dem Keltischen

Brooke bedeutet „die am Bach Lebende"; aus dem Englischen; bekannte Namensträgerin: Brooke Shields, geboren 1965, Schauspielerin

Bruna bedeutet „die Braune"; aus dem Italienischen

Bruneke Nebenform von → Brunhild

Brunella bedeutet „die Braunhaarige"; aus dem Italienischen; Variation: Brunetta

Brunetta Nebenform von → Brunella

Brunhild bedeutet „die für den Kampf Gerüstete"; aus dem Althochdeutschen

C

Cäcilia bedeutet „die Blinde"; aus dem Lateinischen; Variation: Cäcilie; Namenstage: 22. November, 22. Dezember; bekannte Namensträgerinnen: Heilige Cäcilia, 200 bis 230, römische Märtyrerin, Patronin der Kirchenmusik und der Kirchenchöre; Cäcilia Renata von Österreich, 1611 bis 1644, Königin von Polen, Großfürstin von Litauen

Cäcilie Nebenform von → Cäcilia; bekannte Namensträgerin: Cäcilie von Oldenburg, 1807 bis 1844, Prinzessin von Schweden

Cadence bedeutet „die Rhythmische, der Ablauf"; aus dem Englischen

Cadi Nebenform von → Catherine

Caelan anglisierte Form von → Caoilfhionn

Cáit Nebenform von → Caitríona

Caitlín Nebenform von → Katherine

Caitria Nebenform von → Katherine

Caitríona Nebenform von → Katherine

Calanthe bedeutet „die schöne Blume"; aus dem Griechischen; Variation: Calanthia

Calfura bedeutet „das Veilchen"; aus dem Indischen

Calista Nebenform von → Callista; bekannte Namensträgerin: Calista Kay Flockhart, geboren 1964, US-amerikanische Schauspielerin

Calla bedeutet „die Schöne"; aus dem Griechischen

Calliope bedeutet „die Schönstimmige"; aus dem Griechischen; bekannte Namensträgerin: Calliope, griechichische Mythengestalt: eine der neun Töchter des Zeus und der Mnemosyne, Muse der epischen Dichtung, der Wissenschaft, der Philosophie, der Elegie und des Saitenspiels

Callista bedeutet „die Schöne"; weibliche Form von Callistus; aus dem Lateinischen; bekannter Namensträger: Callisto, einer der Monde des Jupiter, entdeckt im Jahr 1610

Calypso bedeutet „die Verborgene"; aus dem Griechischen; bekannter Namensträger: Calypso, einer der kleinsten bekannten Monde des Planeten Saturn, entdeckt im Jahr 1980

Cam bedeutet „die Orange"; aus dem Vietnamesischen

Cambria bedeutet „der Mensch"; aus dem Keltischen

Camelia Nebenform von → Camilla; bekannte Namensträgerin: Camelia Potec, geboren 1982, rumänische Schwimmerin und Olympiasiegerin

Cameron bedeutet „die Krummnasige"; aus dem Gälischen; Variation: Camryn; bekannte Namensträgerin: Cameron Diaz, geboren 1972, US-amerikanische Schauspielerin

Camilla bedeutet „die Ehrbare"; aus dem Lateinischen; Namenstag: 3. März; bekannte Namensträgerinnen: Camilla Mountbatten-Windsor, Herzogin von Cornwall, geboren 1947, zweite Ehefrau des britischen Kronprinzen Charles; Camilla Spira, 1906 bis 1997, deutsche Schauspielerin

Camille französische Form von → Camilla; bekannte Namensträgerinnen: Camille Claudel, 1864 bis 1943, französische Bildhauerin und Malerin; Camille Pin, geboren 1981, französische Tennisspielerin

Camryn Nebenform von → Cameron; bekannte Namensträgerin: Camryn Manheim, geboren 1961, amerikanische Schauspielerin

Canan bedeutet „die Geliebte"; aus dem Türkischen

Candace bedeutet „die Königinmutter"; aus dem Nubischen; Variationen: Candice, Candis; bekannte

Namensträgerinnen: Candace Allen, geboren 1950, amerikanische Schriftstellerin; Candace Helaine Cameron Bure, geboren 1976, amerikanische Schauspielerin, Produzentin

Candelaria bedeutet „die Kerze"; aus dem Spanischen

Candelas Nebenform von → Candelaria

Candice Nebenform von → Candace; bekannte Namensträgerinnen: Candice Bergen, geboren 1946, US-amerikanische Schauspielerin; Candice Michelle Beckman-Ehrlich, besser bekannt als „Candice Michelle" oder „Candice", geboren 1976, amerikanisches Model, Diva, Schauspielerin und Wrestlerin

Candida bedeutet „die Reine"; aus dem Lateinischen; Namenstag: 20. September; bekannte Namensträgerinnen: Candida Höfer, geboren 1944, deutsche Fotografin; Candida Doyle, geboren 1962, britische Musikerin

Candis Nebenform von → Candace

Candy bedeutet „die Süße"; aus dem Englischen

Candy Nebenform von → Candace; bekannte Namensträgerin: Candy Dulfer, geboren 1969, niederländische Saxophonistin

Candyce Nebenform von → Candace

Caoilfhionn bedeutet „die schmale Blonde"; aus dem Gälischen

Caoilinn Nebenform von → Caoilfhionn

Caoimhe bedeutet „die Schöne"; aus dem Gälischen

Caolainn Nebenform von → Caolfhionn

Caprice bedeutet „die Launenhafte"; aus dem Französischen; bekannte Namensträgerin: Caprice Bourret, geboren 1971, amerikanisches Fotomodell, Moderatorin und Schauspielerin

Caprina bedeutet „die von der Insel Capri Stammende"; aus dem Italienischen

Cara bedeutet „die Freundin"; aus dem Gälischen; Variation: Kara

Cara bedeutet „die Geliebte"; aus dem Italienischen

Caramia bedeutet „meine Geliebte"; aus dem Italienischen

Carda Nebenform von → Ricarda

Cardea bedeutet „die Achse, das Gelenk"; aus dem Lateinischen

Caren Nebenform von → Karen

Carey bedeutet „ die Dunkle"; aus dem Gälischen

Cari Nebenform von → Carrie

Caridad bedeutet „die Nächstenliebe"; aus dem Spanischen

Carina Nebenform von → Cara; Namenstag: 7. November; bekannte Namensträgerinnen: Carina Breunig, geboren 1984, deutsche Fußballspielerin; Carina Gödecke, geboren 1958, deutsche Politikerin (SPD); Carina Raich, geboren 1979, österreichische Skirennläuferin; Carina Wiese, geboren 1970, deutsche Schauspielerin

Caris Nebenform von → Charis

Caristíona schottische Form von → Christina

Carita bedeutet „die Liebe"; aus dem Lateinischen; Namenstag: 19. August

Carla bedeutet „die Freie"; weibliche Form von Carl; aus dem Italienischen; bekannte Namensträgerin: Carla Bruni, geboren 1967, französisches Model, Sängerin und verheiratet mit Nicolas Sarkozy, ehemaliger französischer Staatspräsident

Carlene bedeutet „die Freie"; weibliche Form von Carl; aus dem Englischen; bekannte Namensträgerin: Carlene Carter, geboren 1955, amerikanische Countrysängerin und Tochter von June Carter, Stieftochter von Johnny Cash

Carlie bedeutet „die Freie"; aus dem Englischen

Carlota bedeutet „die Freie" Form von → Carla

Carlotta bedeutet „die Freie"; Form von → Carla

Carlyn bedeutet „die Freie"; Form von → Carolin

Carma bedeutet „der Obstgarten"; aus dem Arabischen

Carme Nebenform von → Carmel

Carmel bedeutet „die dem Garten Verbundene"; aus dem Hebräischen; Variationen: Carmela, Carmelia, Carmelina; Namenstag: 16. Juli

Carmela Nebenform von → Carmel; bekannte Namensträgerin: Carmela Corren, geboren 1938, israelische Schlagersängerin

Carmelia Nebenform von → Carmel

Carmelina Nebenform von → Carmel

Carmen spanische Form von → Carmel; bekannte Namensträgerinnen: Carmen Electra, geboren 1972, amerikanisches Erotikmodel und Schauspielerin; Carmen Miranda, 1909 bis 1955, portugiesische Sängerin und Schauspielerin

Carmina spanische Form von → Carmel; bekannte

Namensträgerin: Carmina Brenner, geboren 1957, deutsche Politikerin (CDU)

Carmine spanische Form von → Carmel

Carol bedeutet „die Hymne, das Lied"; aus dem Englischen; Variation: Caryl; bekannte Namensträgerinnen: Carol Cady, geboren 1962, amerikanische Leichtathletin; Carol Rama, geboren 1918, italienische Malerin; Carol Rubin, 1937 bis 2001, amerikanische Filmproduzentin

Carola Nebenform von → Carolin

Carolin bedeutet „die Freie"; aus dem Althochdeutschen; Variationen: Carolina, Caroline, Carola; Namenstage: 9. Mai, 28. Januar; bekannte Namensträgerinnen: Carolin Fortenbacher, geboren 1963, deutsche Sängerin; Carolin Reiber, geboren 1940, deutsche Fernsehmoderatorin

Carolina Nebenform von → Carolin; bekannte Namensträgerin: Carolina Kostner, geboren 1987, italienische Eiskunstläuferin

Caroline Nebenform von → Carolin; bekannte Namensträgerin: Caroline Louise Marguerite, geboren 1957, Prinzessin von Hannover, Herzogin zu Braunschweig und Lüneburg, Prinzessin von Monaco

Caron bedeutet „die Liebende"; aus dem Keltischen

Carreen Kombination aus → Carolin und Irene

Carrie Nebenform von → Carolin; bekannte Namensträgerinnen: „Carrie", Roman von Stephen King aus dem Jahr 1973; Carrie Fisher, geboren 1956, amerikanische Schauspielerin und Autorin; Carrie Dann, geboren um 1934, amerikanische Ureinwohnerin und Umweltaktivistin

Carson bedeutet „die von den Carsons Abstammende"; abgeleitet von einem gälischen Familiennamen; aus dem Gälischen

Carsta Nebenform von → Christa

Caryl Nebenform von → Carol; bekannte Namensträgerin: Caryl Churchill, geboren 1934, britische Schriftstellerin und Feministin

Carys bedeutet „die Liebe"; aus dem Keltischen

Casey bedeutet „die Aufmerksame, die Wachsame"; aus dem Gälischen

Cassandra bedeutet „die auf den Mann Scheinende"; aus dem Griechischen; Variation: Kassandra; bekannte Namensträgerinnen: Cassandra Wilson, geboren 1955, amerikanische Jazzsängerin; Cassandra Steen, geboren 1980, deutsche Soulsängerin

Cassarah bedeutet „Was sein wird, wird sein"; aus dem Spanischen

Cassia bedeutet „der Zimt"; aus dem Lateinischen

Cassidy bedeutet „die mit dem gelockten Haar"; aus dem Gälischen

Cassiopeia bedeutet „Zimtsaft"; aus dem Griechischen; Variante: Cassiopaia; bekannte Namensträgerin: Cassiopaia, griechische Königin von Äthiopien, Mutter von Andromeda

Casta bedeutet „die Keusche"; aus dem Lateinischen

Catalina Nebenform von → Catharina

Catarina Nebenform von → Catharina; bekannte Namensträgerin: Catarina Cavalieri, 1755 bis 1801, österreichische Sopranistin

Caterina Nebenform von → Catharina

Catharina bedeutet „die Reine"; aus dem Griechischen; Variationen: Catarina, Catarine, Catrina, Katharina; Namenstag: 21. März; bekannte Namensträgerin: Catharina Elisabeth Goethe, 1731 bis 1808, Mutter von Johann Wolfgang von Goethe

Catherine Nebenform von → Catharina; bekannte Namensträgerinnen: Catherine Zeta-Jones, geboren 1969,

britische Schauspielerin; Catherine Deneuve, eigentlich Catherine Fabienne Dortéac, geboren 1943, französische Filmschauspielerin; Cathérine Marie-Agnès Fal de Saint Phalle, besser bekannt als „Niki", 1930 bis 2002, französische Malerin Bildhauerin

Cathia Nebenform von → Catharina

Catia Nebenform von → Catharina

Catiana Nebenform von → Catharina

Catina Nebenform von → Catharina

Catrina Nebenform von → Catharina

Ceara Nebenform von → Ciara

Cecilia bedeutet „die Blinde"; aus dem Lateinischen; Variation: Cecilie

Cecilie Nebenform von → Cecilia; bekannte Namensträgerin: Cecilie Auguste Marie Herzogin zu Mecklenburg, 1886 bis 1954, Ehefrau Wilhelm von Preußens und von 1905 bis 1918 die letzte Kronprinzessin des deutschen Kaiserreichs

Cedar bedeutet „die Zeder"; aus dem Englischen

Céibhfhionn bedeutet „die mit den hellen Locken"; aus dem Gälischen

Ceinwen bedeutet „die Liebliche und die Helle"; aus dem Keltischen

Celandine bedeutet „die Schwalbe"; aus dem Griechischen

Celestina bedeutet „die Himmlische"; aus dem Lateinischen; Variationen: Celestine, Celste

Celestine Nebenform von → Celestina

Celia bedeutet „die Himmlische"; aus dem Lateinischen; Variationen: Celina, Celine, Cèline; Namenstag: 21. Oktober; bekannte Namensträgerinnen: Celia Fremlin, geboren 1914, englische Autorin; Celia Sánchez, 1920 bis 1980, kubanische Revolutionärin und Politikerin; Celia von Bismarck, geboren 1971, Botschafterin des Roten Kreuzes; Celia de la Serna Llosa, 1928 bis 1967, Mutter von Che Guevara; Celia Rees, geboren 1949, britische Jugendbuchautorin

Celina Kurzform von → Marcelina

Celine Nebenform von → Celia

Céline Nebenform von → Celia; bekannte Namensträgerin: Céline Dion, geboren 1968, kanadische Popsängerin

Celste Nebenform von → Celestina

C

Cendrine bedeutet „die Aschfarbene"; aus dem Französischen

Ceren bedeutet „die junge Gazelle"; aus dem Türkischen

Ceres bedeutet „anbauen, wachsen"; aus dem Lateinischen; bekannte Namensträgerin: Ceres, Mythenfigur, römische Göttin der Landwirtschaft

Ceri bedeutet „die Liebende"; aus dem Keltischen

Charis bedeutet „die Anmutige"; aus dem Griechischen

Charlotte weibliche Form von → Carl; aus dem Französischen

Chiara Nebenform von → Clara

China bedeutet „die aus China Stammende"; aus dem Englischen

Chipo bedeutet „das Geschenk"; aus dem Afrikanischen

Chloe bedeutet „die Grüne"; aus dem Griechischen; bekannte Namensträgerinnen: Chloë Sevigny, geboren 1974, amerikanische Schauspielerin; Chloe Webb, geboren 1956, amerikanische Schauspielerin

Chloris bedeutet „die Grüne"; aus dem Griechischen; bekannte Namensträgerin: Cloris, Mythenfigur, griechische Göttin der blühenden Natur, insbesondere der Blumen und Blüten

Cho aus dem Chinesischen; bekannte Namensträgerin: Cho Sung-hyung, geboren 1966, deutsch-koreanische Regisseurin

Chriss bedeutet „der Schneevogel"; aus dem Indischen

Christa Nebenform von → Christina; Namenstag: 27. Oktober; bekannte Namensträgerinnen: Christa Wolf, 1929 bis 2011, deutsche Schriftstellerin; Christa Wehling, 1928 bis 1996, deutsche Volksschauspielerin

Christiane Nebenform von → Christina; Namenstag: 15. Dezember; bekannte Namensträgerinnen: Christiane Paul, geboren 1974, deutsche Schauspielerin; Christiane von Goethe, 1765 bis 1816, Johann Wolfgang von Goethes Ehefrau; Christiane Herzog, 1936 bis 2000, Frau des ehemaligen Bundespräsidenten Roman Herzog; Christiane Hörbiger, geboren 1938, österreichische Schauspielerin

Christina bedeutet „die Christin"; aus dem Lateinischen; Variationen: Christiane, Christtina, Christiana, Christin, Kristin; Namenstage: 13. Februar, 24. Juli; bekannte Namensträgerinnen: Christina von Dänemark, 1521 bis 1590, dänische Prinzessin, Herzogin von Lothringen; Christina Aguilera, geboren 1980, amerikanische Popsängerin; Christina Applegate, geboren 1971, amerikanische Schauspielerin; Christina Ricci, geboren 1980, amerikanische Schauspielerin

Christine Nebenform von → Christina; Namenstage: 6. November, 29. November; bekannte Namensträgerinnen: Christine Kaufmann, geboren 1945, deutsch-österreichische Filmschauspielerin; Christine Nöstlinger, geboren 1936, österreichische Kinder- und Jugendbuchautorin; Christine Neubauer, geboren 1966, deutsche Filmschauspielerin und Autorin

Christtina Nebenform von → Christina

Chrysanta bedeutet „die goldene Blüte"; aus dem Englischen

Chryseis bedeutet „die Goldene"; aus dem Griechischen

Chun bedeutet „der Frühling"; aus dem Chinesischen

Ciara bedeutet „die dunkle Prinzessin"; aus dem Gälischen; Nebenform von → Clara; bekannte Namensträgerin: Ciara Princess Harris, geboren 1985, amerikanische Hip-Hop- und R&B-Sängerin

Ciel bedeutet „die Himmlische"; aus dem Französischen

Cili ungarische Nebenform von → Cecilia

Cilla schwedische Koseform von → Cecilia

Cinderella bedeutet „die kleine Asche"; aus dem Französischen; bekannter Namensträger: Cinderella, Hauptfigur aus dem gleichnamigen Walt-Disney-Zeichentrickfilm aus dem Jahr 1950

Cindy Nebenform von → Cynthia; bekannte Namensträgerinnen: Cindy Berger, geboren 1948, deutsche Schlagersängerin (Cindy & Bert); Cindy Crawford, geboren 1966, amerikanisches Mannequin, Fotomodell und Schauspielerin; Cindy Walker, 1918 bis 2006, US-amerikanische Countrymusikerin und Songwriterin

Cinzia italienische Form von → Cynthia

Citali bedeutet „der Stern"; aus dem Indischen

Citra bedeutet „das Abbild"; aus dem Indischen

Claire englische und französische Form von → Clara; bekannte Namensträgerinnen: Claire Danes, geboren 1979, amerikanische Schauspielerin; Claire Denis, geboren 1948, französische Filmregisseurin und Drehbuchautorin; Claire von Belgien, geboren 1974, Prinzessin von Belgien und Ehefrau von Prinz Laurent von Belgien;

Claire Forlani, geboren 1972, britische Schauspielerin

Clara bedeutet „die Helle, die Leuchtende"; aus dem Lateinischen; Variationen: Clare, Ciara, Clarice, Claretta, Klarina, Klarinda, Klara, Klarinde, Klarine, Klarissa; bekannte Namensträgerinnen: Clara Immerwahr, 1870 bis 1915, deutsche Chemikerin und Frauenrechtlerin; Clara Zetkin, 1857 bis 1933, deutsche Politikerin und Frauenrechtlerin

Clare Nebenform von → Clara

Claretta italienische Koseform von → Clara; bekannte Namensträgerin: Claretta Petacci, 1912 bis 1945, Geliebte Benito Mussolinis

Clarice Nebenform von → Clara; bekannte Namensträgerin: Clarice Starling, FBI-Agentin aus dem Buch „Das Schweigen der Lämmer"

Clarissa lateinische Form von → Clarice; bekannte Namensträgerin: Clarissa Ahlers, geboren 1965, deutsche Journalistin und Moderatorin

Claritia Nebenform von → Clara

Clarity bedeutet „ die Klare, die Leuchtende"; aus dem Englischen

Claude Nebenform von → Claudia

Claudette Nebenform von → Claudia; bekannte Namensträgerinnen: Claudette Colbert, 1903 bis 1996, französisch-US-amerikanische Schauspielerin; Claudette Mink, geboren 1971, kanadische Schauspielerin

Claudia bedeutet „die Lahme"; aus dem Lateinischen; Variationen: Claudette, Claudine; Namenstage: 18. August, 3. Februar, 20. März; bekannte Namensträgerinnen: Claudia de Medici, 1604 bis 1648, Erzherzogin von Österreich und Landesfürstin von Tirol; Claudia Cardinale, geboren 1938, italienische Schauspielerin; Claudia Pechstein, geboren 1972, deutsche Eisschnellläuferin; Claudia Schiffer, geboren 1970, deutsches Mannequin und Fotomodell; Claudia Jung, geboren 1964, deutsche Musikerin; Claudia Kohde-Kilsch, geboren 1963, deutsche Tennisspielerin; Claudia Roth, geboren 1955, deutsche Politikerin, ehemalige Bundesvorsitzende der Partei Bündnis 90/Die Grünen

Clea bedeutet „die Berühmte"; aus dem Griechischen; Variation: Klea

Cleena Nebenform von → Clíodhna

Clelia bedeutet „die von der Familie Clelia Abstammende"; aus dem Lateinischen

Clematis bedeutet „der dünne Zweig"; aus dem Griechischen

Clemency bedeutet „die Mitleid Empfindende"; aus dem Lateinischen

Clementine bedeutet „die Milde"; aus dem Französischen

Cleo Nebenform von → Cleopatra

Cleopatra bedeutet „der Ruhm des Vaters"; aus dem Griechischen; bekannte Namensträgerin: Kleopatra VII., die Große, um 69 vor Christus bis 30 vor Christus, letzte Königin des ägyptischen Ptolemäerreiches und der letzte weibliche Pharao, Geliebte von Gaius Iulius Caesar und Marcus Antonius

Clio Kurzform von → Cleopatra

Clíodhna bedeutet „die Wohlgeformte"; aus dem Gälischen; Variation: Cleena

Cliona Nebenform von → Clíodhna

Clivia bedeutet „die Amaryllis"; aus dem Englischen

Clodagh nach dem Fluss Clodagh benannt; aus dem Gälischen

Clothilde bedeutet „die berühmte Kämpferin"; aus dem Althochdeutschen; bekannte Namensträgerin: Clothilde von Burgund, um 474 bis 544, durch Heirat mit Chlodwig I. Königin der Franken, Heilige Clothilde

Clover bedeutet „der Klee", aus dem Englischen

Clyde nach dem Fluss Clyde in Schottland benannt; aus dem Englischen

Clytemnestra bedeutet „die Edle und die Umworbene"; aus dem Griechischen; bekannte Namensträgerin: Klytämnestra, Gemahlin des Agamemnon, Schwester von Helena aus der griechischen Mythologie

Coco bedeutet „der Kakao"; aus dem Englischen; bekannte Namensträgerin: Coco Chanel, 1883 bis 1971, französische Modeschöpferin

Conny Nebenform von → Cornelia

Cordelia Nebenform von → Cordula

Cordula bedeutet „das Herzchen"; aus dem Lateinischen; Variationen: Kordula, Kordelia, Cordelia; Namenstag: 22. Oktober; bekannte Namensträgerinnen: Cordula Stratmann, geboren 1963, deutsche Komikerin und Kabarettistin; Cordula Trantow, geboren 1942, deutsche Schauspielerin, Regisseurin und Intendantin

Corinna bedeutet „die Jungfrau"; aus dem Lateinischen; Variationen: Korinna, Corinne; bekannte Namensträgerinnen: Corinna May, geboren 1970, deutsche Schlagersängerin; Corinna

Harfouch, geboren 1954, deutsche Schauspielerin

Corinne Nebenform von → Corinna; bekannte Namensträgerin: Corinne Clery, geboren 1950, französische Schauspielerin

Cornelia bedeutet „die aus der Familie Cornelius Stammende"; aus dem Lateinischen; Variationen: Conny, Konny; Namenstag: 31. März; bekannte Namensträgerinnen: Cornelia, 94 vor Christus bis 69/68 vor Christus, die erste Ehefrau des Gaius Iulius Caesar; Cornelia Funke, geboren 1958, deutsche Kinderbuchautorin; Cornelia Goethe, 1750 bis 1777, Schwester von Johann Wolfgang von Goethe; Cornelia Froboess, geboren 1943, deutsche Schauspielerin

Courtney bedeutet „die Kurznasige"; aus dem Französischen; bekannte Namensträgerin: Courtney Love, geboren 1964, amerikanische Musikerin

Crescentia bedeutet „die Wachsende"; aus dem Lateinischen; Namenstag: 5. April

Cressida bedeutet „die Goldene"; aus dem Griechischen

Crystal bedeutet „die Kristallene"; aus dem Griechischen

Cynthia bedeutet „die aus Kynthos Stammende"; aus dem Griechischen

C

Daaje Bedeutung ungeklärt; vermutlich aus dem Niederländischen

Dacia bedeutet „die aus Dacien Stammende"; aus dem Rumänischen

Dacil aus dem Spanischen

Daeshona aus dem Albanischen

Dafina Nebenform von → Daphne

Dafne Nebenform von → Daphne; bekannte Namensträgerin: Dafne, erste Oper der Geschichte von Jacopo Peri aus dem Jahr 1598

Dafni Nebenform von → Daphne

Daggi Nebenform von → Dagmar

Dagmar abgeleitet von der dänischen Königin Dagma; aus dem Dänischen; Namenstag: 24. Mai; bekannte Namensträgerinnen: Dagmar, um 1186 bis 1212, Heilige, Königin von Dänemark; Dagmar Berghoff, geboren 1943, deutsche Fernsehmoderatorin; Dagmar Koller, geboren 1939, österreichische Sängerin, Tänzerin und Schauspielerin

Dagna bedeutet „der neue Tag"; aus dem Polnischen

Dagny bedeutet „der neue Tag"; aus dem Schwedischen

Dahlia bedeutet „die Dahlie"; aus dem Englischen

Daiana Nebenform von → Diana

Daina bedeutet „das Lied"; aus dem Litauischen

Daira bedeutet „die Wissende"; aus dem Ägyptischen

Daisy bedeutet „das Gänseblümchen"; aus dem Englischen; bekannte Namensträgerin: Daisy, Zeichentrickfigur von Walt Disney, Donald Ducks Freundin

Daja bedeutet „der Tag"; aus dem Kurdischen

Dajana bedeutet „die Widerstand Leistende"; aus dem Griechischen

Dajena bedeutet „die Kriegerin"; aus dem Afrikanischen

Dakota benannt nach dem Namen eines Indianerstammes; aus dem Amerikanischen; bekannte Namensträgerinnen: Dakota Fanning, geboren 1994, amerikanische Schauspielerin; Dakota Richards, geboren 1994, britische Schauspielerin

Dalal bedeutet „die Verwöhnte"; aus dem Arabischen

Dalesa Bedeutung ungeklärt; vermutlich aus dem Spanischen

Dalga bedeutet „die Welle"; aus dem Türkischen

Dalia bedeutet „die Rose"; aus dem Hebräischen; bekannte Namensträgerin: Dalia Rabikovich, 1936 bis 2005, israelische Dichterin und Friedensaktivistin; Dalia Itzik, geboren 1952, israelische Politikerin

Daliah Nebenform von → Delilah; bekannte Namensträgerin: Daliah Lavi, geboren 1942, israelische Schauspielerin und Sängerin

Dalicia bedeutet „der Stern"; aus dem Thailändischen

Daline bedeutet „der Schatz"; aus dem Englischen

Dalisha bedeutet „die Freude"; aus dem Lateinischen

Dalla Bedeutung ungeklärt; vermutlich aus dem Afrikanischen

Dalya bedeutet „die Sternblume"; aus dem Türkischen

Dama bedeutet „die Herrin"; aus dem Lateinischen

Damara bedeutet „die Geliebte"; aus dem Griechischen

Damaris bedeutet „die Ehefrau"; aus dem Griechischen

Damayanti Bedeutung ungeklärt; vermutlich aus dem Indischen

Damiana bedeutet „das Volk"; aus dem Griechischen

Damijana Nebenform von → Damiana

Damjana Nebenform von → Damiana

Damla bedeutet „der Tropfen"; aus dem Türkischen

Damlar Nebenform von → Damla

Damo Bedeutung ungeklärt; vermutlich aus dem Griechischen

Dana Nebenform von → Daniela; bekannte Namensträgerinnen: Dana Delany, geboren 1956, amerikanische Schauspielerin; Dana Vávrová, 1967 bis 2009, deutsch-tschechische Schauspielerin und Filmregisseurin

Danae Bedeutung ungeklärt; vermutlich aus dem Griechischen; bekannte Namensträgerin: Danae, griechische Mythengestalt, Geliebte des Zeus und Mutter des Perseus

Danai bedeutet „die mit dem Meer Verbundene"; aus dem Griechischen

Danaja aus dem Amerikanischen

Danela Nebenform von → Daniela

Danguole bedeutet „die Himmlische"; aus dem Baltischen

Dani Kosename von → Daniela

Dania Nebenform von → Daniela

Danica bedeutet „der Morgenstern"; aus dem Slawischen

Daniek Bedeutung ungeklärt; vermutlich aus dem Polnischen

Daniela bedeutet „Gott ist mein Richter"; aus dem Hebräischen; bekannte Namensträgerinnen: Daniela Ziegler, geboren 1948, deutsche Schauspielerin und Sängerin; Daniela Götz, geboren 1987, deutsche Schwimmerin

Danielle Nebenform von → Daniela; bekannte Namensträgerinnen: Danielle Darrieux, geboren 1917, französische Film- und Theaterschauspielerin; Danielle Steel, geboren 1947, US-amerikanische Schriftstellerin

Danja slawische Kurzform von → Daniela

Danka bedeutet „die Geschenkte"; aus dem Serbokroatischen

Danuta polnische Form von → Daniela

Daphne bedeutet „der Lorbeer"; aus dem Englischen;

bekannte Namensträgerin: Daphne, Nymphe aus der griechischen Mythologie

Dargard bedeutet „die Zauberrute"; aus dem Althochdeutschen

Daria bedeutet „die, die das Gute besitzt"; aus dem Persischen; Namenstag: 25. Oktober; bekannte Namensträgerinnen: Daria Werbowy, geboren 1983, kanadisches Topmodel; Daria, unbekannt bis circa 304, christliche Märtyrerin

Darlene bedeutet „der Liebling"; aus dem Amerikanischen; bekannte Namensträgerinnen: Darlene Hard, geboren 1936, amerikanische Tennisspielerin; Darlene Conley, 1934 bis 2007, irisch-amerikanische Schauspielerin

Davida bedeutet „der Liebling Gottes"; aus dem Hebräischen; bekannter Namensträger: Davida, ein Asteroid des äußeren Asteroiden-Hauptgürtels, entdeckt im Jahr 1903

Dawn bedeutet „die Morgendämmerung"; aus dem Englischen

Daya bedeutet „der Vogel"; aus dem Hebräischen

Dea bedeutet „die Göttin"; aus dem Lateinischen

Debbie Nebenform von → Deborah; bekannte Namensträgerin: Debbie Reynolds, geboren 1932, amerikanische Schauspielerin und Sängerin, bekannt aus dem Musicalfilm „Singin' in the Rain"

Deborah bedeutet „die Biene"; aus dem Hebräischen; Namenstag: 21. September; bekannte Namensträgerin: Dame Deborah Kerr, 1923 bis 2007, britische Schauspielerin

Debra Nebenform von → Deborah; bekannte Namensträgerin: Debra Messing, geboren 1968, amerikanische Schauspielerin, bekannt aus der Fernsehserie „Will & Grace"

Decima bedeutet „die Zehnte"; aus dem Lateinischen

Deetje friesische Form von → Dieta

Deike bedeutet „das Volk"; aus dem Althochdeutschen

Deirdre bedeutet „die Kummervolle"; aus dem Gälischen; Namenstag: 15. Januar

Dela Nebenform von → Adela

Delia bedeutet „die von der Insel Delos Stammende"; aus dem Griechischen

Delilah bedeutet „die mit der herabfallenden Locke"; aus dem Hebräischen; bekannte Namensträgerin: Delilah, biblische Figur aus dem Alten Testament, die Samson seinen Feinden verraten hat

Delizia bedeutet „die Wonne, die Entzückende"; aus dem Schwedischen

Della Nebenform von → Adella

Delma bedeutet „die vom Meer Stammende"; aus dem Lateinischen

Demeke Nebenform von → Dietmut

Demetra bedeutet „die der Göttin Demeter Geweihte"; aus dem Griechischen

Deniz bedeutet „das offene Meer"; aus dem Türkischen; bekannte Namensträgerin: Deniz Seki, geboren 1970, türkische Sängerin

Denna bedeutet „die Schlucht"; aus dem Englischen

Derya bedeutet „der Ozean"; aus dem Persischen

Desideria bedeutet „die Wünschende"; aus dem Lateinischen; Variation: Désirée; Namenstag: 23. Mai

Désirée französische Form von → Desideria; bekannte Namensträgerinnen: Désirée Nosbusch, geboren 1965, deutsch-luxemburgische Schauspielerin und Moderatorin; Désirée Clary, 1777 bis 1860, Königin Desideria von Schweden und Norwegen; Désirée Nick, geboren 1956, deutsche Kabarettistin und Schauspielerin

Deva bedeutet „die Göttin, die Halbgöttin"; aus dem Indischen

Dhanistha bedeutet „der Stern"; aus dem Indischen

Diamond bedeutet „die Diamantene"; aus dem Englischen

Dian Nebenform von → Diana; bekannte Namensträgerin: Dian Fossey, 1932 bis 1985, US-amerikanische Erforscherin der Berggorillas

Diana bedeutet „die der Göttin Diana Geweihte"; aus dem Lateinischen; Variationen: Dian, Diane; Namenstag: 10. Juni; bekannte Namensträgerinnen: Diana, Göttin der Jagd; Diana Frances Mountbatten-Windsor geborene Spencer, auch bekannt als „Lady Di", 1961 bis 1997, Fürstin von Wales; Diana Rigg, geboren 1938, englische Schauspielerin, bekannt aus der Fernsehserie „Mit Schirm, Charme und Melone"; Diana Ross, geboren 1944, US-amerikanische Sängerin; Diana Gabaldon, geboren 1952, US-amerikanische Schriftstellerin

Diandra Kombination aus → Diana und Alexandra

Diane Nebenform von → Diana; bekannte Namensträgerinnen: Diane Kruger, geboren 1976, deutsche Schauspielerin; Diane Lane, geboren 1965, US-amerikanische Schauspielerin; Diane

Keaton, geboren 1946, US-amerikanische Schauspielerin

Dido nach der Gründerin Karthagos benannt; aus dem Griechischen; bekannte Namensträgerinnen: Dido, Mythenfigur, in der griechischen Mythologie die Gründerin und erste Königin von Karthago; Dido Florian Cloud de Bounevialle O'Malley Armstrong, besser bekannt als „Dido", geboren 1971, britische Sängerin

Dietgard bedeutet „das Volk und der Schutz"; aus dem Althochdeutschen

Dietlinde bedeutet „die Sanfte, die Milde"; aus dem Althochdeutschen; Namenstag: 22. Januar

Dietmut bedeutet „das Herz, die Seele"; aus dem Althochdeutschen

Dija bedeutet „ die Eintracht"; aus dem Russischen

Dimitra Nebenform von → Demetra

Dinah bedeutet „die zu ihrem Recht Gekommene"; aus dem Hebräischen

Dionne Nebenform von → Dionysia

Dionysia bedeutet „die dem Gott Dionysos Geweihte"; aus dem Griechischen; Variation: Dionne; Namenstag: 6. Dezember

Diotima bedeutet „die Gott Geweihte"; aus dem Griechischen

Divya bedeutet „der göttliche Schein"; aus dem Indischen

Dobra Nebenform von → Dubravka

Dobravka Nebenform von → Dubravka

Dodo Nebenform von → Dorothea

Dolly englische Kurzform von → Dorothy; bekannte Namensträgerinnen: Dolly Haas, 1910 bis 1994, deutsch-US-amerikanische Schauspielerin; Dolly Rebecca Parton, geboren 1946, US-amerikanische Countrysängerin und Filmschauspielerin

Dolores bedeutet „die Schmerzensreiche"; aus dem Spanischen; Namenstag: 15. September; bekannte Namensträgerin: Dolores Jane Umbridge, eine Figur aus den Harry-Potter-Romanen von J. K. Rowling

Doma Nebenform von → Dominika

Domenica Nebenform von → Dominika

Domenika Nebenform von → Dominika

Dominica Nebenform von → Dominika; bekannte Namensträgerin: Dominica, zwischen 260 und 287 bis 303 oder 301, christliche Märtyrerin

Dominika bedeutet „die dem Herrn Gehörende"; aus dem Lateinischen; Namenstag: 5. August, Variationen: Dominique, Domnika, Donka, Domenika, Domenica, Doma

Dominique französische Form von → Dominika

Domnika Nebenform von → Dominika

Donata bedeutet „die Geschenkte"; aus dem Lateinischen; Variation: Donatella; Namenstag: 17. Juli; bekannte Namensträgerin: Donata Höfer, geboren 1949, deutsche Schauspielerin

Donatella Nebenform von → Donata; bekannte Namensträgerin: Donatella Versace, geboren 1955, italienische Modeschöpferin und die Schwester von Modedesigner Gianni Versace

Donella bedeutet „Weltherrscherin"; aus dem Keltischen

Donka russische Form von → Dominika

Dora Nebenform von → Dorothea; bekannte Namensträgerinnen: Dora Diamant, 1898 bis 1952, letzte Lebensgefährtin Franz Kafkas; Dora Maar, 1907 bis 1997, französische Fotografin und Malerin

Doreen englische Form von → Dorothea

Doris Kurzform von → Dorothea; bekannte Namensträgerinnen: Doris Day, geboren 1924, US-amerikanische Schauspielerin; Doris Dörrie, geboren 1955, deutsche Regisseurin, Autorin und Produzentin; Doris Lessing, 1919 bis 2013, britische Schriftstellerin; Doris Schröder-Köpf, geboren 1963, deutsche Journalistin und Buchautorin

Dorit ursprüngliche englische Kurzform von → Dorothea

Dorkas bedeutet „die Gazelle"; aus dem Griechischen

Dorke Nebenform von → Dorothea

Dorota polnische und tschechische Form von → Dorothea

Dorothea bedeutet „das Gottesgeschenk"; aus dem Griechischen; Namenstage: 6. Februar, 25. Juni; bekannte Namensträgerinnen: Dorothea von Brandenburg-Kulmbach, um 1430 bis 1495, durch Heirat Königin von Dänemark, Norwegen und Schweden, sowie Herzogin von Schleswig und Holstein und Gräfin von Oldenburg; Dorothea Christiane Erxleben, 1715 bis 1762, erste promovierte deutsche Ärztin; Dorothea Friederike Schlegel, 1763 bis 1839, deutsche Literaturkritikerin und Schriftstellerin

Dorta bulgarische Kurzform von → Donata

Dorte niederdeutsche und dänische Form von → Dorothea

Draga weibliche Form von → Dragan

Dragana weibliche Form von → Dragan

Drew aus dem Englischen; bekannte Namensträgerin: Drew Barrymore, geboren 1975, US-amerikanische Schauspielerin und Model

Drusilla bedeutet „die Mildäugige"; aus dem Griechischen

Dua bedeutet „das Gebet"; aus dem Türkischen

Duana bedeutet „das Lied"; aus dem Gälischen

Dubravka bedeutet „die Gute"; aus dem Tschechischen; Variationen: Dobravka, Dobra

Dudu bedeutet „das Fräulein, die kleine Schwester"; aus dem Persischen

Duerre bedeutet „die Freundliche"; aus dem Französischen

Dulce bedeutet „die Süße"; aus dem Spanischen; Variation: Dulcie

Dulcie Nebenform von → Dulce

Dunija bedeutet „die Welt"; aus dem Indischen

Dunja bedeutet „die Hochgeschätzte"; aus dem Slawischen

Dunja bedeutet „die Welt"; aus dem Arabischen; Variation: Dunya; bekannte Namensträgerinnen: Dunja Hayali, geboren 1974, deutsche Journalistin und Fernsehmoderatorin; Dunja Rajter, geboren 1946, kroatische Sängerin und Schauspielerin („Winnetou I")

Dunya Nebenform von → Dunja

Durdane bedeutet „die Perle"; aus dem Türkischen

Durga bedeutet „die Mutter, die schwer Zugängliche"; aus dem Indischen; bekannte Namensvertreterin: Durga, Göttin im Hinduismus, Göttin der Vollkommenheit, der Kraft, des Wissens, des Handelns und der Weisheit

Duru bedeutet „die Klare"; aus dem Türkischen

Dusana bedeutet „die Edelmütige"; aus dem Slawischen; Variation: Dusanka

Dusanka Nebenform von → Dusana

Duschka Nebenform von → Duska

Duska bedeutet „der Atemzug"; aus dem Slawischen

Duygu bedeutet „das Gefühl"; aus dem Türkischen

E

Eabha irische Form von → Eva

Eadgytha Nebenform von → Ealdgyth

Ealdgyth bedeutet „der Besitz und der Kampf"; aus dem Englischen; Variation: Eadgytha

Eandburg Bedeutung ungeklärt; vermutlich aus dem Englischen

Eandra Bedeutung ungeklärt; vermutlich aus dem Englischen

Eanna Bedeutung ungeklärt; vermutlich aus dem Gälischen

Eaodoin Bedeutung ungeklärt; vermutlich aus dem Gälischen

Earline bedeutet „die Gräfin"; aus dem Englischen

Earta Nebenform von → Eartha

Eartha bedeutet „die Erde"; aus dem Amerikanischen; Variation: Earta

Earthie Nebenform von → Eartha

Easten bedeutet „der Osten"; aus dem Englischen

Easter bedeutet „das Osterfest"; aus dem Englischen

Eaven bedeutet „der schöne Glanz"; aus dem Gälischen

Eaza Bedeutung ungeklärt; vermutlich aus dem Gälischen

Ebba bedeutet „die stark ist wie ein Eber"; aus dem Schwedischen; Namenstag: 25. August

Ebbela Nebenform von → Eberhardine

Ebby Nebenform von → Eberhardine

Ebe Nebenform von → Eberhardine

Ebelin Nebenform von → Evelyn

Ebergard bedeutet „der Eber und schützen"; aus dem Althochdeutschen

Ebergund bedeutet „der Eber und kämpfen"; aus dem Althochdeutschen; Variation: Ebergunde

Ebergunde Nebenform von → Ebergund

Eberharda bedeutet „die stark ist wie ein Eber"; aus dem Althochdeutschen; Variationen: Eberharde, Eberhardine, Eberhardina, Eberhardine

Eberharde Nebenform von → Eberharda

Eberhardina Nebenform von → Eberharda

Eberhardine Nebenform von → Eberharda

Eberhild bedeutet „der Eber und der Kampf"; aus dem Althochdeutschen; Variation: Eberhilde

Eberhilde Nebenform von → Eberhild

Eberta Nebenform von → Eberharda

Ebertine Nebenform von → Eberharda

Ebonnie Nebenform von → Ebony

Ebont Nebenform von → Ebony

Ebony bedeutet „die Ebenhölzerne"; aus dem Amerikanischen

Ebrar Bedeutung ungeklärt; vermutlich aus dem Türkischen

Ebru bedeutet „die Augenbraue"; aus dem Türkischen; bekannte Namensträgerin: Ebru Soykan, 1980 bis 2009, türkische Bürgerrechtlerin, setzte sich für die Rechte der Homosexuellen ein

Ebtesam bedeutet „die Lächelnde"; aus dem Arabischen

Ecaterina russische Form von → Katherina

Ece bedeutet „die Königin"; aus dem Türkischen; Variation: Ecem

Ecehan bedeutet „die Königin"; aus dem Arabischen

Ecem Nebenform von → Ece

Ecmel bedeutet „die Schöne, das Gottesgeschenk"; aus dem Türkischen

Ecrin bedeutet „das Gottesgeschenk"; aus dem Arabischen

Eda bedeutet „die Grazile"; aus dem Türkischen

Edana bedeutet „die kleine Feurige"; aus dem Gälischen

Edburga Nebenform von → Edelburga

Edda Nebenform von → Edelgard

Edel bedeutet „die Edle"; aus dem Althochdeutschen; Variation: Edelie

Edelburga bedeutet „die edle Schützende"; aus dem Althochdeutschen; Namenstag: 7. Juli

Edelgard bedeutet „die Schützende"; aus dem Althochdeutschen; Variation: Edelgart

Edelgart Nebenform von → Edelgard

Edelie Nebenform von → Edel

Edelinde bedeutet „die edle Sanfte"; aus dem Althochdeutschen

Edeline bedeutet „die Edle"; aus dem Althochdeutschen

Edeltraud bedeutet „die Liebe und die Vertraute"; aus dem Althochdeutschen; Variation: Edeltraude; Namenstag: 23. Juni; bekannte Namensträgerin: Edeltraud Eckert, 1930 bis 1955, deutsche Schriftstellerin und Aktivistin gegen Unmenschlichkeit

Edeltraude Nebenform von → Edeltraud

Edeltraut Nebenform von → Edeltraud

Edeltrud Nebenform von → Edeltraud

Edeltruda Nebenform von → Edeltraud

Edeltrude Nebenform von → Edeltraud

Eden bedeutet „das Paradies"; aus dem Hebräischen; bekannter Namensträger: der Garten Eden

Edera bedeutet „der Efeu"; aus dem Italienischen

Edessa abgeleitet von einem Wasserfall in Griechenland; aus dem Griechischen

Edgarda Nebenform von → Edelgard

Edi Nebenform von → Edel

Edigna bedeutet „die Reiche"; aus dem Althochdeutschen; Namenstag: 26. Februar

Edina bedeutet „die Wonne"; aus dem Hebräischen; Variation: Edine

Edine Nebenform von → Edina

Edis bedeutet „die Hohe"; aus dem Türkischen

Edisa bedeutet „die schöne Frau"; aus dem Afrikanischen

Edita bedeutet „Ich wusste es"; aus dem Albanischen; bekannte Namensträgerin: Edita Gruberova, geboren 1946, slowakische Sopranistin

Edite Nebenform von → Edith

Edith bedeutet „die Besitzende und die Kämpfende"; aus dem Englischen; Variation: Editha; Namenstage: 9. August, 16. September, 8. Dezember; bekannte Namensträgerinnen: Édith Piaf, 1915 bis 1963, französische Chansonsängerin; Edith Roosevelt, 1861 bis 1948, zweite Gattin des US-Präsidenten Theodore Roosevelt; Edith Stein, 1891 bis 1942, deutsche Philosophin und katholische Nonne

Editha Nebenform von → Edith

Editta Nebenform von → Edith

Edla bedeutet „die Prinzessin"; aus dem Hebräischen

Edlira bedeutet „die Reine"; aus dem Albanischen

Edmea italienische Form von → Edmunda

Edmonda Nebenform von → Edmunda

Edmunda bedeutet „die reiche Kriegerin"; aus dem Althochdeutschen; Variationen: Edmonda, Edmunde

Edmunde Nebenform von → Edmunda

Edna bedeutet „das Entzücken"; aus dem Hebräischen; bekannte Namensträgerin: Dame Edna Everage, fiktive Figur des australischen Komikers Barry Humphries; Edna Brocke, geboren 1943, israelisch-deutsche Theologin, Anglistin und Politologin; Edna Annie Proulx, besser bekannt als Annie Proulx, geboren 1935, Journalistin und Schriftstellerin

Edneisha Nebenform von → Edna

Edoarda Nebenform von → Eduarda

Edonjeta bedeutet „das liebe Leben"; aus dem Albanischen

Eduarda bedeutet „die Hüterin des Schatzes"; aus dem Althochdeutschen; Variationen: Edoarda, Eduarde

Eduarde Nebenform von → Eduarda

Eduardina Nebenform von → Eduarda

Eduardine Nebenform von → Eduarda

Eduarta Nebenform von → Eduarda

Eduarte Nebenform von → Eduarda

Edurne bedeutet „der Schnee"; aus dem Baskischen

Edvige italienische Form von → Hedwig

Edvina bedeutet „die Freundin des Besitzes"; aus dem Englischen; Variation: Edwina; Namenstag: 19. Dezember

Edwardina Nebenform von → Edvina

Edwardine Nebenform von → Edvina

Edwina Nebenform von → Edvina

Edwine Nebenform von → Edvina

Edyta Nebenform von → Edith

Edyth Nebenform von → Edith

Edytha Nebenform von → Edith

Eefje Nebenform von → Eva

Eeva Nebenform von → Eva

Eevi Nebenform von → Eva

Eewan Nebenform von → Eva

Efa Nebenform von → Eva

Efe Nebenform von → Eva

Effi Nebenform von → Elfriede

Efgenia bedeutet „die Höfliche"; aus dem Griechischen

Efisia abgeleitet von Efisio, dem Namen eines Heiligen; aus dem Italienischen

Efje Nebenform von → Eva

Efke Nebenform von → Eva

Efrat bedeutet „die vom Fluss Euphrat Stammende"; aus dem Hebräischen

Efrona bedeutet „der singende Vogel"; aus dem Hebräischen

Efser bedeutet „die Krone"; aus dem Türkischen

Efsun bedeutet „das Wunder"; aus dem Arabischen

Eftalya bedeutet „die Meerjungfrau"; aus dem Türkischen

Efthalia bedeutet „die Blume"; aus dem Griechischen

Efthimia bedeutet „die Freude Bringende"; aus dem Griechischen

E

Eftichia bedeutet „ die Glückliche"; aus dem Griechischen

Eftimia Nebenform von → Efthimia

Egberta bedeutet „die Schwertschneide"; aus dem Althochdeutschen; Variationen: Egberte, Egbertine, Egbertina

Egberte Nebenform von → Egberta

Egbertina Nebenform von → Egberta

Egbertine Nebenform von → Egberta

Egeria abgeleitet von der griechischen Mythologiefigur Egeria, eine Nymphe und die Geliebte des zweiten Königs von Rom; aus dem Lateinischen

Egle bedeutet „der Tannenbaum"; aus dem Litauischen

Egzona bedeutet „die Glückliche"; aus dem Albanischen

Ehmi bedeutet „die Waffenschneide"; weibliche Form von Ehm; aus dem Althochdeutschen

Ehrengard bedeutet „die Ehrenhafte und die Beschützerin"; aus dem Althochdeutschen

Ehrentraud bedeutet „die Ehrenhafte und die Starke"; aus dem Althochdeutschen;

Variationen: Ehrentraude, Ehrentraut; Namenstag: 30. Juni

Ehrentraude Nebenform von → Ehrentraud

Ehrentraut Nebenform von → Ehrentraud

Ehrentrud Nebenform von → Ehrentraud

Ehrentrude Nebenform von → Ehrentraud

Eidith Nebenform von → Edith

Eija Bedeutung ungeklärt; vermutlich aus dem Finnischen

Eika bedeutet „das Schwert"; aus dem Französischen; Variation: Eike

Eike Nebenform von → Eika

Eikea Nebenform von → Eika

Eiko aus dem Japanischen; bekannte Namensträgerin: Eiko Kadono, geboren 1935, japanische Schriftstellerin

Eila norwegische Form von → Helena

Eileen englische Form von → Helena; bekannte Namensträgerinnen: Eileen Joyce Rutter, geboren 1945, britische Schriftstellerin; Eileen Marie Collins, geboren 1956, US-amerikanische Astronautin; Eileen Gray, 1878 bis 1976,

irische Innenarchitektin und Designerin des Bauhaus; Eileen Heckart, 1919 bis 2001, US-amerikanische Schauspielerin

Eileena Nebenform von → Helena

Eilen norwegische Form von → Helena

Eilidh irische Form von → Helena

Eilika bedeutet „die durch das Schwert Mächtige"; aus dem Althochdeutschen; Variation: Eilike

Eilike Nebenform von → Eilika

Eiltraud bedeutet „die Waffenstarke"; aus dem Althochdeutschen; Variationen: Eiltraude, Eiltraut, Eiltrud

Eiltraude Nebenform von → Eiltraud

Eiltraut Nebenform von → Eiltraud

Eiltrud Nebenform von → Eiltraud

Eiltrude Nebenform von → Eiltraud

Eiltrut Nebenform von → Eiltraud

Eilyn Nebenform von → Helena

Eimear Nebenform von → Emer

Eina bedeutet „die Einzelkämpferin"; aus dem Schwedischen

Einharde bedeutet „die starke Schwertkämpferin"; aus dem Althochdeutschen

Eira bedeutet „der Schnee"; aus dem Skandinavischen

Eireann bedeutet „die Irin"; aus dem Gälischen

Eirene bedeutet „die Friedvolle"; aus dem Skandinavischen

Eiretta Nebenform von → Eireann

Eirlys bedeutet „das Schneeglöckchen"; aus dem Keltischen

Eisabeth Nebenform von → Elisabeth

Eithne bedeutet „der Kern"; aus dem Gälischen

Eivie Nebenform von → Eva

Eivor Nebenform von → Eva

Eka Nebenform von → Eika

Ekata bedeutet „die Einheit"; aus dem Indischen

Ekaterina Nebenform von → Katherina

Ekaterini Nebenform von → Katherina

Ekateriny Nebenform von → Katherina

Ekin Bedeutung ungeklärt; vermutlich aus dem Türkischen

Ekzona Nebenform von → Egzona

Ela bedeutet „die Honigfarbene"; aus dem Türkischen

Ela Nebenform von → Elisabeth

Elain Nebenform von → Helena

Elaina Nebenform von → Helena

Elaine englische Form von → Helena

Elana bedeutet „der Sonnenstrahl"; aus dem Griechischen

Elanor aus dem Englischen; bekannte Namensträgerin: Elanor aus „Herr der Ringe"

Elanur aus dem Türkischen

Elarda bedeutet „das harte Schwert"; aus dem Althochdeutschen

Elda Nebenform von → Mathilde

Eldina bedeutet „die Glücklichste"; aus dem Albanischen

Eldora bedeutet „die aus El Dorado Stammende"; aus dem Spanischen

Eldrid nordische Form von → Edeltraud

Elea Nebenform von → Eleonora

Eleaine Nebenform von → Helena

Eleana Nebenform von → Eleonora

Eleane Nebenform von → Eleonora

Eleani Nebenform von → Eleonora

Eleanor Nebenform von → Eleonora

Electra bedeutet „die Strahlende"; aus dem Griechischen; Variation: Elektra

Eleen Form von → Helena

Elektra Nebenform von → Electra; bekannte Namensträgerin: Elektra, in der griechischen Mythologie die Tochter von Agamemnon, König von Mykene, und Klytämnestra; Schwester von Iphigenie

Elen Nebenform von → Helena

Elena Nebenform von → Helena; bekannte Namensträgerinnen: Elena Paparizou, geboren 1982, griechisch-schwedische Sängerin; Elena von Griechenland, 1896 bis 1982, Prinzessin von Griechenland und Dänemark; Elena Maria Isabel Dominica de Silos de Borbón y Grecia, geboren 1963, Infantin von Spanien

Elenah Nebenform von → Helena

Elene Nebenform von → Helena

Eleni neugriechische Form von → Helena

Elenia Nebenform von → Eleonora

Eleonor Nebenform von → Eleonora; bekannte Namensträgerin: Eleanor Roosevelt, 1884 bis 1962, Ehefrau des US-Präsidenten Franklin D. Roosevelt

Eleonora bedeutet „Gott ist mein Licht"; aus dem Hebräischen; Variation: Eleonore; Namenstage: 11. Februar, 25. Juni

Eleonore Nebenform von → Eleonora; bekannte Namensträgerinnen: Eleonore von Österreich, 1498 bis 1558, als Gattin von Manuel I. Königin von Portugal, als Gattin von Franz I. Königin von Frankreich; Eleonore von Österreich, 1653 bis 1697, Königin von Polen und Herzogin von Lothringen; Eléonore von Belgien, geboren 2008, Prinzessin von Belgien

Eleri Nebenform von → Eleonira

Eleyne Nebenform von → Helena

Elfe bedeutet „die Elfe, der Naturgeist"; aus dem Althochdeutschen

Elfgard bedeutet „die die Elfen Beschützende"; aus dem Althochdeutschen

Elfi Nebenform von → Elfriede

Elfraude Nebenform von → Elftraud

Elfrida Nebenform von → Elfriede

Elfride Nebenform von → Elfriede

Elfrieda Nebenform von → Elfriede

Elfriede bedeutet „die den Elfen Frieden Bringende; aus dem Althochdeutschen; Variationen: Elfi, Elfrida, Elfrieda; Namenstage: 30. Dezember, 8. Februar, 20. Mai; bekannte Namensträgerinnen: Elfriede Jelinek, geboren 1946, österreichische Schriftstellerin; Elfriede Paul, 1900 bis 1981, deutsche Ärztin, Gesundheitspolitikerin und Widerstandskämpferin; Elfriede Gerstl, 1932 bis 2009, österreichische Schriftstellerin und Feministin

Elfrun bedeutet „das Geheimnis der Nacht"; aus dem Althochdeutschen

Elftraud bedeutet „die Elfenkraft"; aus dem Althochdeutschen; Variationen: Elftraude, Elftraut, Elftrud, Elftrude, Elftrut

Elftraut Nebenform von → Elftraud

Elftrud Nebenform von → Elftraud

Elftrude Nebenform von → Elftraud

Elftrut Nebenform von → Elftraud

Elgin Nebenform von → Edel

Elginn Nebenform von → Edel

Elham bedeutet „die Vorhersehung, das Schicksal"; aus dem Arabischen; Variation: Elhame

Elhame Nebenform von → Elham

Eli Nebenform von → Elisabeth

Elia Nebenform von → Elisabeth

Eliana bedeutet „Jahwe ist mein Gott"; aus dem Hebräischen; Variationen: Elie, Eliette

Eliane Nebenform von → Eliana

Eliani Nebenform von → Eliana

Elida bedeutet „das Schiff, das schnell segelt"; aus dem Isländischen

Elie Nebenform von → Eliana

Eliett Nebenform von → Eliana

Eliette Nebenform von → Eliana

Elieza Nebenform von → Elisabeth

Elieze Nebenform von → Elisabeth

Elif bedeutet „die Freundin"; aus dem Türkischen

Elijana Nebenform von → Eliana

Elin Nebenform von → Helena

Elina Nebenform von → Helena

Eline bedeutet „der Engel"; aus dem Keltischen

Elinor Nebenform von → Eleonora

Eliora Nebenform von → Eleonora

Elira bedeutet „die Freie"; aus dem Albanischen

Elis Nebenform von → Elisabeth

Elisa Nebenform von → Elisabeth

Elisabet Nebenform von → Elisabeth

Elisabeta Nebenform von → Elisabeth

Elisabeth bedeutet „Gott hat geschworen"; aus dem Hebräischen; Variationen: Eli-sa, Ella, Ellie, Elissa, Lisbeth, Lisabeth, Lise, Lisenka, Lisset, Lissy, Lisette, Lisha, Lissa, Lisse, Lissi, Lisa; Namenstage: 18. Juni, 19. Juni, 19. November, 25. November, 4. Juli; bekannte Namensträgerinnen: Elisabeth I. von England, 1533 bis 1603, Königin von England; Elisabeth II., geboren 1926, Königin des Vereinigten Königreichs von Großbritannien und Nordirland, Staatsoberhaupt des Commonwealth; Elisabeth Volkmann, 1936 bis 2006, deutsche Schauspielerin und Synchronsprecherin; Elisabeth Orth, geboren 1936, österreichische Schauspielerin

Elisabetha Nebenform von → Elisabeth

Elisabethe Nebenform von → Elisabeth

Elisabetta Nebenform von → Elisabeth

Elisaweta Nebenform von → Elisabeth

Elisbeth Nebenform von → Elisabeth

Elisbetha Nebenform von → Elisabeth

Elisbetta Nebenform von → Elisabeth

Elise Nebenform von → Elisabeth; bekannte Namensträgerin: Elise von Hohenhausen, 1789 bis 1857, deutsche Schriftstellerin

Elisea Nebenform von → Elisabeth

Elisha Nebenform von → Elisabeth

Elishewa Nebenform von → Elisabeth

Elissa Nebenform von → Elisabeth

Elita bedeutet „die Elite"; aus dem Albanischen

Eliza Nebenform von → Elisabeth

Elizabet Nebenform von → Elisabeth

Elizabeth Nebenform von → Elisabeth; bekannte Namensträgerinnen: Elizabeth Taylor, 1932 bis 2011, britisch-US-amerikanische Schauspielerin; Elizabeth George, geboren 1949, US-amerikanische Krimiautorin; Elizabeth von Arnim, 1866 bis 1941, englische Schriftstellerin; Elizabeth Arden, 1878 bis 1966, Kosmetikunternehmerin

Elizabetha Nebenform von → Elisabeth

Elizabethe Nebenform von → Elisabeth

Elizabett Nebenform von → Elisabeth

Elizabetta Nebenform von → Elisabeth

Elizabeyta Nebenform von → Elisabeth

Elizet Nebenform von → Elisabeth

Elja bedeutet „die Energiegeladene"; aus dem Isländischen

Eljana Nebenform von → Helena

Eljena Nebenform von → Helena

Eljesa bedeutet „die Verliebte"; aus dem Albanischen

Elka Nebenform von → Elke

Elke Nebenform von → Adela; bekannte Namensträgerin: Elke Heidenreich, geboren 1943, deutsche Autorin, Kabarettistin, Moderatorin und Journalistin

Ella bedeutet „sie"; aus dem Spanischen

Ella Nebenform von → Elisabeth; bekannte Namensträgerin: Ella Fitzgerald, 1917 bis 1996, US-amerikanische Jazzsängerin

Ellaha bedeutet „die Göttin"; aus dem Arabischen

Elle Nebenform von → Elisabeth

Ellen englische Form von → Helena; bekannte Namensträgerinnen: Ellen DeGeneres, geboren 1958, US-amerikanische Schauspielerin, Komikerin und TV-Moderatorin; Ellen Page, geboren 1987, kanadische Schauspielerin;

Ellen Arnhold, geboren 1961, deutsche Nachrichtensprecherin; Ellen Barkin, geboren 1964, US-amerikanische Schauspielerin; Ellen Kessler, geboren 1936, deutsche Tänzerin und Schauspielerin; Ellen von Unwerth, geboren 1954, deutsche Fotografin

Elli Nebenform von → Elisabeth; bekannte Namensträgerin: Elli Kafka, 1889 bis 1942, die älteste Schwester des Schriftstellers Franz Kafka

Ellie Nebenform von → Elisabeth

Ellika Nebenform von → Elisabeth

Ellina Nebenform von → Helena

Ellinor Nebenform von → Eleonora

Ellionor Nebenform von → Eleonora

Ellionora Nebenform von → Eleonora

Ellis Nebenform von → Elisabeth

Ellisa Nebenform von → Elisabeth

Ellisabet Nebenform von → Elisabeth

Ellisabeta Nebenform von → Elisabeth

Ellisabete Nebenform von → Elisabeth

Ellisabeth Nebenform von → Elisabeth

Ellisya Nebenform von → Elisabeth

Elly Nebenform von → Elisabeth; bekannte Namensträgerin: Elly Heuss-Knapp, 1881 bis 1952, Frau des deutschen Bundespräsidenten Theodor Heuss

Ellyn Nebenform von → Helena

Elma Nebenform von → Alma

Elmas bedeutet „der funkelnde Diamant"; aus dem Türkischen; Variation: Elmaze

Elmaze Nebenform von → Elmas

Elmedina bedeutet „die Stadt der Götter"; aus dem Albanischen

Elmira bedeutet „die Fürstliche"; aus dem Spanischen

Elna skandinavische Kurzform von → Helena

Eloane Nebenform von → Helena

Elodia Nebenform von → Elodie

Elodie bedeutet „die Vollkommene"; aus dem Französischen; Variation: Elodia

Eloisa Nebenform von → Heloise

Eloise Nebenform von → Heloise

Eloisia Nebenform von → Heloise

Elona Nebenform von → Helena

Elouisa Nebenform von → Louise

Elouise Nebenform von → Lousie

Elozia Nebenform von → Heloise

Els Nebenform von → Elisabeth

Elsa Nebenform von → Elisabeth

Elsbe Nebenform von → Elisabeth

Elsbeth Nebenform von → Elisabeth

Else Nebenform von → Elisabeth; bekannte Namensträgerinnen: Else von Moellendorff, 1916 bis 1982, deutsche Schauspielerin; Else Buschheuer, geboren 1965, deutsche Schriftstellerin, Journalistin und Fernsehmoderatorin

Elseke Nebenform von → Elisabeth

Elsi Nebenform von → Elisabeth

Elsike Nebenform von → Elisabeth

Elske Nebenform von → Elisabeth

Elskea Nebenform von → Elisabeth

Elssa Nebenform von → Elisabeth

Elsy Nebenform von → Elisabeth

Eluisa Nebenform von → Louise

Eluise Nebenform von → Louise

Elva bedeutet „die Flinke"; aus dem Englischen

Elvira spanische Form von → Alvara; Namenstage: 25. August, 22. Juli

Elvire Nebenform von → Alvara

Elysia bedeutet „die Selige"; aus dem Griechischen

Elzbieta Nebenform von → Elisabeth

Ema Nebenform von → Emma

Emalia bedeutet „die Tapfere"; aus dem Althochdeutschen

Emana bedeutet „die Glaubhafte"; aus dem Arabischen

Emanuela bedeutet „Gott mit uns"; aus dem Hebräischen; Namenstag: 9. Oktober

Emanuela Nebenform von → Manuela

Emanuele Nebenform von → Manuela

Emanuella Nebenform von → Manuela

Emanuelle Nebenform von → Manuela

Embla bedeutet „das Rebenholz"; aus dem Skandinavischen; bekannte Namensträgerin: Embla, nordische Sagengestalt, Mutter des Menschengeschlechts, Frau des Ask

Emebet bedeutet „Glück sei mit dir"; aus dem Afrikanischen

Emek bedeutet „die Kraft"; aus dem Türkischen

Emel bedeutet „der Wunsch"; aus dem Türkischen

Emela bedeutet „die Hübsche"; aus dem Kroatischen; Variationen: Emelia, Emelie

Emelia Nebenform von → Emela

Emelie Nebenform von → Emela

Emelina Nebenform von → Emela

Emeline Nebenform von → Emela

Emely Nebenform von → Emilia

Emer bedeutet „die Geliebte"; aus dem Gälischen

Emerald bedeutet „der Smaragd"; aus dem Englischen

Emerentia bedeutet „die Verdiente"; aus dem Lateinischen; Variation: Emerentina; Namenstag: 23. Januar

Emerentiana Nebenform von → Emerentia

Emerentina Nebenform von → Emerentia

Emerenz Nebenform von → Emerentia

Emerita bedeutet „die Würdige"; aus dem Lateinischen

Emese bedeutet „das Mütterlein"; aus dem Ungarischen

Emeti bedeutet „die Ewige"; aus dem Türkischen

Emi bedeutet „die Gesegnete"; aus dem Japanischen

Emiglia Nebenform von → Emilia

Emilee Nebenform von → Emilia

Emili Nebenform von → Emilia

Emilia bedeutet „die Eifrige"; aus dem Lateinischen; Variationen: Emilie, Emily; Namenstage: 24. August, 5. Januar, 21. März; bekannte Namensträgerin: Emilia Galotti, Heldin des gleichnamigen bürgerlichen Trauerspiels von Gotthold Ephraim Lessing

Emiliana Nebenform von → Emilia

Emilie Nebenform von → Emilia; bekannte Namensträgerinnen: Emilie Brentano, 1810 bis 1882, deutsche Verlegerin; Emilie Schindler, 1907 bis 2001, Gattin von Oskar Schindler

Emilien Nebenform von → Emilia

Emilija Nebenform von → Emilia

Emilijana Nebenform von → Emilia

Emilije Nebenform von → Emilia

Emiliya Nebenform von → Emilia

Emily Nebenform von → Emilia; bekannte Namensträgerinnen: Emily Brontë, 1818 bis 1848, britische Schriftstellerin; Emily Carr, 1871 bis 1945, kanadische Malerin; Emily Greene Balch, 1867 bis 1961, US-amerikanische Friedensnobelpreisträgerin; Emily Dickinson, 1830 bis 1886, US-amerikanische Dichterin

Emilya Nebenform von → Emilia

Emina Nebenform von → Emine

Emine bedeutet „das Zutrauen, das Vertrauen"; aus dem Türkischen; Variation: Emina

Emira bedeutet „die Prinzessin"; aus dem Arabischen

Emke Nebenform von → Emma

Emma bedeutet „die Große"; aus dem Althochdeutschen; Variationen: Emmi, Emmy; Namenstage: 9. September, 10. Dezember, 31. Januar, 19. April; bekannte Namensträgerinnen: Emma Goldman, 1869 bis 1940, US-amerikanische Friedensaktivistin; Emma Watson, geboren 1990, britische Schauspielerin, bekannt aus den Harry-Potter-Verfilmungen; Emma Bovary, Titelfigur des Romans „Madame Bovary" von Gustave Flaubert aus dem Jahr 1857; Emma Thompson, geboren 1959, britische Schauspielerin

Emmeli Nebenform von → Emilia

Emmelia Nebenform von → Emilia; Namenstag: 30. Mai

Emmelie Nebenform von → Emilia

Emmelina Nebenform von → Emilia

Emmeline Nebenform von → Emilia

Emmely Nebenform von → Emilia

Emmi Nebenform von →
Emma

Emmy Nebenform von →
Emma

Emmylou bedeutet „die
große Kämpferin"; aus dem
Amerikanischen

Emöke Bedeutung unge-
klärt; vermutlich aus dem
Ungarischen

Emunah bedeutet „die
Glaubende"; aus dem
Arabischen

Emy Nebenform von →
Emilia

Ena bedeutet „die Eine"; aus
dem Schwedischen

Ena Nebenform von →
Helena

Encarna Nebenform von →
Encarnacion

Encarnacion bedeutet „die
Wiedergeborene"; aus dem
Spanischen; Variation:
Encarna

Enfys bedeutet „der Regenbogen"; aus dem Keltischen

Engla Bedeutung ungeklärt;
vermutlich aus dem Schwe-
dischen

Enid bedeutet „das kleine
Feuer"; aus dem Keltischen;
Variationen: Enida; bekannte
Namensträgerinnen: Enid Bly-
ton, 1897 bis 1968, britische
Schriftstellerin; Enid Bagnold,

1889 bis 1981, britische
Schriftstellerin und Dramati-
kerin

Enida Nebenform von →
Enid

Enie Nebenform von →
Iphigenie; bekannte Namens-
trägerin: Enie van de Meiklo-
kjes, geboren 1975, deutsche
Fernsehmoderatorin und
Dekorateurin

Enisa Nebenform von → Enid

Enja bedeutet „der Kern";
aus dem Keltischen

Enju Bedeutung ungeklärt;
vermutlich aus dem Japa-
nischen

Enke Nebenform von →
Elke

Enna bedeutet „die aus
Enna Stammende"; aus dem
Italienischen

Enni Nebenform von →
Helena

Ennia Nebenform von →
Helena

Ennikke Nebenform von →
Elke

Ennur bedeutet „die am
meisten Leuchtende"; aus
dem Türkischen

Enny Nebenform von →
Helena

Enola bedeutet „die Ein-
same"; aus dem Indischen

Enrica italienische Form von
→ Henriette; Namenstag:
21. Februar

Eny bedeutet „die Feurige";
aus dem Gälischen

Enya Nebenform von →
Eithne

Enza Nebenform von →
Vincenza

Enzi Nebenform von →
Vincenza

Enzo Nebenform von →
Vincenza

Eobane bedeutet „die im
Morgenrot Gehende"; aus
dem Griechischen

Eos bedeutet „die Morgenröte"; aus dem Griechischen

Eowyn bedeutet „die Pfer-
deliebhaberin"; aus dem
Englischen

Ephenia Bedeutung ungeklärt; vermutlich aus dem
Griechischen

Ephranna Bedeutung ungeklärt; vermutlich aus dem
Griechischen

Ephrosine Bedeutung
ungeklärt; vermutlich aus
dem Griechischen

Epona bedeutet „die Pferde-
göttin"; aus dem Keltischen

Eponine Bedeutung ungeklärt; vermutlich aus dem Keltischen

Era bedeutet „der Wind, der Duft"; aus dem Albanischen

Eranda Bedeutung ungeklärt; vermutlich aus dem Albanischen

Erblina bedeutet „der Duft der Linde"; aus dem Albanischen

Erda bedeutet „die Erde"; aus dem Althochdeutschen; bekannte Namensträgerin: Erda, germanische Göttin der Erde

Erdenay bedeutet „der rote Mond"; aus dem Türkischen

Erdmut bedeutet „die von der Mutter Erde Stammende"; aus dem Althochdeutschen; Variationen: Erdmute, Erdmuth, Ermuthe

Erdmute Nebenform von → Erdmut

Erdmuth Nebenform von → Erdmut

Erdmuthe Nebenform von → Erdmut

Erdrun bedeutet „das Geheimnis der Erde"; aus dem Althochdeutschen; Variation: Erdruna

Erduan Bedeutung ungeklärt; vermutlich aus dem Türkischen

Erenay bedeutet „der aufgehende Mond"; aus dem Türkischen

Erendiz bedeutet „der Komet"; aus dem Türkischen

Eri bedeutet „der Segen"; aus dem Japanischen

Erica bedeutet „die Ehrenreiche"; aus dem Althochdeutschen; Variationen: Erika, Ericka, Eriecka; Namenstag: 5. Juni

Ericka Nebenform von → Erica

Erifili Bedeutung ungeklärt; vermutlich aus dem Griechischen

Erika Nebenform von → Erica; bekannte Namensträgerinnen: Erika Berger, geboren 1939, deutsche Fernsehmoderatorin; Erika Mann, 1905 bis 1969, deutsche Schauspielerin, Kabarettistin und Schriftstellerin; Erika Pluhar, geboren 1939, österreichische Schauspielerin und Autorin

Eriko Bedeutung ungeklärt; vermutlich aus dem Japanischen

Erin bedeutet „die Friedvolle"; aus dem Gälischen

Erina Nebenform von → Irene

Erinetta Nebenform von → Irene

Erinka Nebenform von → Erica

Eris bedeutet „die Streitende"; aus dem Griechischen

Erja bedeutet „die Freigeborene"; aus dem Finnischen

Erkengard bedeutet „die gute Beschützerin"; aus dem Althochdeutschen

Erkenhild bedeutet „die gute Kämpferin"; aus dem Althochdeutschen; Variationen: Erkenhilda, Erkenhilde, Erkenhilt

Erkenhilda Nebenform von → Erkenhild

Erkenhilde Nebenform von → Erkenhild

Erkenhilt Nebenform von → Erkenhild

Erkentraud bedeutet „die gute Kraft"; aus dem Althochdeutschen; Variationen: Erkentraude, Erkentrud

Erkentraude Nebenform von → Erkentraud

Erkentrud Nebenform von → Erkentraud

Erkentrude Nebenform von → Erkentraud

Erkentrut Nebenform von → Erkentraud

Erla bedeutet „die Freie, die Vornehme"; aus dem Althochdeutschen; Variation: Erle

Erle Nebenform von → Erla

Erleta Bedeutung ungeklärt; vermutlich aus dem Albanischen

Erlfriede bedeutet „der freie Friede"; aus dem Althochdeutschen

Erlgard bedeutet „der freie Schutz"; aus dem Althochdeutschen

Erltraud bedeutet „die freie Kraft"; aus dem Althochdeutschen; Variationen: Erltrauda, Erltraude, Erltrud, Erltrude, Erltrut

Erltraude Nebenform von → Erltraud

Erltraut Nebenform von → Erltraud

Erltrud Nebenform von → Erltraud

Erltrude Nebenform von → Erltraud

Erltrut Nebenform von → Erltraud

Erma bedeutet „die Gewaltige"; aus dem Althochdeutschen; Variationen: Ermela, Ermelina, Ermeline

Ermela Nebenform von → Erma

Ermelina Nebenform von → Erma

Ermelinda bedeutet „die große Linde"; aus dem Althochdeutschen; Variation: Ermelinde; Namenstag: 29. Oktober

Ermelinde Nebenform von → Ermelinda

Ermeline Nebenform von → Erma

Ermengard bedeutet „der große Schutz"; aus dem Althochdeutschen; Variation: Ermengarda

Ermengarda Nebenform von → Ermengard

Ermenhild bedeutet „der große Kampf"; aus dem Althochdeutschen; Variation: Ermenhilde

Ermenhilde Nebenform von → Ermenhild

Ermentraud bedeutet „die große Stärke"; aus dem Althochdeutschen; Variationen: Ermentraude, Ermentraut, Ermentrut, Ermentrude, Ermintraud, Ermintrauda, Ermindtrud, Ermindtrude, Ermintrut

Ermentraude Nebenform von → Ermentraud

Ermentraut Nebenform von → Ermentraud

Ermentrud Nebenform von → Ermentraud

Ermentrude Nebenform von → Ermentraud

Ermintraud Nebenform von → Ermentraud

Ermintraude Nebenform von → Ermentraud

Ermintraut Nebenform von → Ermentraud

Ermintrud Nebenform von → Ermentraud

Ermintrude Nebenform von → Ermentraud

Ermintrut Nebenform von → Ermentraud

Ermioni Bedeutung ungeklärt; vermutlich aus dem Griechischen

Ermira bedeutet „der gute Duft"; aus dem Albanischen

Ermira bedeutet „die Prinzessin"; aus dem Arabischen

Ermoza Bedeutung ungeklärt; vermutlich aus dem Albanischen

Erna Nebenform von → Ernestine; bekannte Namensträgerin: Erna Liebenow, „Joy Fleming", geboren 1944, deutsche Jazz-, Blues- und Schlagersängerin

Erne Nebenform von → Ernestine

Ernesta Nebenform von → Ernestine

Ernestina Nebenform von → Ernestine

Ernestine bedeutet „die Entschlossene"; aus dem Althochdeutschen; Variationen: Erna, Erne, Ernesta; Namenstag: 14. April

Ernfrieda bedeutet „der Adler und der Friede"; aus dem Althochdeutschen

Ernfriede Nebenform von → Ernfrieda

Ernsta Nebenform von → Ernestine

Ernstina Nebenform von → Ernestine

Ernstine Nebenform von → Ernestine

Erofili bedeutet „die Liebe"; aus dem Griechischen

Erona Bedeutung ungeklärt; vermutlich aus dem Albanischen

Ersi bedeutet „die Frische des Morgentaus"; aus dem Griechischen

Erva Nebenform von → Erwina

Ervina Nebenform von → Erwina

Ervine Nebenform von → Erwina

Erwina bedeutet „die Heeresfreundin"; aus dem Althochdeutschen; Variationen: Erva, Ervina, Ervine, Erwine

Erwine Nebenform von → Erwina

Erza Nebenform von → Era

Erzsebet Nebenform von → Elisabeth

Esada Bedeutung ungeklärt; vermutlich aus dem Bosnischen

Esen bedeutet „die Gesunde"; aus dem Türkischen

Esena bedeutet „dich"; aus dem Griechischen

Esengül bedeutet „die gesunde Rose"; aus dem Türkischen

Esin bedeutet „die Inspirierende"; aus dem Türkischen

Esinam bedeutet „Gott hat mich gehört"; aus dem Afrikanischen

Eslem bedeutet „die Selbstsichere"; aus dem Arabischen

Eslinda bedeutet „die Schöne"; aus dem Kurdischen

Esma bedeutet „der Name"; aus dem Arabischen; Variationen: Esmé, Esmée

Esme bedeutet „der Wind"; aus dem Türkischen

Esmé Nebenform von → Esma

Esmee bedeutet „die Geliebte"; aus dem Französischen

Esmée Nebenform von → Esma

Esmeralda bedeutet „der Smaragd"; aus dem Spanischen; bekannte Namensträgerin: Esmeralda, aus „Der Glöckner von Notre-Dame"

Esmeray bedeutet „der von einer Wolke verdunkelte Mond"; aus dem Türkischen

Esmira bedeutet „die aus der Stadt Izmir Stammende"; aus dem Türkischen

Esperance bedeutet „die Hoffnungsvolle"; aus dem Französischen; Variation: Esperanza; Namenstag: 18. Dezember

Esperanza Nebenform von → Esperance

Esra bedeutet „die Hilfe Gottes"; aus dem Hebräischen

Essia bedeutet „die Hoffnungsvolle"; aus dem Tunesischen

Esta bedeutet „es ist"; aus dem Spanischen

Estefania Nebenform von → Stephanie

Estela Nebenform von → Estella

Estella bedeutet „der Stern"; aus dem Spanischen; Variation: Estela

Estelle bedeutet „der Stern"; aus dem Französischen; bekannte Namensträgerinnen: Estelle Getty, 1923 bis 2008, US-amerikanische Schauspielerin; Estelle Swaray, „Estelle", geboren 1980, britische Sängerin

Ester bedeutet „die junge Frau, der Stern"; aus dem Hebräischen; Variationen: Esther, Hester; Namenstag: 24. Mai

Estera bedeutet „der Stern"; aus dem Kurdischen

Esterella Nebenform von → Ester

Esthelle Nebenform von → Estella

Esther Nebenform von → Ester; bekannte Namensträgerinnen: Esther Schweins, geboren 1970, deutsche Schauspielerin; Esther Williams, 1921 bis 2013, US-amerikanische Schwimmerin und Schauspielerin; Esther Dischereit, geboren 1952, deutsche Schriftstellerin

Estia Nebenform von → Ester

Estibaliz bedeutet „süß wie Honig"; aus dem Spanischen

Estina Bedeutung ungeklärt; vermutlich aus dem Griechischen

Estrela Nebenform von → Estella

Estrella Nebenform von → Estella

Estrelle Nebenform von → Estella

Estrid Nebenform von → Astrid

Eszter bedeutet „die Myrthe"; aus dem Persischen

Eta Bedeutung ungeklärt; vermutlich aus dem Arabischen

Etana bedeutet „die Starke"; aus dem Afrikanischen

Etelka ungarische Form von → Adela

Ethel bedeutet „die Edle"; aus dem Englischen

Etienette Nebenform von → Etiennette

Etiennette bedeutet „die Gekrönte"; aus dem Französischen; Variation: Etienette

Etka Bedeutung ungeklärt; vermutlich aus dem Arabischen

Etta Nebenform von → Edith

Ettina Nebenform von → Edel

Ettje Nebenform von → Edel

Euclea bedeutet „die Ruhmreiche"; aus dem Griechischen

Eudokia bedeutet „die Frau mit gutem Ruf"; aus dem Griechischen; Namenstag: 1. März

Eudora bedeutet „die Gabe"; aus dem Griechischen

Eufemia Nebenform von → Euphemia

Eufrosine Nebenform von → Euphrosine

Eugenia bedeutet „die von guter Abstammung ist"; aus dem Griechischen; Variation: Eugenie; Namenstag: 25. Dezember

Eugenie Nebenform von → Eugenia; Namenstag: 26. September; bekannte Namensträgerinnen: Eugénie de Beauharnais, 1808 bis 1847, Prinzessin von Leuchtenberg, Fürstin von Hohenzollern-Hechingen; Eugénie de Montijo, 1826 bis 1920, Kaiserin von Frankreich

Eugenija Nebenform von → Eugenia

Eulalia bedeutet „die angenehm Sprechende"; aus dem Griechischen; Variation: Eulalie; Namenstag: 12. Februar

Eulalie Nebenform von → Eulalia

Eulelia Nebenform von → Eulalia

Eulie Nebenform von → Eulalia

Eun-Mi bedeutet „die Silberperle"; aus dem Koreanischen

Eunice bedeutet „der gute Sieg"; aus dem Griechischen; Variation: Eunike

Eunike Nebenform von → Eunice

Euphemia bedeutet „die Frau mit gutem Ruf"; aus dem Griechischen; Variationen: Eufemia, Euphemie; bekannte Namensträgerinnen: Euphemia, unbekannt bis 303, katholische und orthodoxe

Heilige; Euphemia von Kiew, unbekant bis 1139, Königin von Ungarn

Euphemie Nebenform von → Euphemia

Euphrosine bedeutet „die Heitere"; aus dem Griechischen; Variationen: Eufrosine, Euphrosyne

Euphrosyne Nebenform von → Euphrosine

Europa bedeutet „die Sinkende, die Dunkle"; bekannte Namensträgerin: Europa, griechische Königstochter, die von Zeus entführt und verführt wurde

Euryanthe Bedeutung ungeklärt; vermutlich aus dem Griechischen

Eurydike bedeutet „die weithin Richtende"; aus dem Griechischen; bekannte Namensträgerinnen: Frau von Kreon; Frau von Orpheus; Frau von Akrisios; Frau von König Ilos von Troja; Mutter des Opheltes aus der griechischen Mythologie; Mutter von Alexander II.; Frau von Philipp III.; Frau von Ptolemaios; Asteroid; Tochter von Adrastos; Tochter von Sirrhas

Eusebia bedeutet „die Gute und die Fromme"; aus dem Griechischen

Eustachia Bedeutung ungeklärt; vermutlich aus dem Griechischen

Eustacia Bedeutung ungeklärt; vermutlich aus dem Griechischen

Eusthymia bedeutet „die guten Mutes ist"; aus dem Griechischen

Eutropia Bedeutung ungeklärt; vermutlich aus dem Griechischen

Ev bedeutet „das Haus"; aus dem Hebräischen

Eva bedeutet „das Leben"; aus dem Hebräischen; Variationen: Eve, Evi; Namenstage: 24. Dezember, 14. März, 5. April; bekannte Namensträgerinnen: Eva, biblische Figur, erste Frau der Schöpfung; Eva Mendes, geboren 1974, US-amerikanische Schauspielerin; Eva Padberg, geboren 1980, deutsches Mannequin und Fotomodell; Eva Evita Perón, 1919 bis 1952, Politikerin und zweite Ehefrau des argentinischen Präsidenten Juan Domingo Perón; Eva Bartok, 1928 bis 1998, ungarische Filmschauspielerin

Evalina Nebenform von → Eva

Evalotte Doppelname aus → Eva und Lotte

Evalyn Nebenform von → Evelyn

Evalyne Nebenform von → Evelyn

Evamarete Doppelname aus → Eva und Margarete

Evamaria Doppelname aus → Eva und Maria

Evangelia bedeutet „die frohe Botschaft"; aus dem Griechischen; Variationen: Evangeline, Evangelina

Evangelin Nebenform von → Evangelia

Evangelina Nebenform von → Evangelia

Evangeline Nebenform von → Evangelia

Evanthia bedeutet „die gute Blume"; aus dem Griechischen

Evarose Doppelname aus → Eva und Rose

Evaruth Doppelname aus → Eva und Ruth

Eve Nebenform von → Eva

Eveke Nebenform von → Eva

Evelin Nebenform von → Evelyn

Evelina Nebenform von → Evelyn

Eveline Nebenform von → Evelyn

Evely Nebenform von → Evelyn

Evelyn bedeutet „die Kraft"; aus dem Englischen; Variationen: Eveline, Evelin, Evilyn, Evilin; bekannte Namensträgerinnen: Evelyn Hamann,

1942 bis 2007, deutsche Schauspielerin; Evelyn Sanders, geboren 1934, deutsche Schriftstellerin; Evelyn Ashford, geboren 1957, ehemalige US-amerikanische Sprinterin, gewann vier olympische Goldmedaillen; Evelyn Fischer, geboren 1964, deutsche Sängerin, Moderatorin und Professorin für Gesang und Methodik; Evelyn Glennie, geboren 1965, britische Schlagzeugerin, Komponistin und Interpretin zeitgenössischer Musik; Evelyn Gressmann, geboren 1943, deutsche Schauspielerin und Synchronsprecherin

Evelyne Nebenform von → Evelyn

Everta bedeutet „die stark ist wie ein Eber"; aus dem Althochdeutschen

Evgenia bedeutet „die Wohlgeborene"; aus dem Griechischen; bekannte Namensträgerinnen: Evgenia Grekova, geboren 1974, russische Opern- und Konzertsängerin; Evgenia Rubinova, geboren 1977, deutsche Pianistin

Evi Nebenform von → Eva; bekannte Namensträgerinnen: Evi Allemann, geboren 1978, schweizerische Politikerin und Nationalrätin; Evi Mittermaier-Brundobler, geboren 1953, ehemalige deutsche Skirennläuferin, Schwester der Doppelolympiasiegerin Rosi Mittermaier und der Skirennläuferin Heidi Mittermaier

Evica Nebenform von → Eva

Evie Nebenform von → Eva

Evilin Nebenform von → Evelyn

Eviline Nebenform von → Evelyn

Evilyn Nebenform von → Evelyn

Evilyne Nebenform von → Evelyn

Evin bedeutet „die Liebe"; aus dem Kurdischen

Evita Nebenform von → Eva

Evje bedeutet „die aus Evje Stammende"; aus dem Skandinavischen

Evke Nebenform von → Eva

Evodie bedeutet „ein guter Weg"; aus dem Griechischen

Evrim bedeutet „die Evolution"; aus dem Türkischen

Evropi bedeutet „Europa"; aus dem Griechischen

Evterpe bedeutet „die, die gute Freude bereitet"; aus dem Griechischen

Ewa Nebenform von → Eva

Ewara bedeutet „die ausgleichende Gerechtigkeit"; aus dem Hebräischen

Ewelin Nebenform von → Evelyn

Ewelina Nebenform von → Evelyn

Eweline Nebenform von → Evelyn

Ewelyn Nebenform von → Evelyn

Ewerdina Nebenform von → Everta

Ewgenia bedeutet „die Wohlgeborene"; aus dem Griechischen

Exalisse bedeutet „die mit dem rubinroten Haar"; aus dem Gälischen

Eya aus dem Tunesischen

Eyleen Nebenform von → Helena

Eyleena Nebenform von → Helena

Eylem bedeutet „die Aktive"; aus dem Arabischen

Eylül bedeutet „der September"; aus dem Türkischen

Eyske Bedeutung ungeklärt; vermutlich aus dem Skandinavischen

Ezana bedeutet „das Morgengebet"; aus dem Bosnischen

Ezel bedeutet „der Anfang von allem"; aus dem Türkischen

Ezgi bedeutet „die Melodie"; aus dem Türkischen

Fabala Bedeutung ungeklärt; vermutlich aus dem Afrikanischen

Fabeeha Nebenform von → Fabia

Fabia bedeutet „die Bohne"; aus dem Lateinischen; Variationen: Fabiola, Fabiana, Fabiane

Fabiana Nebenform von → Fabia

Fabiane Nebenform von → Fabia

Fabiella Nebenform von → Fabia

Fabiene Nebenform von → Fabia

Fabienne Nebenform von → Fabia; bekannte Namensträgerin: Fabienne Pakleppa, geboren 1950, schweizerische Schriftstellerin; Fabienne Serrat, geboren 1956, französische Skirennläuferin

Fabijana Nebenform von → Fabia

Fabijola Nebenform von → Fabia

Fabiola Nebenform von → Fabia; Namenstag: 27. Dezember

Fabiolla Nebenform von → Fabia

Fabrice Nebenform von → Fabrizia

Fabricia Nebenform von → Fabrizia

Fabritia Nebenform von → Fabrizia

Fabrizia bedeutet „die geschickte Handwerkerin"; aus dem Lateinischen

Fadia bedeutet „die Ritterin"; aus dem Arabischen

Fadime Nebenform von → Fatima

Fadrina Nebenform von → Friederike

Fae bedeutet „die Fee"; aus dem Englischen; Variationen: Fay, Faye

Fagnette Bedeutung ungeklärt; vermutlich aus dem Französischen

Fahima Nebenform von → Fatima

Faina bedeutet „die Strahlende"; aus dem Griechischen

Fairuza bedeutet „die Türkisene"; aus dem Persischen

Faith bedeutet „die Glaubensvolle"; aus dem Englischen; bekannte Namensträgerin: Faith Evans, geboren 1973, US-amerikanische Sängerin und Schauspielerin

Faline bedeutet „das Rehmädchen"; aus dem Englischen

Falka bedeutet „der Falke"; aus dem Althochdeutschen

Fallon bedeutet „die Führerin"; aus dem Gälischen; Variation: Fally

Fally Nebenform von → Fallon

Famatta Bedeutung ungeklärt; vermutlich aus dem Afrikanischen

Famke bedeutet „das kleine Mädchen"; aus dem Friesischen

Fania bedeutet „die Ewige"; aus dem Lateinischen; Variation: Fanja

Fanika slawische Form von → Franziska

Fanja Nebenform von → Fania

Fanni Nebenform von → Franziska

Fannie Nebenform von → Franziska; bekannte Namensträgerin: Fannie Hurst, 1889 bis 1968, US-amerikanische Schriftstellerin und Journalistin

Fanny englische Form von → Franziska; bekannte Namensträgerinnen: Fanny Lewald, 1811 bis 1889, deutsche Schriftstellerin; Fanny von Wilamowitz-Moellendorff,

1882 bis 1956, schwedische Schriftstellerin; Fanny Ardant, geboren 1949, französische Schauspielerin

Fara arabische Nebenform von → Faralda

Farah bedeutet „die Freude, die Glückliche, die Heitere"; aus dem Arabischen; Namenstag: 7. Dezember

Faralda bedeutet „die kleine Maus"; aus dem Arabischen

Farhild bedeutet „die fahrende Kämpferin"; aus dem Althochdeutschen

Farhilde Nebenform von → Farhild

Fariana bedeutet „der Frühlingsbeginn"; aus dem Hebräischen

Fariba bedeutet „die Schöne"; aus dem Persischen

Farida bedeutet „die Beste"; aus dem Arabischen

Farina bedeutet „das Mehl"; aus dem Italienischen

Farisa bedeutet „die Ritterin"; aus dem Arabischen

Farzana bedeutet „die Reiterin"; aus dem Arabischen

Fasila bedeutet „viel Glück"; aus dem Persischen

Fastrada bedeutet „die Beständige und die Sichere"; aus dem Althochdeutschen

Fatbardtha bedeutet „das weiße Glück"; aus dem Albanischen

Fatemah Nebenform von → Fatima

Fatima bedeutet „die Entwöhnte"; aus dem Arabischen; Variationen: Fatime, Fatma; bekannte Namensträgerin: Fatima bint Muhammad ibn 'Abdallah ibn 'Abd Al-Muttalib ibn Hashim, 606 bis 632, jüngste Tochter des Propheten Mohammed

Fatime Nebenform von → Fatima

Fatimeh Nebenform von → Fatima

Fatin bedeutet „die Bezaubernde"; aus dem Arabischen

Fatina Nebenform von → Fatin

Fatjeta bedeutet „das Glück im Leben"; aus dem Albanischen

Fatjona bedeutet „unser Glück"; aus dem Albanischen

Fatlinda bedeutet „die glückliche Geburt"; aus dem Albanischen

Fatma Nebenform von → Fatima

Fatoumata Nebenform von → Fatima

Fausta bedeutet „die Glück Bringende"; aus dem Latei-

nischen; Variationen: Faustina, Faustine

Faustina Nebenform von → Fausta

Faustine Nebenform von → Fausta

Fauziya bedeutet „die Erfolgreiche"; aus dem Afrikanischen

Faviola Nebenform von → Fabia

Fawn bedeutet „das Kitz"; aus dem Englischen

Fay Nebenform von → Fae

Faye Nebenform von → Fae; bekannte Namensträgerin: Faye Dunaway, geboren 1941, US-amerikanische Schauspielerin, Regisseurin, Produzentin und Drehbuchautorin

Fayetta Nebenform von → Fae

Fazilet bedeutet „die innere Schönheit"; aus dem Türkischen

Fe bedeutet „das Vertrauen"; aus dem Spanischen

Febe Nebenform von → Phoebe

Federica Nebenform von → Friederike; Variation: Frederika

Fedora bedeutet „das Gottesgeschenk"; aus dem Russischen

F

Fedora Nebenform von → Theodora

Fee Nebenform von → Fae

Felice Nebenform von → Felicitas

Felicia Nebenform von → Felicitas; bekannte Namensträgerin: Felicia Langer, geboren 1930, israelische Schriftstellerin

Feliciana Nebenform von → Felicitas

Felicidad Nebenform von → Felicitas

Felicita Nebenform von → Felicitas

Felicitas bedeutet „die Glückselige"; aus dem Lateinischen; Variationen: Felicia, Feliciana, Felizia; Namenstag: 23. November; bekannte Namensträgerinnen: Heilige Felicitas von Karthago, unbekannt bis 202 oder 203, christliche Märtyrerin; Felicitas Woll, geboren 1980, deutsche Schauspielerin („Berlin, Berlin", „Dresden")

Felicity Nebenform von → Felicitas

Felina bedeutet „die Glückliche"; aus dem Lateinischen; Variationen: Feline, Felisa

Feline Nebenform von → Felina

Felisa Nebenform von → Felina

Felizia Nebenform von → Felicitas

Felizitas Nebenform von → Felicitas

Femke friesische Kurzform von → Euphemia

Fenella bedeutet „die weiße Schulter"; aus dem Gälischen

Feng Bedeutung ungeklärt; aus dem Chinesischen

Fenja bedeutet „die Friedvolle"; aus dem Friesischen; Variationen: Fenna, Fenne

Fenna Nebenform von → Fenja

Fenne Nebenform von → Fenja

Fenneke Nebenform von → Fenja

Feodora russische Form von → Theodora; bekannte Namensträgerinnen: Feodora zu Leiningen, 1807 bis 1873, durch Heirat Fürstin zu Hohenlohe-Langenburg und Halbschwester der britischen Königin Victoria I.; Feodora von Schleswig-Holstein-Sonderburg-Augustenburg, 1874 bis 1910, Schwester der letzten deutschen Kaiserin, Schriftstellerin und Namensgeberin bis heute vertriebener Schokoladenprodukte

Ferdinanda bedeutet „die kühne Beschützerin"; aus dem Gotischen; Variation: Ferdinande

Ferdinande Nebenform von → Ferdinanda

Fergie aus dem Gälischen; bekannte Namensträgerin: Fergie, eigentlich Stacy Ann Ferguson, geboren 1975, US-amerikanische Sängerin

Fern englische Kurzform von → Fernanda

Fernanda bedeutet „die kühne Beschützerin"; aus dem Spanischen; Variationen: Fernandine, Fern; bekannte Namensträgerinnen: Fernanda Montenegro, geboren 1929, brasilianische Schauspielerin; Fernanda Seno, 1942 bis 1996, portugiesische Schriftstellerin

Fernandine Nebenform von → Fernanda

Fhina bedeutet „der Wein"; aus dem Keltischen

Fi bedeutet „die kleine Blume"; aus dem Griechischen

Fia Nebenform von → Sophia

Fiamma bedeutet „die Flamme, das Feuer"; aus dem Italienischen; Variation: Fiammetta

Fiammetta Nebenform von → Fiamma

Fianna bedeutet „die auserwählte Kriegerin"; aus dem Keltischen; bekannter Namensträger: Fianna, mächtigste Kriegerschar Irlands, die dem Hochkönig diente

Fibi Nebenform von →
Phoebe

Fidan bedeutet „das kleine
Bäumchen"; aus dem Alba-
nischen

Fidela Nebenform von →
Fidelis

Fidelia Nebenform von →
Fidelis

Fidelis bedeutet „die Treue,
die Ehrliche"; aus dem Lateinischen; Variationen: Fidela,
Fidelia; Namenstag: 24. April

Fides Nebenform von →
Fidelis

Fieke Nebenform von →
Sophie

Fienchen Nebenform von →
Josephine

Fiene Nebenform von →
Josephine

Fiete Form von → Friederike

Fifi Nebenform von → Fiona

Figen bedeutet „der Blumenstrauß"; aus dem Tür-
kischen

Fijona Nebenform von →
Fiona

Fiken Form von → Sophie

Filia bedeutet „die Tochter";
aus dem Lateinischen

Filicitas Nebenform von →
Felicitas

Filina bedeutet „die gute
Freundin"; aus dem Latei-
nischen

Filipa Nebenform von →
Phillippa

Filippa Nebenform von →
Phillippa

Filis bedeutet „die Knospe";
aus dem Arabischen; Variation: Filiz

Filiz Nebenform von →
Filis

Filizitas Nebenform von →
Felicitas

Filomela bedeutet „die
Nachtigall"; aus dem Griechischen

Filomena Nebenform von →
Philomena

Fina Nebenform von →
Josephina

Findabhair bedeutet „die
weiße Dame"; aus dem
Gälischen

Fine Nebenform von →
Josephine

Finella Nebenform von →
Josephine

Finelly Nebenform von →
Josephine

Finesa bedeutet „die Fein-
heit"; aus dem Albanischen

Finetta Nebenform von →
Josephine

Finette Nebenform von →
Joesphine

Finia bedeutet „die Kleine";
aus dem Finnischen

Finja Nebenform von →
Friederike

Finna bedeutet „die Finnin";
aus dem Skandinavischen;
Variationen: Finne, Finni,
Finny

Finne Nebenform von →
Finna

Finni Nebenform von →
Finna

Finny Nebenform von →
Finna

Fiona bedeutet „die Reine,
die Weiße"; aus dem Kel-
tischen; bekannte Namensträgerinnen: Fiona Apple, geboren 1977, amerikanische
Musikerin; Fiona Shaw, geboren 1958, irische Schauspielerin

Fionella Nebenform von →
Fiona

Fiora Nebenform von →
Fiore

Fiore bedeutet „die Blume";
aus dem Lateinischen; Variation: Fiorella

Fiorella Nebenform von →
Fiore

Fiorenza bedeutet „die aus
Florenz Stammende"; aus
dem Italienischen

F

Fiorina Nebenform von →
Fiore

Firdevs bedeutet „das Paradies"; aus dem Türkischen

Firouzeh bedeutet „die Türkisene"; aus dem Persischen

Fiskinke bedeutet „die Tapfere"; aus dem Albanischen

Fita Nebenform von →
Friederike

Fitore bedeutet „die Siegerin"; aus dem Albanischen

Fjella bedeutet „der Berg";
aus dem Hebräischen

Fjolla bedeutet „die Schneeflocke"; aus dem Albanischen

Fjona Nebenform von →
Fiona

Fjora Nebenform von →
Fiore

Flakrina aus dem Albanischen

Flaminia aus dem Italienischen

Flavia bedeutet „die Goldene"; aus dem Lateinischen;
Variationen: Flaviana, Flavie,
Flavienne; Namenstag:
5. Oktober

Flavie Nebenform von →
Flavia

Flavienne Nebenform von →
Flavia

Fleur bedeutet „die Blume";
aus dem Französischen; Variation: Fleurette

Fleurette Nebenform von →
Fleur

Fleurimonde bedeutet „die
Blumenwelt"; aus dem Französischen

Fleurine Nebenform von →
Fleur

Flicka bedeutet „das Mädchen"; aus dem Schwedischen

Flo Nebenform von → Flora

Flor Nebenform von → Flora

Flora bedeutet „die Blüte";
aus dem Lateinischen; Variationen: Flo, Florence, Florentia, Floriana; Namenstage:
24. November, 29. Juli;
bekannte Namensträgerinnen: Flora Groult, 1924 bis
2001, französische Journalistin und Autorin; Flora Tristan,
1803 bis 1844, französische
Schriftstellerin, Sozialistin
und Frauenrechtlerin; Flora
Robson, 1902 bis 1984, britische Schauspielerin

Florance Nebenform von →
Flora

Flore Nebenform von → Flora

Florence Nebenform von →
Flora; bekannte Namensträgerinnen: Florence Nightingale, 1820 bis 1910, englische
Krankenschwester und Pionierin der modernen Kran-

kenpflege; Florence Vidor,
1895 bis 1977, US-amerikanische Stummfilmschauspielerin; Florence Ballard, 1943
bis 1976, amerikanische Sängerin

Florendia Nebenform von →
Flora

Florentia Nebenform von →
Flora

Florentina Nebenform von
→ Flora; Namenstag: 20. Juni

Florentine Nebenform von
→ Flora

Florentyna Nebenform von
→ Flora

Florenze Nebenform von →
Flora

Florenzia Nebenform von →
Flora

Floretta Nebenform von →
Flora

Florette Nebenform von →
Flora

Floria bedeutet „die Goldene"; aus dem Albanischen

Floriana bedeutet „die im
blühenden Alter ist";
aus dem Lateinischen;
Variationen: Floriane,
Florianne

Floriane Nebenform von →
Floriana; bekannte Namensträgerinnen: Floriane Daniel,
geboren 1971, deutsche
Schauspielerin; Floriane Eich-

horn, geboren 1981, deutsche Schauspielerin

Florianna Nebenform von → Floriana

Florianne Nebenform von → Floriana

Florica bedeutet „das Blümchen"; aus dem Rumänischen

Florie Nebenform von → Flora

Florieke Nebenform von → Florica

Florika Nebenform von → Florica

Florina Nebenform von → Flora

Florinda Nebenform von → Flora; Namenstag: 12. Juni

Florine Nebenform von → Flora

Floris Nebenform von → Flora

Flower bedeutet „die Blume"; aus dem Englischen

Flura Nebenform von → Flora

Flurina Nebenform von → Flora

Flutra Nebenform von → Flutura

Flutura bedeutet „der Schmetterling"; aus dem Albanischen

Foelke bedeutet „die Anführerin"; aus dem Friesischen

Fokka bedeutet „das Volk"; aus dem Friesischen

Folke bedeutet „das Volk"; aus dem Althochdeutschen

Formina Bedeutung ungeklärt; vermutlich aus dem Lateinischen

Forough bedeutet „der Sonnenaufgang"; aus dem Persischen

Fortuna bedeutet „der Zufall, das Glück"; aus dem Lateinischen; Variation: Fortunata; bekannte Namensträgerin: Fortuna, die Glücks- und Schicksalsgöttin der römischen Mythologie

Fortunata Nebenform von → Fortuna

Framgard bedeutet „die Vorwärtsgehende und die Beschützerin"; aus dem Althochdeutschen

Franca bedeutet „die Freie, die Ehrliche"; aus dem Althochdeutschen

France bedeutet „die Fränkin"; aus dem Französischen

Frances englische Form von → Franziska; bekannte Namensträgerinnen: Frances McDormand, geboren 1957, US-amerikanische Schauspielerin; Frances Percins, 1882 bis 1965, Politikerin, erste Arbeitsministerin in Amerika

Francesca bedeutet „die kleine Französin"; aus dem Italienischen; Variationen: Franchesca, Francheska; bekannte Namensträgerin: Francesca Annis, geboren 1944, britische Schauspielerin

Franchesca Nebenform von → Francesca

Francheska Nebenform von → Francesca

Françoise französische Form von → Franziska; bekannte Namensträgerinnen: Françoise Cactus, geboren 1964, deutsch-französische Autorin; Françoise Sagan, 1935 bis 2004, französische Schriftstellerin

Franka bedeutet „die Freie"; weibliche Form von Frank; aus dem Lateinischen; Namenstag: 25. April; bekannte Namensträgerin: Franka Potente, geboren 1974, eine deutsche Schauspielerin

Franzi Nebenform von → Franziska

Franziska bedeutet „die kleine Französin"; aus dem Althochdeutschen; Namenstag: 14. Dezember; bekannte Namensträgerinnen: Franziska van Almsick, geboren 1978, deutsche Schwimmerin; Franziska Schenk, geboren 1974, deutsche Eisschnellläuferin und Fernsehmoderatorin; Franziska Caroline von Portugal, 1824 bis 1898, Infantin von Portugal und Brasilien; Franziska von Rom, 1384 bis

1440, christliche Ordensgründerin und Mystikerin

Frauke bedeutet „die Fröhliche, die Flinke"; aus dem Althochdeutschen; bekannte Namensträgerinnen: Frauke Ludowig, geboren 1964, deutsche Radio- und Fernsehmoderatorin; Frauke Eigen, geboren 1969, deutsche Fotografin und Künstlerin; Frauke Heiligenstadt, geboren 1966, deutsche Politikerin (SPD) und Mitglied des Niedersächsischen Landtags; Frauke Kuhlmann, geboren 1966, ehemalige deutsche Fußballspielerin; Frauke Nahrgang, geboren 1951, deutsche Kinderbuchautorin und Lehrerin; Frauke Tengler, geboren 1948, deutsche Politikerin (CDU)

Fraya bedeutet „die rechtschaffene Frau"; aus dem Norwegischen

Freda Nebenform von → Friederike; bekannte Namensträgerinnen: Freda Meisner-Blau, geboren 1927, österreichische Politikerin und Aushängeschild der Ökologiebewegung; Freda, eigentlich Petronella Amalie Erdmuthe Antonie Friederike Freifrau von Rechenberg, 1869 bis 1962, deutsche Politikerin (DNVP); Freda Dudley Ward, 1894 bis 1983, britische High-Society-Lady und Mätresse des Prince of Wales; Freda Wuesthoff, 1896 bis 1956, deutsche Physikerin und Anwältin

Frede Nebenform von → Friederike

Frederica Nebenform von → Friederike

Frederika Nebenform von → Friederike

Freia Nebenform von → Freya

Freja Nebenform von → Freya

Freya bedeutet „die Herrin, die Herrscherin"; aus dem Isländischen; Variationen: Freia, Freja, Freyja; bekannte Namensträgerin: Freya, nordgermanische Göttin der Liebe und Ehe

Freyja Nebenform von → Freya

Frida Nebenform von → Frieda; bekannte Namensträgerinnen: Frida Kahlo, 1907 bis 1954, mexikanische Malerin; Frida, eigentlich Anni-Frid Lyngstad Prinzessin von Reuß, geboren 1945, schwedische Sängerin (ABBA); Frida Christina Östberg, geboren 1977, schwedische Fußballspielerin

Frieda bedeutet „die Friedvolle"; aus dem Althochdeutschen; Namenstag: 19. Oktober

Friedel Nebenform von → Elfriede

Friederika Nebenform von → Friederike

Friederike bedeutet „der mächtige Frieden"; aus dem Althochdeutschen; Variationen: Freda, Frede, Frika; bekannte Namensträgerinnen: Friederike Brion, 1752 bis 1813, Jugendliebe von Johann Wolfgang von Goethe; Friederike Caroline Neuber, 1697 bis 1760, deutsche Schauspielerin; Friederike Mayröcker, geboren 1924, österreichische Schriftstellerin; Friederike Kempner, 1836 bis 1904, deutsche Dichterin; Friederike Luise Thyra Victoria Margarita Sophia Olga Cecilia Isabella Christa, 1917 bis 1981, Prinzessin von Hannover, Herzogin zu Braunschweig-Lüneburg, Königin von Griechenland; Friederike Charlotte Ulrike Katharina von Preußen, 1767 bis 1820, Prinzessin von Hannover, Herzogin zu Braunschweig und Lüneburg, Prinzessin von Großbritannien und Irland

Friedgard bedeutet „die, die den Frieden schützt"; aus dem Althochdeutschen

Friedrun bedeutet „der Zauber des Friedens"; aus dem Althochdeutschen

Frika Nebenform von → Friederike

Frona bedeutet „die Beherrschte"; aus dem Griechischen

Fulvia bedeutet „die Rotgelbe"; aus dem Lateinischen

Fumiko bedeutet „der Brief, das Geschriebene"; aus dem Japanischen

Gabi Nebenform von →
Gabriele; bekannte Namensträgerinnen: Gabi Bauer,
geboren 1962, deutsche
Nachrichtensprecherin; Gabi
Zimmer, geboren 1955, deutsche Politikerin

Gabriela Nebenform von →
Gabriele; bekannte Namensträgerin: Gabriela Sabatini,
geboren 1970, argentinische
Tennisspielerin

Gabriele weibliche Form von
→ Gabriel, bedeutet „die Frau
Gottes"; aus dem Hebrä-
ischen; Variationen: Gabi,
Gaby, Gabriella, Gabriela,
Gabrielle; bekannte Namens-
trägerinnen: Gabriele Pauli,
geboren 1957, deutsche
Politikerin; Gabriele Münter,
1877 bis 1962, deutsche
Malerin des Expressionis-
mus

Gabriella Nebenform von →
Gabriele; Namenstag: 17. Juli

Gabrielle Nebenform von →
Gabriele

Gaby Nebenform von →
Gabriele; bekannte Namensträgerinnen: Gaby Köster,
geboren 1961, deutsche
Schauspielerin und Komikerin; Gaby Dohm, geboren
1943, österreichische Schauspielerin

Gaea Nebenform von →
Gaia

Gaia bedeutet „die Erde";
aus dem Griechischen; Variationen: Gaea, Gea

Gail Nebenform von →
Abigail

Galdina bedeutet „die Glänzende"; aus dem Keltischen

Galina bedeutet „die
Ruhende"; aus dem Rus-
sischen; bekannte Namens-
trägerinnen: Galina Iwanowna
Ustwolskaja, 1919 bis 2006,
russische Komponistin; Galina
Jewgenjewna Nikolajewa, 1911
bis 1963, russische Schriftstellerin

Gana bedeutet „der Garten";
aus dem Hebräischen

Gardenia bedeutet „die
Gardenie" (Blume); aus dem
Englischen

Garifallia bedeutet „die
Nelke"; aus dem Griechischen

Garnet Nebenform von →
Agathe

Gawrila russische Form von
→ Gabriele

Gayle Nebenform von →
Abigail

Gaynor Nebenform von →
Guinevere

Gayora bedeutet „das Tal
des Lichts"; aus dem Eng-
lischen

Gea Nebenform von → Gaia

Gebhardine bedeutet „die
Gabe, das Geschenk"; aus
dem Althochdeutschen

Gebina Nebenform von →
Gebhardine

Geeske Nebenform von →
Gesa

Gefion bedeutet „die Gebende"; aus dem Keltischen

Gela Nebenform von →
Angela

Gelsomine bedeutet „der
Yasmin"; aus dem Italie-
nischen

Gema Nebenform von →
Gemma

Gemma bedeutet „der Edelstein"; aus dem Italienischen;
Variation: Gema; Namenstag:
11. April

Genesis bedeutet „die
Schöpfung"; aus dem Hebräischen

Genevieve Nebenform von
→ Guinevere

Geneviève Nebenform von
→ Guinevere

Genia Nebenform von →
Eugenia; bekannte Namens-
trägerin: Genia Nikolajewa,
1904 bis 2001, russische
Schauspielerin

Genovefa Nebenform von →
Guinevere

G

Genoveffa Nebenform von → Guinevere

Genoveva Nebenform von → Guinevere; Namenstag: 3. Januar; bekannte Namensträgerin: Genoveva von Paris, circa 422 bis 502, Heilige und Schutzpatronin von Paris

Georgette französische Form von → Georgia

Georgia bedeutet „die Bäuerin"; aus dem Englischen; Variation: Georgette; Namenstag: 15. Februar

Georgina Nebenform von → Georgia

Georgine Nebenform von → Georgia

Gepa Nebenform von → Gebhardine

Gera Nebenform von → Geraldine

Geralde Nebenform von → Geraldine

Geraldine bedeutet „die mit dem Speer Herrschende"; aus dem Althochdeutschen; Variationen: Gera, Gerarda; bekannte Namensträgerinnen: Geraldine Chaplin, geboren 1944, US-amerikanische Schauspielerin und Tochter von Charles Chaplin; Geraldine Fitzgerald, 1913 bis 2005, irisch-US-amerikanische Schauspielerin; Geraldine Page, 1924 bis 1987, US-amerikanische Schauspielerin; Geraldine Estelle

Halliwell, besser bekannt als Geri Halliwell, geboren 1972, britische Popsängerin

Géraldine Nebenform von → Geraldine

Gerarda Nebenform von → Geraldine

Gerborg bedeutet „die, die mit dem Speer schützt"; aus dem Althochdeutschen

Gerda bedeutet „die Beschützerin"; aus dem Skandinavischen; Namenstag: 5. März; bekannte Namensträgerinnen: Gerda Johanna Werner, 1914 bis 2004, deutsche Malerin; Gerda Gmelin, 1919 bis 2003, deutsche Schauspielerin und Theaterintendantin

Gerdis bedeutet „die Speergöttin"; aus dem Schwedischen

Gerhild bedeutet „die mit dem Speer Kämpfende"; aus dem Althochdeutschen

Gerlind Nebenform von → Gerlinde

Gerlinde bedeutet „Speer und mild"; aus dem Althochdeutschen; Variationen: Gerlind, Gerlis; Namenstage: 3. Dezember, 26. Februar

Gerlis Nebenform von → Gerlinde

Germa bedeutet „die durch den Speer Berühmte"; aus dem Althochdeutschen

Germaine französische Form von → Germania; Namenstag: 15. Juni; bekannte Namensträgerinnen: Germaine de Staël, 1766 bis 1817, französische Schriftstellerin; Germaine Tillion, 1907 bis 2008, französische Widerstandskämpferin

Germana Nebenform von → Germania

Germania bedeutet „die aus Germanien Stammende"; aus dem Lateinischen; Variation: Germaine

Gerrit Nebenform von → Geraldine

Gerti Nebenform von → Gertrud

Gertje Nebenform von → Gertrud

Gertraud Nebenform von → Getrud

Gertraut Nebenform von → Gertrud

Gertrud bedeutet „der Speer und lieb"; aus dem Althochdeutschen; Variationen: Gertje, Gerti, Gertrude, Gertaud; Namenstage: 13. August, 13. November, 17. November, 17. März; bekannte Namensträgerinnen: Gertrud Kolmar, 1894 bis 1943, deutsche Schriftstellerin; Gertrud Luckner, 1900 bis 1995, Widerstandskämpferin; Gertrud von Braunschweig, circa 1060 bis 1117, Markgräfin von Meißen

Gertrude Nebenform von → Gertrud; bekannte Namensträgerinnen: Gertrude Stein, 1874 bis 1946, US-amerikanische Schriftstellerin; Gertrude Bell, 1868 bis 1926, britische Forschungsreisende; Gertrude Jekyll, 1843 bis 1932, britische Malerin

Gervaise Nebenform von → Gervasia

Gervasia bedeutet „die Magd"; aus dem Keltischen; Variation: Gervaise

Gesa Nebenform von → Gertrud

Giada bedeutet „die Jade"; aus dem Italienischen

Gianna Nebenform von → Johanna

Gila Nebenform von → Gisela

Gilberta bedeutet „der glänzende Spross"; aus dem Althochdeutschen

Gilda bedeutet „die mit Gold Überschüttete"; aus dem Althochdeutschen

Gill Nebenform von → Julia

Gillian englische Form von → Juliane; bekannte Namensträgerinnen: Gillian Anderson, geboren 1968, US-amerikanische Schauspielerin; Gillian Cross, geboren 1945, britische Kinderbuchautorin

Gina italienische Kurzform von → Regina; bekannte

Namensträgerinnen: Gina Kaus, 1893 bis 1985, österreichische Schriftstellerin, Übersetzerin und Drehbuchautorin; Gina Lollobrigida, geboren 1927, italienische Schauspielerin

Ginette Nebenform von → Guinevere

Ginevra Nebenform von → Guinevere

Ginger bedeutet „der Ingwer"; aus dem Englischen; bekannte Namensträgerin: Ginger Rogers, 1911 bis 1995, US-amerikanische Schauspielerin

Ginny Nebenform von → Virginia

Gioconda bedeutet „die Angenehme"; aus dem Italienischen

Giordana bedeutet „die vom Fluss Jordan Stammende"; aus dem Italienischen

Giorgia Nebenform von → Georgia

Giovanna italienische Form von → Johanna

Gisa Nebenform von → Gisela

Giseke Nebenform von → Gisela

Gisela bedeutet „die vornehme Abstammung"; aus dem Althochdeutschen; Variationen: Gisa, Giseke;

Namenstag: 7. Mai; bekannte Namensträgerinnen: Gisela von Burgund, 950 oder 960 bis 1007, Herzogin von Bayern, Mutter von Kaiser Heinrich II; Gisela von Arnim, 1827 bis 1889, deutsche Schriftstellerin; Gisela Schneeberger, geboren 1948, deutsche Kabarettistin

Gisele Nebenform von → Gisela; bekannte Namensträgerin: Gisele Bündchen, geboren 1980, brasilianisches Model

Gisella Nebenform von → Gisela

Giselle Nebenform von → Gisela

Gislinde bedeutet „die milde Person"; aus dem Althochdeutschen

Gismara bedeutet „die Berühmte"; aus dem Althochdeutschen

Gissella Nebenform von → Gisela

Gitta Nebenform von → Brigitte

Gitte Nebenform von → Brigitte

Giuditta italienische Form von → Judith

Giulia italienische Form von → Julia

Giuliana italienische Form von → Juliana

G

Giuseppa italienische Form von → Josefa

Giuseppina italienische Form von → Josefine

Giustine Nebenform von → Justine

Gladis bedeutet „die Herrscherin"; aus dem Keltischen; Variation: Gladys

Gladys Nebenform von → Gladis

Glenda bedeutet „das enge Tal"; aus dem Englischen

Gloria bedeutet „die Ruhmvolle"; aus dem Lateinischen; Variation: Gloriana; Namenstag: 26. Juli; bekannte Namensträgerinnen: Gloria Prinzessin von Thurn und Taxis, geboren 1960, deutsche Unternehmerin; Gloria Estefan, geboren 1957, US-amerikanisch-kubanische Sängerin; Gloria Gaynor, geboren 1949, US-amerikanische Sängerin

Gloriana Nebenform von → Gloria

Gloriosa bedeutet „die Ruhmreiche", aus dem Lateinischen

Glykeria bedeutet „die Süße"; aus dem Griechischen

Goda Nebenform von → Gotlinde

Godela Nebenform von → Gotlinde

Godelinde Nebenform von → Gotlinde

Godiva bedeutet „die Gabe Gottes"; aus dem Englischen

Golda bedeutet „die Blanke"; aus dem Hebräischen

Goldie Nebenform von → Golda; bekannte Namensträgerin: Goldie Jean Hawn, geboren 1945, US-amerikanische Schauspielerin

Gonda Kurzform von → Namen mit Endung auf -gonda/e

Gönül bedeutet „das Herz, die Seele"; aus dem Türkischen

Gotelinde Nebenform von → Gotlinde

Gotlinde bedeutet „der milde Gott"; aus dem Althochdeutschen; Variationen: Gotelinde, Godela, Godelinde; Namenstag: 15. September

Gotlindis Nebenform von → Gotlinde

Grace Nebenform von → Gracia; bekannte Namensträgerinnen: Grace Kelly, 1929 bis 1982, US-amerikanische Schauspielerin und spätere Fürstin von Monaco; Grace O'Malley, 1530 bis 1603, irische Piratin

Gracia bedeutet „die Gunst"; aus dem Lateinischen; Variationen: Grace, Gracie, Graciana; Namenstag: 21. August

Graciana Nebenform von → Gracia

Gracie Nebenform von → Gracia

Graciela Nebenform von → Gracilia

Gracilia bedeutet „die Schlanke"; aus dem Lateinischen

Grada ursprünglich althochdeutsche Kurzform von → Gerharda

Grainne bedeutet „das Korn"; aus dem Gälischen

Gratia Nebenform von → Gracia

Grazia Nebenform von → Gracia

Graziana Nebenform von → Gracia

Graziella Nebenform von → Gracilia

Grazyna bedeutet „die Schöne"; aus dem Polnischen

Gregoria bedeutet „die Wachsame"; aus dem Griechischen

Greta Nebenform von → Margarete; bekannte Namensträgerinnen: Greta Garbo, 1905 bis 1990, schwedisch-US-amerikanische Schauspielerin und größte Filmlegende Hollywoods; Greta Scacchi, geboren 1960, italienische Schauspielerin

Gretchen Nebenform von →
Margarete

Grete Nebenform von →
Margarete

Gretel Nebenform von →
Margarete

Gretlies Neubildung aus →
Margarete und Liese

Gretlinde Neubildung aus →
Margarete und Linde

Griet Nebenform von →
Margarete

Griselda bedeutet „die
graue Kämpferin"; aus dem
Althochdeutschen; Variation:
Griseldis; bekannte Namens-
trägerin: Griselda Álvarez,
1913 bis 2009, mexikanische
Schriftstellerin und
Politikerin

Griseldis Nebenform von →
Griselda; bekannte Namensträgerin: Griseldis Wenner,
geboren 1970, deutsche Fernsehmoderatorin und Schau-
spielerin

Grit Nebenform von →
Margarete

Grita Nebenform von →
Margarete

Gritli schweizerische Kurzform von → Margarete

Gritt Nebenform von →
Margarete

Gritta Nebenform von →
Margarete

Guadalupe bedeutet „die
aus Guadalupe Stammende";
aus dem Mexikanischen

Guda bedeutet „der Gott";
aus dem Althochdeutschen;
Variation: Gudula; Namenstage: 17. August, 8. Januar

Gudrun bedeutet „der
Kampfzauber"; aus dem Alt-
hochdeutschen; bekannte
Namensträgerinnen: Gudrun
Gundelach, geboren 1942,
deutsche Schauspielerin;
Gudrun Pausewang, geboren
1928, deutsche Schriftstelle-
rin; Gudrun, in der nordischen
Mythologie Frau von Sigurd/
Siegfried; Gudrun Landgrebe,
geboren 1950, deutsche
Schauspielerin

Gudula Nebenform von →
Guda

Guendalina Nebenform von
→ Gwendolyn

Guerina bedeutet „warnen";
aus dem Italienischen

Guiletta italienische Form
von → Julia

Guinevere bedeutet „die
weiche Blonde"; aus dem Keltischen; bekannte Namensträgerin: Guinevere, die Frau von
König Artus und die Geliebte
von Ritter Lancelot in der
Artus-Sage

Guiseppa Nebenform von →
Josefa

Guiseppina Nebenform von
→ Josefine

Gulab bedeutet „die Rose";
aus dem Indischen

Gunda bedeutet „die Kämpfende"; aus dem Althochdeutschen; Variationen: Gunde,
Gundula

Gundalena Neubildung aus
→ Gunda und Lena

Gunde Nebenform von →
Gunda

Gundelinde Neubildung aus
→ Gunda und Linde

Gundelindis Neubildung
aus → Gunda und Linde

Gundula Nebenform von →
Gunda; Namenstag: 6. Mai;
bekannte Namensträge-
rinnen: Gundula Gause, geboren 1965, deutsche ZDF-
Moderatorin „heute-journal";
Gundula Janowitz, geboren
1937, österreichische Opern-
und Konzertsängerin; Gun-
dula Barsch, geboren 1958,
deutsche Soziologin, Sozial-
pädagogin und Drogenfor-
scherin

Günes bedeutet „die Sonne"; aus dem Türkischen

Gunhild Nebenform von →
Gunthild

Gunhilda Nebenform von →
Gunthild; bekannte Namensträgerin: Ginhilda oder Sigrid
die Stolze, circa 965 bis 1014,
mystischer Charakter in vielen nordischen Sagen, Frau
von dem schwedischen König
Erik dem Siegreichen, spätere

G

Frau von dem dänischen König Sven Gabelbart

Gunilla skandinavische Form von → Gunthild; bekannte Namensträgerinnen: Gunilla Gräfin von Bismarck-Schönhausen, geboren 1949, deutsche Society-Lady; Gunilla Bergström, geboren 1942, schwedische Kinderbuchautorin („Willi Wiberg"); Gunilla Bielke, 1568 bis 1597, schwedische Königin; Gunilla-Friederike Budde, geboren 1960, deutsche Historikerin; Gunilla Nyroos, geboren 1945, schwedischsprachige Schauspielerin („Mio, mein Mio"); Gunilla Andersson, geboren 1975, schwedische Eishockeyspielerin

Gunnhild Nebenform von → Gunthild

Gunthild bedeutet „die eifrige Kämpferin"; aus dem Althochdeutschen; Variationen: Gunhild, Gundhild, Gunhilda; Namenstage: 22. September, 21. Februar; bekannte Namensträgerin: Gunthild „Gundi" Eberhard, geboren 1966, deutsche Schauspielerin (Fernsehserie „Unser Charly") und Synchronsprecherin

Gunthilde Nebenform von → Gunthild

Gustava bedeutet „die, die im Kampf hilft"; aus dem Althochdeutschen

Gusti Nebenform von → Gustava; bekannte Namensträgerinnen: Gusti Huber, 1914 bis 1993, österreichische Film- und Theaterschauspielerin; Gusti Wolf, 1912 bis 2007, österreichische Schauspielerin

Gutta Nebenform von → Gudrun

Guya bedeutet „der Mann"; weibliche Form von Guy; aus dem Englischen

Gwen Nebenform von → Gwendolyn; Namenstag: 18. Oktober; bekannte Namensträgerinnen: Gwen Bristow, 1903 bis 1980, US-amerikanische Schriftstellerin und Journalistin; Gwen Stefani, geboren 1969, US-amerikanische Sängerin („No Doubt") und Modedesignerin; Gwen Raverat, 1885 bis 1957, englische Künstlerin und Schriftstellerin Gwen Harwood, eigentlich Gwendoline Nessie Foster, 1920 bis 1995, australische Dichterin und Librettistin; Gwen John, 1876 bis 1939, walisische Malerin, Geliebte von August Rodin; Gwen Marie Obertuck, geboren 1980, US-amerikanische Sängerin und Schauspielerin (Duett „Wir zwei allein heut' Nacht" mit David Hasselhoff); Gwen Torrence, geboren 1965, US-amerikanische Leichtathletin und Olympiasiegerin

Gwenda Nebenform von → Gwendolyn

Gwendolen Nebenform von → Gwendolyn

Gwendolin Nebenform von → Gwendolyn

Gwendoline Nebenform von → Gwendolyn; bekannte Namensträgerin: Gwendoline Butler, 1922 bis 2013, englische Krimiautorin („Ein Fall für John Coffin")

Gwendolyn bedeutet „die Weiße"; aus dem Englischen; Variationen: Gwen, Gwendolin; bekannte Namensträgerinnen: Gwendolyn von Ambesser, geboren 1949, deutsche Schauspielerin, Autorin und Regisseurin; Gwendolyn Brooks, 1917 bis 2000, US-amerikanische Schriftstellerin und Dichterin, 1968 Auszeichnung zum „Poet Laureate"; Gwendolyn Knight, 1914 bis 2005, afroamerikanische Bildhauerin, Ehefrau des Malers Jacob Lawrence; Gwendolyn Masin, geboren 1981, niederländische Violinistin und Autorin

Gwenhwyfar Nebenform von → Guinevere

Gwenn Nebenform von → Gwendolyn

Gwladys Nebenform von → Gladis

Gwyneth bedeutet „die Gesegnete"; aus dem Keltischen; bekannte Namensträgerinnen: Gwyneth Katherine Paltrow, geboren 1972, US-amerikanische Schauspielerin; Gwyneth Jones, geboren 1936, britische Opernsängerin

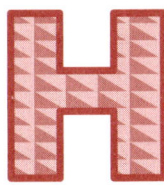

Habiba bedeutet „die Geliebte"; aus dem Arabischen

Habren bedeutet „die vom Fluss Habren Stammende"; aus dem Keltischen; Variation: Hafren

Hadassa bedeutet „die Myrte"; aus dem Hebräischen; Variation: Hadassah

Hadassah Nebenform von → Hadassa

Hadice bedeutet „die Frühgeborene"; aus dem Arabischen

Hadmut bedeutet „die mutig Kämpfende"; aus dem Althochdeutschen

Haduwig bedeutet „der kriegerische Kampf"; aus dem Althochdeutschen

Hadya bedeutet „die Führerin"; aus dem Arabischen

Hafren Nebenform von → Habren

Hagar bedeutet „die Flüchtende"; aus dem Hebräischen

Hagne bedeutet „das Lamm"; aus dem Lateinischen

Hailee Nebenform von → Hailey

Hailey bedeutet „das Wiesenheu"; aus dem Englischen; Variationen: Hailee, Hailie

Hailie Nebenform von → Hailey

Hajar Nebenform von → Hagar

Haldis bedeutet „die Göttin"; aus dem Schwedischen

Haleigh Nebenform von → Hailey

Haley Nebenform von → Hailey

Hali Nebenform von → Hailey

Halie Nebenform von → Hailey

Halima bedeutet „die Freundliche"; aus dem Arabischen; Variation: Halime

Halime Nebenform von → Halima

Halina bedeutet „die Ähnlichkeit"; aus dem Polynesischen

Halina Nebenform von → Galina

Halle Nebenform von → Hailey; bekannte Namensträgerin: Halle Maria Berry, geboren 1966, US-amerikanische Schauspielerin (Oscar für Rolle in „Monster's Ball")

Hallgard bedeutet „die Beschützerin"; aus dem Althochdeutschen

Hallie Nebenform von → Hailey

Halona bedeutet „die Glückliche"; aus dem Indischen

Hana bedeutet „die Blüte"; aus dem Japanischen

Hanan bedeutet „das Mitleid"; aus dem Arabischen

Haneefa bedeutet „die Rechtschaffene"; aus dem Arabischen

Hanifa Nebenform von → Haneefa

Hanifah Nebenform von → Haneefa

Hanife Nebenform von → Haneefa

Hanja slawische Form von → Anna

Hanna Nebenform von → Johanna

Hannah bedeutet „die von Gott Begünstigte"; aus dem Hebräischen; bekannte Namensträgerinnen: Hannah Arendt, 1906 bis 1975, jüdisch-deutsche Philosophin; Hannah Chaplin, 1865 bis 1928, britische Tänzerin und Sängerin, Mutter Charlie Chaplins

Hanne Nebenform von → Johanna

H

Hannelene Doppelname aus → Hanne und Lene

Hannelore Doppelname aus → Hanne und Lore; bekannte Namensträgerinnen: Hannelore Elsner, geboren 1942, deutsche Schauspielerin; Hannelore „Loki" Schmidt, 1919 bis 2010, deutsche Politiker-Gattin; Hannelore Kohl, 1933 bis 2001, deutsche Politiker-Gattin

Hannerose Doppelname aus → Hanne und Rose

Hanni Nebenform von → Johanna

Hansine Nebenform von → Johanna

Haralda bedeutet „die Herrscherin"; aus dem Althochdeutschen

Harley bedeutet „die Hasenwiese"; aus dem Englischen

Harmony bedeutet „die Harmonische"; aus dem Englischen

Harriet Nebenform von → Henrietta

Haruka bedeutet „die Weitentfernte"; aus dem Japanischen

Hatice bedeutet „die Frühgeborene"; aus dem Türkischen

Hatifa Bedeutung ungeklärt; vermutlich aus dem Arabischen

Hattie Nebenform von → Henriette

Hawa Nebenform von → Eva

Haylee Nebenform von → Hailey

Hayley Nebenform von → Hailey

Haylie Nebenform von → Hailey

Hazel bedeutet „die Haselnuss"; aus dem Englischen

Heather bedeutet „das Heidekraut"; aus dem Englischen; bekannte Namensträgerinnen: Heather Joan Graham, geboren 1970, US-amerikanische Schauspielerin; Heather Anne Mills, geboren 1967, britisches Model und Autorin; Heather Nova, geboren 1967, bermudische Sängerin

Heaven bedeutet „die Himmlische"; aus dem Englischen

Heda Nebenform von → Hedwig

Hedda Nebenform von → Hedwig

Hede Nebenform von → Hedwig

Hedi Nebenform von → Hedwig

Hedvig Nebenform von → Hedwig

Hedvika Nebenform von → Hedwig

Hedwig bedeutet „die Kämpferin"; aus dem Althochdeutschen; Variationen: Hedda, Heda, Hedvig, Hedvika; bekannte Namensträgerinnen: Hedwig von Anjou, 1373 bis 1399, Königin von Polen; Hedwig Courths-Mahler, 1867 bis 1950, deutsche Schriftstellerin

Hedwige Nebenform von → Hedwig

Hedy Nebenform von → Hedwig

Heide Nebenform von → Adelheid; bekannte Namensträgerin: Heide Simonis, geboren 1943, deutsche Politikerin

Heidegard bedeutet „die Beschützerin"; aus dem Althochdeutschen

Heidegret Doppelname aus → Adelheid und Margarete

Heidelinde Doppelname aus → Adelheid und Linde

Heidemarie Doppelname aus → Adelheid und Maria

Heiderose Doppelname aus → Adelheid und Rose

Heidi Kurzform von → Adelheid; bekannte Namensträgerinnen: Heidi Brühl, 1942 bis 1991, deutsche Schlagersängerin, Entertainerin und Schauspielerin; Heidi Kabel,

1914 bis 2010, deutsche Volksschauspielerin; Heidi Klum,
geboren 1973, Modell

Heidrun bedeutet „das
geheime Wesen"; aus dem
Althochdeutschen

Heidy Nebenform von →
Adelheid

Heike friesische Kurzform
von → Heinrike; bekannte
Namensträgerinnen: Heike
Drechsler, geboren 1964,
deutsche Leichtathletin und
Olympiasiegerin; Heike Hen-
kel, geboren 1964, deutsche
Hochspringerin und Olympia-
siegerin; Heike Hohlbein,
geboren 1954, deutsche
Schriftstellerin; Heike
Makatsch, geboren 1971,
deutsche Moderatorin und
Schauspielerin

Heila Kurzform von →
Namen mit Heil-

Heilgard bedeutet „gesund
und geschützt"; aus dem Althochdeutschen

Heilika bedeutet „die Fromme"; aus dem Althochdeut-
schen; Namenstag: 7. Mai

Heilrun bedeutet „die, die
gesund zaubert"; aus dem
Althochdeutschen

Heiltraud bedeutet „die
Liebe und die Gesunde"; aus
dem Althochdeutschen

Heilwig bedeutet „gesund
und der Kampf"; aus dem Althochdeutschen

Heima Kurzform von →
Namen mit Heim-

Heimke friesische Kurzform
von → Namen mit Heim-

Heimtraud bedeutet „das
vertraute Heim"; aus dem Althochdeutschen

Heinrika Nebenform von →
Henrike

Heinrike Nebenform von →
Henrike

Helen englische Form von →
Helene; bekannte Namensträgerinnen: Helen Hunt, geboren 1963, US-amerikanische
Schauspielerin; Helen Mirren,
geboren 1945, britische
Schauspielerin

Helena Nebenform von →
Helene; bekannte Namensträgerinnen: Helena von Großbritannien und Irland, 1846
bis 1923, fünftes Kind von
Königin Victoria von Großbritannien und Prinz Albert;
Helena Bergström, geboren
1964, schwedische Schauspielerin; Helena, Vegetationsgöt-
tin in Sparta; Helena Bonham
Carter, geboren 1966, britische Schauspielerin; Helena
Christensen, geboren 1968,
dänisches Fotomodell; Helena
Rubinstein, 1870 bis 1965, US-
amerikanische Kosmetikun-
ternehmerin

Helene bedeutet „das
Licht"; aus dem Griechischen;
Variationen: Helena, Helen,
Hélène; Namenstage: 18. Au-
gust, 3. Februar; bekannte

Namensträgerinnen: Helene
Jacobs, 1906 bis 1993, deut-
sche Widerstandskämpferin;
Helene Weigel, 1900 bis 1971,
Ehefrau von Bertolt Brecht;
Helene von Österreich, 1903
bis 1924, Herzogin von
Württemberg

Hélène Nebenform von →
Helene

Helga bedeutet „die Gesunde, die Vollkommene"; aus
dem Skandinavischen;
Namenstag: 11. September;
bekannte Namensträge-
rinnen: Helga Feddersen, 1930
bis 1990, deutsche Schauspielerin; Helga Hahnemann, 1937
bis 1991, deutsche Entertainerin, Kabarettistin und Schauspielerin

Helke friesische Kurzform
von → Namen mit Heil-

Hella Nebenform von →
Helene; bekannte Namensträgerin: Hella von Sinnen, geboren 1959, deutsche Komikerin

Hellen Nebenform von →
Helene

Helma Kurzform von →
Namen mit Helm-

Helmgard bedeutet „der
Helm und der Schutz"; aus
dem Althochdeutschen

Helmina Kurzform von →
Wilhelmina

Helmtraud bedeutet „der
Helm und die Macht"; aus
dem Althochdeutschen; Vari-

H

ation: Helmtrud; Namenstag: 31. Mai

Helmtrud Nebenform von → Helmtraud

Héloïse bedeutet „die Unversehrte, die Heile"; aus dem Althochdeutschen; Variation: Heloise

Heloise Nebenform von → Héloïse

Helvi Nebenform von → Hedwig

Hema bedeutet „die Goldene"; aus dem Indischen

Hendrica Nebenform von → Henrike

Hendrika Nebenform von → Henrike

Hendrikje Nebenform von → Henrike

Henni Nebenform von → Henriette

Hennie Nebenform von → Henriette

Henny Nebenform von → Henriette

Henrietta Nebenform von → Henriette; bekannte Namensträgerinnen: Henrietta Maria von Frankreich, 1609 bis 1669, Königin von England, Schottland und Irland

Henriette bedeutet „der mächtige Schutz"; aus dem Althochdeutschen; Variati-

onen: Henrietta, Henni, Henny; Namenstag: 12. Juli; bekannte Namensträgerinnen: Henriette Elisabeth Joop, besser bekannt als Jette Joop, geboren 1968, deutsche Schmuck- und Modedesignerin; Henriette Vogel, 1780 bis 1811, Freundin Heinrich von Kleists

Henrika Nebenform von → Henrike

Henrike bedeutet „die reiche Heimat"; aus dem Althochdeutschen; Variationen: Hendrika, Hendrikje; Namenstag: 6. Dezember

Henryka Nebenform von → Henrike

Hera bedeutet „die Herrin, die Heldin"; aus dem Griechischen; bekannte Namensträgerin: Hera, Gemahlin und Schwester des Zeus und Tochter von Kronos und Rhea aus der griechischen Mythologie

Herdis bedeutet „das Heer und die Göttin"; aus dem Isländischen

Hergard bedeutet „das Heer und der Schutz"; aus dem Althochdeutschen

Herlind bedeutet „Heer und sanft"; aus dem Althochdeutschen; Namenstag: 18. September; bekannte Namensträgerin: Herlind Wartenberg, besser bekannt als Hera Lind, geboren 1957, deutsche Sängerin und Schriftstellerin

Herma Nebenform von → Hermine

Hermi Nebenform von → Hermine

Hermia Nebenform von → Hermine

Hermina Nebenform von → Hermine

Hermine bedeutet „Heer und Mann"; weibliche Form von Hermann; aus dem Althochdeutschen; Namenstage: 30. Dezember, 3. Januar, 9. Juli; bekannte Namensträgerinnen: Hermine von Schönaich-Carolath, 1887 bis 1947, deutsche Prinzessin; Hermine Huntgeburth, geboren 1957, deutsche Regisseurin; Hermine Granger, Romanfigur aus der Harry-Potter-Buchreihe von J. K. Rowling

Herminóne Nebenform von → Hermine

Hermione Nebenform von → Hermine

Hersilia aus dem Lateinischen; bekannte Namensträgerin: Hersilia, Frau von Romulus

Herta Nebenform von → Hertha; bekannte Namensträgerinnen: Herta Däubler-Gmelin, geboren 1943, deutsche Politikerin und ehemalige Bundesministerin; Herta Heuwer, 1913 bis 1999, Erfinderin der Berliner Currywurst; Herta Müller, geboren 1953, deutsche Schriftstellerin

Hertha bedeutet „die Kraftvolle"; aus dem Keltischen; Variation: Herta; Namenstage: 12. April, 20. September, 2. Dezember; bekannte Namensträgerin: Hertha Feiler, 1916 bis 1970, österreichische Schauspielerin, zweite Frau von Heinz Rühmann

Heseke Nebenform von → Esther

Hesper bedeutet „der Abend"; aus dem Griechischen

Hessa bedeutet „das Schicksal"; aus dem Arabischen

Hester Nebenform von → Esther

Hicran bedeutet „die Leidvolle, der Kummer"; aus dem Türkischen

Hieronyma abgeleitet von Hieronymus „der Mann mit dem heiligen Namen"; aus dem Griechischen

Hilaria bedeutet „die Frohe, die Heitere"; aus dem Lateinischen; Variationen: Hilary, Hillary

Hilary Nebenform von → Hilaria; bekannte Namensträgerinnen: Hilary Duff, geboren 1987, US-amerikanische Sängerin und Schauspielerin; Hilary Mason, 1917 bis 2006, britische Schauspielerin; Hilary Swank, geboren 1974, US-amerikanische Schauspielerin und zweifache Oscargewinnerin

Hilda Nebenform von → Namen mit Hild-; bekannte Namensträgerinnen: Hilda Heinemann, 1896 bis 1979, Frau des dritten Bundespräsidenten der Bundesrepublik Deutschland Gustav Heinemann; Hilda von Whitby, 614 bis 680, englische Heilige und Klostergründerin

Hilde Nebenform von → Namen mit Hild-

Hildegard bedeutet „die, die durch Kampf beschützt"; aus dem Althochdeutschen; Namenstag: 17. September; bekannte Namensträgerinnen: Hildegard Maria von Bayern, 1881 bis 1948, bayerische Prinzessin; Hildegard von Bingen, um 1098 bis 1179, deutsche Mystikerin; Hildegard Knef, 1925 bis 2002, deutsche Schauspielerin; Hildegard Hamm-Brücher, geboren 1921, deutsche Politikerin

Hildrun bedeutet „Kampfzauber", aus dem Althochdeutschen

Hilka Nebenform von → Namen mit Hild-

Hilke Nebenform von → Namen mit Hild-

Hilla Nebenform von → Namen mit Hild-

Hillary Nebenform von → Hilaria; bekannte Namensträgerin: Hillary Clinton, geboren 1946, US-amerikanische Politikerin und Frau des 43. Präsidenten

Hiltrud bedeutet „die große Kämpferin"; aus dem Althochdeutschen; Variation: Hiltraud; bekannte Namensträgerin: Hiltrud „Hillu" Schwetje, geboren 1948, dritte Ehefrau von Altbundeskanzler Gerhard Schröder

Hjördis bedeutet „die Göttin und das Schwert"; aus dem Skandinavischen

Holda bedeutet „die Gnädige"; aus dem Althochdeutschen; Variation: Holde

Holly bedeutet „die Stechpalme"; aus dem Englischen; Variation: Hollie; bekannte Namensträgerinnen: Holly Golightly, geboren 1966, britische Sängerin; Holly Hunter, geboren 1958, US-amerikanische Schauspielerin

Honey bedeutet „der Honig"; aus dem Englischen

Honora bedeutet „die Geehrte"; aus dem Lateinischen; Variation: Honorata

Hope bedeutet „die Hoffnungsvolle"; aus dem Englischen

Huberta bedeutet „der glänzende Geist"; aus dem Althochdeutschen; Variationen: Hubertine, Hubertina

Hulda bedeutet „das Wiesel"; aus dem Hebräischen; Variation: Huldah; Namenstag: 10. April

H

Ibadete Bedeutung ungeklärt; vermutlich aus dem Albanischen

Iben bedeutet „die Eibe"; aus dem Skandinavischen

Iciar Bedeutung ungeklärt; vermutlich aus dem Spanischen

Ida bedeutet „die Seherin"; aus dem Althochdeutschen; Namenstage: 4. September, 3. November, 13. April, 8. Mai; bekannte Namensträgerinnen: Ida Friederike Görres, 1901 bis 1971, deutsche Schriftstellerin; Ida Kamińska, 1899 bis 1980, polnisch-jüdische Schauspielerin; Ida Dehmel, 1870 bis 1942, deutsche Frauenrechtlerin; Ida Rubinstein, 1885 bis 1960, russische Tänzerin

Idony Nebenform von → Iduna

Idra bedeutet „der Feigenbaum"; aus dem Englischen

Idris bedeutet „die feurige Herrin"; aus dem Keltischen

Iduna bedeutet „die Jugendliche"; aus dem Althochdeutschen; Variation: Idony; bekannte Namensträgerin: Iduna, Göttin der ewigen Jugend und Unsterblichkeit

Iesha bedeutet „die, die wohlauf ist"; aus dem Arabischen

Ifigenia Nebenform von → Iphigenie

Ignatia bedeutet „die Feurige"; aus dem Lateinischen

Ignazia Nebenform von → Ignatia

Iida Nebenform von → Ida

Ike friesische Sonderform von → Ida

Ikram bedeutet „die Ehrenvolle"; aus dem Arabischen

Ilana Nebenform von → Juliane

Ilaria bedeutet „die Heitere"; aus dem Lateinischen

Ilda bedeutet „die Kämpfende und Beschützende"; aus dem Althochdeutschen

Ildiko Nebenform von → Ilda

Ileana Nebenform von → Helene

Ilena Nebenform von → Helene

Ilenia Nebenform von → Helene

Ilga Nebenform von → Ilsegard; Namenstag: 8. Juni

Ilhaam bedeutet „die Inspiration"; aus dem Arabischen; Variation: Ilham

Ilham Nebenform von → Ilhaam

Ilia aus dem Lateinischen; Variation: Iliane; bekannte Namensträgerin: Ilia, Mutter von Romulus und Remus

Iliana Nebenform von → Helene

Iliane Nebenform von → Ilia

Ilija Nebenform von → Juliane

Ilina Nebenform von → Juliane

Iljana Nebenform von → Ilia

Ilka ungarische Kurzform von → Ilonka

Ilona ungarische Form von → Helene; Namenstag: 15. November; bekannte Namensträgerinnen: Ilona Christen, geboren 1951, deutsche Fernsehjournalistin und Moderatorin; Ilona Grübel, geboren 1950, deutsche Filmschauspielerin

Ilonka ungarische Form von → Helene

Ilsa Nebenform von → Elisabeth

Ilse Nebenform von → Elisabeth; bekannte Namensträgerinnen: Ilse Aichinger, geboren 1921, österreichische Schriftstellerin; Ilse Stöbe, 1911 bis 1942, deutsche Journalistin und Wider-standskämpferin; Ilse Werner, 1921

bis 2005, deutsche Schau-spielerin; Ilse Aigner, geboren 1964, deutsche Politikerin (CSU)

Ilsedore Doppelname aus → Ilse und Dore

Ilsegard Doppelname aus → Ilse und der Endung -gard

Ilsegret Doppelname aus → Ilse und Gret

Ilva bedeutet „die von der Insel Elba Stammende"; aus dem Italienischen

Imaculada bedeutet „die Unschuldige"; aus dem Portu-giesischen; Namenstag: 8. Dezember

Iman bedeutet „die Glau-bensvolle"; aus dem Ara-bischen; Variationen: Imane, Imani

Imane Nebenform von → Iman

Imani Nebenform von → Iman

Imelda Nebenform von → Irmhilda; Namenstag: 12. Mai

Imelde Nebenform von → Irmhilda

Imen Nebenform von → Iman

Imene Nebenform von → Iman

Imke Kurzform von → Namen mit Irm-

Imma Kurzform von → Namen mit Irm-

Immacolata Nebenform von → Imaculada

Imme Kurzform von → Namen mit Irm-

Imogen bedeutet „die Unschuldige"; aus dem Eng-lischen

Ina Kurzform von → Namen mit -ina

India bedeutet „die aus Indien Stammende"; aus dem Englischen

Indigo bedeutet „die Tief-blaue"; aus dem Englischen

Indira bedeutet „die Fun-kelnde"; aus dem Indischen; bekannte Namensträgerin: Indira Gandhi, 1917 bis 1984, ehemalige Premierministerin Indiens

Indra aus dem Indischen; bekannter Namensträger: Indra, König der Götter

Inés Nebenform von → Agnes

Inès Nebenform von → Agnes

Ines Nebenform von → Agnes; Namenstag: 21. Januar

Inesa Nebenform von → Agnes

Iness Nebenform von → Agnes

Inessa Nebenform von → Agnes

Inéz Nebenform von → Agnes

Inga Nebenform von → Ingeborg; bekannte Namens-trägerinnen: Inga Lindström, geboren 1954, deutsche Auto-rin; Inga Rumpf, geboren 1946, deutsche Rocksängerin; Inga Abel, 1946 bis 2000, deutsche Schauspielerin

Ingalisa schwedischer Dop-pelname aus → Inga und Lisa

Inge Nebenform von → Ingeborg; bekannte Namens-trägerin: Inge Meysel, 1910 bis 2004, deutsche Schauspiele-rin

Ingeborg bedeutet „die Beschützerin"; aus dem Alt-hochdeutschen; Variationen: Ingeburg, Inge, Inga; Namens-tage: 30. Juli, 30. August; bekannte Namensträge-rinnen: Ingeborg Bachmann, 1926 bis 1973, österreichische Schriftstellerin; Ingeborg von Dänemark, 1175 bis 1236, zweite Ehefrau von König Phi-lipp II. von Frankreich; Inge-borg Drewitz, 1923 bis 1986, deutsche Schriftstellerin

Ingeburg Nebenform von → Ingeborg

Ingela bedeutet „der Name Gottes"; aus dem Skandina-vischen

Ingelore neue Form aus → Inge und Lore

Ingelotte neue Form aus → Inge und Lotte

Ingemaren neue Form aus → Inge und Maren

Inger Nebenform von → Ingrid; bekannte Namensträgerinnen: Inger Christensen, 1935 bis 2009, dänische Dichterin; Inger Nilsson, geboren 1959, schwedische Schauspielerin

Ingerid Nebenform von → Ingrid

Ingerose Kombination aus → Inge und Rose

Ingrid bedeutet „der Schutz und der Ritt"; aus dem Althochdeutschen; Variationen: Ingerid, Inger; Namenstage: 2. September, 9. Oktober; bekannte Namensträgerinnen: Ingrid Alexandra von Norwegen, geboren 2004, Tochter von Kronprinz Haakon von Norwegen und Kronprinzessin Mette-Marit von Norwegen; Ingrid Bergman, 1915 bis 1982, schwedische Schauspielerin; Ingrid Noll, geboren 1935, deutsche Krimiautorin

Ingrida Nebenform von → Ingrid

Ingridr Nebenform von → Ingrid

Ingrun Nebenform von → Ingrid

Inja skandinavische Form aus → Ingeborg und Jakob

Inka friesische Kurzform von → Namen mit Ing-

Inken friesische Kurzform von → Namen mit Ing-

Innocence Nebenform von → Innocentia

Innocentia bedeutet „die Unschuldige"; aus dem Lateinischen; Variation: Innocence; Namenstag: 11. November

Innocenza Nebenform von → Innocentia

Innogen bedeutet „die Tochter"; aus dem Gälischen

Innozenzia Nebenform von → Innocentia

Insa friesische Kurzform von → Namen mit Ing-

Inska friesische Kurzform von → Namen mit Ing-

Inske friesische Kurzform von → Namen mit Ing-

Inula bedeutet „die Inula" (Blume); aus dem Griechischen

Ioana Nebenform von → Johanna

Ioanna Nebenform von → Johanna

Iodoc bedeutet „die Herrin, der Lord"; aus dem Bretonischen

Iola Nebenform von → Iolanthe

Iolanda Nebenform von → Iolanthe

Iolanthe bedeutet „das Veilchen"; aus dem Griechischen; Variationen: Iola, Iolanda, Iole

Iole Nebenform von → Iolanthe

Iona bedeutet „die Eibeninsel"; aus dem Keltischen; Namenstag: 4. Juni

Ione Nebenform von → Iolanthe

Iora bedeutet „die Goldene"; aus dem Lateinischen

Iphigeneia Nebenform von → Iphigenie

Iphigenia Nebenform von → Iphigenie

Iphigenie bedeutet „die von einem machtvollen Geschlecht Abstammende"; aus dem Griechischen; Variationen: Iphigenia, Iphigeneia; Namenstag: 21. September; bekannte Namensträgerin: „Iphigenie auf Tauris", klassisches Drama von Johann Wolfgang von Goethe; Iphigenie, Tochter des Agamemnon und der Klytämnestra

Iphigénie Nebenform von → Iphigenie

Ippolita bedeutet „die, die die Pferde loslässt"; aus dem Griechischen

Ira Nebenform von → Irene; Namenstag: 20. Oktober

Irena Nebenform von → Irene

Irene bedeutet „die Friedvolle"; aus dem Griechischen; Variationen: Ira, Irena, Irina; Namenstage: 21. Februar, 5. April, 22. Januar, 20. Oktober; 28. Juni, 9. August

Irina Nebenform von → Irene

Irini Nebenform von → Irene

Iris bedeutet „der Regenbogen"; aus dem Englischen; Namenstag: 4. September; bekannte Namensträgerinnen: Iris Berben, geboren 1950, deutsche Schauspielerin; Iris Murdoch, 1919 bis 1999, anglo-irische Schriftstellerin und Philosophin; Iris von Roten, 1917 bis 1990, schweizerische Juristin, Journalistin und Frauenrechtlerin

Irma Nebenform von → Irmgard; bekannte Namensträgerinnen: Irma Schwager, geboren 1920, österreichische antifaschistische Widerstandskämpferin; Irma von Troll-Borostyáni, 1847 bis 1912, österreichische Schriftstellerin und Vorkämpferin für Frauenrechte

Irmchen Nebenform von → Irmgard

Irmela Nebenform von → Irmgard

Irmelin Nebenform von → Irmgard

Irmelind Nebenform von → Irmlind

Irmena Nebenform von → Irmgard

Irmengard Nebenform von → Irmgard

Irmgard bedeutet „allumfassender Schutz"; aus dem Althochdeutschen; Variationen: Irmengard, Irmela, Irma; Namenstage: 4. September, 19. Februar, 20. März, 16. Juli

Irmhild bedeutet „mächtiger Kampf"; aus dem Althochdeutschen; Variation: Irmhilde; Namenstag: 13. Februar

Irmhilde Nebenform von → Irmhild

Irmina Nebenform von → Irmgard

Irmingard Nebenform von → Irmgard

Irmlind bedeutet „die Allumfassende und die Milde"; aus dem Althochdeutschen; Variationen: Irmelind, Irmlinde

Irmlinde Nebenform von → Irmlind

Irmtraud bedeutet „die Mächtige und die Vertraute"; aus dem Althochdeutschen; Variation: Irmtrud; Namenstag: 29. Mai

Irmtrud Nebenform von → Irmtraud

Isa Nebenform von → Elisabeth

Isabeau Nebenform von → Elisabeth

Isabel Nebenform von → Elisabeth; Namenstag: 10. September; bekannte Namensträgerin: Isabel Allende, geboren 1942, chilenische Schriftstellerin

Isabela Nebenform von → Elisabeth

Isabell Nebenform von → Elisabeth

Isabella Nebenform von → Elisabeth; Namenstag: 22. Februar; bekannte Namensträgerinnen: Isabella von Valois, 1387 bis 1410, Prinzessin von Frankreich, Tochter von König Karl VI. und von 1396 bis 1400 Königin von England; Isabella von Portugal, 1503 bis 1539, Tochter von König Manuel I. (Portugal), deutsche Kaiserin; Isabella von Dänemark, geboren 2007, Tochter von Kronprinz Frederik von Dänemark und seiner Gattin Kronprinzessin Mary von Dänemark

Isabelle Nebenform von → Elisabeth

Isadora bedeutet „das Geschenk der Göttin Isis"; aus dem Griechischen; Variationen: Isadore, Isidora, Isidore; Namenstag: 17. April

Isadore Nebenform von → Isadora

Isaline Nebenform von → Elisabeth

Isaura bedeutet „die aus Isaura Stammende"; aus dem Lateinischen; Variation: Isaure

Isaure Nebenform von → Isaura

Isburga bedeutet „die Eisenburg"; aus dem Althochdeutschen

Iseult Nebenform von → Ishilde

Iseulte Nebenform von → Ishilde

Isgard bedeutet „der Eisenschutz"; aus dem Althochdeutschen

Isha bedeutet „die Beschützerin"; aus dem Indischen

Isidora Nebenform von → Isadora

Isidore Nebenform von → Isadora

Isis bedeutet „der Sitz, der Thron"; aus dem Ägyptischen; bekannte Namensträgerin: Isis, Göttin der Liebe und Sonne, Frau von Osiris

Iska friesische Kurzform von → Namen mit Is-

Isla bedeutet „der Traum"; aus dem Gälischen; Variationen: Isleen, Islene

Isleen Nebenform von → Isla

Islene Nebenform von → Isla

Ismene Bedeutung ungeklärt, vermutlich aus dem Griechischen; Variation: Ismini; bekannte Namensträgerin: Ismene, Tochter von Ödipus und Iokaste

Ismini Nebenform von → Ismene

Isobel Nebenform von → Elisabeth

Isoda Nebenform von → Isolde

Isolde bedeutet „die eisern Waltende"; aus dem Althochdeutschen; Variation: Isoda; Namenstag: 23. August; bekannte Namensträgerinnen: Isolde Ohlbaum, geboren 1953, deutsche Fotografin; Isolde Schmitt-Menzel, geboren 1930, Erfinderin der „Maus" aus der „Sendung mit der Maus"

Isolina Nebenform von → Isolde

Isotta Nebenform von → Isolde

Itala bedeutet „die Italienerin"; aus dem Lateinischen

Itzel bedeutet „die vom Regenbogen"; aus dem Englischen

Itziar bedeutet „der alte Stein"; aus dem Spanischen

Iva bedeutet „die Eibe"; aus dem Althochdeutschen; Variationen: Ivette, Ivett, Ivonne

Ivana bedeutet „Gott ist gnädig"; aus dem Hebräischen; Variation: Ivanka; bekannte Namensträgerin: Ivana Trump, geboren 1949, tschechisch-US-amerikanisches Model

Ivanka Nebenform von → Ivana

Ivera bedeutet „die Wächterin"; aus dem Schwedischen

Ivett Nebenform von → Iva

Ivette Nebenform von → Iva

Ivona Nebenform von → Iva

Ivonne Nebenform von → Iva

Ivy bedeutet „der Efeu"; aus dem Englischen

Iwana Nebenform von → Johanna

Iza Nebenform von → Elisabeth

Izabela Nebenform von → Elisabeth

Izabella Nebenform von → Elisabeth; Variationen: Isabella, Isabell

Iziar Bedeutung ungeklärt; vermutlich aus dem Spanischen

Izolda Nebenform von → Isolde

Jacinda Nebenform von → Hyazintha

Jacinta Nebenform von → Hyazintha; Namenstag: 30. Januar

Jacintha Nebenform von → Hyazintha

Jackie Nebenform von → Jacqueline

Jacklyn Nebenform von → Jacqueline

Jacky Nebenform von → Jacqueline

Jaclyn Nebenform von → Jacqueline

Jacoba bedeutet „Gott möge schützen"; aus dem Hebräischen; Variationen: Jakoba, Jakobea; Namenstag: 8. Februar

Jacqueline bedeutet „Gott möge schützen"; aus dem Hebräischen; Namenstag: 6. August; bekannte Namensträgerinnen: Jacqueline Kennedy Onassis, besser bekannt als Jackie Kennedy, 1929 bis 1994, US-amerikanische Journalistin, First Lady, Reedersgattin und Lektorin; Jacqueline Morgenstern, 1932 bis 1945, jüdisches Mädchen, Opfer des Holocaust; Jacque-

line Bisset, geboren 1944, britische Schauspielerin

Jacquelyn Nebenform von → Jacqueline

Jada bedeutet „die Jade"; aus dem Englischen; Variationen: Jade, Jaden

Jade Nebenform von → Jada

Jaden Nebenform von → Jada

Jadwiga Nebenform von → Hedwig

Jadyn Nebenform von → Jada

Jael bedeutet „die Bergziege"; aus dem Hebräischen; Variationen: Jaelle, Jaelyn, Jaiden

Jaelle Nebenform von → Jael

Jaelyn Nebenform von → Jael

Jahel Nebenform von → Jael

Jaiden Nebenform von → Jael

Jaime Nebenform von → Jacoba

Jaimie Nebenform von → Jacoba

Jakoba Nebenform von → Jacoba

Jakobea Nebenform von → Jacoba

Jakobine Nebenform von → Jacoba

Jale bedeutet „der Tautropfen"; aus dem Persischen

Jalila bedeutet „die Größe, der Ruhm"; aus dem Arabischen

Jamal Nebenform von → Jamila

Jameelah Nebenform von → Jamila

Jami Nebenform von → Jacoba

Jamie Nebenform von → Jacoba; bekannte Namensträgerin: Jamie Lee Curtis, geboren 1958, US-amerikanische Schauspielerin

Jamila bedeutet „die Schöne"; aus dem Arabischen; Variationen: Jamal, Jameelah

Jamilia Nebenform von → Jamila

Jana Nebenform von → Johanna

Janae Nebenform von → Johanna

Janay Nebenform von → Johanna

Jane Nebenform von → Johanna; bekannte Namensträgerinnen: Jane Austen, 1775 bis 1817, britische Schriftstellerin; Jane Fonda, geboren 1937, US-amerikanische Schauspielerin; Jane Goodall,

J

geboren 1934, britische Verhaltensforscherin; Jane Austen, 1775 bis 1817, britische Schriftstellerin; Jane Birkin, geboren 1946, britische Schauspielerin und Sängerin; Jane Fonda, geboren 1937, US-amerikanische Schauspielerin

Janell Nebenform von → Johanna

Janessa Nebenform von → Johanna

Janet Nebenform von → Johanna; bekannte Namensträgerinnen: Janet Jackson, geboren 1966, US-amerikanische Sängerin; Janet Evanovich, geboren 1943, US-amerikanische Schriftstellerin

Janette Nebenform von → Johanna

Janice Nebenform von → Johanna

Janie Nebenform von → Johanna

Janin Nebenform von → Johanna

Janina Nebenform von → Johanna

Janine Nebenform von → Johanna

Janis Nebenform von → Johanna

Janita Nebenform von → Johanna

Janka Nebenform von → Johanna

Janne Nebenform von → Johanna

Jannine Nebenform von → Johanna

Jantje Nebenform von → Johanna

Jaqueline Nebenform von → Jacqueline

Jara bedeutet „ der Frühling"; aus dem Brasilianischen

Jarina Nebenform von → Georgina

Jarine Nebenform von → Georgina

Jarmila bedeutet „die Starke und die Liebe"; aus dem Tschechischen

Jasamin Nebenform von → Jasmin

Jasmin bedeutet „der Jasmin" (Blume); aus dem Persischen; Variationen: Jasmina, Jasamin; bekannte Namensträgerinnen: Jasmin Tabatabai, geboren 1967, deutsch-iranische Schauspielerin und Sängerin; Jasmin Wagner, auch bekannt als „Blümchen", geboren 1980, deutsche Sängerin

Jasmina Nebenform von → Jasmin

Jasmine Nebenform von → Jasmin

Jasminka Nebenform von → Jasmin

Jasna bedeutet „die aus Jasna Stammende"; benannt nach einem Wallfahrtsort in Polen; aus dem Polnischen

Jayda Nebenform von → Jada

Jayden Nebenform von → Jada

Jayme Nebenform von → Jacoba

Jayne Nebenform von → Johanna

Jazmin Nebenform von → Jasmin

Jazmine Nebenform von → Jasmin

Jazmyn Nebenform von → Jasmin

Jean Nebenform von → Johanna; Namenstage: 19. August, 19. Oktober

Jeanette Nebenform von → Johanna; bekannte Namensträgerin: Jeanette Biedermann, geboren 1981, deutsche Sängerin und Schauspielerin

Jeanie Nebenform von → Johanna

Jeanine Nebenform von → Johanna; Namenstag: 17. August

Jeanne Nebenform von → Johanna; bekannte Namensträgerin: Jeanne d'Arc, 1412 bis 1431, französische Nationalheldin und Heilige

Jeannette Nebenform von → Johanna

Jeannice Nebenform von → Johanna

Jeannie Nebenform von → Johanna

Jeannin Nebenform von → Johanna

Jeannine Nebenform von → Johanna

Jeannique Nebenform von → Johanna

Jeanny Nebenform von → Johanna

Jeany Nebenform von → Johanna

Jedida bedeutet „die Geliebte"; aus dem Hebräischen

Jehanne Nebenform von → Johanna

Jehona Nebenform von → Johanna

Jehudith Nebenform von → Judith

Jekaterina Nebenform von → Katherina

Jekatharina Nebenform von → Katherina

Jela bedeutet „die Tanne"; aus dem Jugoslavischen

Jela Nebenform von → Helene

Jelena Nebenform von → Helene

Jelenka Nebenform von → Helena

Jelisaveta Nebenform von → Elisabeth

Jelisaweta Nebenform von → Elisabeth

Jelka Nebenform von → Helene

Jella Nebenform von → Gabriele

Jemima bedeutet „die Taube"; aus dem Arabischen

Jemina bedeutet „der Sohn des Glücks"; weibliche Form von Benjamin; aus dem Hebräischen

Jemma bedeutet „der Edelstein"; aus dem Englischen

Jen Nebenform von → Guinevere

Jena Nebenform von → Guinevere

Jenaya bedeutet „Gott hat geantwortet"; aus dem Hebräischen

Jeneke Nebenform von → Johanna

Jenette Nebenform von → Johanna

Jenifer Nebenform von → Guinevere

Jeniffer Nebenform von → Guinevere

Jenna Nebenform von → Johanna; bekannte Namensträgerinnen: Jenna Elfman, geboren 1971, US-amerikanische Schauspielerin; Jenna Bush, geboren 1981, Tochter von George W. Bush, 43. Präsident der USA

Jennee Nebenform von → Guinevere

Jennefer Nebenform von → Guinevere

Jennerpher Nebenform von → Guinevere

Jennet Nebenform von → Johanna

Jenni Nebenform von → Guinevere

Jennie Nebenform von → Guinevere

Jennifer Nebenform von → Guinevere; Namenstag: 30. Mai; bekannte Namensträgerinnen: Jennifer Aniston, geboren 1969, US-amerikanische Schauspielerin; Jennifer Connelly, geboren 1970, US-amerikanische Schauspielerin; Jennifer Garner, geboren 1972, US-amerikanische Schauspielerin; Jennifer Love Hewitt, geboren 1979, US-amerikanische Schauspielerin; Jennifer Lopez, geboren 1969, US-amerikanische Sängerin Jennifer Rush, geboren 1960, US-amerikanische Sängerin

Jennifher Nebenform von → Guinevere

Jennina Nebenform von → Guinevere

Jenny Nebenform von → Guinevere; bekannte Namensträgerinnen: Jenny Longuet, 1844 bis 1883, Tochter von Karl Marx; Jenny McCarthy, geboren 1972, US-amerikanische Schauspielerin

Jennyfer Nebenform von → Guinevere

Jenta bedeutet „das Mädchen"; aus dem Skandinavischen

Jeremine bedeutet „die von Gott Hochgehobene"; aus dem Hebräischen

Jerne Nebenform von → Irene

Jerneca Nebenform von → Irene

Jeronica Nebenform von → Veronica

Jerra friesische Kurzform von → Gertrud

Jersey bedeutet „die aus Jersey Stammende"; aus dem Englischen

Jeruscha bedeutet „in Gottes Besitz"; aus dem Hebräischen

Jesamine Nebenform von → Yasmin

Jesennia bedeutet „die Blume"; aus dem Arabischen

Jessi Nebenform von → Jessica

Jessica bedeutet „Gott schaut"; aus dem Hebräischen; Variationen: Jessi, Jessika; Namenstage: 20. Oktober, 29. Dezember; bekannte Namensträgerinnen: Jessica Alba, geboren 1981, US-amerikanische Schauspielerin; Jessica Biel, geboren 1982, US-amerikanische Schauspielerin; Jessica Schwarz, geboren 1977, deutsche Schauspielerin und Moderatorin; Jessica Simpson, geboren 1980, US-amerikanische Popsängerin

Jessicaa Nebenform von → Jessica

Jessie Nebenform von → Jessica

Jessika Nebenform von → Jessica

Jessy Nebenform von → Jessica

Jesusa bedeutet „Gott ist Hilfe"; aus dem Hebräischen

Jeta bedeutet „das Leben"; aus dem Albanischen

Jetmira bedeutet „das schöne Leben"; aus dem Albanischen

Jetta Nebenform von → Henriette

Jettchen Nebenform von → Johanna

Jette Nebenform von → Henriette

Jetty Nebenform von → Henriette

Jewel bedeutet „der Edelstein"; aus dem Englischen; Variation: Jewell

Jewell Nebenform von → Jewel

Jewelly Nebenform von → Jewel

Jewgenija Nebenform von → Eugenia

Jeylana bedeutet „die Schöne"; aus dem Französischen

Jezabel Nebenform von → Isabel

Jezebel Nebenform von → Isabel

Jezebelle Nebenform von → Isabel

Jhana bedeutet „mein Leib"; aus dem Arabischen

Jhasmine Nebenform von → Yasmin

Jiao bedeutet „bezaubernd"; aus dem Chinesischen

Jigisha bedeutet „die Überlegene"; aus dem Indischen

Jil Nebenform von → Julia

Jill Nebenform von → Julia

Jillian Nebenform von → Julia

Jina bedeutet „die Identität"; aus dem Afrikanischen

Jinaki bedeutet „die Selbstsichere"; aus dem Afrikanischen

Jindra bedeutet „die Hausherrin"; aus dem Tschechischen

Jirani bedeutet „die Nachbarin"; aus dem Afrikanischen

Jirina Nebenform von → Georgia

Jiska bedeutet „Gott sieht"; aus dem Hebräischen

Jnes Nebenform von → Ines

Jo Nebenform von → Johanna

Joan Nebenform von → Johanna; bekannte Namensträgerin: Joan Crawford, 1905 bis 1977, US-amerikanische Filmschauspielerin

Joana Nebenform von → Johanna; Namenstage: 12. April, 12. Mai

Joanna Nebenform von → Johanna

Joanne Nebenform von → Johanna; bekannte Namensträgerin: Joanne K. Rowling, geboren 1965, britische Schriftstellerin (Harry-Potter-Reihe)

Joceline bedeutet „die, die von dem Stamm der Joceline abstammt"; aus dem Gotischen; Variation: Jocelyn

Jocelyn Nebenform von → Joceline

Jodie Nebenform von → Judith; bekannte Namensträgerin: Jodie Foster, geboren 1962, US-amerikanische Schauspielerin, Filmregisseurin und -produzentin

Jody Nebenform von → Judith

Joela Nebenform von → Joelle

Joelle bedeutet „Jahwe ist Gott"; aus dem Hebräischen; Variation: Joela

Johana Nebenform von → Johanna

Johane Nebenform von → Johanna

Johanna bedeutet „Gott ist gnädig"; aus dem Hebräischen; Variationen: Johana, Joan, Jo, Joanne, Janine, Jeanine, Jeannine, Janice, Yana, Yanna, Anice, Yanick, Yanne, Janne, Yannica, Yannick, Yannicka, Yannika; Namenstage: 30. Mai, 12. Dezember, 4. Februar;

bekannte Namensträgerinnen: Johanna von Navarra, 1370 bis 1437, zweite Ehefrau des englischen Königs Heinrich IV.; Johanna I., 1273 bis 1305, Königin von Navarra und als Ehefrau Philipps des Schönen Königin von Frankreich; Johanna König-Hock, besser bekannt als „Klementine", 1921 bis 2009, deutsche Schauspielerin und Werbeikone

Johanne Nebenform von → Johanna

Johari bedeutet „das Juwel"; aus dem Afrikanischen

Joke friesische Kurzform von → Johanna

Jola Nebenform von → Jolanthe

Jolan Nebenform von → Jolanthe

Jolanda Nebenform von → Jolanthe; Namenstag: 17. Dezember

Jolande Nebenform von → Jolanthe

Jolanka bedeutet „das gute Mädchen"; aus dem Ungarischen

Jolantha Nebenform von → Jolanthe

Jolanthe bedeutet „das Veilchen"; aus dem Griechischen; Variationen: Jolande, Jolanda, Jola, Jolan,

Yolanda, Yolande, Yolantha, Yolanthe, Yole

Jole Nebenform von → Jolanthe

Joleen Nebenform von → Jolanthe

Jolena Nebenform von → Jolanthe

Jolene Nebenform von → Jolanthe

Jolie bedeutet „die Hübsche"; aus dem Französischen

Jolyn Nebenform von → Jolanthe

Jona bedeutet „die Taube"; aus dem Hebräischen

Jonna Nebenform von → Johanna

Jorid bedeutet „das schöne Pferd"; aus dem Schwedischen

Jorina friesische Form von → Georgina

Jorinde Nebenform von → Georgina

Jorine friesische Form von → Georgina

Jorinna friesische Form von → Georgina

Josée Nebenform von → Josephine

Josefa Nebenform von → Josephine

Josefina Nebenform von → Josephine; Namenstage: 15. Dezember, 8. Februar

Josefine Nebenform von → Josephine

Josepha Nebenform von → Josephine

Josephina Nebenform von → Josephine

Josephine bedeutet „Gott möge vermehren"; aus dem Hebräischen; Variationen: Josefine, Josefa; Namenstag: 26. Oktober; bekannte Namensträgerinnen: Josephine Baker, 1906 bis 1975, US-amerikanisch-französische Tänzerin; Joséphine, 1807 bis 1876, Königin von Schweden und Norwegen

Josette französische Koseform von → Josephine

Joshita bedeutet „die Erfreute"; aus dem Indischen

Josi Nebenform von → Josephine

Josiane Nebenform von → Josephine

Josianne Nebenform von → Josephine

Josie Nebenform von → Josephine

Josina Nebenform von → Josephine

Josta bedeutet „die Kriegerin"; aus dem Keltischen

Jovana Nebenform von → Johanna

Jovanka Nebenform von → Johanna

Jovita Nebenform von → Joyvita; Namenstag: 15. Februar

Joy bedeutet „die Freude"; aus dem Englischen; Variation: Joya; bekannte Namensträgerinnen: Joy Fleming, geboren 1944, deutsche Soulsängerin; Joy Page, 1924 bis 2008, US-amerikanische Schauspielerin; Joy Denalane, geboren 1973, Sängerin

Joya Nebenform von → Joy

Joyce bedeutet „die Scherzhafte"; aus dem Englischen

Joyvita bedeutet „die Lebensfreude"; aus dem Englischen; Variation: Jovita

Jsabel Nebenform von → Isabel; aus dem Hebräischen

Ju Bedeutung ungeklärt; vermutlich aus dem Chinesischen

Juana Nebenform von → Johanna

Juanita Nebenform von → Johanna

Jucunda bedeutet „die Liebenswürdige"; aus dem Lateinischen

Judenta Nebenform von → Judith

Judintha Nebenform von → Judith

Judit Nebenform von → Judith

Judita Nebenform von → Judith

Judith bedeutet „die Judäerin"; aus dem Hebräischen; Variationen: Judit, Judita, Judy; Namenstage: 13. März, 25. März, 29. Juni; bekannte Namensträgerinnen: Judith Holofernes, geboren 1976, deutsche Musikerin, Leadsängerin der Gruppe „Wir sind Helden"; Judith von Thüringen, circa 1135 bis 1174, Frau des böhmischen Herzogs und Königs Vladislav II.

Juditha Nebenform von → Judith

Judy Nebenform von → Judith; bekannte Namensträgerin: Judy Garland, 1922 bis 1969, US-amerikanische Filmschauspielerin und Sängerin

Judyta Nebenform von → Judith

Jule Nebenform von → Julia

Julia bedeutet „die von der Familie Julia Abstammende"; benannt nach einem römischen Familiennamen; aus dem Lateinischen; Jule, Julie, Juliet, Julietta, Juliette, Julijana, Julika, Julina, Juline; Namenstage: 29. Mai, 22. Mai, 21. Juli; bekannte Namensträgerinnen: Julia Roberts,

geboren 1967, US-amerikanische Schauspielerin; Julia Jentsch, geboren 1978, deutsche Schauspielerin; Julia Ormond, geboren 1965, britische Schauspielerin; Julia Capulet aus Shakespeares „Romeo und Julia"

Júlia Nebenform von → Julia

Juliana Nebenform von → Julia; Namenstage: 19. Juni, 16. Februar

Juliane bedeutet „die von der Familie Juliane Abstammende"; benannt nach einem römischen Familiennamen; aus dem Lateinischen; Jule, Julie, Julia; Namenstag: 5. April; bekannte Namensträgerinnen: Juliane Werding, geboren 1956, deutsche Sängerin und Liedermacherin; Juliane Köhler, geboren 1965, deutsche Schauspielerin

Julianka Nebenform von → Julia

Julianna Nebenform von → Julia

Julianne Nebenform von → Julia

Julica Nebenform von → Julia

Jülide bedeutet „die Tiefe"; aus dem Türkischen

Julie Nebenform von → Julia

Julienne Nebenform von → Juliane

Juliet Nebenform von → Julia

Julietta Nebenform von → Julia

Juliette Nebenform von → Julia; bekannte Namensträgerin: Juliette Lewis, geboren 1973, US-amerikanische Schauspielerin („From Dusk Till Dawn") und Musikerin

Julijana Nebenform von → Julia

Juno bedeutet „die Blühende"; aus dem Griechischen; bekannte Namensträgerin: Juno, Göttin der Geburt und Ehe

Justa bedeutet „die Gerechte"; aus dem Lateinischen; Variationen: Justice, Justina

Justice bedeutet „die Gerechtigkeit"; aus dem Englischen

Justina Nebenform von → Justa; Namenstag: 7. Oktober

Justine Nebenform von → Justa; Namenstag: 26. September

Jutta Nebenform von → Judith; Namenstage: 22. Dezember, 13. Januar, 5. Mai; bekannte Namensträgerin: Jutta Speidel, geboren 1954, deutsche Schauspielerin

Jyoti bedeutet „das Licht, das Feuer"; aus dem Indischen

J

K

Kabisa bedeutet „für immer"; aus dem Afrikanischen

Kader bedeutet „das Schicksal"; aus dem Arabischen

Kadija bedeutet „die Frühe"; aus dem Arabischen

Kadriye bedeutet „die Starke"; aus dem Türkischen

Kaede bedeutet „das Ahornblatt"; aus dem Japanischen

Kagami bedeutet „der Spiegel"; aus dem Japanischen

Kagiso bedeutet „der Friede"; aus dem Afrikanischen

Kai Nebenform von → Katharina

Kaija Nebenform von → Katharina

Kaila bedeutet „der Sieg"; aus dem Hebräischen

Kaimana bedeutet „der Diamant"; aus dem Polynesischen

Kainda bedeutet „die Tochter des Jägers"; aus dem Afrikanischen

Kaire bedeutet „fließend wie Wasser"; aus dem Türkischen

Kaitlin Nebenform von → Katharina

Kaitlyn Nebenform von → Katharina

Kaj Nebenform von → Katharina

Kaja friesische Form von → Katharina

Kajetana bedeutet „die aus Gaeta Stammende"; aus dem Lateinischen; Variation: Kajetane

Kajetane Nebenform von → Kajetana

Kajsa Nebenform von → Katharina

Kala bedeutet „die Schwarze"; aus dem Indischen

Kalere bedeutet „die kleine Frau"; aus dem Afrikanischen

Kali bedeutet „die Knospe"; aus dem Afrikanischen

Kalila bedeutet „die Geliebte"; aus dem Arabischen

Kalinda bedeutet „die Sonne"; aus dem Indischen

Kalini bedeutet „die Blume"; aus dem Indischen

Kalliope bedeutet „die schöne Stimme"; aus dem Griechischen; bekannte Namensträgerin: Kalliope, Tochter von Zeus und Mnemosyne, in der griechischen Mythologie, Muse der epischen Dichtung

Kallisto bedeutet „die Schönste"; aus dem Griechischen; bekannte Namensträgerin: Kallisto, Geliebte des Göttervaters Zeus, Nymphe Dianas und Mutter von Arkas in der griechischen Mythologie

Kalyani bedeutet „die Gesegnete"; aus dem Indischen

Kama bedeutet „die Liebe"; aus dem Indischen

Kamar bedeutet „der Mond"; aus dem Arabischen

Kamaria bedeutet „die Mondgleiche"; aus dem Afrikanischen

Kameko bedeutet „die Schildkröte"; aus dem Japanischen

Kami bedeutet „mit der Kraft Gottes"; aus dem Japanischen

Kamila bedeutet „die Vollendete"; aus dem Arabischen

Kamilah bedeutet „die Perfekte"; aus dem Afrikanischen

Kamilla Nebenform von → Camilla

Kamille Nebenform von → Camilla

Kamini bedeutet „die schöne Frau"; aus dem Indischen

Kamya bedeutet „die Fähige"; aus dem Indischen

Kanani bedeutet „die Schönheit"; aus dem Polynesischen

Kandida Nebenform von → Candida

Kane bedeutet „die Weise"; aus dem Japanischen

Kanika bedeutet „die Schwarzgekleidete"; aus dem Afrikanischen

Kanisha aus dem Amerikanischen

Kanti bedeutet „das Licht"; aus dem Indischen

Kanya bedeutet „die Jungfrau"; aus dem Indischen

Kaori bedeutet „der Duft"; aus dem Japanischen

Kapuki bedeutet „die Erstgeborene"; aus dem Afrikanischen

Kara Nebenform von → Cara

Karanfil bedeutet „die Nelke"; aus dem Türkischen

Karda Nebenform von → Ricarda

Karde Nebenform von → Ricarda

Kareen Nebenform von → Katharina

Karen Nebenform von → Katharina; bekannte Namensträgerinnen: Karen Allen, geboren 1951, US-amerikanische Schauspielerin; Karen Blixen, Autorenpseudonym „Tania Blixen", 1885 bis 1962, dänische Schriftstellerin

Karena Nebenform von → Katharina

Kari bedeutet „das Fräulein"; aus dem Indianischen

Karianne niederländische Zusammensetzung aus → Katharina und Johanna

Karima bedeutet „die Wohltätige"; aus dem Arabischen

Karin schwedische Kurzform von → Katharina

Karina schwedische Kurzform von → Katharina

Karine schwedische Kurzform von → Katharina

Karishma bedeutet „das Wunder"; aus dem Indischen

Karla Nebenform von → Carla; Namenstag: 4. November

Karlina Nebenform von → Carla

Karline Nebenform von → Carla

Karlotta Nebenform von → Carla

Karma bedeutet „das Schicksal"; aus dem Indischen

Karmen Nebenform von → Carmen

Karola Nebenform von → Carla

Karolin Nebenform von → Carolin

Karolina Nebenform von → Carolin; Namenstag: 18. November

Karoline Nebenform von → Carolin; bekannte Namensträgerinnen: Karoline Friederike Wilhelmine von Baden, 1776 bis 1841, ab 1806 Königin des Königreichs Bayern; Karoline Charlotte Auguste von Bayern, 1792 bis 1873, Tochter Maximilian Josephs, des späteren Königs von Bayern und seiner Gattin Auguste Wilhelmine von Hessen-Darmstadt

Karsta Nebenform von → Christa

Karstine Nebenform von → Christine

Karuna bedeutet „die Mitfühlende"; aus dem Indischen

Kasota bedeutet „die Klare und die Freie"; aus dem Indischen

Kassandra Nebenform von → Cassandra; bekannte Namensträgerin: Tochter des trojanischen Königs Priamos

Kassie bedeutet „der Zimt"; aus dem Hebräischen; Variationen: Ketzia, Kezi, Keziah

Katarina Nebenform von → Katharina

K

Kate englische Kurzform von → Katharina; bekannte Namensträgerinnen: Kate Beckinsale, geboren 1973, britische Schauspielerin; Kate Hudson, geboren 1979, US-amerikanische Schauspielerin; Kate Winslet, geboren 1975, britische Schauspielerin; Kate Bush, geboren 1958, englische Sängerin, Pianistin und Songwriterin; Kate Nash, geboren 1987, englische Sängerin, Songwriterin und Komponistin; Kate Moss, geboren 1974, britisches Fotomodell

Käte Nebenform von → Katharina

Katharina bedeutet „die Reine"; aus dem Griechischen; Variationen: Katarina, Katrina, Kate, Karin, Karina, Karine; Namenstage: 25. November, 1. Februar, 24. März, 29. April; bekannte Namensträgerinnen: Katharina von Medici, 1519 bis 1589, Königin von Frankreich; Katharina I. von Russland, 1683 bis 1727, Zarin von Russland; Katharina Thalbach, geboren 1954, deutsche Theater- und Filmschauspielerin, Regisseurin; Katharina von Bora, 1499 bis 1552, Frau von Martin Luther; Katharina von Schweden, 1331 bis 1381, Klostervorsteherin; Katharina II., die Große, 1729 bis 1796, Zarin des Russischen Reiches

Katharine Nebenform von → Katharina; bekannte Namensträgerin: Katharine Hepburn, 1907 bis 2003, Schauspielerin

Käthchen Nebenform von → Katharina

Käthe Nebenform von → Katharina; bekannte Namensträgerinnen: Käthe Kollwitz, 1867 bis 1945, deutsche Künstlerin; Käthe Tucholla, 1910 bis 1943, deutsche Widerstandskämpferin; Käthe Kruse, 1883 bis 1968, deutsche Puppenmacherin

Kathi griechische Kurzform von → Katharina

Kathleen irische Kurzform von → Katharina

Kati Nebenform von → Katharina; bekannte Namensträgerin: Kati Witt, geboren 1965, deutsche Eiskunstläuferin

Katia urspünglich griechische Kurzform von → Katharina

Katie Nebenform von → Katharina; bekannte Namensträgerinnen: Katie Holmes, geboren 1978, US-amerikanische Schauspielerin; Katie Melua , geboren 1984, georgisch-britische Sängerin und Musikerin

Katja urspünglich griechische Kurzform von → Katharina; bekannte Namensträgerinnen: Katja Ebstein, geboren 1945, deutsche Sängerin und Schauspielerin; Katja Flint, geboren 1960, deutsche Schauspielerin; Katja Riemann, geboren 1963, deutsche Schauspielerin; Kat-

ja von Garnier, geboren 1966, deutsche Regisseurin („Lautlos", „Bandits")

Katrina Nebenform von → Katharina

Kavindra bedeutet „die Dichterin"; aus dem Indischen

Kavita bedeutet „das Gedicht"; aus dem Indischen

Kay dänische und friesische Kurzform von → Katharina

Kaye englische Kurzform von → Katharina

Kayla nordamerikanische Kurzform von → Kayleigh oder Michaela

Kaylee Nebenform von → Kayleigh

Kayleigh abgeleitet vom irischen Ortsnamen Kyle; aus dem Gälischen; Variationen: Kaylee, Keely

Kazuko bedeutet „der Frieden und das Mädchen"; aus dem Japanischen

Keela bedeutet „die Schöne"; aus dem Gälischen

Keely Nebenform von → Kayleigh

Kei bedeutet „die Verzückende"; aus dem Japanischen

Keiko bedeutet „die Freude und das Mädchen"; aus dem Japanischen

Keisha Nebenform von → Lakeisha

Kelda bedeutet „die Quelle"; aus dem Keltischen

Kelebek bedeutet „der Schmetterling"; aus dem Türkischen

Kelila bedeutet „der Lorbeerkranz"; aus dem Hebräischen; Variation: Kelilah

Kelilah Nebenform von → Kelila

Kelly bedeutet „die aus der Familie Kelly Stammende"; aus dem Gälischen; bekannte Namensträgerinnen: Kelly Clarkson, geboren 1982, US-amerikanische Sängerin; Kelly Osbourne, geboren 1984, US-amerikanische Sängerin; Kelly Preston, geboren 1962, US-amerikanische Schauspielerin und Frau von John Travolta

Kelsey benannt nach einem englischen Familiennamen; aus dem Englischen

Kelsi bedeutet „die Kriegerin"; aus dem Gälischen; Variation: Kelsie

Kelsie Nebenform von → Kelsi

Kendall bedeutet „aus dem hellen Tal"; aus dem Englischen

Kendra bedeutet „die Hübsche"; aus dem Englischen; Variationen: Kenia, Kenya, Kenja

Kenia Nebenform von → Kendra

Kenja Nebenform von → Kendra

Kenna Nebenform von → Kendra

Kenya Nebenform von → Kendra

Kera bedeutet „die heilige Glocke"; aus dem Indischen

Kerani Nebenform von → Kera

Keren Nebenform von → Katharina

Kerena Nebenform von → Katharina

Kerime bedeutet „die Wohltätige"; aus dem Türkischen

Kerry benannt nach einer irischen Grafschaft; aus dem Gälischen

Kersta Nebenform von → Kerstin

Kersten Nebenform von → Kerstin

Kersti Nebenform von → Kerstin

Kerstin bedeutet „Christin"; aus dem Lateinischen; Variationen: Kersta, Kersti, Kersten, Kirsten, Kirsty, Kirsa, Kirsi; Namenstag: 24. Juli

Kerstina Nebenform von → Kerstin

Kerstine Nebenform von → Kerstin

Kesava bedeutet „die Frau mit dem vollen Haar"; aus dem Indischen

Keshi bedeutet „die Frau mit dem schönen Haar"; aus dem Indischen; Variation: Keshini

Keshia Nebenform von → Lakeisha

Keshini Nebenform von → Keshi

Keshya Nebenform von → Lakeisha

Ketzia Nebenform von → Keziah

Kezia Nebenform von → Keziah

Keziah bedeutet „der Zimt"; aus dem Hebräischen; Variationen: Kezia, Ketzia

Khadija bedeutet „die Frühgeborene"; aus dem Arabischen

Kiana bedeutet „die Fortbestehende"; aus dem Gälischen; Variation: Kiane

Kianga bedeutet „der Sonnenschein"; aus dem Afrikanischen

Kiara bedeutet „das Diadem"; aus dem Amerikanischen

Kichi bedeutet „die Glückliche"; aus dem Japanischen

K

Kiera bedeutet „die Dunkel-haarige"; aus dem Gälischen

Kiku benannt nach der Pflanze Chrysantheme; aus dem Japanischen

Kim Nebenform von → Kim-berley; bekannte Namensträgerinnen: Kim Basinger, geboren 1953, US-amerikanische Schauspielerin; Kim Cattrall, geboren 1956, kanadisch-US-amerikanische Schauspielerin; Kim Fisher, geboren 1969, deutsche Sängerin und Moderatorin; Kim Wilde, eigentlich Kim Smith, geboren 1960, britische Sängerin

Kimani bedeutet „die Süße, die Schöne"; aus dem Afrika-nischen

Kimberley benannt nach einem amerikanischen Orts-namen; aus dem Amerika-nischen; Variation: Kimberly

Kimberly Nebenform von → Kimberley

Kimi bedeutet „die Einzigar-tige"; aus dem Japanischen; Variation: Kimiko

Kimiko Nebenform von → Kimi

Kin bedeutet „die Goldene"; aus dem Englischen

Kineta bedeutet „die Bewegte"; aus dem Grie-chischen

Kinga Nebenform von → Kunigunde

Kira bedeutet „die Herrin"; aus dem Russischen

Kiran bedeutet „der Licht-strahl"; aus dem Indischen

Kirby benannt nach einem englischen Ortsnamen; aus dem Englischen

Kiriaki bedeutet „das Sonn-tagskind"; aus dem Grie-chischen

Kiritan bedeutet „die Gekrönte"; aus dem Indischen

Kirsa Nebenform von → Kerstin

Kirsi Nebenform von → Kerstin

Kirsten Nebenform von → Kerstin; bekannte Namensträ-gerinnen: Kirsten Dunst, geboren 1982, US-amerika-nische Schauspielerin; Kirsten Boie, geboren 1950, deutsche Schriftstellerin

Kirsti Nebenform von → Kerstin

Kirstin Nebenform von → Kerstin

Kirstina Nebenform von → Kerstin

Kirsty Nebenform von → Kerstin

Kisa bedeutet „die kleine Katze"; aus dem Russischen

Kishi bedeutet „das Ufer"; aus dem Japanischen

Kishori bedeutet „das junge Mädchen"; aus dem Indischen

Kita bedeutet „der Norden"; aus dem Japanischen

Kitty schottische Kurzform von → Katharina

Kiyoko bedeutet „der freie Raum"; aus dem Japanischen

Kjerstin schwedische Form von → Kerstin

Klara Nebenform von → Clara; Namenstage: 11. August, 8. Mai

Klarina Nebenform von → Clara

Klarinda Nebenform von → Clara

Klarinde Nebenform von → Clara

Klarine Nebenform von → Clara

Klarissa Nebenform von → Clara

Klasina bedeutet „der Sieg und das Volk"; aus dem Grie-chischen; Variation: Klasine

Klasine Nebenform von → Klasina

Klaudia Nebenform von → Claudia

Klaudine Nebenform von → Claudia

Klea bedeutet „die Berühmte"; aus dem Griechischen

Kleio bedeutet „der Ruhm"; aus dem Griechischen

Klemente bedeutet „die Milde"; aus dem Lateinischen; Variationen: Klementine, Klementina

Klementia Nebenform von → Klemente

Klementina Nebenform von → Klemente

Klementine Nebenform von → Klemente

Klenja russische Kurzform von → Cleopatra

Kleopatra Nebenform von → Cleopatra

Kleopha bedeutet „die den Ruhm zu Tage Fördernde"; aus dem Griechischen; Variation: Kleophea

Kleophea Nebenform von → Kleopha

Klesa bedeutet „der Schmerz"; aus dem Indischen

Klio bedeutet „die Rühmende"; aus dem Griechischen

Klivia benannt nach einer Zierpflanze; aus dem Lateinischen

Klorinde bedeutet „die Junge"; aus dem Griechischen

Klothilde bedeutet „die berühmte Kämpferin"; aus dem Althochdeutschen; Variation: Klotilde; Namenstage: 3. Juni, 4. Juni

Klotilde Nebenform von → Klothilde

Kohana bedeutet „die kleine Blume"; aus dem Japanischen

Koko bedeutet „der Storch"; aus dem Japanischen

Kolomba bedeutet „die Taube"; aus dem Lateinischen

Komal bedeutet „die Sanfte"; aus dem Indischen; Variation: Komali

Konrada bedeutet „die kühne Ratgeberin"; aus dem Althochdeutschen; Variationen: Konrade, Konradina, Konradine

Konstanze bedeutet „die Beständigkeit"; aus dem Lateinischen; Variationen: Konstantine, Konstantina; bekannte Namensträgerin: Konstanze von Sizilien, 1154 bis 1198, Königin von Sizilien, Frau von Kaiser Heinrich VI.

Korona bedeutet „die Krone"; aus dem Lateinischen

Kosima bedeutet „der Schmuck"; aus dem Lateinischen

Kriemhilde bedeutet „Helm und Kampf"; aus dem Alt-

hochdeutschen; Variationen: Krimhild, Krimhilde, Kriehmhild

Kunigunde bedeutet „die für ihre Sippe Kämpfende"; aus dem Althochdeutschen; Namenstage: 16. Juni, 3. März, 24. Juli; bekannte Namensträgerinnen: Kunigunde von Luxemburg, 980 bis 1033, Ehefrau von Kaiser Heinrich II.; Kunigunde von Schwaben, 1200 bis 1248, Königin von Böhmen; Kunigunde von Halitsch, 1246 bis 1285, Königin von Böhmen

Kya bedeutet „der Himmelsdiamant"; aus dem Afrikanischen

Kyla bedeutet „die Schöne"; aus dem Gälischen

Kyle benannt nach einem englischen Ortsnamen; aus dem Englischen

Kylie bedeutet „der Bumerang"; aus dem Australischen; bekannte Namensträgerin: Kylie Minogue, geboren 1968, australische Sängerin

Kyna bedeutet „die Liebe"; aus dem Gälischen

Kyok bedeutet „der Spiegel"; aus dem Japanischen

Kyra bedeutet „der Herr"; aus dem Griechischen; Variation: Kyrilla

Kyrilla Nebenform von → Kyra; Namenstag: 5. Juli

K

Laalamani bedeutet „der Rubin"; aus dem Indischen

Laboni bedeutet „die Anmutige"; aus dem Indischen

Lada Nebenform von → Ladislava

Ladina Nebenform von → Ladislava

Ladinka Nebenform von → Ladislava

Ladislava bedeutet „der Ruhm und die Herrschaft"; aus dem Slawischen; Variationen: Lada, Ladina, Ladine, Ladinka

Laetitia bedeutet „die Freude"; aus dem Lateinischen; Variationen: Lätitia, Lätizia, Latisha; bekannte Namensträgerin: Laetitia Casta, geboren 1978, französisches Topmodel

Laila bedeutet „die Nacht"; aus dem Arabischen; bekannte Namensträgerinnen: Laila, geboren 1980, indische Schauspielerin; Laila Ali, geboren 1977, Boxerin und Tochter von Weltmeister Muhammad Ali

Laini bedeutet „die Sanfte, die Weiche"; aus dem Afrikanischen

Lajita bedeutet „die Bescheidene"; aus dem Indischen

Lakeisha bedeutet „die Lebendige"; aus dem Amerikanischen

Lakya bedeutet „die am Donnerstag Geborene"; aus dem Indischen

Lala Nebenform von → Ladislava

Lalamika bedeutet „um Gnade bitten"; aus dem Afrikanischen

Lalana bedeutet „die schöne Frau"; aus dem Indischen

Lale bedeutet „die Tulpe"; aus dem Persischen

Lâle bedeutet „die Tulpe"; aus dem Türkischen

Lali bedeutet „das Lieblingsmädchen"; aus dem Indischen

Lalita bedeutet „die Schöne"; aus dem Indischen

Lamberta bedeutet „das glänzende Land"; aus dem Althochdeutschen

Lamia bedeutet „die Glitzernde"; aus dem Afrikanischen

Lana bedeutet „die Wolle"; aus dem Spanischen

Lara Nebenform von → Larissa; bekannte Namensträgerinnen: Lara Croft, virtuelle

Person aus der Computer- und Videospielserie „Tomb Raider"; Lara Wendel, geboren 1965, US-amerikanisch-deutsche Schauspielerin und Model

Laraine Nebenform von → Loraine

Laranya bedeutet „die Würdevolle"; aus dem Indischen

Larena Nebenform von → Loraine

Larina Nebenform von → Loraine

Larisa Nebenform von → Larissa

Larissa bedeutet „die aus der Stadt Larissa Stammende"; aus dem Griechischen; Variation: Larisa; Namenstag: 26. März; bekannte Namensträgerin: Tochter des Pelasgos aus der griechischen Mythologie

Larsina bedeutet „der Lorbeerkranz"; aus dem Lateinischen; Variation: Larsine

Larsine Nebenform von → Larsina

Lata bedeutet „die Rebe"; aus dem Indischen

Latangi bedeutet „das schlanke Mädchen"; aus dem Indischen

Latasha bedeutet „die an Weihnachten Geborene"; aus dem Englischen

Latifa bedeutet „die Gütige, die Sanfte"; aus dem Arabischen; bekannte Namensträgerin: Latifa Bint Alayah Al Arfaoui, geboren 1961, in der arabischen Welt populäre tunesische Sängerin

Latika bedeutet „die Kleine"; aus dem Indischen

Latisha bedeutet „die Freude"; aus dem Englischen

Lätitia Nebenform von → Laetitia

Lätizia Nebenform von → Laetitia

Latona benannt nach einem altrömischen Geschlechternamen; aus dem Lateinischen; Variationen: Latonya, Latoya

Latonya Nebenform von → Latona

Latoya Nebenform von → Latona

Laura bedeutet „der Lorbeerkranz"; aus dem Lateinischen; Variationen: Laure, Laureen, Laurena, Laurence, Laurentia, Lauretta, Laurette, Laurie, Laurina, Lauryn; Namenstage: 8. Oktober, 19. Oktober; bekannte Namensträgerin: Laura Biagiotti, geboren 1943, italienische Designerin

Laure Nebenform von → Laura

Laureen Nebenform von → Laura

Lauren Nebenform von → Laura; bekannte Namensträgerinnen: Lauren Bacall, 1924 bis 2014, US-amerikanische Schauspielerin; Lauren Graham, geboren 1967, US-amerikanische Schauspielerin; Lauren Ambrose, geboren 1978, US-amerikanische Film- und Fernsehschauspielerin

Laurena Nebenform von → Laura

Laurence Nebenform von → Laura

Laurène Nebenform von → Laura

Laurentia Nebenform von → Laura

Lauretta Nebenform von → Laura

Laurette Nebenform von → Laura

Lauri Nebenform von → Laura

Laurie Nebenform von → Laura; bekannte Namensträgerinnen: Laurie Holden, geboren 1972, US-amerikanische Schauspielerin; Laurie R. King, geboren 1952, US-amerikanische Schriftstellerin

Laurina Nebenform von → Laura

Laurine Nebenform von → Laura

Lauryn Nebenform von → Laura

Lavali bedeutet „die Nelke"; aus dem Indischen

Lavanya bedeutet „das schöne Mädchen"; aus dem Indischen

Laverne benannt nach der römischen Schutzgöttin der Gauner; aus dem Lateinischen

Lavina bedeutet „die aus Lavinium Stammende"; aus dem Lateinischen; Variation: Lavinia

Lavinia Nebenform von → Lavina

Lavra Nebenform von → Laura

Layla Nebenform von → Laila

Lea bedeutet „die Antilope"; aus dem Hebräischen; Variationen: Leah, Leana; Namenstag: 22. März; bekannte Namensträgerinnen: Lea Rosh, geboren 1936, deutsche Fernsehjournalistin und Publizistin; Lea Fleischmann, geboren 1947, israelische Schriftstellerin; Lea war die ältere Schwester von Rahel und die erste Frau Jakobs, des Stammvaters der Israeliten in der Tora

Leah Nebenform von → Lea; bekannte Namensträgerinnen: Leah Rabin, 1928 bis 2000, Ehefrau des ermordeten israelischen Ministerpräsidenten Jitzchak Rabin; Leah Remini, geboren 1970,

US-amerikanische Schauspielerin und Sitcom-Star („King
of Queens")

Leana Nebenform von → Lea

Leandra bedeutet „das Volk
und der Mann"; aus dem Griechischen

Leatrice Kombination aus →
Lea und Beatrice

Leda bedeutet „die Frau";
aus dem Griechischen;
bekannte Namensträgerin:
Leda, Frau von König Tynda-
reos, Geliebte des Zeus, der
sie in Schwanengestalt ver-
führte, Mutter von Helena

Lee benannt nach einem
englischen Ortsnamen; aus
dem Englischen; Variation:
Leigh

Leela bedeutet „das Spiel";
aus dem Indischen

Leena Nebenform von →
Magdalena

Léetice bedeutet „die Freude"; aus dem Französischen

Leigh Nebenform von → Lee

Leiko bedeutet „die Arro-
gante"; aus dem
Japanischen

Leila bedeutet „die Nacht";
aus dem Arabischen

Lela bedeutet „die Nacht";
aus dem Afrikanischen

Leli Nebenform von → Leila

Lelia bedeutet „die Gesprä-
chige"; aus dem Lateinischen

Lena Nebenform von →
Magdalena

Lene Nebenform von →
Magdalena

Leni Nebenform von →
Magdalena; bekannte
Namensträgerinnen: Leni
Riefenstahl, 1902 bis 2003,
deutsche Tänzerin, Schau-
spielerin, Filmregisseurin und
Fotografin; Leni Statz, geboren 1929, deutsche Humoris-
tin und Kinderstimmen-Imita-
torin

Lenja russische Kurzform
von → Helene

Lenka slawische Kurzform
von → Helene

Lenore Nebenform von →
Leonore

Lentje friesische Form von →
Helene

Leny Nebenform von →
Magdalena

Lenza Nebenform von →
Laurentia

Leoba Nebenform von →
Lioba

Leocadia Nebenform von →
Leokadia

Leokadia benannt nach
einem griechischen Gebirge;
aus dem Griechischen; Variationen: Leokadie, Leocadia

Leokadie Nebenform von →
Leokadia

Leona bedeutet „die starke
Löwin"; aus dem Althoch-
deutschen; Variationen: Leo-
narda, Leonia, Leoni, Leonie

Leonara Nebenform von →
Leona

Leonharda Nebenform von
→ Leona

Leoni Nebenform von →
Leona

Leonia Nebenform von →
Leona

Leonida Nebenform von →
Leona

Leonie Nebenform von →
Leona; Namenstag: 10. Januar

Leonilda bedeutet „der
Löwe und der Kampf"; aus
dem Althochdeutschen; Variation: Leonilde

Leonilde Nebenform von →
Leonilda

Leonille Nebenform von →
Leona

Leonor Nebenform von →
Eleonore; bekannte Namensträgerin: Infantin Leonor von
Spanien, geboren 2005, Tochter von Prinz Felipe von Spanien und Prinzessin Letizia
von Spanien

Leonora Nebenform von →
Eleonore; bekannte Namens-

trägerinnen: Leonora Ruffo, 1935 bis 2007, italienische Schauspielerin; Leonora Carrington, 1917 bis 2011, britische Malerin

Leonore Nebenform von → Eleonore; bekannte Namensträgerin: Leonore Marie Irene Enrica Gräfin von Oranien-Nassau, geboren 2006, Tochter von Constantijn von Oranien-Nassau, Prinz der Niederlande

Leontina Nebenform von → Leona; Namenstag: 1. März

Leontine Nebenform von → Leona

Leontyne Nebenform von → Leona

Leopolda bedeutet „das Volk und kühn"; aus dem Althochdeutschen; Variationen: Leopolde, Leopoldina, Leopoldine

Leopolde Nebenform von → Leopolda

Leopoldina Nebenform von → Leopolda

Leopoldine Nebenform von → Leopolda

Leska Nebenform von → Valeska

Lesley Nebenform von → Leslie

Leslie benannt nach einem englischen Ortsnamen; aus dem Englischen; Variation: Lesley

Letafet bedeutet „die Liebliche"; aus dem Türkischen

Letice Nebenform von → Laetitia

Leticia Nebenform von → Laetitia

Letitia Nebenform von → Laetitia

Letizia Nebenform von → Laetitia; Namenstag: 5. Juli; bekannte Namensträgerin: Letizia Ortiz Rocasolano, geboren 1972, Ehefrau des spanischen Thronfolgers Felipe

Letta Nebenform von → Violetta

Lettie Nebenform von → Laetitia

Letty Nebenform von → Laetitia

Levana bedeutet „der Mond"; aus dem Hebräischen

Levinia Nebenform von → Lavinia

Lexa Nebenform von → Alexandra

Leyla Nebenform von → Leila

Leza bedeutet „die Durchsetzungsfähige"; aus dem Afrikanischen

Li bedeutet „die Schöne"; aus dem Chinesischen

Lia Nebenform von → Lea

Liana Nebenform von → Juliane

Liane Nebenform von → Juliane; bekannte Namensträgerinnen: Liane Berkowitz, 1923 bis 1943, deutsche Widerstandskämpferin; Liane Fröschen, „Liane", geboren 1978, deutsche Schlagersängerin

Lianne Nebenform von → Lee

Liberty bedeutet „Freiheit"; aus dem Englischen

Libeth Nebenform von → Elisabeth

Libusa bedeutet „die Liebe"; aus dem Tschechischen

Libussa Nebenform von → Libusa

Lida Nebenform von → Lydia

Liddi Nebenform von → Lydia

Liddy Nebenform von → Lydia

Lidia Nebenform von → Lydia

Lidwina bedeutet „das Volk und die Freundin"; aus dem Althochdeutschen; Namenstag: 14. April

Lie Nebenform von → Lee

Liebgard bedeutet „lieb und der Garten"; aus dem Althochdeutschen

L

Liebhil bedeutet „lieb und der Kampf"; aus dem Althochdeutschen

Liebtraud bedeutet „lieb und die Kraft"; aus dem Althochdeutschen

Lieke Nebenform von → Angelika

Lien bedeutet „der Lotos"; aus dem Chinesischen

Lies Nebenform von → Elisabeth

Liesa Nebenform von → Lisa

Liesbeth Nebenform von → Elisabeth

Lieschen Nebenform von → Elisabeth

Liese Nebenform von → Elisabeth

Liesel Nebenform von → Elisabeth

Lieselott Kombination aus → Liese und Lotte

Lieselotte Kombination aus → Liese und Lotte

Liesl Nebenform von → Elisabeth

Lif bedeutet „der Schutz"; aus dem Keltischen

Lil Nebenform von → Elisabeth

Lila bedeutet „die Gute"; aus dem Afrikanischen

Lili Nebenform von → Elisabeth

Lilia bedeutet „die Lilie"; aus dem Schwedischen; Variation: Lilja

Lilian Nebenform von → Elisabeth

Liliana Nebenform von → Elisabeth; Namenstag: 10. Mai

Liliane Nebenform von → Elisabeth

Lilie Nebenform von → Lilia

Lilith bedeutet „die Nächtliche"; aus dem Hebräischen; bekannte Namensträgerin: Lilith, Göttin des Windes in großer Höhe

Lilja Nebenform von → Lilia

Lill Nebenform von → Lilli

Lillemor bedeutet „die kleine Mutter"; aus dem Schwedischen

Lilli Nebenform von → Elisabeth

Lillian Nebenform von → Elisabeth

Lilly Nebenform von → Elisabeth

Lilo Nebenform von → Lieselotte

Limber bedeutet „die große Freude"; aus dem Afrikanischen

Lina bedeutet „die Sanfte"; aus dem Afrikanischen; Variation: Line; bekannte Namensträgerinnen: Lina Carstens, 1892 bis 1978, deutsche Schauspielerin; Lina Haag, 1907 bis 2012, kommunistische Widerstandskämpferin

Linda Nebenform von → Linde; bekannte Namensträgerinnen: Linda Evangelista, geboren 1965, kanadisches Mannequin und Fotomodell; Linda McCartney, 1941 bis 1998, US-amerikanische Fotografin und Musikerin; Linda de Mol, geboren 1964, niederländische Showmasterin; Linda Evans, geboren 1942, US-amerikanische Schauspielerin; Linda Ronstadt, geboren 1946, US-amerikanische Sängerin

Linde benannt nach dem gleichnamigen Baum; aus dem Althochdeutschen; Variation: Linda

Lindgard bedeutet „der Lindengarten"; aus dem Althochdeutschen; Variation: Lindgart

Lindgart Nebenform von → Lindgard

Lindiwe bedeutet „die gewartet hat"; aus dem Afrikanischen

Lindsay bedeutet „die Insel der Lindenbäume"; aus dem Englischen; Variation: Lindsey

Lindsey Nebenform von → Lindsay

Line Nebenform von → Lina

Linett Nebenform von → Lina

Linette Nebenform von → Lina

Lining Nebenform von → Lina

Linka Nebenform von → Karoline

Linn Nebenform von → Lina

Linnea benannt nach der gleichnamigen Blume; aus dem Schwedischen; Variation: Linnéa

Linnéa Nebenform von → Linnea

Lioba bedeutet „die Liebe"; aus dem Althochdeutschen; Namenstag: 28. September

Lionne Nebenform von → Lea

Lis Nebenform von → Elisabeth

Lisa Nebenform von → Elisabeth; bekannte Namensträgerin: Lisa Simpson, eine Figur der Zeichentrickserie „Die Simpsons"

Lisabeth Nebenform von → Elisabeth

Lisann Kombination aus → Lisa und Anne

Lisanne Kombination aus → Lisa und Anne

Lisbeth Nebenform von → Elisabeth

Lise Nebenform von → Elisabeth

Lisenka slawische Form von → Elisabeth

Lisett Nebenform von → Elisabeth

Lisette Nebenform von → Elisabeth

Lisha Nebenform von → Elisabeth

Lissa Nebenform von → Elisabeth

Lisse Nebenform von → Elisabeth

Lissi Nebenform von → Elisabeth

Lissy Nebenform von → Elisabeth

Lita bedeutet „das Volk und der Garten"; aus dem Althochdeutschen

Liv bedeutet „das Leben"; aus dem Keltischen; bekannte Namensträgerinnen: Liv Tyler, geboren 1977, US-amerikanische Schauspielerin; Liv Ullmann, geboren 1938, norwegische Schauspielerin und Regisseurin

Livama bedeutet „der Mond"; aus dem Hebräischen

Livia benannt nach einem römischen Familiennamen; aus dem Lateinischen; Variation: Liviana; Namenstag: 13. November

Liviana Nebenform von → Livia

Livnah bedeutet „die Weiße"; aus dem Hebräischen; Variation: Livnat

Livnat Nebenform von → Livnah

Liz Nebenform von → Elisabeth

Liza Nebenform von → Elisabeth

Lizanne Nebenform von → Elisabeth

Lizzy Nebenform von → Elisabeth

Ljuba bedeutet „die Liebe"; aus dem Slawischen; Variation: Ljubow

Ljubow Nebenform von → Ljuba

Loana Nebenform von → Apollonia

Lois Nebenform von → Heloise

Loisa Nebenform von → Heloise

Lola Nebenform von → Leonore

Lolita Nebenform von → Leonore; bekannte Namensträgerin: Lolita, Roman von

L

Vladimir Nabokov aus dem Jahr 1955, Kindfrau – Synthese aus Kind und Frau

Lona Nebenform von → Apollonia

Lone Nebenform von → Apollonia

Longina bedeutet „die Lange"; aus dem Lateinischen

Loni Nebenform von → Apollonia

Lonni Nebenform von → Apollonia

Lonny Nebenform von → Apollonia

Lony Nebenform von → Apollonia

Lora Nebenform von → Eleonore

Loraine bedeutet „die aus Lothringen Stammende"; aus dem Französischen; Variation: Lorraine

Lore Nebenform von → Eleonore

Loredana Nebenform von → Laura

Loreen Nebenform von → Laura

Lorena Nebenform von → Laura

Lorene Nebenform von → Laura

Lorenza Nebenform von → Laura

Lorenzina Nebenform von → Laura

Loretta Nebenform von → Laura; Namenstag: 10. Dezember

Lorette Nebenform von → Laura

Lorina Nebenform von → Laura

Loris Nebenform von → Laura

Lorita Nebenform von → Laura

Loritta Nebenform von → Laura

Lorna benannt nach einem englischen Ortsnamen; aus dem Englischen

Lorraine Nebenform von → Loraine

Lotta Nebenform von → Charlotte

Lotte Nebenform von → Charlotte

Lotti Nebenform von → Charlotte

Lou Nebenform von → Louise

Louisa Nebenform von → Louise

Louise bedeutet „der berühmte Kampf"; aus dem Althochdeutschen; Variationen: Louisa, Lovisa; Namenstag: 15. März; bekannte Namensträgerinnen: Louise Veronica Ciccone, besser bekannt als Madonna, geboren 1958, US-amerikanische Sängerin, Schauspielerin, Tänzerin und Buchautorin

Lourdes benannt nach einem bekannten Wallfahrtsort; aus dem Französischen

Lovisa Nebenform von → Louise

Lowisa Nebenform von → Louise

Lu Nebenform von → Louise

Luc Nebenform von → Lucia

Luca Nebenform von → Lucia

Luce Nebenform von → Lucia

Lucetta Nebenform von → Lucia

Lucette Nebenform von → Lucia

Luchina Nebenform von → Lucia

Luci Nebenform von → Lucia

Lucia bedeutet „bei Tageslicht"; aus dem Lateinischen; Variationen: Lucy, Luci, Luca, Luc, Lucetta, Lucette; Namenstage: 25. März, 13. Dezember

Luciana Nebenform von → Lucia

Luciane Nebenform von →
Lucia

Lucie Nebenform von →
Lucia

Lucienne Nebenform von →
Lucia

Lucilla Nebenform von →
Lucia; Namenstag: 29. Juli

Lucille Nebenform von →
Lucia

Lucinda Nebenform von →
Lucia

Lucinde Nebenform von →
Lucia

Lucretia benannt nach
einem römischen Familiennamen; aus dem Lateinischen;
Variationen: Lukretia

Lucrezia Nebenform von →
Lucretia

Lucy Nebenform von →
Lucia; bekannte Namensträgerin: Lucy Liu, geboren
1968, US-amerikanische
Schauspielerin

Ludgard Nebenform von →
Luigard

Ludgardis Nebenform von
→ Luitgard

Ludmilla bedeutet „das
Volk und lieb"; aus dem Althochdeutschen; Namenstage:
15. September, 16. September

Ludolfa bedeutet „das Volk
und der Wolf"; aus dem Alt-

hochdeutschen; Variation:
Ludolfe

Ludolfe Nebenform von →
Ludolfa

Ludovica Nebenform von →
Ludwika

Ludowika Nebenform von →
Ludwika

Ludwiga Nebenform von →
Ludwika

Ludwika bedeutet „berühmt
und der Kampf"; aus dem Althochdeutschen; Variationen:
Ludovica, Ludwiga

Ludwina bedeutet „das Volk
und der Freund"; aus dem Althochdeutschen

Luisa Nebenform von →
Louise; bekannte Namensträgerin: Luisa Bergalli, 1703 bis
1779, italienische Dichterin
und Librettistin

Luise Nebenform von →
Louise; Namenstage: 18. Dezember, 24. Juli; bekannte
Namensträgerinnen: Luise
von Baden, 1779 bis 1826, russische Zarin; Luise Kraushaar,
1905 bis 1989, deutsche
Widerstandskämpferin und
Historikerin; Luise Marie Elisabeth von Preußen, 1838 bis
1923, Tochter von Kaiser Wilhelm I.; Luise Rainer, geboren
1910, deutsch-amerikanische
Schauspielerin und zweifache
Oscarpreisträgerin

Luisella Nebenform von →
Louise

Luiselle Nebenform von →
Louise

Luitgard bedeutet „das
Volk und der Garten; aus dem
Althochdeutschen; Variation:
Lutgard

Luitwine Nebenform von →
Ludwina

Luka Nebenform von → Lucia

Lukretia Nebenform von →
Lucretia

Lukrezia Nebenform von →
Lucretia

Lulu bedeutet „die Perle";
aus dem Afrikanischen

Luna bedeutet „der Mond";
aus dem Lateinischen;
bekannte Namensträgerin:
die Mondgöttin des antiken
Roms

Lurdes Nebenform von →
Lourdes

Lutgard Nebenform von →
Luitgard

Luzia Nebenform von →
Lucia

Luzie Nebenform von →
Lucia

Lya Nebenform von →
Lydia

Lydia bedeutet „die aus
Lydien Stammende"; aus dem
Griechischen; Variationen:
Lya, Lodia; Namenstag:
3. August

L

Maaike Nebenform von → Maria

Maartje Nebenform von → Martina

Mabel bedeutet „die Liebenswürdige"; aus dem Englischen

Mada bedeutet „die Macht und der Kampf"; aus dem Gälischen

Madaha bedeutet „die Graziöse"; aus dem Afrikanischen

Madalena Nebenform von → Magdalena

Maddalena Nebenform von → Magdalena

Maddy Nebenform von → Magdalena

Madelaine Nebenform von → Magdalena

Madeleine Nebenform von → Magdalena; bekannte Namensträgerin: Madeleine von Schweden, geboren 1982, Tochter von König Carl XVI. Gustaf von Schweden und Königin Silvia von Schweden

Madeline Nebenform von → Magdalena

Madelon Nebenform von → Magdalena

Madhavi bedeutet „der Honig"; aus dem Indischen; Variation: Madhu

Madhu Nebenform von → Madhavi

Madhubala bedeutet „das süße Mädchen"; aus dem Indischen

Madhulata bedeutet „die reizende Pflanze"; aus dem Indischen

Madhura bedeutet „das Bonbon"; aus dem Indischen

Madhuri bedeutet „das süße Mädchen"; aus dem Indischen

Madina Nebenform von → Magdalena

Madirakshi bedeutet „die Frau mit den schönen Augen"; aus dem Indischen; Variation: Madira

Madison Nebenform von → Magdalena

Madjida bedeutet „die Gepriesene"; aus dem Arabischen

Madlaina Nebenform von → Magdalena

Madleen Nebenform von → Magdalena

Madleina Nebenform von → Magdalena

Madlen Nebenform von → Magdalena

Madlena Nebenform von → Magdalena

Madlene Nebenform von → Magdalena

Madlin Nebenform von → Magdalena

Madlon Nebenform von → Magdalena

Madrisa benannt nach einer Gebirgsgöttin; aus dem Italienischen

Mady Nebenform von → Magdalena

Mae Nebenform von → May

Maelle bedeutet „die Prinzessin"; aus dem Französischen

Maéva bedeutet „die Willkommene"; aus dem Polynesischen

Maeve bedeutet „die Berauschende"; aus dem Gälischen

Mafalda bedeutet „die Macht und der Kampf"; aus dem Althochdeutschen; Namenstag: 20. Juni; bekannte Namensträgerin: Prinzessin Mafalda von Savoyen, 1902 bis 1944, eine Tochter des vorletzten Königs von Italien und seiner Frau Elena

Magda Nebenform von → Magdalena

Magdalen Nebenform von → Magdalena

Magdalena bedeutet „die aus Magdala Stammende"; aus dem Hebräischen; Variationen: Madleen, Madga, Madlain, Madalena, Maddalena, Maddy, Madelaine, Madeleine, Madelon, Madlaina, Madleina, Madleen, Madlen, Madlena, Madlene, Madlin, Madlon; Namenstage: 22. Juli, 10. April; bekannte Namensträgerinnen: Kronprinzessin Magdalena Sibylle von Sachsen, Dänemark und Norwegen 1617 bis 1668, Herzogin von Sachsen-Altenburg

Magdalene Nebenform von → Magdalena

Magdali Nebenform von → Magdalena

Magelone Nebenform von → Magdalena

Magna bedeutet „die Große"; aus dem Lateinischen

Magna Nebenform von → Magdalena

Magnolia benannt nach der Pflanze „Magnolie"; aus dem Lateinischen

Mahala bedeutet „die Zarte"; aus dem Hebräischen; Variation: Mahalia

Mahalia Nebenform von → Mahala

Mahati bedeutet „die Große"; aus dem Indischen

Mahima bedeutet „die Großartige"; aus dem Indischen

Mahiya bedeutet „die Freude"; aus dem Indischen

Mai Nebenform von → Maria

Maia Nebenform von → Maja

Maible Nebenform von → Mabel

Maibrit → Kombination aus Maja und Britta

Maibritt → Kombination aus Maja und Britta

Maida bedeutet „das Mädchen"; aus dem Englischen

Maie Nebenform von → Maria

Maika Nebenform von → Maria

Maike Nebenform von → Maria

Maiken Nebenform von → Maria

Mailin irische Form von → Magdalena

Mailina irische Form von → Magdalena

Mailine irische Form von → Magdalena

Maimuna bedeutet „die Gesegnete"; aus dem Arabischen

Maire irische Form von → Maria

Maisha bedeutet „das Leben"; aus dem Afrikanischen

Maite bedeutet „die Geliebte"; aus dem Spanischen

Maitilde Nebenform von → Mathilde

Maj schwedische Kurzform von → Maria

Maja Kurzform von → Maria; bekannte Namensträgerin: Biene Maja, Zeichentrickfigur

Majbritt Kombination aus → Maja und Britta

Majd bedeutet „der Ruhm"; aus dem Arabischen

Maje Nebenform von → Maria

Makarie bedeutet „die Glückliche"; aus dem Griechischen

Makeda bedeutet „die Schöne"; aus dem Afrikanischen

Makena bedeutet „die Glückliche"; aus dem Afrikanischen

Makini bedeutet „die Ausgeglichene"; aus dem Afrikanischen

Makshi bedeutet „die Honigbiene"; aus dem Indischen

Malaika bedeutet „der Engel"; aus dem Arabischen; Variationen: Malak, Maleika, Malaike

M

Malak bedeutet „der Engel"; aus dem Arabischen

Malanka Nebenform von → Melanie

Malati bedeutet „der Jasminstrauch"; aus dem Indischen

Malberta bedeutet „die Tapfere und die Glänzende"; aus dem Althochdeutschen

Male Nebenform von → Amalie

Maleen Nebenform von → Magdalena

Maleika Nebenform von → Malaika

Malen Nebenform von → Magdalena

Malenka Nebenform von → Melanie

Malfriede bedeutet „der Gerichtsort und der Friede"; aus dem Althochdeutschen

Mali Nebenform von → Amalie

Malia bedeutet „die Königin"; aus dem Afrikanischen

Malika Nebenform von → Amalie

Malin Nebenform von → Magdalena

Malina Nebenform von → Magdalena

Malinda bedeutet „die Zarte"; aus dem Griechischen

Malinde Nebenform von → Malinda

Maline Nebenform von → Magdalena

Malka tschechische Form von → Amalie

Malou Kombination aus → Maria und Louise

Malu Kombination aus → Maria und Louise

Malva Nebenform von → Malve

Malve benannt nach der Pflanze „Malve"; aus dem Lateinischen; Variation: Malva

Malvina bedeutet: „der Gerichtsort und die Freundin"; aus dem Althochdeutschen; Variation: Malwina

Malvine Nebenform von → Malvina

Malwina Nebenform von → Malvina

Malwine Nebenform von → Malvina

Manasi bedeutet „die Dame"; aus dem Indischen

Manda bedeutet „die Liebenswürdige"; aus dem Lateinischen

Mandira bedeutet „die Melodie"; aus dem Indischen

Mandisa bedeutet „die Süße"; aus dem Afrikanischen

Mandy Nebenform von → Manda

Manfreda bedeutet „der Mann und der Friede"; aus dem Althochdeutschen

Mania Nebenform von → Maria

Manisha bedeutet „der Wunsch"; aus dem Indischen

Manja Nebenform von → Maria

Manju bedeutet „der Tautropfen"; aus dem Indischen

Manjula bedeutet „die Bezaubernde"; aus dem Indischen

Manjusha bedeutet „die Schatzkiste"; aus dem Indischen

Manon Nebenform von → Maria

Manuela bedeutet „Gott ist mit uns"; aus dem Hebräischen; Variation: Manuella; Namenstag: 11. Oktober; bekannte Namensträgerin: Manuela, 1943 bis 2001, deutsche Schlagersängerin

Manuella Nebenform von → Manuela

Mara bedeutet „die Bittere"; aus dem Hebräischen; Variation: Marah

Marah Nebenform von → Mara

Maraika Nebenform von → Maria

Marala bedeutet „der Schwan"; aus dem Indischen

Maralda bedeutet „die das Pferd Beherrschende"; aus dem Althochdeutschen; Namenstag: 22. Februar

Marali bedeutet „der Duft"; aus dem Afrikanischen

Marashi bedeutet „der Duft"; aus dem Afrikanischen

Marcelina bedeutet „die dem Kriegsgott Geweihte"; aus dem Lateinischen; Variation: Marceline, Marcella, Marcellina, Maria

Marceline Nebenform von → Marcelina

Marcella Nebenform von → Marcelina; Namenstag: 31. Januar

Marcellina Nebenform von → Marcelina

Marcia Nebenform von → Marcelina; Namenstag: 23. Juli; bekannte Namensträgerinnen: Marcia Barrett, geboren 1948, Mitglied der Popgruppe „Boney M."; Marcia Cross, geboren 1962, US-amerikanische Schauspielerin

Mareen Nebenform von → Maria

Marei Nebenform von → Maria

Mareika Nebenform von → Maria

Mareike Nebenform von → Maria

Maren Nebenform von → Maria

Marena Nebenform von → Maria

Marene Nebenform von → Maria

Maresa Kombination aus → Maria und Teresa

Marfa Nebenform von → Martha

Margalit bedeutet „die Perle"; aus dem Hebräischen

Margard bedeutet „der berühmte Garten"; aus dem Althochdeutschen

Margaret Nebenform von → Margarete; bekannte Namensträgerinnen: Margaret Mitchell, 1900 bis 1949, US-amerikanische Journalistin und Schriftstellerin; Margaret Rutherford, 1892 bis 1972, britische Schauspielerin; Margaret Thatcher, 1925 bis 2013, britische Premierministerin von Großbritannien und Nordirland (1979 bis 1990); Prinzessin Margaret, Countess of Snowdon, 1930 bis 2002, Mitglied der britischen Königsfamilie

Margareta Nebenform von → Margarete

Margarete bedeutet „die Perle"; aus dem Griechischen; Variationen: Margareta, Margarethe, Margaret, Margot; Namenstag: 27. Mai; bekannte Namensträgerinnen: Margarete Steiff, 1847 bis 1909, deutsche Unternehmerin; Margarete Neumann, 1917 bis 2002, deutsche Schriftstellerin und Lyrikerin

Margarethe Nebenform von → Margarete; bekannte Namensträgerinnen: Margarethe Schreinemakers, geboren 1958, deutsche Fernsehmoderatorin; Margarethe von Trotta, geboren 1942, deutsche Regisseurin und Drehbuchautorin

Margot Nebenform von → Margarete

Margund bedeutet „der berühmte Kampf"; aus dem Althochdeutschen

Maria bedeutet „das Geschenk Gottes"; aus dem Hebräischen; Variationen: Mariam, Mariama, Marian, Mariana, Marie, Mariane, Marianka, Mariann, Marianne, Marieke, Marieken, Mariel, Mariele, Marielle, Marietta, Mariette, Marija, Marijke, Marika, Marike; Namenstage: 1. Januar, 12. September, 11. Februar, 2. April, 9. April, 6. Juli, 8. Juli, 22. Juli, 30. März; bekannte Namensträgerinnen: Maria Stuart, 1542 bis 1587, schottische und französische Königin; Maria Theresia, 1717 bis 1780, österreichische Kaiserin; Maria, Mutter von Jesus Christus im Neuen Testament

Mariam Nebenform von → Maria

Mariama Nebenform von → Maria

Marian Nebenform von → Maria

Mariana Nebenform von → Maria

Mariane Nebenform von → Maria

Marianka Nebenform von → Maria

Mariann Nebenform von → Maria

Marianne Nebenform von → Maria

Marie Nebenform von → Maria; Namenstage: 8. Juni, 23. Juni

Mariechen Nebenform von → Maria

Marieke Nebenform von → Maria

Marieken Nebenform von → Maria

Mariel Nebenform von → Maria

Mariele Nebenform von → Maria

Marielle Nebenform von → Maria

Marietta Nebenform von → Maria

Mariette Nebenform von → Maria

Marija Nebenform von → Maria

Marijke Nebenform von → Maria

Marika Nebenform von → Maria

Marike Nebenform von → Maria

Marikka Nebenform von → Maria

Mariko bedeutet „das kluge Mädchen"; aus dem Japanischen

Marile Nebenform von → Maria

Marilis Kombination aus → Maria und Elisabeth

Marilu Kombination aus → Maria und Louise

Marilyn Nebenform von → Maria

Marina bedeutet „die aus dem Meer Stammende"; Variation: Marine; Namenstage: 18. Juni, 19. Juli, 17. Juli; bekannte Namensträgerin: Marina von Kent, 1906 bis 1968, Prinzessin von Griechenland und Dänemark

Marine Nebenform von → Marina

Marinella Nebenform von → Maria

Marinette Nebenform von → Maria

Marini bedeutet „die Frische"; aus dem Afrikanischen

Marinka Nebenform von → Maria

Mariola Nebenform von → Maria

Mariolina Nebenform von → Maria

Marion Nebenform von → Maria; bekannte Namensträgerinnen: Marion Kracht, geboren 1962, deutsche Schauspielerin; Marion Zimmer Bradley, 1930 bis 1999, US-amerikanische Schriftstellerin; Marion Gräfin Dönhoff, 1909 bis 2002, Publizistin, ehemalige Herausgeberin der Wochenzeitung „Die Zeit"

Mariona Nebenform von → Maria

Marionna Nebenform von → Maria

Maris bedeutet „das Meer"; aus dem Lateinischen

Marisa Nebenform von → Maria

Marischka Nebenform von → Maria

Marise Nebenform von → Maria

Mariska Nebenform von → Maria

Marisol Kombination aus → Maria und Sol (Sonne)

Marissa Nebenform von → Maria

Marita Nebenform von → Margarete

Marja Nebenform von → Maria

Marjani bedeutet „die Koralle"; aus dem Afrikanischen

Marjolaine bedeutet „der Majoran"; aus dem Niederländischen

Marla Kombination aus → Maria und Madgalena

Marle Kombination aus → Maria und Madgalena

Marleen Kombination aus → Maria und Madgalena

Marlen Kombination aus → Maria und Madgalena

Marlena Kombination aus → Maria und Madgalena

Marlene Kombination aus → Maria und Madgalena; bekannte Namensträgerin: Marlene Dietrich, 1901 bis 1992, deutsche Sängerin

Marlies Kombination aus → Maria und Elisabeth

Marlina Kombination aus → Maria und Elisabeth

Marlind Kombination aus → Maria und Linde

Marline Kombination aus → Maria und Elisabeth

Marlis Kombination aus → Maria und Elisabeth

Marlit Kombination aus → Maria und Melitta

Marlitt Kombination aus → Maria und Melitta

Marlou Kombination aus → Maria und Louise

Marlu Kombination aus → Maria und Louise

Marnie Nebenform von → Maria

Marny Nebenform von → Maria

Marsha Nebenform von → Marcia

Marta bedeutet „die Bittere"; aus dem Hebräischen; Variationen: Marte, Martha, Marthe; Namenstage: 29. Juli, 19. Januar

Marte Nebenform von → Marta

Martha Nebenform von → Marta; bekannte Namensträgerinnen: Martha Scott, 1912 bis 2003, US-amerikanische Schauspielerin; Martha Washington, 1731 bis 1802, Ehefrau des ersten US-Präsidenten George Washington; Martha Wayles Skelton Jefferson, 1748 bis 1782, Ehefrau des dritten US-Präsidenten Thomas Jefferson; Martha Fontane, 1860 bis 1917, Tochter und Vorbild für Romanfiguren von Theodor Fontane; Martha Grimes, geboren 1931, US-amerikanische Kriminalautorin

Marthe Nebenform von → Marta

Martina Nebenform von → Marcia; Namenstag: 30. Januar; bekannte Namensträgerinnen: Martina Gedeck, geboren 1961, deutsche Filmschauspielerin; Martina Navrátilová, geboren 1956, US-amerikanische Tennisspielerin mit tschechischer Herkunft; Martina Ertl-Renz, geboren 1973, ehemalige deutsche Skirennfahrerin

Martine Nebenform von → Marcia

Martje Nebenform von → Martha

Maruschka ungarische Koseform von → Maria

Marusja russische Koseform von → Maria

Maruska ungarische Koseform von → Maria

Mary englische Form von → Maria; bekannte Namensträgerinnen: Mary Donaldson, Kronprinzessin von Dänemark und Ehefrau des dänischen Thronfolgers Kronprinz Frederik; Mary Shelley, 1797 bis 1851, englische Schriftstellerin („Frankenstein"); Mary Pierce, geboren 1975, französische Tennisspielerin

Marya Nebenform von → Maria

Maryam Nebenform von → Maria

Maryla polnische Form von → Maria

Marylin Nebenform von → Maria

Maryline Nebenform von → Maria

Marylou englische Kombination von → Maria und Louise

Maryse französische Form von → Maria

Marzella Nebenform von → Marcelina

Marzellina Nebenform von → Marcelina

Marzia Nebenform von → Marcelina

Masa bedeutet „die Gute"; aus dem Japanischen

Masako bedeutet „das gute Mädchen"; aus dem Japanischen; bekannte Namensträgerin: Prinzessin Masako, geboren 1963, Kronprinzessin von Japan

Mascha Nebenform von → Maria

Masika bedeutet „die in der Regenzeit Geborene"; aus dem Afrikanischen

Masuda bedeutet „die Glückliche"; aus dem Arabischen

Matana bedeutet „das Geschenk"; aus dem Hebräischen

Matea bedeutet „das Gottesgeschenk"; aus dem Spanischen; Variationen: Mathea, Mattea; Namenstag: 28. Dezember

Mathea Nebenform von → Matea

Mathilda bedeutet „die Macht, der Kampf"; aus dem Althochdeutschen; Variation: Matilda, Namenstag: 14. Februar

Mathilde Nebenform von → Mathilda; bekannte Namensträgerinnen: Mathilde von Belgien, geboren 1973, Kronprinzessin und Gattin von Kronprinz Philippe; Prinzessin Mathilde von Bayern, 1877 bis 1906, Tochter von König Ludwig III. von Bayern

Matilda Nebenform von → Mathilda

Matilde Nebenform von → Mathilda

Matrika bedeutet „die Mutter"; aus dem Indischen

Matsu bedeutet „die Kiefer"; aus dem Japanischen

Mattea Nebenform von → Matea

Mattia Nebenform von → Matea

Maud französische Form → Mathilde; bekannte Namensträgerinnen: Maud von Sachsen-Coburg und Gotha, 1869 bis 1938, Königin von Norwegen; Maud Duff, Countess of Southesk, 1893 bis 1945, Prinzessin von England; Maud Angelica Behn, geboren 2003, Tochter von Prinzessin Märtha Louise von Norwegen

Maude französische Form → Mathilde

Maudin französische Form → Mathilde

Maura irische Form von → Maria; Namenstag: 21. September

Maureen irische Form von → Maria

Maurilia italienische Form von → Maria

Maurina italienische Form von → Maria

Maurizia bedeutet „die aus Mauretanien Stammende"; aus dem Italienischen

Mavis bedeutet „die Singdrossel"; aus dem Englischen

Maxi Nebenform von → Maximiliane

Maxie Nebenform von → Maximiliane

Maxilie Nebenform von → Maximiliane

Máxima Nebenform von → Maximiliane; bekannte Namensträgerin: Máxima Zorreguieta Cerruti, geboren 1971, Ehefrau von Kronprinz Willem-Alexander der Niederlande, Prinzessin der Niederlande von Oranje-Nassau

Maxime Nebenform von → Maximiliane

Maximiliana Nebenform von → Maximiliane

Maximiliane bedeutet „die Größte"; aus dem Lateinischen; Variationen: Maxi, Maxilie, Maximilienne, Maxine, Maxima, Maxie, Maximiliana

Maximilienne Nebenform von → Maximiliane

Maxine Nebenform von → Maximiliane

May bedeutet „der Mai"; aus dem Englischen

Maya Nebenform von → Maria

Maybrit Nebenform von → Maibrit; bekannte Namensträgerin: Maybrit Illner, geboren 1965, deutsche Journalistin, Fernsehmoderatorin und Autorin

Maybritt Nebenform von → Maibrit

Mayleen Kombination aus → May und Madgalena

Meara bedeutet „die Fröhliche"; aus dem Indischen

Mechthild bedeutet „die Macht und der Kampf"; aus dem Althochdeutschen; Variation: Mechthilde; Namenstag: 15. August

Mechthilde Nebenform von → Mechthild

Medea bedeutet „die Kluge"; aus dem Griechischen; Variation: Medora; bekannte Namensträgerin: Medea, Frauengestalt der griechischen Mythologie, die ihre Kinder aus Rache an ihrem untreuen Ehemann getötet hat

Medora Nebenform von → Medea

Meena Nebenform von → Meina

Meg Nebenform von → Margarete; bekannte Namensträgerin: Meg Ryan, geboren 1961, US-amerikanische Schauspielerin

Meggy Nebenform von → Margarete

Megha bedeutet „die Wolke"; aus dem Indischen; Variation: Meghana

Meghana Nebenform von → Megha

Mehtap bedeutet „der Mondschein"; aus dem Persischen

Meike Nebenform von → Maria

Meina bedeutet „die Macht"; aus dem Althochdeutschen

Meinarde Kombination aus → Meina und „harde"

Meinberga Kombination aus → Meina und Burg

Meinburga Kombination aus → Meina und Burg

Meingard Kombination aus → Meina und Garten

M

Meinharde Kombination aus → Meina und „harde"

Meinhild Kombination aus → Meina und Hilde

Meinhilde Kombination aus → Meina und Hilde

Mel Nebenform von → Melanie

Mela Nebenform von → Melanie

Melana Nebenform von → Melanie

Melani Nebenform von → Melanie

Melania Nebenform von → Melanie

Melanie bedeutet „die Schwarze"; aus dem Griechischen; Variationen: Mel, Meli, Meliana, Melani; Namenstage: 31. Dezember, 6. Oktober; bekannte Namensträgerinnen: Melanie Thornton, 1967 bis 2001, US-amerikanisch-deutsche Sängerin; Melanie Griffith, geboren 1957, US-amerikanische Schauspielerin; Melanie Chisholm, besser bekannt als Mel C, geboren 1974, britische Sängerin (Spice Girls)

Melany Nebenform von → Melanie

Melba benannt nach der Stadt Melbourne; aus dem Australischen

Melek bedeutet „der Engel"; aus dem Arabischen

Melena Nebenform von → Magdalena

Melene Nebenform von → Magdalena

Melia Nebenform von → Amalie

Meliha bedeutet „die Schöne"; aus dem Türkischen

Melina Nebenform von → Amalie

Melinda Nebenform von → Melitta

Meline Nebenform von → Amalie

Melisanda bedeutet „die Liebe und die Starke"; aus

dem Althochdeutschen; Variation: Melisande

Melisande Nebenform von → Melisanda

Melissa Nebenform von → Melitta; bekannte Namensträgerinnen: Melissa Auf der Maur, geboren 1972, kanadische Rockmusikerin; Melissa Etheridge, geboren 1961, US-amerikanische Sängerin; Melissa Joan Hart, geboren 1976, US-amerikanische Schauspielerin

Melita Nebenform von → Melitta

Melitta bedeutet „die Honigbiene"; aus dem Griechischen; Variation: Melita

Mélodie bedeutet „die Melodie"; aus dem Französischen

Melody bedeutet „die Melodie"; aus dem Englischen

Melse Nebenform von → Melusine

Melusine aus dem Lateinischen; bekannte Namensträgerin: Melusine, Wasserfee mit Schlangenkörper aus einer mittelalterlichen Sage

Melvina Nebenform von → Malwine

Mena Nebenform von → Meina

Mene bedeutet „die nie allein ist"; aus dem Afrikanischen

Menekse bedeutet „das Veilchen"; aus dem Türkischen

Menna Nebenform von → Meina

Meral bedeutet „das Reh"; aus dem Persischen

Mercedes spanische Form von → Maria; Namenstag: 24. September; bekannte Namensträgerin: Mercédès Jellinek, eigentlich Baronin Adrienne Manuela Ramona von Weigl, 1889 bis 1929, Tochter des Geschäftsmanns Emil Jellinek und Namenspatronin der Automarke Mercedes-Benz

Meret Nebenform von → Margarete

Merita Nebenform von → Margarete

Merle bedeutet „die Amsel"; aus dem Französischen

Merlin bedeutet „der Zwergfalke"; aus dem Englischen; Variationen: Merline, Merlyn

Merlind bedeutet „das berühmte Lindenholzschild"; aus dem Althochdeutschen; Variation: Merlinde

Merlinde Nebenform von → Merlind

Merline Nebenform von → Merlin

Merlyn Nebenform von → Merlin

Merry bedeutet „die Barmherzige, die Fröhliche"; aus dem Englischen

Mertice bedeutet „die Freundliche"; aus dem Englischen

Merula bedeutet „die Amsel"; aus dem Lateinischen

Merve bedeutet „die berühmte Freundin"; aus dem Englischen

Meryem türkische Form von → Maria

Mesi bedeutet „das Wasser"; aus dem Afrikanischen

Messina bedeutet „die mittlere Tochter"; aus dem Lateinischen

Metta Nebenform von → Mechthild

Mette Nebenform von → Mechthild

Mi Nebenform von → Maria

Mia Nebenform von → Maria; bekannte Namensträgerin: Mia Farrow, geboren 1945, US-amerikanische Schauspielerin

Michaela bedeutet „Wer ist wie Gott?"; aus dem Hebräischen; Namenstage: 19. Juni, 24. August, 29. September; bekannte Namensträgerin: Michaela May, geboren 1952, deutsche Schauspielerin („Polizeiruf 110")

Michelle Nebenform von → Michaela; bekannte Namensträgerinnen: Michelle Pfeiffer, geboren 1958, US-amerikanische Filmschauspielerin; Michelle Williams, geboren 1980, US-amerikanische Schauspielerin; Michelle, geboren 1972, deutsche Schlagersängerin; Michelle Hunziker, geboren 1977, schweizerisch-italienische Fernsehmoderatorin

Michiko bedeutet „die Gerechte"; aus dem Japanischen; bekannte Namensträgerin: Michiko, geboren 1934, Kaiserin von Japan und Frau von Kaiser Akihito

Midori bedeutet „die Grüne"; aus dem Japanischen

Mie Nebenform von → Maria

Mieke Nebenform von → Maria

Mientje friesische Koseform von → Namen mit Endung -mina

Mignet bedeutet „die Niedliche"; aus dem Französischen

Mignon bedeutet „die Niedliche"; aus dem Französischen

Miharu bedeutet „der klare Himmel"; aus dem Japanischen

Mika Nebenform von → Michaela

Mikaela Nebenform von → Michaela

Miki bedeutet „der Stamm"; aus dem Japanischen

Mila Nebenform von → Ludmilla

Milana bedeutet „die Liebe, die Teure"; aus dem Tschechischen

Milda bedeutet „die Freundliche"; aus dem Althochdeutschen

Mildburg bedeutet „freundlich und der Schutz"; aus dem Althochdeutschen

Mildred bedeutet „die Milde und die Macht"; aus dem Englischen

Mile Nebenform von → Emilie

Milena Nebenform von → Milana

Milenka Nebenform von → Milana

Milka bedeutet „die Königin"; aus dem Hebräischen

Milla Nebenform von → Emilie

Milli Nebenform von → Emilie

Millicent Nebenform von → Melisanda

Milly Nebenform von → Emilie

Miloslawa bedeutet „lieb und der Ruhm"; aus dem Slavischen

M

Milva bedeutet „der Taubenfalke"; aus dem Italienischen; Variation: Milvia

Milvia Nebenform von → Milva

Mimi Nebenform von → Maria

Mina Koseform von → Namen mit Endung -mina

Minda bedeutet „die Weise"; aus dem Indischen

Mine Koseform von → Namen mit Endung -mine

Minerva bedeutet „die Kluge"; aus dem Lateinischen

Minette Nebenform von → Mine; bekannte Namensträgerin: Minette Walters, geboren 1949, britische Krimiautorin

Minika Nebenform von → Dominika

Minna Nebenform von → Wilhelmine

Minne Nebenform von → Wilhelmine

Minni Nebenform von → Wilhelmine

Minny Nebenform von → Wilhelmine

Mira Nebenform von → Miranda

Mirabell bedeutet „die Wunderschöne"; aus dem Italienischen; Variationen: Mirabella, Mirabelle

Mirabella Nebenform von → Mirabell

Mirabelle Nebenform von → Mirabell

Miranda bedeutet „die Wunderbare"; aus dem Englischen; Variation: Mirande; bekannte Namensträgerinnen: Miranda Kerr, geboren 1985, australisches Fotomodell; Miranda Richardson, geboren 1958, britische Schauspielerin

Mirande Nebenform von → Miranda

Mireille französische Form von → Mirabell; bekannte Namensträgerin: Mireille Mathieu, geboren 1946, französische Sängerin

Mireta Nebenform von → Miranda

Miretta Nebenform von → Miranda

Miriam Nebenform von → Maria; Namenstag: 26. August; bekannte Namensträgerin: Miriam Pielhau, geboren 1975, deutsche Moderatorin

Mirjam Nebenform von → Maria

Mirjana bedeutet „der Friede und der Ruhm"; aus dem Slawischen

Mirka Nebenform von → Mirjana

Miroslawa Nebenform von → Mirjana

Mirta Nebenform von → Myrta

Mitali bedeutet „die Freundliche"; aus dem Indischen

Mitzi Nebenform von → Maria

Mizzi Nebenform von → Maria

Mizzy Nebenform von → Maria

Moana bedeutet „der Ozean"; aus dem Hawaianischen

Modesta bedeutet „die Bescheidene"; aus dem Lateinischen; Variation: Modeste; Namenstage: 4. November, 6. November

Modeste Nebenform von → Modesta

Mohana bedeutet „die Bezaubernde"; aus dem Indischen

Mohini bedeutet „die Schönste"; aus dem Indischen

Moira irische Form von → Maria

Moire irische Form von → Maria

Molly englische Koseform von → Maria

Momo benannt nach der Heldin aus dem gleichna-

migen Buch von Michael Ende aus dem Jahr 1973

Mona Nebenform von → Monika

Moni Nebenform von → Monika

Monia bedeutet „die Harmonie"; aus dem Russischen; Variation: Monja

Monica Nebenform von → Monika; bekannte Namensträgerinnen: Monica Lewinsky, geboren 1973, ehemalige Praktikantin im Weißen Haus; Monica Bellucci, geboren 1964, italienische Schauspielerin; Monica Seles, geboren 1973, ehemalige US-amerikanische Tennisspielerin; Monica Bleibtreu, 1944 bis 2009, österreichische Schauspielerin und Mutter von Moritz Bleibtreu

Monika bedeutet „die Einsiedlerin"; aus dem Lateinischen; Variationen: Moni, Mona, Monica, Monique; Namenstag: 27. August; bekannte Namensträgerin: Monika Mann, 1910 bis 1992, deutsche Schriftstellerin und Tochter von Thomas Mann

Monique Nebenform von → Monika

Monja Nebenform von → Monia

Montserrat bedeutet „der gezackte Berg"; aus dem Spanischen; Namenstag: 27. April; bekannte Namensträgerin:

Montserrat Caballé, geboren 1933, katalanische Sopranistin

Moreen Nebenform von → Maria

Morena Nebenform von → Maria

Morgaine Nebenform von → Morgane

Morgan Nebenform von → Morgane

Morgana Nebenform von → Morgane

Morgane Bedeutung ungeklärt; aus dem Englischen

Morna Nebenform von → Myrna

Moyna Nebenform von → Myrna

Muadha bedeutet „die von Allah Beschützte"; aus dem Arabischen

Mudiwa bedeutet „die Geliebte"; aus dem Afrikanischen

Mudrika bedeutet „der Ring"; aus dem Indischen

Mufida bedeutet „die Wohltätige"; aus dem Arabischen

Mugdha bedeutet „die Unschuldige"; aus dem Indischen

Mukhlisa bedeutet „die Aufrichtige"; aus dem Arabischen

Mukula bedeutet „die Knospe"; aus dem Indischen

Mumina bedeutet „die Gläubige"; aus dem Arabischen

Munira bedeutet „die Leuchtende"; aus dem Arabischen

Mura bedeutet „die aus dem Dorf Stammende"; aus dem Japanischen

Mura russische Form von → Mara

Muriel bedeutet „die glänzende See"; aus dem Gälischen; bekannte Namensträgerin: Muriel Baumeister, geboren 1972, österreichische Schauspielerin; Muriel Barbery, geboren 1969, französische Professorin

Mylene Kombination aus → Maria und Helene

Mylène Kombination aus → Maria und Helene

Myra Nebenform von → Myrrha

Myrna bedeutet „geliebt"; aus dem Gälischen

Myrrha bedeutet „die Myrrhe" (Pflanze); aus dem Griechischen

Myrta Nebenform von → Myrte

Myrte bedeutet „die Myrte" (Pflanze); aus dem Griechischen; Variation: Myrthe

Nabila bedeutet „die Noble"; aus dem Afrikanischen

Nadeschda bedeutet „die Hoffnung"; aus dem Russischen; Variationen: Nadja, Nadya, Nadia

Nadhari bedeutet „die Vision"; aus dem Afrikanischen

Nadia Nebenform von → Nadeschda

Nadine bedeutet „die Hoffnung"; aus dem Französischen

Nadira bedeutet „die Seltene, die Kostbare"; aus dem Arabischen; Variation: Nadire

Nadire Nebenform von → Nadira

Nadiya bedeutet „die Großzügige"; aus dem Afrikanischen

Nadja Nebenform von → Nadeschda; bekannte Namensträgerinnen: Nadja Abd el Farrag, auch bekannt als „Naddel", geboren 1965, deutsche Moderatorin, Exfreundin von Dieter Bohlen; Nadja Auermann, geboren 1971, deutsches Fotomodell und Schauspielerin; Nadja Tiller, geboren 1929, österreichische Schauspielerin; Nadja

Uhl, geboren 1972, deutsche Schauspielerin

Nadjiba bedeutet „die von edler Herkunft"; aus dem Arabischen

Nadra bedeutet „die Ungewöhnliche"; aus dem Afrikanischen

Nadya Nebenform von → Nadeschda

Naemi bedeutet „die Freude"; aus dem Hebräischen

Nafia bedeutet „das Geschenk"; aus dem Afrikanischen

Nafisa bedeutet „die Wertvolle"; aus dem Arabischen

Nafiye bedeutet „die Wertvolle"; aus dem Türkischen

Nagina bedeutet „der Juwel"; aus dem Indischen

Naila bedeutet „die ihr Ziel Erreichende"; aus dem Arabischen

Naima bedeutet „die Sorgenfreie"; aus dem Arabischen; Variation: Naime

Naime Nebenform von → Naima

Naisha bedeutet „die Besondere"; aus dem Indischen

Naja bedeutet „die kleine Schwester"; aus dem Grönländischen

Najma bedeutet „die Traurige"; aus dem Indischen

Naki bedeutet „das erste Mädchen"; aus dem Afrikanischen

Nakisa bedeutet „die Schöne"; aus dem Afrikanischen

Nala bedeutet „die Königin"; aus dem Afrikanischen

Namika bedeutet „die Schreibende"; aus dem Türkischen

Nan bedeutet „die Anmutige"; aus dem Englischen

Nana französische Form von → Anna

Nancy englische Koseform von → Anna; bekannte Namensträgerinnen: Nancy Reagan, geboren 1921, US-amerikanische Schauspielerin, Ehefrau von Ronald Reagan; Nancy Sinatra, geboren 1940, US-amerikanische Sängerin und Schauspielerin, Tochter von Frank Sinatra

Nanda bedeutet „Friede und kühn"; aus dem Italienischen

Nandita bedeutet „die Glückliche"; aus dem Indischen

Nane Koseform von → Anna

Nanetta französische Koseform von → Anna

Nanette französische Koseform von → Anna

Nanina Nebenform von → Anna

Nanja russische Kurzform von → Anastasia

Nanna Nebenform von → Anna

Nanne Nebenform von → Anna

Nannette französische Koseform von → Anna

Nanni Nebenform von → Anna

Nannina Nebenform von → Anna

Nanny Nebenform von → Anna

Nanon französische Koseform von → Anna

Nantje friesische Kurzform von → Namen mit Na-

Naomi bedeutet „die Ehrliche"; aus dem Japanischen; bekannte Namensträgerinnen: Naomi Campbell, geboren 1970, britisches Fotomodell; Naomi Watts, geboren 1968, australische Schauspielerin und Produzentin

Nara bedeutet „die Eiche"; aus dem Japanischen

Nara bedeutet „die Folgende"; aus dem Englischen

Narcissa bedeutet „die Narzisse"; aus dem Griechischen

Nari bedeutet „der Donner"; aus dem Japanischen

Nasira bedeutet „die Helferin"; aus dem Türkischen

Nastasia russische Kurzform von → Anastasia

Nastasja russische Kurzform von → Anastasia

Nastassja russische Kurzform von → Anastasia

Nastja russische Kurzform von → Anastasia

Nasya bedeutet „das Wunder Gottes"; aus dem Hebräischen

Nata Nebenform von → Renate

Natali Nebenform von → Natalia

Natalia bedeutet „die an Weihnachten Geborene"; aus dem Lateinischen; Variationen: Natalie, Natali, Nathalie; Namenstage: 27. Juli, 1. Dezember; bekannte Namensträgerinnen: Natalia Wörner, geboren 1967, deutsche Schauspielerin; Natalia Bolívar, geboren 1934, kubanische Autorin, Ethnologin und Anthropologin

Natalie Nebenform von → Natalia; bekannte Namensträgerinnen: Natalie Wood, 1938 bis 1981, US-amerikanische Schauspielerin; Natalie Portman, geboren 1981, US-amerikanische Schauspielerin;

Natalie Imbruglia, geboren 1975, australische Sängerin und Schauspielerin; Natalie Maria Cole, geboren 1950, US-amerikanische Sängerin, Songwriterin und Schauspielerin und Tochter des Jazzsängers Nat King Cole

Natalina italienische Form von → Natalia

Natanja russische Form von → Natalia

Natascha russische Form von → Natalia; bekannte Namensträgerinnen: Natascha Ochsenknecht, geboren 1964, deutsche Schauspielerin; Natascha McElhone, geboren 1971, britische Schauspielerin

Natasha englische Form von → Natalia; bekannte Namensträgerinnen: Natasha Bedingfield, geboren 1981, britische Sängerin; Natasha Henstridge, geboren 1974, kanadische Schauspielerin; Natasha Richardson, 1963 bis 2009, britische Schauspielerin und Ehefrau von Liam Neeson

Nate Nebenform von → Renate

Nathalie Nebenform von → Natalia

Nausika Nebenform zu → Nausikaa; aus dem Griechischen

Nausikaa benannt nach einer Figur aus Homers

„Odyssee"; Variation: Nausika; bekannte Namensträgerin: Nausikaa, Tochter von König Alkinoos und Arete, findet Odysseus am Strand, nachdem er Schiffbruch erlitten hat

Naveena bedeutet „die Neue"; aus dem Indischen; Variation: Navina

Navina Nebenform von → Naveena

Navit bedeutet „die Nette, die Schöne"; aus dem Hebräischen

Navya bedeutet „die Junge"; aus dem Indischen

Nawal bedeutet „das Mitbringsel"; aus dem Afrikanischen

Nawiri bedeutet „die völlig Gesunde"; aus dem Afrikanischen

Nazan bedeutet „die Schöne"; aus dem Türkischen

Neala bedeutet „die Meisterin"; aus dem Gälischen

Neave bedeutet „die Strahlende"; aus dem Englischen

Necla bedeutet „das Kind"; aus dem Arabischen

Nediva bedeutet „die Großzügige"; aus dem Hebräischen

Neela Nebenform von → Cornelia

Neelam bedeutet „der Saphir"; aus dem Indischen

Neele Nebenform von → Cornelia

Neeltje Nebenform von → Cornelia

Neeta bedeutet „die Aufrechte"; aus dem Indischen

Neharika bedeutet „der Tautropfen"; aus dem Indischen

Neila bedeutet „die Meisterin"; aus dem Gälischen

Nele Nebenform von → Cornelia

Nelia Nebenform von → Cornelia

Nella Nebenform von → Cornelia

Nelli Nebenform von → Cornelia

Nelly Nebenform von → Cornelia; bekannte Namensträgerinnen: Nelly Furtado, geboren 1978, portugiesisch-kanadische Sängerin; Nelly Sachs, 1891 bis 1970, deutsche Schriftstellerin und Literaturnobelpreisträgerin; Nelly Diener, 1912 bis 1934, erste Flugbegleiterin Europas bei der schweizerischen Fluggesellschaft „Swissair"; Nelly Frijda, geboren 1936, niederländische Schauspielerin

Nena Koseform von → Namen mit Endung –ena

Nerina bedeutet „die Meerjungfrau, die Nymphe"; aus dem Griechischen

Nesrin bedeutet „die Wildrose"; aus dem Persischen

Nessa benannt nach der keltischen Göttin „Nessa", Gelehrte und Kriegerin; aus dem Gälischen

Neta Nebenform von → Agnes

Nete Nebenform von → Agnes

Netia bedeutet „die Pflanze"; aus dem Hebräischen

Netta Kurzform von → Namen mit Endung -netta

Nette Kurzform von → Namen mit Endung -nette

Netti Kurzform von → Namen mit Endung -netta/nette

Netty Kurzform von → Namen mit Endung -netta/nette

Nevin bedeutet „die Neue"; aus dem Persischen

Nezihe bedeutet „die Reine, die Unschuldige"; aus dem Arabischen

Nia bedeutet „ich will"; aus dem Afrikanischen

Niahm bedeutet „die Strahlende, die Leuchtende"; aus dem Gälischen

Nicki Nebenform von →
Nikola

Nicky Nebenform von →
Nikola

Nicole Nebenform von →
Nikola; bekannte Namensträgerinnen: Nicole Kidman,
geboren 1967, US-amerikanisch-australische Schauspielerin; Nicole Richie, geboren
1981, US-amerikanisches
Model, Tochter von Lionel
Richie; Nicole Scherzinger,
geboren 1978, US-amerikanische Tänzerin, Sängerin
und Schauspielerin; Nicole
Seibert, bekannt als „Nicole",
geboren 1964, deutsche
Schlagersängerin

Nihal bedeutet „der Zweig";
aus dem Türkischen

Nihan bedeutet „die Null";
aus dem Indischen

Nike bedeutet „der Sieg";
aus dem Griechischen

Nikola bedeutet „der Sieg
und das Volk"; aus dem Italienischen

Nikole Nebenform von →
Nikola

Nilaja bedeutet „die mit
Freude gekommen ist"; aus
dem Afrikanischen

Nilhan bedeutet „die Königin des Nil"; aus dem Türkischen

Nilufar bedeutet „die Lotosblume"; aus dem Arabischen

Nina Koseform von → Namen
mit Endung -nina; bekannte
Namensträgerinnen: Nina
Simone, 1933 bis 2003, US-
amerikanische Sängerin; Nina
Ruge, geboren 1956, deutsche Journalistin; Nina Petri,
geboren 1963, deutsche
Schauspielerin; Nina Hoss,
geboren 1975, deutsche
Schauspielerin

Nine Koseform von → Namen
mit Endung -nine

Ninetta Koseform von →
Namen mit Endung -nina

Ninette Koseform von →
Namen mit Endung -nine

Ninia Nebenform von →
Marcelina

Ninja Koseform von →
Namen mit Endung -nina

Ninon französische Koseform von → Namen mit
Endung -nina

Niowi bedeutet „die fruchtbare Mutter"; aus dem Griechischen

Nirupama bedeutet „die
Einzigartige"; aus dem
Indischen

Nirveli bedeutet „die aus
dem Wasser Stammende";
aus dem Indischen

Nisa bedeutet „die Weiblichkeit"; aus dem Arabischen

Nisha bedeutet „die Nacht";
aus dem Arabischen

Nishi bedeutet „der Westen";
aus dem Japanischen

Nishka bedeutet „die Ehrliche"; aus dem Indischen

Nita Koseform von → Namen
mit Endung -nita

Nitya bedeutet „die Dauerhafte"; aus dem Indischen

Nives bedeutet „schneeweiß"; aus dem Italienischen

Niyati bedeutet „das Schicksal"; aus dem Indischen

Nizana bedeutet „die Knospe"; aus dem Hebräischen

Noa bedeutet „die Ruhe
Bringende"; aus dem Hebräischen

Noelia bedeutet „Weihnachten"; aus dem Lateinischen

Noeme bedeutet „die Freude"; aus dem Hebräischen;
Variation: Noemi

Nora bedeutet „die Fackel";
aus dem Gälischen; Variation:
Norah; bekannte Namensträgerin: Nora Ephron, 1941 bis
2012, US-amerikanische Filmregisseurin

Norah Nebenform von →
Nora; bekannte Namensträgerin: Norah Jones, geboren
1979, US-amerikanische Country- und Jazzsängerin

Noreen irische Koseform
von → Namen mit Endung
-nora

N

Oana bedeutet „die Gnade"; aus dem Italienischen

Obba friesische Form von → Oda

Obioma bedeutet „das gute Herz"; aus dem Afrikanischen

Obuna Bedeutung ungeklärt; vermutlich aus dem Brasilianischen

Occa Nebenform von → Okka

Oceana bedeutet „der Ozean"; aus dem Griechischen

Oceanana Nebenform von → Oceana

Oceane Nebenform von → Oceana

Oceanette Nebenform von → Oceana

Oceanne Nebenform von → Oceana

Ocka Nebenform von → Okka

Octaria Nebenform von → Octavia

Octavia bedeutet „die Achte"; aus dem Lateinischen; Variation: Octavie

Octavie Nebenform von → Octavia

October bedeutet „der Oktober"; aus dem Englischen

Oda bedeutet „der Besitz"; aus dem Althochdeutschen; Variation: Obba; Namenstag: 27. November; bekannte Namensträgerinnen: Oda von Brabant, unbekannt bis circa 726, katholische Heilige; Oda Schottmüller, 1905 bis 1943, Tänzerin und Widerstandskämpferin

Odalinde bedeutet „der Besitz und die Linde"; aus dem Althochdeutschen

Odeda bedeutet „die Starke"; aus dem Hebräischen

Odessa benannt nach der Stadt Odessa; aus dem Russischen

Odeta bedeutet „die gut riechende Blume"; aus dem Albanischen

Odetta Nebenform von → Oda; Namenstag: 20. April

Odette französische Form von → Oda; bekannte Namensträgerin: Odette Joyeux, 1914 bis 2000, französische Schauspielerin und Schriftstellerin

Odice bedeutet „die Fröhliche"; aus dem Französischen

Odila Nebenform von → Oda

Odilberga bedeutet „der Besitz und schützen"; aus dem Althochdeutschen

Odile Nebenform von → Oda

Odilgard bedeutet „der Besitz und der Garten"; aus dem Althochdeutschen

Odilia Nebenform von → Oda

Odilie Nebenform von → Oda

Odina Nebenform von → Oda

Odine Nebenform von → Oda

Oditi bedeutet „die Dämmerung"; aus dem Indischen

Ofelia Nebenform von → Ophelia

Ofilia Nebenform von → Ophelia

Ofira bedeutet „das Gold"; aus dem Hebräischen

Ofra Bedeutung ungeklärt; vermutlich aus dem Hebräischen

Ojal bedeutet „der Anblick"; aus dem Indischen

Ojaswini bedeutet „die Glänzende"; aus dem Indischen

Oke Bedeutung ungeklärt; vermutlich aus dem Skandinavischen

Okka Nebenform von → Oda

Oklahoma Nebenform von → Oklahoma

Oklahoma benannt nach dem gleichnamigen US-Bun-

desstaat; aus dem Englischen; Variation: Oklahama

Oktavia Nebenform von → Octavia

Ola Nebenform von → Alexandra

Olabisi bedeutet „viel Freude"; aus dem Afrikanischen

Olaniyi bedeutet „der Glanz"; aus dem Afrikanischen

Olcay bedeutet „das Glück"; aus dem Türkischen

Olena bedeutet „das Licht"; aus dem Griechischen

Olenka Bedeutung ungeklärt; vermutlich aus dem Slawischen

Olesia bedeutet „die Beschützerin"; aus dem Russischen; Variationen: Olesija, Olessja, Olesya

Olesya Nebenform von → Olesia

Olga russische Form von → Helga; Namenstag: 11. Juli; bekannte Namensträgerinnen: Olga Benario-Prestes, 1908 bis 1942, deutsch-brasilianische Widerstandskämpferin; Olga Nikolajewna Romanowa, 1822 bis 1892, Großfürstin von Russland und Königin von Württemberg; Olga Nikolajewna Romanowa, 1895 bis 1918, Großfürstin von Russland, älteste Tochter des letzten Zarenpaares; Olga

Tschechowa, 1897 bis 1980, deutsche Schauspielerin

Olgenia bedeutet „die Gesunde"; aus dem Lateinischen

Oliana bedeutet „der Oleander"; aus dem Lateinischen

Olimpia Nebenform von → Olympia

Olina Kurzform von → Namen mit Endung -olina

Olinde Nebenform von → Odalinde

Oline Kurzform von → Namen mit Endung -oline

Olise bedeutet „die Göttin"; aus dem Afrikanischen

Oliva Nebenform von → Olivia

Olive Nebenform von → Olivia

Olivera Nebenform von → Olivia

Olivet Nebenform von → Olivia

Olivia bedeutet „der Ölbaum"; aus dem Lateinischen; Variationen: Oliva, Olive, Oliwia; Namenstage: 10. Juni, 5. März; bekannte Namensträgerinnen: Olivia Newton-John, geboren 1948, australische Sängerin; Olivia de Havilland, geboren 1916, US-amerikanische Schauspielerin

Oliwia Nebenform von → Olivia

Olja Nebenform von → Helga

Olka Nebenform von → Alexandra

Olla Nebenform von → Helga

Olli Nebenform von → Ottilie

Olly Nebenform von → Ottilie

Olofa bedeutet „das Erbe der Ahnen"; aus dem Schwedischen; Variation: Olufa

Olsa Bedeutung ungeklärt; vermutlich aus dem Albanischen

Olsessia Nebenform von → Olesia

Olta Bedeutung ungeklärt; vermutlich aus dem Albanischen

Olufa Nebenform von → Olofa

Olufemi bedeutet „Gott liebt mich"; aus dem Afrikanischen

Oluremi bedeutet „Gott hat mit mir gesprochen"; aus dem Afrikanischen

Oluwayemisi bedeutet „Gott mag mich"; aus dem Afrikanischen

Olwyn Bedeutung ungeklärt; aus dem Keltischen

Olympe Nebenform von → Olympia

O

Olympia benannt nach dem griechischen Sitz der Götter „Olymp"; aus dem Griechischen; Variation: Olimpia; Namenstag: 17. Dezember

Omara bedeutet „das Leben"; aus dem Arabischen

Omaya Bedeutung ungeklärt; vermutlich aus dem Arabischen

Omega bedeutet „das Ende"; aus dem Griechischen

Omolara bedeutet „die zur rechten Zeit Geborene"; aus dem Afrikanischen

Omorose bedeutet „mein wunderschönes Kind"; aus dem Afrikanischen

Ona bedeutet „das Feuer"; aus dem Afrikanischen

Ona bedeutet „die Einheit"; aus dem Lateinischen

Ona bedeutet „die Gute"; aus dem Baskischen

Ondine Bedeutung ungeklärt; vermutlich aus dem Französischen

Oneida Bedeutung ungeklärt; vermutlich aus dem Indischen

Oni bedeutet „der Dämon"; aus dem Japanischen

Onna Nebenform von → Anna

Onna Nebenform von → Oda

Onne Nebenform von → Anna

Onorata bedeutet „die Geehrte"; aus dem Italienischen

Onoria bedeutet „die Geehrte"; aus dem Italienischen

Onta bedeutet „der kleine Stern"; aus dem Gälischen

Oona Nebenform von → Oonagh

Oonagh bedeutet „die Einzige"; aus dem Gälischen; Variation: Oona

Opal bedeutet „der Opal"; aus dem Englischen

Ophelia bedeutet „die Hilfe"; aus dem Griechischen; Variationen: Ophélie, Ofelia, Ofelie; bekannte Namensträgerin: Ophelia, weibliche Figur aus William Shakespeares Tragödie „Hamlet"

Ophélie Nebenform von → Ophelia

Oprah englische Form von → Ophelia; bekannte Namensträgerin: Oprah Gail Winfrey, geboren 1954, US-amerikanische Talkshow-Moderatorin

Oralie englische Form von → Aurelia

Orane Nebenform von → Oranie

Orania Nebenform von → Oranie

Oranie bedeutet „die Himmlische"; aus dem Griechischen

Oranit bedeutet „der Blumenstrauß"; aus dem Hebräischen

Orchidee bedeutet „die Orchidee"

Orea bedeutet „die Schöne"; aus dem Griechischen; Variation: Oreana

Oreana Nebenform von → Orea

Orella Nebenform von → Aurelia

Oriana Nebenform von → Orania

Oriane Nebenform von → Orania

Oriel Nebenform von → Aurelia

Orietta bedeutet „die Goldene"; aus dem Italienischen

Orkide bedeutet „die Orchidee"; aus dem Türkischen

Orla Nebenform von → Orlagh

Orlagh bedeutet „die Prinzessin"; aus dem Gälischen

Orlaith bedeutet „die goldene Frau"; aus dem Gälischen

Orlanda bedeutet „die im ganzen Land Berühmte"; aus dem Althochdeutschen

Orli bedeutet „ein Licht für mich"; aus dem Hebräischen

Ornella bedeutet „die Esche"; aus dem Italienischen; bekannte Namensträgerin: Ornella Muti, geboren 1955, italienische Filmschauspielerin und Fotomodell

Orsina Nebenform von → Ursula

Orsola Nebenform von → Ursula

Ortensia bedeutet „die Hortensie"; aus dem Italienischen

Orthea Nebenform von → Dorothea

Orthia Nebenform von → Dorothea

Orthild bedeutet „die Waffenspitze und der Kampf"; aus dem Althochdeutschen; Variation: Orthilde

Orthilde Nebenform von → Orthild

Ortlind bedeutet „die Waffenspitze und die Linde"; aus dem Althochdeutschen; Variation: Ortlinde

Ortlinde Nebenform von → Ortlind

Ortraud Nebenform von → Ortrud

Ortrud bedeutet „die Waffenspitze und die Kraft"; aus dem Althochdeutschen; Variation: Ortraud; Namenstag: 23. Juni

Ortrun bedeutet „die Waffenspitze und das Geheimnis"; aus dem Althochdeutschen

Osberta bedeutet „Gott und glänzend"; aus dem Althochdeutschen

Osen bedeutet „tausend"; aus dem Japanischen

Oseye bedeutet „die Glückliche"; aus dem Afrikanischen

Osmunde bedeutet „Gott und der Schutz"; aus dem Althochdeutschen

Ossi Koseform von → Namen mit Os-

Ossy Koseform von → Namen mit Os-

Oswalda bedeutet „Gott und herrschen"; aus dem Althochdeutschen

Oswine bedeutet „Gott und der Freund"; aus dem Althochdeutschen

Ota Nebenform von → Oda

Otberga Nebenform von → Odilberga

Otberta bedeutet „der glänzende Besitz"; aus dem Althochdeutschen

Otburg Nebenform von → Odilberga

Otburga Nebenform von → Odilberga

Otfriede bedeutet „der Besitz und der Frieden"; aus dem Althochdeutschen

Otgund bedeutet „der Besitz und der Kampf"; aus dem Althochdeutschen; Variation: Otgunde

Otgunde Nebenform von → Otgund

Othild bedeutet „der Besitz und der Kampf"; aus dem Althochdeutschen; Variation: Othilde

Othilde Nebenform von → Othilde

Otlinde bedeutet „der Besitz und die Linde"; aus dem Althochdeutschen

Ottavia Nebenform von → Octavia

Otti Nebenform von → Ottilie

Ottilia Nebenform von → Ottilie

Ottilie bedeutet „der Besitz"; aus dem Althochdeutschen; Variationen: Ottilia, Otti; Namenstag: 13. Dezember

Ozeana Nebenform von → Oceana

Özlem bedeutet „die Sehnsucht"; aus dem Türkischen

O

P

Padma bedeutet „der Lotos"; aus dem Indischen

Page bedeutet „das Kind"; aus dem Griechischen; Variation: Paige

Page bedeutet „die Weggefährtin"; aus dem Französischen

Page englische Kurzform von → Margarete

Paige Nebenform von → Page

Paka bedeutet „die Katze"; aus dem Afrikanischen

Pakize bedeutet „die Reine"; aus dem Türkischen

Pakshi bedeutet „der Vogel"; aus dem Indischen

Palmira bedeutet „der Palmsonntag"; aus dem Italienischen

Paloma bedeutet „die Taube"; aus dem Spanischen; Variation: Palomina; bekannte Namensträgerin: Paloma Picasso, geboren 1949, spanisch-französische Designerin und jüngste Tochter von Pablo Picasso

Palomina Nebenform von → Paloma

Pamela bedeutet „die ganz Schwarze"; aus dem Griechischen; bekannte Namensträgerinnen: Pamela Anderson, geboren 1967, Schauspielerin und Pin-up-Girl; Pamela Bach, geboren 1963, US-amerikanische Filmschauspielerin; Pamela Sue Martin, geboren 1954, US-amerikanische Schauspielerin

Pamina bedeutet „die Vollmondnacht"; aus dem Griechischen

Panchali bedeutet „die Prinzessin"; aus dem Indischen

Pandora bedeutet „die Allbeschenkte"; aus dem Griechischen; bekannte Namensträgerin: Pandora, die erste Frau auf der Erde

Panja russische Kurzform von → Namen mit Endung -nja

Pankrazia bedeutet „die Allmächtige"; aus dem Griechischen

Panya bedeutet „das Mäuschen"; aus dem Afrikanischen

Papatya bedeutet „die Kamille"; aus dem Türkischen

Paramita bedeutet „die Klugheit"; aus dem Indischen

Parda bedeutet „der Panther"; aus dem Italienischen

Pari bedeutet „die Schönheit, die Fee"; aus dem Indischen

Parnika bedeutet „das kleine Blatt"; aus dem Indischen

Parvani bedeutet „der Vollmond"; aus dem Indischen

Parvati bedeutet „die Tochter der Berge"; aus dem Indischen

Parvin benannt nach einer persischen Sagengestalt; aus dem Persischen

Pascale bedeutet „die Österliche"; aus dem Französischen; Variation: Pascaline

Pascaline Nebenform von → Pascale

Pat Nebenform von → Patricia

Patrice Nebenform von → Patricia

Patricia benannt nach den römischen „Patriziern"; aus dem Lateinischen; Variationen: Pat, Patrice; Namenstage: 25. August, 26. August; bekannte Namensträgerinnen: Patricia Highsmith, 1921 bis 1995, US-amerikanische Schriftstellerin; Patricia Cornwell, geboren 1956, US-amerikanische Schriftstellerin; Patricia Kaas, geboren 1966, französische Sängerin; Patricia Wentworth, 1878 bis 1961, britische Kriminalschriftstellerin

Patrizia Nebenform von → Patricia

Patsy Nebenform von → Patricia

Patti Nebenform → Patricia; bekannte Namensträgerin: Patti Smith, geboren 1946, US-amerikanische Musikerin

Patty Nebenform von → Patricia

Paula bedeutet „die Kleine"; aus dem Lateinischen; Namenstage: 11. Juni, 26. Januar; bekannte Namensträgerinnen: Paula Abdul, geboren 1964, US-amerikanische Sängerin; Paula Modersohn-Becker, 1876 bis 1907, deutsche Malerin des Expressionismus

Pavana bedeutet „die Heilige"; aus dem Indischen

Paye bedeutet „die Würde"; aus dem Türkischen

Pazia bedeutet „die Goldene"; aus dem Hebräischen

Pea Nebenform von → Pelagia

Pearl bedeutet „die Perle"; aus dem Englischen

Peetje Nebenform von → Petra

Peggy Nebenform von → Margarete; bekannte Namensträgerinnen: Peggy Guggenheim, 1898 bis 1979, US-amerikanische Kunstmäzenin; Peggy Annette Whitson, geboren 1960, amerikanische Astronautin

Pelagia bedeutet „die offene See"; aus dem Griechischen; Variation: Pea

Pelin bedeutet „der Wermut"; aus dem Türkischen

Penda bedeutet „die Beliebte"; aus dem Afrikanischen

Penelope aus dem Griechischen; Variation: Penny; bekannte Namensträgerinnen: Penélope Cruz, geboren 1974, spanische Schauspielerin; Penelope Andrea „Ann" Miller, geboren 1964, Tochter von Mark Miller, US-amerikanische Schauspielerin („Desperate Housewives")

Penny Nebenform von → Penelope

Pepa Nebenform von → Josefine

Pepita Nebenform von → Josefine

Peppina Nebenform von → Josefine

Perdita bedeutet „die Verlorene"; aus dem Lateinischen

Peregrina bedeutet „die Fremde"; aus dem Lateinischen

Perette Nebenform von → Petra

Peri bedeutet „die Fee"; aus dem Türkischen

Perla bedeutet „die Perle"; aus dem Italienischen

Pernilla Nebenform von → Petronella

Perpetua bedeutet „die Beständige"; aus dem Lateinischen; Namenstag: 7. März

Perry Nebenform von → Peregrina

Peta Kurzform von → Namen mit Pe-

Peterke Nebenform von → Petra

Petje Nebenform von → Petra

Petke Nebenform von → Petra

Petra bedeutet „der Fels"; aus dem Lateinischen; Variationen: Peterke, Petje, Petke, Perette, Peetje, Petrina, Petrine, Petrissa, Petrisse, Piera, Pierina, Pierette, Pieretta; bekannte Namensträgerin: Petra Schürmann, 1933 bis 2010, deutsche Fernsehmoderatorin und Schauspielerin

Petrina Nebenform von → Petra

Petrine Nebenform von → Petra

Petrissa Nebenform von → Petra

Petrisse Nebenform von → Petra

Petronella benannt nach einem römischen Familiennamen; aus dem Lateinischen; Variationen: Petronilla, Petronelle, Petronille; Namenstag: 31. Mai

P

Petronelle Nebenform von → Petronella

Petronia bedeutet „der Fels"; aus dem Lateinischen

Petronilla Nebenform von → Petronella

Petronille Nebenform von → Petronella

Petula bedeutet „die Ausgelassene"; aus dem Lateinischen

Petunia bedeutet „die Petunie"; aus dem Lateinischen

Phebe Nebenform von → Phoebe

Phila Nebenform von → Philomena

Philina bedeutet „die Treue, die Liebe"; aus dem Griechischen; Variation: Philine

Philine Nebenform von → Philina

Philippa bedeutet „die Pferdefreundin"; aus dem Griechischen; Variationen: Philippina, Philippine; Namenstag: 16. Februar; bekannte Namensträgerinnen: Philippa of Lancaster, 1360 bis 1415, Prinzessin von England und Königin von Portugal; Philippa von Hainault, 1311 bis 1369, Gemahlin Edwards III. von England

Philippina Nebenform von → Philippa

Philippine Nebenform von → Philippa

Phillis Nebenform von → Phyllis

Philomena bedeutet „die Freundin des Gesangs"; aus dem Griechischen; Variation: Philomene; Namenstag: 11. August

Phöbe Nebenform von → Phoebe

Phoebe bedeutet „die Glänzende"; aus dem Griechischen; Variationen: Phöbe, Phebe; Namenstag: 3. September; bekannte Namensträgerin: Phoebe Cates, geboren 1963, US-amerikanische Schauspielerin

Phyllis bedeutet „das Laub"; aus dem Griechischen

Pia bedeutet „die Fromme"; aus dem Lateinischen; Variation: Piata; Namenstag: 19. Januar

Piata Nebenform von → Pia

Piera Nebenform von → Petra

Pierina Nebenform von → Petra

Pierrette Nebenform von → Petra

Pierrine Nebenform von → Petra

Pietje Nebenform von → Petra

Pilar bedeutet „der Pfeiler"; aus dem Spanischen; Namenstag: 12. Oktober

Pina Kurzform von → Namen mit Endung -pina

Pinar bedeutet „die Quelle"; aus dem Türkischen

Pinga bedeutet „die Schwarze"; aus dem Indischen

Pirkko Nebenform von → Piroska

Pirko Nebenform von → Piroska

Piroschka Nebenform von → Piroska

Piroska bedeutet „die Altehrwürdige"; aus dem Ungarischen

Pita bedeutet „die Viertgeborene"; aus dem Afrikanischen

Placida bedeutet „die Sanfte"; aus dem Lateinischen; Variation: Placidia

Placidia Nebenform von → Placida

Prisca bedeutet „die Altehrwürdige"; aus dem Lateinischen; Variation: Priska; Namenstag: 18. Januar

Priscilla Nebenform von → Prisca; Namenstage: 16. Januar, 8. Juli; bekannte Namensträgerin: Priscilla Presley, geboren 1945, US-amerikanische Schauspielerin

Qalhata bedeutet „die ägyptische Königin"; aus dem Afrikanischen

Qamar bedeutet „der Mond"; aus dem Arabischen

Qitura bedeutet „der Duft"; aus dem Arabischen

Quanna bedeutet „die Wohlriechende"; aus dem Indianischen

Queena bedeutet „die Königin"; aus dem Englischen

Queenie Nebenform von → Queena

Querida bedeutet „die Geliebte"; aus dem Spanischen

Quiana bedeutet „die Anmutige"; aus dem Indischen

Quintina bedeutet „die Fünfte"; aus dem Lateinischen

Quila bedeutet „die Herrschende"; aus dem Germanischen

Quirina bedeutet „die Kriegerische"; aus dem Lateinischen

Quiterie bedeutet „die Friedliche"; aus dem Französischen

Rabea bedeutet „das Mädchen"; aus dem Hebräischen; Variationen: Rebeea, Rabi, Rabia, Rabiye

Rabea bedeutet „der Frühling"; aus dem Arabischen

Rabeea Nebenform von → Rabea

Rabhya Nebenform von → Rabea

Rabi Nebenform von → Rabea

Rabia Nebenform von → Rabea

Rabiye Nebenform von → Rabea

Rachel bedeutet „das Mutterschaf"; aus dem Hebräischen; Variationen: Rachela, Rachelle, Rachele, Rachida; Namenstag: 11. Juli; bekannte Namensträgerinnen: Rachel Bilson, geboren 1981, US-amerikanische Schauspielerin; Rachel Weisz, geboren 1971, britische Schauspielerin; Rachel Hunter, geboren 1969, neuseeländisches Fotomodell und Schauspielerin; Raquel Welch, geboren 1940, amerikanische Schauspielerin

Rachela Nebenform von → Rachel

Rachele Nebenform von → Rachel

Rachelle Nebenform von → Rachel

Rachida Nebenform von → Rachel

Rachna bedeutet „die Erschaffung, die Herstellung"; aus dem Indischen

Rada bedeutet „die Fröhliche"; aus dem Russischen

Radegund bedeutet „der Ratgeber und der Kampf"; aus dem Althochdeutschen; Variationen: Radegunde, Radegundis; Namenstage: 13. August, 18. Juli

Radegunde Nebenform von → Radegund

Radegundis Nebenform von → Radegund; bekannte Namensträgerin: Heilige Radegundis, 520 bis 587, Schutzpatronin der Weber und Töpfer

Radha bedeutet „der Erfolg"; aus dem Indischen; Variationen: Radhika, Radija

Radhika Nebenform von → Radha

Radija Nebenform von → Radha

Radka aus dem Tschechischen

Radmilla Nebenform von → Radomilla

Q

R

Radomila bedeutet „die Frohe und die Liebe"; aus dem Slawischen; Variation: Radmilla

Radost bedeutet „die Freude"; aus dem Slawischen; bekannte Namensträgerin: Radost Bokel, geboren 1974, Schauspielerin („Momo") und Model

Rae Nebenform von → Rachel

Rafaela bedeutet „die von Gott Geheilte"; aus dem Hebräischen; Variationen: Raffaela, Raffaella, Raphaela, Ela, Raphaele; Namenstag: 23. Februar

Raffaela Nebenform von → Rafaela

Raffaella Nebenform von → Rafaela

Ragna nordische Kurzform von → Namen mit Ragn-

Ragnhild bedeutet „der Rat der Götter und der Kampf"; aus dem Skandinavischen

Rahab bedeutet „die Weiträumige"; aus dem Hebräischen

Rahat bedeutet „die Ruhe, die Beharrlichkeit"; aus dem Arabischen

Rahel Nebenform von → Rachel

Rahil Nebenform von → Rachel

Rahsan bedeutet „das Leuchten"; aus dem Türkischen

Raimonda bedeutet „der Rat und der Schutz"; aus dem Althochdeutschen; Variation: Raimunda

Raimunda Nebenform von → Raimonda

Raina Nebenform von → Regina

Raisa bedeutet „der Anführer"; aus dem Arabischen

Raisa bedeutet „die Entspannte"; aus dem Griechischen

Raisa bedeutet „die Rose"; aus dem Jiddischen

Raja bedeutet „die Hoffnung"; aus dem Arabischen

Rajani bedeutet „die Nacht"; aus dem Indischen

Rakel skandinavische Form von → Rachel

Ralphina bedeutet „der Ratgeber und der Wolf"; aus dem Skandinavischen

Ramila bedeutet „die Prophetin"; aus dem Afrikanischen

Ramona bedeutet „der Rat und der Schutz"; aus dem Althochdeutschen

Rana bedeutet „der Blickfänger"; aus dem Arabischen

Randa Nebenform von → Miranda

Randi Nebenform von → Ralphina

Randi nordische Kurzform von → Ragnhild

Rani bedeutet „die Königin"; aus dem Indischen

Rantje friesische Kurzform von → Namen mit Rand-

Rapa bedeutet „der Mondschein"; aus dem Polynesischen

Raphaela bedeutet „Gott hilft"; aus dem Hebräischen

Raquel spanische und portugiesische Form von → Rachel

Rasa bedeutet „der Tau"; aus dem Italienischen

Rasha bedeutet „die Gazelle"; aus dem Arabischen

Rashmi bedeutet „der Strahl des Sonnenlichts"; aus dem Indischen

Rati bedeutet „die Ruhe, das Vergnügen"; aus dem Indischen

Ratu bedeutet „die Königin"; aus dem Indonesischen

Raute Nebenform von → Rautgunde

Rautgunde bedeutet „der Ratgeber und der Kampf"; aus dem Althochdeutschen

Raven bedeutet „der Rabe"; aus dem Englischen

Ravenna benannt nach einer Stadt in Italien; aus dem Italienischen

Rawiya bedeutet „die Geschichtenerzählerin"; aus dem Arabischen

Rea benannt nach einer Königstochter; aus dem Griechischen; bekannte Namensträgerin: Rea Silvia, Mutter von Romulus und Remus

Reagan Bedeutung ungeklärt; vermutlich aus dem Gälischen

Reanna Nebenform von → Rhiannon

Reba Kurzform von → Rebekka

Rebecca englische und französische Form von → Rebekka; bekannte Namensträgerin: Rebecca Gablé, geboren 1964, freie deutsche Autorin

Rebekka bedeutet „die Fesselnde"; aus dem Hebräischen; Variationen: Rebecca, Reba; Namenstage: 30. August, 23. März

Reela friesische Kurzform von → Regelinde

Reena Nebenform von → Renée

Regelinde bedeutet „der Rat und empfänglich"; aus dem Althochdeutschen; Variation: Reela

Regina bedeutet „die Königin"; aus dem Lateinischen; Variation: Regine; Namenstage: 22. August, 7. September, 18. Januar; bekannte Namensträgerinnen: Heilige Regina, circa 271 bis 286, katholische Märtyrerin; Regina Halmich, geboren 1976, deutsche Boxerin; Regina Jacobs, geboren 1963, US-amerikanische Läuferin

Regine Nebenform von → Regina

Regula bedeutet „die Regel"; aus dem Lateinischen; Namenstag: 11. September

Reha benannt nach einer griechischen Sagengestalt; aus dem Griechischen

Reina bedeutet „die Königin"; aus dem Spanischen

Reina bedeutet „die Saubere"; aus dem Jiddischen

Reineldis Nebenform von → Reinhild

Reinhild bedeutet „der Rat und der Kampf"; aus dem Althochdeutschen; Variationen: Reineldis, Reinhilde; Namenstage: 30. Mai, 13. Februar

Reinhilde Nebenform von → Reinhild

Reinolda bedeutet „der Rat und walten"; aus dem Althochdeutschen

Reja Nebenform von → Aurelia

Reka bedeutet „die Weiche, die Zarte"; aus dem Hebräischen

Renata Nebenform von → Renate

Renate bedeutet „die Wiedergeborene"; aus dem Lateinischen; Variation: Renata; Namenstag: 22. Mai; bekannte Namensträgerinnen: Renate Künast, geboren 1955, deutsche Politikerin; Renate Schmidt, geboren 1943, deutsche Politikerin; Renate Ewert, 1935 bis 1966, deutsche Schauspielerin

René Nebenform von → Renate; bekannte Namensträgerin: Rene Russo, geboren 1954, amerikanische Schauspielerin

Renée Nebenform von → Renate; bekannte Namensträgerin: Renée Zellweger, geboren 1969, US-amerikanische Schauspielerin

Reni Nebenform von → Renate

Rentje friesische Kurzform von → Namen mit Rein-

Reschmi bedeutet „die Seide"; aus dem Indischen

Reva bedeutet „die bewegt"; aus dem Indischen

Rexanne Nebenform von → Roxanne

R

Reyes Bedeutung ungeklärt; vermutlich aus dem Spanischen

Rhea bedeutet „die Bewegung"; aus dem Griechischen; bekannte Namensträgerin: Rhea, Mutter Zeus, Poseidon, Hestia, Demeter, Hera und Hades, Urmutter aller Götter

Rhiannon bedeutet „die große Königin"; aus dem Keltischen

Rhoda bedeutet „die Rose"; aus dem Griechischen

Rhona bedeutet „die raue Insel"; aus dem Gälischen

Rhonda bedeutet „der gute Speer"; aus dem Keltischen

Ricarda bedeutet „die mutige Herrscherin"; aus dem Althochdeutschen; Namenstag: 18. September

Richmodis bedeutet „der mutige Geist"; aus dem Althochdeutschen

Ricka ostfriesische Kurzform von → Namen mit Rich-

Ricki englische Verkleinerungsform von → Riccarda

Rieke Nebenform von → Frederike/Henrike

Rima bedeutet „die weiße Antilope"; aus dem Arabischen

Rina bedeutet „die Freude"; aus dem Hebräischen

Rina bedeutet „die Geschmolzene"; aus dem Indischen

Rina englische Kurzform von → Namen mit Endung -rina

Rita Kurzform von → Margerete; Namenstag: 22. Mai; bekannte Namensträgerinnen: Rita Hayworth, 1918 bis 1987, US-amerikanische Schauspielerin

Rivana bedeutet „der Bach"; aus dem Lateinischen

Rixa niederdeutsche und friesische Kurzform von → Namen mit Rich- oder Rik-

Roberta bedeutet „der große Ruhm"; aus dem Althochdeutschen

Robin bedeutet „das Rotkehlchen"; aus dem Englischen; Variation: Robina

Robina Nebenform von → Robin

Rochelle bedeutet „der kleine Felsen"; aus dem Französischen

Rodina bedeutet „die berühmte Herrscherin"; aus dem Althochdeutschen

Róis Nebenform von → Rosheen

Róisin Nebenform von → Rosheen

Rolanda bedeutet „der Ruhm und glänzend"; aus

dem Althochdeutschen; Namenstag: 13. Mai

Romana bedeutet „die Römerin"; aus dem Lateinischen; Namenstag: 23. Februar

Romanka Bedeutung ungeklärt; vermutlich aus dem Tschechischen; Variation: Romika

Romi Kurzform von → Rosemarie und → Namen mit Rose-

Romika ungarische Koseform von → Romanka

Romilda bedeutet „der Ruhm und kämpfen"; aus dem Althochdeutschen

Romy Kurzform von → Rosemarie und → Namen mit Rose-; bekannte Namensträgerin: Romy Schneider, 1938 bis 1982, Schauspielerin

Ronja bedeutet „die Strahlende"; nach einer Figur aus einem gleichnamigen Kinderbuch von Astrid Lindgren; aus dem Schwedischen

Rosa bedeutet „der Tau"; aus dem Ungarischen

Rosa bedeutet „die Rose"; aus dem Lateinischen; Variationen: Rose, Rosi; Namenstage: 23. August, 4. September, 6. März; bekannte Namensträgerin: Rosa Luxemburg, 1871 bis 1919, Vertreterin der europäischen Arbeiterbewegung, proletarische Internationalistin

Rosabella bedeutet „die schöne Rose"; aus dem Italienischen

Rosalia Nebenform von → Rosa

Rosalie Nebenform von → Rosa; Namenstag: 4. September

Rosalinde bedeutet „der Ruhm und sanft"; aus dem Althochdeutschen; Variation: Roslym

Rosamaria Doppelname aus → Rosa und Maria

Rosanna englischer Doppelname aus → Rosa und Anna

Rosannah englischer Doppelname aus → Rosa und Anna

Rose Nebenform von → Rosa

Roselle französische Koseform von → Rosa

Rosemarie Kombination aus → Rose und Maria

Rosheen bedeutet „die Rose"; aus dem Gälischen; Variationen: Róis, Róisin

Rosi Nebenform von → Rosa

Rosina Nebenform von → Rosa; Namenstag: 11. März

Rosine Nebenform von → Rosa

Rosita spanische Form von → Rosa; bekannte Namensträgerin: Rosita Serrano, eigentlich Maria Martha Esther Aldunate Del Campo, 1914 bis 1997, Sängerin und Schauspielerin mit dem Beinamen „Chilenische Nachtigall"

Roslyn Nebenform von → Rosalinde

Roswitha bedeutet „der Ruhm und stark"; aus dem Althochdeutschen; Namenstage: 5. September, 29. April; bekannte Namensträgerinnen: Roswitha von Gandersheim, um 935 bis nach 973, deutsche Autorin des Frühmittelalters, erste deutsche Dichterin; Roswitha von Gandersheim, eigentlich Hrotsvit, circa 935 bis nach 973, deutsche Autorin des Frühmittelalters und gilt als erste deutsche Dichterin und Dramenautorin

Rotraud bedeutet „der Ruhm und das mutige Weib"; aus dem Althochdeutschen; Namenstage: 22. Juni, 23. September; bekannte Namensträgerinnen: Rotraud Schindler, geboren 1940, deutsche Schauspielerin, Komödiantin und Mitbegründerin des Kabaretts „Die Wühlmäuse", Exfrau von Didi Hallervorden; Rotraud A. Perner, geboren 1944, österreichische Juristin, Psychotherapeutin und Autorin

Rowena bedeutet „der Ruhm und die Freunde"; aus dem Althochdeutschen; bekannte Namensträgerin: Rowena Ravenclaw, Figur aus der Harry-Potter-Reihe von Joanne K. Rowling; Lady Rowena, Romanfigur aus „Ivanhoe" von Sir Walter Scott; Lady Rowena Tremanion von Tremaine, Figur von Edgar Allan Poe

Roxana bedeutet „der Ruhm und die Freude"; aus dem Althochdeutschen; Variationen: Roxane, Roxanne; Namenstag: 18. Juni

Roxane Nebenform von → Roxana

Roxanne Nebenform von → Roxana

Rubina bedeutet „der Rubin"; aus dem Spanischen

Ruby bedeutet „der Rubin"; aus dem Englischen

Rumena bedeutet „die roten Wangen"; aus dem Bulgarischen

Ruth bedeutet „die Freundin"; aus dem Hebräischen; bekannte Namensträgerinnen: Ruth Drexel, 1930 bis 2009, deutsche Schauspielerin; Ruth Klüger, geboren 1931, Schriftstellerin; Ruth Moschner, geboren 1976, deutsche Fernsehmoderatorin; Ruth Maria Kubitschek, geboren 1931, deutsche Schauspielerin; Ruth Leuwerik, geboren 1924, deutsche Filmschauspielerin; Ruth Rendell, geboren 1930, britische Krimiautorin

Rüya bedeutet „der Traum"; aus dem Türkischen

Sabah bedeutet „die Morgendämmerung"; aus dem Arabischen

Sabina Nebenform von → Sabine

Sabine bedeutet „die Sabinerin"; aus dem Lateinischen; Variation: Sabina; Namenstag: 8. Dezember; bekannte Namensträgerinnen: Sabine Christiansen, geboren 1957, deutsche Fernsehmoderatorin; Sabine Zimmermann, geboren 1951, deutsche TV-Moderatorin; Sabine Leutheusser-Schnarrenberger, geboren 1951, deutsche Politikerin; Sabine Postel, geboren 1954, deutsche Schauspielerin

Sabra bedeutet „der dornige Kaktus"; aus dem Hebräischen

Sabrina benannt nach dem Fluss „Severn" in Wales; aus dem Englischen; bekannte Namensträgerin: Sabrina Setlur, geboren 1974, deutsche Rapperin

Sachiko bedeutet „das Kind des Glücks"; aus dem Japanischen

Säde bedeutet „der Strahl des Lichts"; aus dem Finnischen

Sadie englische Kurzform von → Sarah; bekannte Namensträgerin: Sadie Frost, geboren 1965, britische Schauspielerin und Exfrau von Jude Law

Saffi Nebenform von → Saffron

Saffron bedeutet „der Safran"; aus dem Englischen

Safira bedeutet „wie ein Saphir"; aus dem Spanischen

Saga bedeutet „jemanden sehen"; aus dem Skandinavischen

Sahila bedeutet „zeigt die Richtung"; aus dem Indischen

Saidah bedeutet „die Fröhliche, die Glückliche"; aus dem Afrikanischen

Saja bedeutet „die Ruhige"; aus dem Arabischen

Sakara bedeutet „die Süße"; aus dem Indischen

Sakura bedeutet „die Kirschblüte"; aus dem Japanischen

Saleema bedeutet „die Ruhige"; aus dem Arabischen; Variation: Salimah

Salimah Nebenform von → Saleema

Salka slawische Kurzform von → Salwija

Salli Nebenform von → Sarah

Sally Nebenform von → Sarah

Salome bedeutet „die Friedliche"; aus dem Hebräischen; Namenstag: 22. Oktober

Salvina bedeutet „die Gesunde"; aus dem Lateinischen

Salwija bedeutet „die Gesunde"; aus dem Lateinischen

Sam Nebenform von → Samantha

Samantha bedeutet „die Hörende"; aus dem Hebräischen; Variation: Sam; Namenstag: 18. Dezember; bekannte Namensträgerin: Samantha Fox, geboren 1966, britisches Model und Popsängerin

Samira bedeutet „die Unterhalterin"; aus dem Arabischen

Sana bedeutet „die Helligkeit, die Strahlende, die Pracht"; aus dem Arabischen

Sandhya bedeutet „die Abenddämmerung"; aus dem Indischen; Variation: Sandy

Sandra Kurzform von → Alexandra; bekannte Namensträgerinnen: Sandra Bullock, geboren 1964, US-amerikanische Schauspielerin; Sandra Maischberger, geboren 1966, deutsche Journalistin und Fernsehmoderatorin; Sandra Speichert, geboren 1971, deut-

sche Schauspielerin; Sandra Völker, geboren 1974, deutsche Schwimmerin

Sandy Nebenform von → Alexandra

Sandy Nebenform von → Sandhya

Sanjana bedeutet „die Schöpfende"; aus dem Indischen

Sanna bedeutet „die Treue"; aus dem Schwedischen

Sanna Nebenform von → Susanne

Sanne bedeutet „die Treue"; aus dem Schwedischen

Sansite bedeutet „das Lob"; aus dem Indischen

Saoirse bedeutet „die Freiheit"; aus dem Gälischen

Saphira bedeutet „der Saphir"; aus dem Griechischen

Sapphire bedeutet „der Saphir"; aus dem Englischen

Sappho bedeutet „der Saphir"; aus dem Griechischen; bekannte Namensträgerin: Sappho, 630 vor Christus bis 612 vor Christus, antike griechische Dichterin

Saqui bedeutet „die Favoritin"; aus dem Indischen

Sarah bedeutet „die Fürstin, die Herrin"; aus dem Hebrä-

ischen; Variationen: Salli, Sally; Namenstage: 13. Juli, 9. Oktober; bekannte Namensträgerinnen: Sarah Bernhardt, 1844 bis 1923, französische Schauspielerin; Sarah Brightman, geboren 1960, britische Sängerin und Schauspielerin; zweite Ehefrau von Komponist Andrew Lloyd Webber; Sarah Connor, geboren 1980, deutsche Popsängerin; Sarah Michelle Gellar, geboren 1977, US-amerikanische Schauspielerin; Sarah Kuttner, geboren 1979, deutsche Fernsehmoderatorin; Sarah Palin, geboren 1964, US-amerikanische Politikerin; Sarah Jessica Parker, geboren 1965, US-amerikanische Schauspielerin; Sarah Kirsch, geboren 1935, deutsche Schriftstellerin; Sarah Biasini, geboren 1977, französische Schauspielerin und Tochter von Romy Schneider

Sarala bedeutet „die Einfache, die Ehrliche"; aus dem Indischen

Saraswati bedeutet „das eigene Wasser"; aus dem Indischen

Sarayu bedeutet „der Wind"; aus dem Indischen

Saruprani bedeutet „die schöne Frau"; aus dem Indischen

Sascha russische Kurzform von → Alexandra

Saskia bedeutet „die Sächsin"; aus dem Niederländischen

Satoko bedeutet „das weise Kind"; aus dem Japanischen

Satya bedeutet „die Wahrheit"; aus dem Indischen

Sauda bedeutet „die dunkle Hautfarbe"; aus dem Afrikanischen

Saundra schottische Form von → Sandra

Savannah bedeutet „die Graslandschaft"; aus dem Englischen

Savita bedeutet „die Sonne"; aus dem Indischen

Sayo bedeutet „die in der Nacht Geborene"; aus dem Japanischen

Scarlet bedeutet „die Scharlachrote"; aus dem Englischen; Variation: Scarlett

Scarlett Nebenform von → Scarlet; bekannte Namensträgerinnen: Scarlett Johansson, geboren 1984, US-amerikanische Schauspielerin; Scarlett O'Hara, Hauptfigur im Roman und in der gleichnamigen Romanverfilmung „Vom Winde verweht" von Margaret Mitchell

Scheherazad bedeutet „die Stadt und die Person"; aus dem Arabischen; bekannte Namensträgerin: Scheherazad, Erzählerin der Geschichten von „1001 Nacht"

Scholastika bedeutet „die Schülerin"; aus dem Grie-

chischen; Namenstag:
10. Februar

Sebastiane bedeutet „die Erhabene"; aus dem Griechischen

Secunda bedeutet „die Zweite"; aus dem Lateinischen

Segelke friesische Form von → Namen mit Sieg- oder Sig-

Selene bedeutet „der Mond"; aus dem Griechischen

Selima bedeutet „die Wohlgestaltete"; aus dem Arabischen

Selina bedeutet „der Himmel"; aus dem Lateinischen

Selma bedeutet „der schützende Helm"; aus dem Englischen

Semele bedeutet „die Anschwellende"; aus dem Griechischen; bekannte Namensträgerin: Semele, Mutter von Dionysos

Semiramis bedeutet „die dem Lichte zugewandte Göttin"; aus dem Griechischen

Senta Kurzform von → Creszentia

Sephora bedeutet „die Schönheit"; aus dem Hebräischen

Seraphia bedeutet „die Brennende, die Feurige"; aus dem Hebräischen

Serena bedeutet „die Heitere"; aus dem Lateinischen; Namenstag: 30. Januar; bekannte Namensträgerin: Serena Williams, geboren 1981, US-amerikanische Tennisspielerin

Severa bedeutet „die Strenge"; aus dem Lateinischen

Shamira bedeutet „die Wächterin", aus dem Hebräischen

Shanice Nebenform von → Johanna

Shaniqua aus dem Amerikanischen

Sharon bedeutet „die Ehrliche"; aus dem Hebräischen

Sheena Nebenform von → Johanna

Sheila Kurzform von → Cäcilia

Shelby bedeutet „die Weidenfarm"; aus dem Englischen

Shelley benannt nach einem englischen Ortsnamen; aus dem Englischen

Shirley bedeutet „die Freie"; aus dem Englischen; bekannte Namensträgerinnen: Shirley Bassey, geboren 1937, britische Sängerin; Shirley MacLaine, geboren 1934, US-amerikanische Schauspielerin; Shirley Temple, 1928 bis 2014, US-amerikanische Schauspielerin

Shona schottische Form von → Johanna

Sibilla Nebenform von → Sibylle

Sibylle bedeutet „die göttliche Seherin"; aus dem Griechischen; Variation: Sibilla; Namenstage: 9. Oktober, 18. März, 19. März, 6. November; bekannte Namensträgerinnen: Sibylle Berg, geboren 1962, deutsche Schriftstellerin und Journalistin; Sibylle, göttliche Prophetin und Seherin der Zukunft

Sidonia bedeutet „die aus Sidon Stammende"; aus dem Lateinischen

Sieglind Nebenform von → Sieglinde

Sieglinde bedeutet „der Sieg und die Linde"; aus dem Althochdeutschen; Variation: Sieglind; Namenstage: 31. August, 24. Juli

Siegmona bedeutet „der Sieg und der Schutz"; aus dem Althochdeutschen

Sieke friesische Kurzform von → Namen mit Sieg-

Siganhild Nebenform von → Signild

Signe Nebenform von → Signild

Signild bedeutet „der Sieg und der Kampf"; aus dem Althochdeutschen; Variationen: Siganhild, Signe

Sigrid bedeutet „der schöne Sieg"; aus dem Althochdeutschen; Namenstage: 7. Januar, 5. Mai

Sigrun bedeutet „der Sieg und der Zauber"; aus dem Althochdeutschen

Silja finnische und schwedische Form von → Cäcilie

Silke schwedische und norddeutsche Kurzform von → Cäcilie

Silvana bedeutet „der Wald"; aus dem Lateinischen; Variationen: Silvia, Sylvia; Namenstage: 28. Februar, 1. Juni

Silvia Nebenform von → Silvana; Namenstage: 4. November, 3. Juni, 3. September; bekannte Namensträgerin: Silvia Renate Sommerlath, geboren 1943, schwedische Königin Silvia

Simona Nebenform von → Simone

Simone bedeutet „die Erhörung"; aus dem Hebräischen; Variation: Simona; bekannte Namensträgerinnen: Simone de Beauvoir, 1908 bis 1986, französische Schriftstellerin, Philosophin und Feministin; Simone Thomalla, geboren 1965, deutsche Fernsehschauspielerin; Simone Signoret, 1921 bis 1985, französische Schauspielerin und Schriftstellerin; Simone Rethel, geboren 1949, deutsche Schauspielerin

Sina Kurzform von → Namen mit der Endung -sina

Sinéad irische Form von → Johanna

Sinikka bedeutet „die Blaue"; aus dem Finnischen

Sinja Nebenform von → Gesine

Siobhan irische Form von → Johanna

Siran bedeutet „die Liebliche"; aus dem Armenischen

Sirena bedeutet „die Meerjungfrau"; aus dem Lateinischen

Sirke ostfriesische Kurzform von → Namen mit Sigu-

Sisi Nebenform von → Elisabeth

Siska schwedische Kurzform von → Franziska

Sissi Nebenform von → Elisabeth

Sissy Nebenform von → Elisabeth

Siv Nebenform von → Siw

Siw bedeutet „die Braut"; aus dem Skandinavischen

Sofia Nebenform von → Sophia; bekannte Namensträgerin: Infantin Sofia von Spanien, geboren 2007, Tochter von König Felipe und Königin Letizia

Sofie Nebenform von → Sophia

Solange bedeutet „die Feierliche"; aus dem Französischen

Solveig bedeutet „das Haus und der Kampf"; aus dem Skandinavischen

Soma bedeutet „die Mondstrahlen"; aus dem Indischen

Sonali bedeutet „die Goldene"; aus dem Indischen

Sondra Nebenform von → Sandra

Sonja russische Form von → Sophia

Sophia bedeutet „die Weisheit"; aus dem Griechischen; Variationen: Sophie, Sonja; Namenstage: 3. September, 15. Mai, 24. Mai; bekannte Namensträgerinnen: Sophia Loren, geboren 1934, italienische Schauspielerin; Sophia von Griechenland, geboren 1938, ehemalige Königin von Spanien

Sophie Nebenform von → Sophia; bekannte Namensträgerinnen: Sophie Marceau, geboren 1966, französische Schauspielerin; Sophie Schütt, geboren 1974, deutsche Schauspielerin; Sophie Scholl, 1921 bis 1943, deutsche Widerstandskämpferin in der Zeit des Nationalsozialismus

Soraya bedeutet „die gute Königin"; aus dem Persischen

Söster bedeutet „die Schwester"; aus dem Althochdeutschen

Stacey Nebenform von → Anastasia

Stacy Nebenform von → Anastasia

Stanica slawische Kurzform von → Stanislawa

Stanislawa bedeutet „regieren und der Ruhm"; aus dem Slawischen; Variationen: Stanica, Stanka

Stanka Nebenform von → Stanislawa

Stefanie Nebenform von → Stephanie; bekannte Namensträgerinnen: Stefanie Graf, geboren 1969, deutsche Tennisspielerin; Stefanie Hertel, geboren 1979, deutsche Schlagersängerin; Stefanie Zweig, 1932 bis 2014, deutsche Schriftstellerin

Steff Kurzform von → Stephanie

Steffi Kurzform von → Stephanie

Stella bedeutet „der Stern"; aus dem Lateinischen

Stephanie bedeutet „die Krone, der Kranz"; aus dem Griechischen; Variationen: Steff, Steffi, Stefanie; bekannte Namensträgerinnen: Stéphanie von Monaco, geboren 1965, monegassische Prinzessin; Stéphanie de Beauhar-

nais, 1789 bis 1860, Adoptivtochter Napoleons und Großherzogin von Baden

Stina Nebenform von → Christine

Sue Nebenform von → Susanne

Suki bedeutet „die Geliebte"; aus dem Japanischen

Sulabha bedeutet „die Einfache, die Natürliche"; aus dem Indischen

Sulafah bedeutet „die Allerfeinste"; aus dem Arabischen

Sultanah bedeutet „die Königin"; aus dem Arabischen

Sünne bedeutet „die Sonne"; aus dem Friesischen

Sunny bedeutet „die Sonnige"; aus dem Englischen

Susan Nebenform von → Susanne; bekannte Namensträgerinnen: Susan Sarandon, geboren 1946, US-amerikanische Schauspielerin; Susan Sontag, 1933 bis 2004, US-amerikanische Schriftstellerin

Susann Nebenform von → Susanne

Susanna Nebenform von → Susanne; Namenstage: 24. Mai, 19. Dezember, 11. August

Susanne bedeutet „die Lilie"; aus dem Hebräischen; Variationen: Sue, Susan, Susanna, Susann; Namenstag:

20. September; bekannte Namensträgerinnen: Susanne Fröhlich, geboren 1962, deutsche Autorin und Moderatorin; Susanne Juhnke, geboren 1944, deutsche Schauspielerin; Susanne Uhlen, geboren 1955, deutsche Schauspielerin

Susi Nebenform von → Susanne

Suzu bedeutet „die Glocken"; aus dem Japanischen

Suzy Nebenform von → Susanne

Svenja weibliche Form von Sven; bedeutet „die junge Frau"; aus dem Schwedischen

Svetlana bedeutet „die Helle"; aus dem Russischen

Swaantje friesische Form von → Namen mit Swan

Swana friesische Form von → Namen mit Swan

Swaneke friesische Form von → Namen mit Swan

Swantje friesische Form von → Namen mit Swan

Swetlana bedeutet „die Helle"; aus dem Russischen

Swinde bedeutet „die Starke"; aus dem Althochdeutschen

Sylvia Nebenform von → Silvana

Tabatha Nebenform von → Tabea

Tabea bedeutet „die Gazelle"; aus dem Hebräischen; Variation: Tabitha

Tabita Nebenform von → Tabea

Tabitha Nebenform von → Tabea

Tahire bedeutet „die Saubere"; aus dem Türkischen

Tahnee bedeutet „die gebräunte Haut"; aus dem Englischen

Taibe bedeutet „die Buße"; aus dem Türkischen

Takara bedeutet „die Kostbare"; aus dem Japanischen; Variation: Takira

Tala Nebenform von → Adelheid

Tale ostfriesische Form von → Adelheid

Talea Nebenform von → Adelheid

Taleja Nebenform von → Adelheid

Taleka ostfriesische Form von → Adelheid

Taletta ostfriesische Form von → Adelheid

Talia Nebenform von → Adelheid

Talibe bedeutet „die Schülerin"; aus dem Türkischen

Talida bedeutet „das Mädchen"; aus dem Hebräischen

Talida Nebenform von → Adelheid

Talina Nebenform von → Adelheid

Taline Nebenform von → Adelheid

Talisa US-amerikanische Form von → Lisa

Talise US-amerikanische Form von → Lisa

Tallula bedeutet „der Fluss"; aus dem Indischen

Talora bedeutet „das Licht"; aus dem Hebräischen

Tamar Nebenform von → Tamara

Tamara bedeutet „die Dattelpalme"; aus dem Russischen; Namenstag: 29. Dezember; bekannte Namensträgerin: Tamara de Lempicka, 1898 bis 1980, Malerin

Tameka bedeutet „die Süße"; aus dem Afrikanischen

Tamera Nebenform von → Tamara

Tami Nebenform von → Tamara

Tamia Nebenform von → Tamara

Tamika Nebenform von → Tameka

Tamila bedeutet „das Augenlicht"; aus dem Griechischen; Variation: Tamina

Tamina Nebenform von → Tamila

Tamira Nebenform von → Tamara

Tammi Nebenform von → Tamara

Tammie Nebenform von → Tamara

Tammy Nebenform von → Tamara

Tamy Nebenform von → Tamara

Tani Nebenform von → Tatjana

Tania Nebenform von → Tatjana

Tanisha bedeutet „die am Montag Geborene"; aus dem Afrikanischen

Tanit benannt nach der griechischen Göttin der Fruchtbarkeit; aus dem Griechischen; Variation: Tanita

Tanita Nebenform von → Tanit

Tanith Nebenform von → Tanit

Tanja Nebenform von → Tatjana; bekannte Namensträgerin: Tanja Kinkel, geboren 1969, deutsche Schriftstellerin

Tara bedeutet „der Hügel"; aus dem Gälischen; Variation: Tarah

Tarah Nebenform von → Tara

Taria Nebenform von → Tarja

Tarja benannt nach einem persischen König; aus dem Persischen; Variation: Taria

Taryn Nebenform von → Tara

Tasha Nebenform von → Natascha

Tashina Nebenform von → Natascha

Tasja Nebenform von → Anastasia

Tasnim bedeutet „das Paradies"; aus dem Arabischen

Tassja Nebenform von → Anastasia

Tatiana Nebenform von → Tatjana

Tatjana abgeleitet von Tatius, dem König der Sabiner; aus dem Russischen; Variation: Tatiana; Namenstag: 12. Januar; bekannte Namensträgerin: Tatjana Nikolajewna Romanowa, 1897 bis 1918, zweitälteste Tochter des letzten russischen Zarenpaares

Tatum bedeutet „die Fröhliche"; aus dem Englischen

Tatyana Nebenform von → Tatjana

Tawny bedeutet „die gebräunte Haut"; aus dem Englischen

Taya Nebenform von → Taylor

Tayla Nebenform von → Taylor

Taylah Nebenform von → Taylor

Tayler Nebenform von → Taylor

Taylor bedeutet „der Schneider"; aus dem Englischen

Taziana Nebenform von → Tatjana

Tea Nebenform von → Dorothea

Teagan Bedeutung ungeklärt; vermutlich aus dem Englischen

Tecla Nebenform von → Thekla

Teida Nebenform von → Adelheid

Teika Nebenform von → Adelheid

Tekla Nebenform von → Thekla

Teodora Nebenform von → Theodora

Teresa Nebenform von → Theresa; Namenstag: 26. August; bekannte Namensträgerin: Mutter Teresa, eigentlich Anjezë Gonxhe Bojaxhiu, 1910 bis 1997, indische Trägerin des Friedensnobelpreises

Terese Nebenform von → Theresa

Tertia bedeutet „die Dritte"; aus dem Lateinischen

Terzia Nebenform von → Tertia

Tess Nebenform von → Theresa

Tessa Nebenform von → Theresa

Tessy Nebenform von → Theresa

Thea Nebenform von → Theodora; Namenstag: 25. Juli

Theda ostfriesische Kurzform von → Adelheid

Thekla bedeutet „der Ruhm Gottes"; aus dem Griechischen; Namenstage: 23. September, 28. September, 15. Oktober; bekannte Namensträgerin: Thekla Carola Wied, geboren 1944, deutsche Schauspielerin

Thelma bedeutet „der Wille"; aus dem Griechischen

Theodolinda bedeutet „das weiche Gottesgeschenk"; aus dem Althochdeutschen

Theodolinde Nebenform von → Theodolinda

Theodora bedeutet „die Gottesgabe"; aus dem Griechischen; Variation: Teodora; Namenstag: 28. April, 11. Februar

Theodore Nebenform von → Theodora

Theophania bedeutet „das Erscheinen Gottes"; aus dem Griechischen; Variation: Tiffany

Theresa bedeutet „die von der Insel Thera Stammende"; aus dem Griechischen; Variationen: Tess, Tessa, Therese, Teresa; bekannte Namensträgerin: Theresa von Ávila, 1515 bis 1582, Mystikerin, Kirchenlehrerin und Heilige

Therese Nebenform von → Theresa; Namenstag: 25. Dezember

Thora bedeutet „die Weisung, die Belehrung"; aus dem Hebräischen; Variation: Thordis

Thordis Nebenform von → Thora

Thyra bedeutet „der Gott und der Kampf"; aus dem Schwedischen

Tiada friesische Form von → Namen mit Diet-

Tiana Nebenform von → Christina

Tietje ostfriesische Form von → Namen mit Diet-

Tietke ostfriesische Form von → Namen mit Diet-

Tiffany Nebenform von → Theophania

Tina englische Kurzform von → Namen mit Endung -ina; bekannte Namensträgerinnen: Tina Turner, geboren 1939, Sängerin; Tina Ruland, geboren 1966, Schauspielerin

Tine englische Kurzform von → Namen auf -ina

Tini englische Kurzform von → Namen -ina

Tinka Nebenform von → Katharina

Tiny englische Kurzform von → Namen -ina

Tirza bedeutet „die Anmutige"; aus dem Hebräischen

Tizia benannt nach einem römische Familiennamen; aus dem Lateinischen; Variation: Tiziana

Tiziana Nebenform von → Tizia

Tobia bedeutet „Gott ist gütig"; aus dem Hebräischen; Variation: Topsy

Tomris benannt nach einer türkischen Königin des 6. Jahrhunderts; aus dem Türkischen

Toni Nebenform von → Antonia

Tonia Nebenform von → Antonia

Tony Nebenform von → Antonia

Tonya Nebenform von → Antonia

Toprak bedeutet „die Erde"; aus dem Türkischen

Topsy Nebenform von → Tobia

Tora bedeutet „der Tiger"; aus dem Japanischen

Tori bedeutet „der Vogel"; aus dem Japanischen

Toria Nebenform von → Victoria

Tosca bedeutet „die aus der Toscana Stammende"; aus dem Italienischen; Variation: Toska

Toscha Nebenform von → Antonia

Toshi bedeutet „das Jahr"; aus dem Japanischen

Toska Nebenform von → Tosca

Toyah bedeutet „das Spiel"; aus dem Englischen

T

Ualani bedeutet „der himmlische Regen"; aus dem Polynesischen

Ubbe Nebenform von → Ubbina

Ubbina bedeutet „der kühne Verstand"; aus dem Althochdeutschen; Variation: Ubbe

Uda Nebenform von → Adele

Ude Nebenform von → Adele

Udele Nebenform von → Adele

Ula Nebenform von → Ursula

Ulani bedeutet „die Sorglose"; aus dem Polynesischen

Uletta Nebenform von → Ursula

Ülfet bedeutet „freundschaftlich"; aus dem Türkischen

Ulfhild bedeutet „der Wolf und der Kampf"; aus dem Althochdeutschen

Ulita Nebenform von → Juliane

Uljana Nebenform von → Juliane

Ulla Nebenform von → Ursula; bekannte Namensträgerin: Ulla Schmidt, geboren 1949, deutsche Politikerin (SPD)

Ulli Nebenform von → Ursula

Ulrica Nebenform von → Ulrike

Ulrika Nebenform von → Ulrike

Ulrike bedeutet „das reiche Erbe"; aus dem Althochdeutschen; Variation: Ulrika; Namenstag: 8. Mai; bekannte Namensträgerinnen: Ulrike von Dänemark, 1656 bis 1693, Königin von Schweden; Ulrike Folkerts, geboren 1961, deutsche Schauspielerin

Ulrikque Nebenform von → Ulrike

Umeko bedeutet „die Pflaumenblüte"; aus dem Japanischen

Una bedeutet „das Lamm"; aus dem Gälischen

Una bedeutet „die Einzige"; aus dem Lateinischen; Namenstag: 15. April

Undina Nebenform von → Undine

Undine bedeutet „die Welle"; aus dem Lateinischen; Variation: Undina

Unn benannt nach einer nordischen Sagengestalt; aus dem Skandinavischen

Uota Nebenform von → Oda

Ursel Nebenform von → Ursula

Ursina bedeutet „die Bärenstarke"; aus dem Lateinischen; Variation: Ursine

Ursine Nebenform von → Ursina

Ursola Nebenform von → Ursula

Ursula bedeutet „der Bär"; aus dem Lateinischen; Variationen: Ursel, Uschi, Ula, Ulla; Namenstage: 21. Oktober, 20. Januar; bekannte Namensträgerinnen: Ursula von der Leyen, geboren 1958, deutsche Politikerin (CDU); Ursula Andress, geboren 1936, schweizerische Schauspielerin; Ursula Karven, geboren 1964, deutsche Schauspielerin

Ursulina Nebenform von → Ursula

Urte lettische Kurzform von → Ortrud

Uschi Nebenform von → Ursula; bekannte Namensträgerinnen: Uschi Glas, geboren 1944, deutsche Schauspielerin; Uschi Obermaier, geboren 1946, deutsches Model; Uschi Disl, geboren 1970, deutsche Biathletin

Uta Nebenform von → Oda

Ute Nebenform von → Oda; Namenstag: 20. Januar

Vahdet bedeutet „die Einheit"; aus dem Türkischen

Vainavi bedeutet „das Gold"; aus dem Indischen

Val Nebenform von → Valerie

Valborg Nebenform von → Walburga

Valenta Nebenform von → Valetina

Valentia Nebenform von → Valentina

Valentina bedeutet „wohlfühlen"; aus dem Lateinischen; Variationen: Valentine, Valenta; Namenstag: 25. Juli

Valentine Nebenform von → Valentina

Valeria benannt nach einem römischen Familiennamen; aus dem Lateinischen; Variationen: Valerie, Val; Namenstag: 4. Mai; bekannte Namensträgerin: Valérie Kaprisky, geboren 1962, französische Schauspielerin

Valerie Nebenform von → Valeria; Namenstag: 9. Dezember

Valeska polnische Form von → Valeria

Valini bedeutet „die Sterne"; aus dem Indischen

Vana bedeutet „die Erfüllung"; aus dem Afrikanischen

Vanadis benannt nach dem nordischen Göttergeschlecht der „Vanen"; aus dem Germanischen

Vanaja bedeutet „das Mädchen aus dem Wald"; aus dem Indischen

Vanalika bedeutet „die Sonnenblume"; aus dem Indischen

Vanani bedeutet „der Wald"; aus dem Indischen

Vanda Nebenform von → Wanda

Vanessa ein von Schriftsteller Jonathan Swift erfundener Name; aus dem Englischen; bekannte Namensträgerinnen: Vanessa Amorosi, geboren 1981, australische Sängerin; Vanessa Mae, geboren 1978, singapurische Violinistin; Vanessa Paradis, geboren 1972, französische Schauspielerin

Vania Nebenform von → Johanna

Vanita bedeutet „die Würdevolle"; aus dem Indischen

Vanja Nebenform von → Johanna

Varali bedeutet „der Mond"; aus dem Indischen

Varena Nebenform von → Verena

Varenka Nebenform von → Barbara

Varina bedeutet „die Krummbeinige"; aus dem Lateinischen; Variation: Varine

Varine Nebenform von → Verona

Vasanta bedeutet „der Frühling"; aus dem Indischen

Vatsala bedeutet „die Liebevolle"; aus dem Indischen

Vecihe bedeutet „die Gutaussehende"; aus dem Türkischen

Vefika bedeutet „die Harmonie"; aus dem Türkischen

Velvet bedeutet „der Samt"; aus dem Englischen

Veneta Nebenform von → Venetia

Venetia „die aus Venedig Stammende"; aus dem Englischen

Venia Nebenform von → Vera

Venice englische Nebenform von → Venetia

Venja Nebenform von → Vera

Venus bedeutet „die Liebliche, die Schöne", aus dem Lateinischen

U

V

Venya bedeutet „die Liebevolle"; aus dem Indischen

Vera bedeutet „die Wahre"; aus dem Lateinischen; Namenstag: 24. Januar; bekannte Namensträgerin: Vera F. Birkenbihl, 1946 bis 2011, deutsche Sachbuchautorin und Managementtrainerin

Veramaria Doppelname aus → Vera und Maria

Verena bedeutet „die Schüchterne"; aus dem Lateinischen; Variation: Verene; bekannte Namensträgerin: Verena Kast, geboren 1943, schweizerische Psychologin

Verene Nebenform von → Verena

Vérène Nebenform von → Verena

Verina Nebenform von → Verena

Verita bedeutet „die Wahrheit"; aus dem Lateinischen; Variation: Veritas

Veritas Nebenform von → Verita

Verna Nebenform von → Vera

Verona Nebenform von → Veronika; Namenstag: 29. August; bekannte Namensträgerin: Verona Pooth (ehemals Feldbusch), geboren 1968, Entertainerin und Unternehmerin

Veronica Nebenform von → Veronika; bekannte Namensträgerinnen: Veronica Ferres, geboren 1965, deutsche Schauspielerin; Veronica Hart, geboren 1956, US-amerikanische Schauspielerin

Veronika bedeutet „die Siegbringende"; aus dem Lateinischen; Variationen: Veronica, Véronique; Namenstage: 4. Februar, 9. Juli

Véronique Nebenform von → Veronika

Veruschka Nebenform von → Vera

Vesna bedeutet „das Licht"; aus dem Slawischen

Vesta bedeutet „der Herd"; aus dem Lateinischen

Veva Nebenform von → Guinevere

Vevi Nebenform von → Guinevere

Vibeke Nebenform von → Wiebke

Vicki Nebenform von → Victoria

Vicky Nebenform von → Victoria; bekannte Namensträgerin: Vicky Leandros, geboren 1952, deutsch-griechische Sängerin und Politikerin

Victoria bedeutet „die Siegerin"; aus dem Lateinischen; Variationen: Viktoria, Vicky, Vicki; Namenstag: 23. Dezember; bekannte Namensträgerinnen: Victoria Eugénie von Battenberg, 1887 bis 1969, Königin von Spanien; Victoria von Schweden, geboren 1977, schwedische Kronprinzessin; Victoria von Sachsen-Coburg-Saalfeld, 1786 bis 1861, Mutter der britischen Königin Victoria

Vida Kurzform von → Davida

Vidonia bedeutet „die Weinrebe"; aus dem Portugiesischen

Vigdis bedeutet „der Kampf und die Göttin"; aus dem Althochdeutschen

Viki Nebenform von → Victoria

Viktoria Nebenform von → Victoria; bekannte Namensträgerinnen: Viktoria von Preußen, 1866 bis 1929, Prinzessin von Preußen, Tochter von Kaiser Friedrich III.; Viktoria Luise von Preußen, 1892 bis 1980, Prinzessin von Preußen, Tochter von Kaiser Wilhelm II.

Vilia Nebenform von → Vilja

Vilja bedeutet „das Getreide"; aus dem Ungarischen

Vilma Nebenform von → Wilhelmina

Vinamra bedeutet „die Bescheidene"; aus dem Indischen

Vincenza Nebenform von → Vinzenta

Vincenzina Nebenform von → Vinzenta

Vinodini bedeutet „das glückliche Mädchen"; aus dem Indischen

Vinzenta bedeutet „die Siegerin"; aus dem Lateinischen; Variationen: Vincenza, Vinzentia, Vinzentina, Vincenzina, Vincentia

Vinzentia Nebenform von → Vinzenta

Vinzentina Nebenform von → Vinzenta

Viola bedeutet „das Veilchen"; aus dem Lateinischen; Variationen: Violet, Violeta, Violett, Violetta, Violette; Namenstag: 3. Mai

Violaine Nebenform von → Viola

Violante bedeutet „das Violett"; aus dem Französischen

Violet Nebenform von → Viola

Violeta Nebenform von → Viola

Violett Nebenform von → Viola

Violetta Nebenform von → Viola

Violette Nebenform von → Viola

Virgilia benannt nach einem römischen Familiennamen; aus dem Lateinischen

Virginia benannt nach einem römischen Familiennamen; aus dem Lateinischen; Variationen: Virginiak, Virginie; Namenstag: 24. April; bekannte Namensträgerin: Virginia Woolf, eigentlich Adeline Virginia Stephen, 1882 bis 1941, britische Schriftstellerin, Verlegerin, Literaturkritikerin und Romanautorin, erste Frau der klassischen Moderne

Virginiak Nebenform von → Virginia

Virginie Nebenform von → Virginia

Vita Nebenform von → Victoria

Viveca Nebenform von → Wiebke

Viveka Nebenform von → Wiebke

Vivian bedeutet „die Lebendige"; aus dem Englischen; Variationen: Viviana, Viviane

Viviana Nebenform von → Vivian; Namenstag: 17. Dezember

Viviane Nebenform von → Vivian

Vivica Nebenform von → Wiebke

Vivica Nebenform von → Wiebke

Vivien Nebenform von → Vivian; bekannte Namensträgerin: Vivien Leigh, 1913 bis 1967, britische Schauspielerin

Vivika Nebenform von → Wiebke

Volkhild bedeutet „das Volk und der Kampf"; aus dem Althochdeutschen

Volla friesische Form von → Namen mit Volk-

Vollina friesische Form von → Namen mit Volk-

Volma bedeutet „das Volk und berühmt"; aus dem Althochdeutschen

Vreni Nebenform von → Verena bekannte Namensträgerinnen: Vreni Bieri, eigentlich Verena Margreiter, geboren 1956, schweizerische Schlagersängerin (Gesangsduo „Vreni und Rudi"); Verena „Vreni" Schneider, geboren 1964, ehemalige schweizerische Skirennfahrerin; Vreni Spoerry, geboren 1938, schweizerische Politikerin (FDP); Vreni Kneubühl, 1920 bis 2007, schweizerische Solojodlerin, Regisseurin, Schauspielerin und Rezitatorin

Vrina Nebenform von → Virginia

Vroni Nebenform von → Veronika; bekannte Namensträgerin: Vroni König-Salmi, geboren 1969, schweizerische Orientierungsläuferin

V

Wahida bedeutet „die Einzigartige"; aus dem Arabischen

Walborg Nebenform von → Walburga

Walburg Nebenform von → Walburga

Walburga bedeutet „herrschen und der Schutz"; aus dem Althochdeutschen; Variation: Walborga; Namenstag: 25. Februar

Walda Kurzform von → Namen mit Wald-

Waleska polnische Form von → Valeria

Walli Kurzform von → Namen mit Wal-

Wallis bedeutet „die aus Wales Stammende"; aus dem Keltischen

Wally Kurzform von → Namen mit Wal-

Walpurga Nebenform von → Walburga

Waltraud bedeutet „herrschen und die Stärke"; aus dem Althochdeutschen; Variation: Waltraut; Namenstag: 9. April; bekannte Namensträgerin: Heilige Waltraud von Mons (Sainte Waudru), unbekannt bis 688, Heilige

Waltraut Nebenform von → Waltraud

Waltrun bedeutet „herrschen und der Zauber"; aus dem Althochdeutschen

Wanda bedeutet „die vom Volk der Vandalen Stammende"; aus dem Englischen

Wangai bedeutet „die von Gott Geborene"; aus dem Afrikanischen

Wangari bedeutet „die Leopardin"; aus dem Afrikanischen

Wanja Nebenform von → Johanna

Warda bedeutet „die Rose"; aus dem Arabischen

Warja Nebenform von → Barbara

Warwara Nebenform von → Barbara

Weda ostfriesische Kurzform von → Namen mit Wed-/Wid-

Wedeke ostfriesische Kurzform von → Namen mit Wed-/Wid-

Wedis ostfriesische Kurzform von → Namen mit Wed-/Wid-

Weeka ostfriesische Kurzform von → Namen mit Wed-/Wid-

Weeke ostfriesische Kurzform von → Namen mit Wed-/Wid-

Welda bedeutet „der Wunsch"; aus dem Althochdeutschen

Welda Kurzform von → Namen mit Wald-

Wencke Nebenform von → Weneke

Wenda bedeutet „die Helle", aus dem Englischen; Variation: Wendy

Wendela bedeutet „die vom Stamm der Vandalen Stammende"; aus dem Althochdeutschen; Variationen: Wendla, Wendula, Wendala, Wendule

Wendelina Nebenform von → Wendela

Wendeline Nebenform von → Wendela

Wendi Nebenform von → Wendela

Wendla Nebenform von → Wendela

Wendula Nebenform von → Wendela

Wendy Nebenform von → Wenda

Weneke niederdeutsche Form von → Namen mit Wern-

Wenke Nebenform von → Weneke

Wenona Nebenform von → Wynona

Wera Nebenform von → Vera

Werna bedeutet „wehren"; aus dem Althochdeutschen

Whitney abgeleitet von einem englischen Familiennamen; aus dem Englischen; bekannte Namensträgerin: Whitney Houston, 1963 bis 2012, US-amerikanische Sängerin

Wibeke friesische Kurzform von → Namen mit Wig-

Wiberta bedeutet „der Kampf und hell"; aus dem Althochdeutschen

Wibke friesische Kurzform von → Namen mit Wig-

Wiburga Nebenform von → Wigburg

Wienke bedeutet „die Freundin"; aus dem Althochdeutschen

Wiete bedeutet „das Holz"; aus dem Althochdeutschen; Variation: Witta

Wigburg bedeutet „der Kampf und die Zuflucht"; aus dem Althochdeutschen; Variationen: Wiburga, Wigburga

Wigburga Nebenform von → Wigburg

Wilburg bedeutet „der Wille und die Zuflucht"; aus dem Althochdeutschen

Wilburga Nebenform von → Wilburg

Wilfrieda bedeutet „der Wille und die Burg"; aus dem Althochdeutschen; Variation: Wilfried

Wilfriede Nebenform von → Wilfrieda

Wilgard bedeutet „der Wille und der Schutz"; aus dem Althochdeutschen

Wilgund bedeutet „der Wille und der Kampf"; aus dem Althochdeutschen

Wilgunde Nebenform von → Wilgund

Wilhelmina bedeutet „der Wille und der Schutz"; aus dem Althochdeutschen; Variationen: Willa, Wilma

Wilhelmine Nebenform von → Wilhelmina; Namenstag: 19. September; bekannte Namensträgerinnen: Wilhelmine von Preußen, 1774 bis 1837, Königin der Niederlande; Wilhelmine Herzlieb, 1789 bis 1865, Freundin von Goethe

Wilja Nebenform von → Wilhelmina

Willa Nebenform von → Wilhelmina

Willtrud Nebenform von → Wiltrud

Wilma Nebenform von → Wilhelmina

Wilrun bedeutet „der Wille und der Zauber"; aus dem Althochdeutschen

Wiltraud Nebenform von → Wiltrud

Wiltraut Nebenform von → Wiltrud

Wiltrud bedeutet „der Wille und die Stärke"; aus dem Althochdeutschen; Variationen: Wiltrude, Willtrud; Namenstag: 21. Mai

Wiltrude Nebenform von → Wiltrud

Wina Kurzform von → Namen mit Win-

Winema bedeutet „die Frau des Häuptlings"; aus dem Indischen

Winfrieda bedeutet „der Freund und der Friede"; aus dem Althochdeutschen; Variationen: Winfriede, Winifred

Winfriede Nebenform von → Winfrieda

Winifred Nebenform von → Winfrieda

Winja Nebenform von → Sabine

Winka Kurzform von → Namen mit Win-

Winni Nebenform von → Winfrieda

Winnie Nebenform von → Winfrieda

Winnifred Nebenform von → Winfrieda, Namenstag: 3. November

Winny Nebenform von → Winfrieda

Winona Nebenform von → Wynona; bekannte Namensträgerin: Winona Ryder, eigentlich Winona Laura Horowitz, geboren 1971, US-amerikanische Schauspielerin

Wintrud bedeutet „der Wille und die Stärke"; aus dem Althochdeutschen

Wira bedeutet „freundlich"; aus dem Keltischen

Wisgard bedeutet „weise und der Schutz"; aus dem Althochdeutschen

Wisgund bedeutet „weise und der Kampf"; aus dem Althochdeutschen; Variation: Wisgunde

Wisgunde Nebenform von → Wisgund

Wismut bedeutet „weise und der Geist"; aus dem Althochdeutschen

Witta Nebenform von → Wiete

Wolfhilda bedeutet „der Wolf und der Kampf"; aus dem Althochdeutschen; Variation: Wolfhilde; Namenstag: 8. Mai

Wynona bedeutet „die Tochter"; aus dem Indischen

Xandra Nebenform von → Alexandra

Xania Nebenform von → Xena

Xanja Nebenform von → Xena

Xante bedeutet „das helle Haar"; aus dem Griechischen; Variation: Xantia

Xantia Nebenform von → Xante

Xantippa Nebenform von → Xantippe

Xantippe bedeutet „das gelbe Pferd"; aus dem Griechischen; Variation: Xantippa

Xaveria bedeutet „die Anmut, die Schöne"; aus dem Spanischen; Variationen: Xavia, Xavière

Xaverine Nebenform von → Xaveria

Xavia Nebenform von → Xaveria

Xavière Nebenform von → Xaveria

Xena bedeutet „die Gastfreundliche"; aus dem Griechischen; Variation: Xenia

Xenia Nebenform von → Xena; Namenstag: 12. Januar; bekannte Namensträgerinnen: Xenia von Rom, 5. Jahrhundert, Heilige der orthodoxen Kirche; Xenia Seeberg, geboren 1972, deutsche Schauspielerin; Xenia Alexandrowna Rappoport, geboren 1974, russische Schauspielerin; Xenia Alexandrowna Romanowa, 1875 bis 1960, Schwester von Zar Nikolaus II von Russland

Xenja Nebenform von → Xena

Xian bedeutet „emporschnellen"; aus dem Chinesischen

Xiang bedeutet „die Duftende"; aus dem Chinesischen

Ximena Nebenform von → Simone

Xinia Nebenform von → Xena

Xoana Nebenform von → Johanna

Xochil Nebenform von → Xochitl

Xochitl bedeutet „die Blume"; aus dem Indischen; Variation: Xochil

Xuan bedeutet „der Frühling"; aus dem Vietnamesischen

Xylia bedeutet „die aus dem Wald Stammende"; aus dem Griechischen

Ya bedeutet „die Elegante"; aus dem Chinesischen

Yaa Bedeutung ungeklärt; vermutlich aus dem Albanischen

Yade bedeutet „das Andenken"; aus dem Kurdischen

Yadigar bedeutet „das Andenken"; aus dem Türkischen

Yadira Bedeutung ungeklärt; vermutlich aus dem Englischen

Yael bedeutet „der Steinbock"; aus dem Hebräischen; Variationen: Yaella, Yaelle

Yaella Nebenform von → Yael

Yaelle Nebenform von → Yael

Yafeh Nebenform von → Yaffa

Yaffa bedeutet „die Schöne, die Hübsche"; aus dem Hebräischen; Variation: Yafeh

Yagmur bedeutet „der Regen"; aus dem Türkischen

Yahima Bedeutung ungeklärt; vermutlich aus dem Spanischen

Yaira bedeutet „die Licht Bringende"; aus dem Hebräischen

Yaisa benannt nach einer kanarischen Stadt; aus dem Spanischen; Variation: Yaiza

Yaiza bedeutet „der Lichtstrahl"; aus dem Spanischen

Yaiza Nebenform von → Yaisa

Yaka Bedeutung ungeklärt; vermutlich aus dem Bulgarischen

Yakin bedeutet „die Gottesgewissheit"; aus dem Arabischen

Yakini bedeutet „die Wahrheit"; aus dem Afrikanischen

Yakira bedeutet „die Kostbare"; aus dem Hebräischen

Yalda bedeutet „die dunkle Nacht"; aus dem Persischen

Yaldiyan Bedeutung ungeklärt; vermutlich aus dem Afrikanischen

Yaldiz bedeutet „die Vergoldete"; aus dem Türkischen

Yalova Bedeutung ungeklärt; vermutlich aus dem Türkischen

Yamei bedeutet „die kleine Schwester"; aus dem Chinesischen

Yamila bedeutet „die Hübsche"; aus dem Arabischen

Yamina bedeutet „die Glückliche"; aus dem Arabischen

Yamini bedeutet „die Nacht"; aus dem Indischen

Yamuna benannt nach einem Nebenfluss des Ganges; aus dem Indischen

Yana Nebenform von → Johanna

Yanice Nebenform von → Johanna

Yanick Nebenform von → Johanna

Yanire Bedeutung ungeklärt; aus dem Baskischen

Yanisa Bedeutung ungeklärt; vermutlich aus dem Arabischen

Yanna Nebenform von → Johanna

Yanne Nebenform von → Johanna

Yannica Nebenform von → Johanna

Yannick Nebenform von → Johanna

Yannicka Nebenform von → Johanna

Yannika Nebenform von → Johanna

Yanti Bedeutung ungeklärt; vermutlich aus dem Indonesischen

X
Y

155

Yaprak bedeutet „das Blatt"; aus dem Türkischen

Yara bedeutet „die Herrin"; aus dem Indischen

Yaraa bedeutet „die wahre Schönheit"; aus dem Arabischen

Yarden bedeutet „fließen"; aus dem Hebräischen; Variation: Yardena

Yardena Nebenform von → Yarden

Yaren bedeutet „die gute Freundin"; aus dem Persischen

Yarla bedeutet „die Adlige"; aus dem Skandinavischen

Yaron bedeutet „singen"; aus dem Hebräischen

Yarra Bedeutung ungeklärt; vermutlich aus dem Australischen

Yasara Bedeutung ungeklärt; vermutlich aus dem Türkischen

Yasemin Nebenform von → Jasmin

Yashika bedeutet „der Erfolg"; aus dem Indischen

Yashila bedeutet „die Berühmte"; aus dem Indischen

Yashmara Bedeutung ungeklärt; vermutlich aus dem Arabischen

Yashoda Bedeutung ungeklärt; vermutlich aus dem Indischen

Yasira bedeutet „die Milde"; aus dem Arabischen

Yaska Nebenform von → Jasmin

Yasmin Nebenform von → Jasmin

Yasmina Nebenform von → Jasmin; bekannte Namensträgerinnen: Yasmina Reza, geboren 1959, französische Schauspielerin; Yasmina Filali, geboren 1975, deutsche Schauspielerin

Yasminda Bedeutung ungeklärt; vermutlich aus dem Indischen

Yasmine Nebenform von → Jasmin

Yasu bedeutet „die Friedliche"; aus dem Japanischen

Yasumi bedeutet „die Ferien"; aus dem Japanischen

Yati bedeutet „die aufgehende Sonne"; aus dem Indischen

Yaya Bedeutung ungeklärt; vermutlich aus dem Afrikanischen

Yayla bedeutet „die Hochebene"; aus dem Türkischen

Yayoi Bedeutung ungeklärt; vermutlich aus dem Japanischen

Yazzmine Nebenform von → Jasmin

Ybella Bedeutung ungeklärt; aus dem Italienischen

Yedda bedeutet „die Sängerin"; aus dem Englischen

Yejide bedeutet „das Abbild ihrer Mutter"; aus dem Afrikanischen

Yekta bedeutet „die Einzigartige"; aus dem Türkischen

Yelena Nebenform von → Helene

Yelva bedeutet „die einzige Erbin"; aus dem Althochdeutschen

Yen bedeutet „der Frieden"; aus dem Vietnamesischen

Yentl bedeutet „die Edle"; aus dem Jiddischen

Yepa bedeutet „das Mädchen aus dem Schnee"; aus dem Indischen

Yesenia benannt nach der Baumart „Jessenia"; aus dem Spanischen

Yesfir russische Form von → Esther

Yeshisha bedeutet „die Alte"; aus dem Hebräischen

Yesim bedeutet „die Perle"; aus dem Türkischen

Yeter bedeutet „genug"; aus dem Türkischen

Yeva russische Form von → Eva

Yewande bedeutet „die Mutter ist wiedergekehrt"; aus dem Afrikanischen; Variation: Yewanda

Yfke Bedeutung ungeklärt; vermutlich aus dem Niederländischen

Yi bedeutet „die Glückliche"; aus dem Chinesischen

Yildiz bedeutet „der Stern"; aus dem Türkischen

Yin bedeutet „die Fehlerfreie"; aus dem Chinesischen

Ylberina bedeutet „der Regenbogen"; aus dem Albanischen

Ylena Nebenform von → Helene

Ylenia bedeutet „die schöne Sonne"; aus dem Griechischen

Ylia Bedeutung ungeklärt; vermutlich aus dem Türkischen

Yliana Bedeutung ungeklärt; vermutlich aus dem Griechischen

Yliane Nebenform von → Juliana

Yllka bedeutet „der helle Stern"; aus dem Albanischen

Ylnora Nebenform von → Eleonora

Ylva bedeutet „die Wölfin"; aus dem Schwedischen

Ylvi Nebenform von → Ylva

Ylvie Nebenform von → Ylva

Ylvy Nebenform von → Ylva

Ylza bedeutet „der Stern"; aus dem Albanischen

Ylzana bedeutet „die Sternenfee"; aus dem Albanischen

Ynja Nebenform von → Enya

Yoanthe bedeutet „violett"; aus dem Französischen

Yoanthe Nebenform von → Jolanthe

Yoke Bedeutung ungeklärt; vermutlich aus dem Friesischen

Yoko bedeutet „das Sonnenkind"; aus dem Japanischen

Yola Nebenform von → Jolanda

Yolanda Nebenform von → Jolanthe

Yolande Nebenform von → Jolanthe

Yolantha Nebenform von → Jolanthe

Yolanthe Nebenform von → Jolanthe

Yole Nebenform von → Jolanthe

Yolli bedeutet „die Glückliche"; aus dem Hawaianischen

Yolonda Nebenform von → Jolanda

Yonca bedeutet „der Klee"; aus dem Türkischen

Yong bedeutet „der Mut"; aus dem Koreanischen

Yonna Nebenform von → Johanna

Yordana Nebenform von → Jordan

Yoshi bedeutet „die Güte"; aus dem Japanischen

Yoshiko bedeutet „das gute Kind"; aus dem Japanischen

Yoshimi bedeutet „das schöne Gut"; aus dem Japanischen

Yoshino Bedeutung ungeklärt; vermutlich aus dem Japanischen

Yosita Bedeutung ungeklärt; vermutlich aus dem Thailändischen

Youma bedeutet „die Beschützerin"; aus dem Afrikanischen

Young bedeutet „die Ewige"; aus dem Koreanischen

Yousra bedeutet „die Leichte"; aus dem Arabischen; Variation: Yusra

Y

Yrsa Bedeutung ungeklärt; vermutlich aus dem Althochdeutschen

Ysabeau Nebenform von → Isabel

Ysabel Nebenform von → Isabel

Yseult Nebenform von → Isolde

Ysold französische Form von → Isolde

Ysolde Nebenform von → Isolde

Yu bedeutet „die Jade"; aus dem Chinesischen

Yudum bedeutet „das Schlückchen"; aus dem Türkischen

Yue bedeutet „der Mond"; aus dem Chinesischen

Yui Bedeutung ungeklärt; vermutlich aus dem Japanischen

Yuka Bedeutung ungeklärt; vermutlich aus dem Japanischen

Yukari bedeutet „das tolle Aroma, der tolle Duft, der angenehme Geruch"; aus dem Japanischen

Yuki bedeutet „der Schnee"; aus dem Japanischen

Yukiko bedeutet „das Kind des Schnees"; aus dem Japanischen

Yukina bedeutet „die Schneeblume"; aus dem Japanischen

Yukionna bedeutet „das Schneegespenst"; aus dem Japanischen

Yuko bedeutet „das großartige Kind"; aus dem Japanischen

Yula bedeutet „der Altar"; aus dem Türkischen

Yule Nebenform von → Julia

Yulia Nebenform von → Julia

Yuliya Nebenform von → Julia

Yulyana Nebenform von → Julia

Yume bedeutet „der Traum"; aus dem Japanischen

Yumemi Bedeutung ungeklärt; vermutlich aus dem Japanischen

Yumi bedeutet „der schöne Grund"; aus dem Japanischen

Yumia Bedeutung ungeklärt; vermutlich aus dem Japanischen

Yumiko bedeutet „das schöne Kind"; aus dem Japanischen

Yumna bedeutet „viel Glück"; aus dem Afrikanischen

Yun bedeutet „die Wolken"; aus dem Chinesischen

Yuna bedeutet „die Nacht"; aus dem Bretonischen

Yupa bedeutet „die schöne Frau"; aus dem Thailändischen

Yurdagül bedeutet „die Rose für die Heimat"; aus dem Türkischen

Yurdanur bedeutet „das Licht für die Heimat"; aus dem Türkischen

Yuri bedeutet „die Lilie"; aus dem Japanischen

Yuriko bedeutet „das Lilienkind"; aus dem Japanischen

Yurina bedeutet „die Lilie"; aus dem Japanischen

Yusra bedeutet „der Besitz"; aus dem Arabischen

Yvaine bedeutet „der leuchtende Stern"; aus dem Französischen

Yvana Nebenform von → Yvonne

Yvanna Nebenform von → Yvonne

Yvonne bedeutet „die Eibe"; aus dem Lateinischen; Variationen: Yvonna, Yvonn, Yvi, Yvanna, Yvana; bekannte Namensträgerin: Yvonne Catterfeld, geboren 1979, deutsche Popsängerin und Schauspielerin

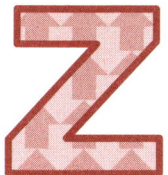

Zaara bedeutet „die Dämmerung"; aus dem Türkischen

Zabrina Nebenform von → Sabrina

Zada bedeutet „die Glückliche"; aus dem Arabischen; Variationen: Zaida, Zaide

Zade Bedeutung ungeklärt; vermutlich aus dem Albanischen

Zadina Bedeutung ungeklärt; vermutlich aus dem Persischen

Zafira bedeutet „die Erfolgreiche"; aus dem Arabischen

Zafirah bedeutet „die Reisende"; aus dem Arabischen

Zafiria bedeutet „der Zephir"; aus dem Griechischen

Zagora Bedeutung ungeklärt; vermutlich aus dem Afrikanischen

Zahai bedeutet „die Sonne"; aus dem Afrikanischen

Zahana Bedeutung ungeklärt; vermutlich aus dem Indischen

Zahara bedeutet „die Blume"; aus dem Afrikanischen

Zahia bedeutet „die Wunderschöne"; aus dem Arabischen

Zahide bedeutet „die Fromme"; aus dem Arabischen

Zahina bedeutet „die Wunderschöne"; aus dem Afrikanischen

Zahira bedeutet „die Kleine"; aus dem Arabischen

Zahra bedeutet „die Rose"; aus dem Arabischen

Zahrah Bedeutung ungeklärt; vermutlich aus dem Türkischen

Zaibunissa Bedeutung ungeklärt; vermutlich aus dem Indischen

Zaida Nebenform von → Zada

Zaide Nebenform von → Zada

Zaina bedeutet „die Schöne"; aus dem Arabischen

Zainab bedeutet „ein Baum verziert"; aus dem Arabischen

Zaira bedeutet „die Blühende"; aus dem Französischen

Zakire bedeutet „die Lobpreisungen Gottes"; aus dem Arabischen

Zakiy bedeutet „die Reine"; aus dem Arabischen

Zakiya bedeutet „die Intelligente"; aus dem Afrikanischen

Zala bedeutet „die Gesunde"; aus dem Bulgarischen; Variation: Zalona

Zalika bedeutet „die Wohlgeborene"; aus dem Arabischen

Zalira bedeutet „die Blume"; aus dem Afrikanischen

Zalona Nebenform von → Zala

Zamara Bedeutung ungeklärt; vermutlich aus dem Afrikanischen

Zambak bedeutet „die Königslilie"; aus dem Arabischen

Zamira Bedeutung ungeklärt; vermutlich aus dem Albanischen

Zana bedeutet „die hübsche Fee"; aus dem Albanischen

Zandra Nebenform von → Sandra

Zanta bedeutet „das schöne Mädchen"; aus dem Afrikanischen

Zara Nebenform von → Sarah

Zarah Nebenform von → Sarah; bekannte Namensträgerin: Zarah Leander, 1907 bis 1981, schwedische Schauspielerin und Sängerin

Z

Zari bedeutet „die Goldene"; aus dem Afrikanischen

Zarife bedeutet „die Geistreiche"; aus dem Türkischen

Zarina bedeutet „die Zarin"; aus dem Bulgarischen

Zatiye bedeutet „die Persönliche und die Wesentliche"; aus dem Arabischen

Zaynab bedeutet „die Zier des Vaters"; aus dem Arabischen; Variation: Zeynab

Zäzilia Nebenform von → Cäcilie

Zäzilie Nebenform von → Cäcilie

Zdenka bedeutet „die Frau aus Sidon"; aus dem Lateinischen

Zehra bedeutet „die Blume"; aus dem Arabischen

Zekiye bedeutet „die Kluge"; aus dem Arabischen

Zelda Nebenform von → Griselda

Zelia Bedeutung unbekannt; vermutlich aus dem Griechischen

Zella italienische Kurzform von → Marcella

Zelma Nebenform von → Selma

Zena Nebenform von → Zenobia

Zenobia bedeutet „das Leben"; aus dem Englischen; Variation: Zena

Zenta Nebenform von → Crescentia

Zenzi Nebenform von → Crescentia

Zerres bedeutet „die Strenge"; aus dem Lateinischen

Zerrin bedeutet „die Goldfarbene"; aus dem Türkischen

Zeynab Nebenform von → Zaynab

Zia bedeutet „zittern"; aus dem Englischen

Ziena friesische Sonderform von → Namen auf -cina

Zientje friesische Sonderform von → Namen auf -cina

Zilia Nebenform von → Celeste

Zilla Nebenform von → Zillah

Zillah bedeutet „der Schatten"; aus dem Hebräischen; Variationen: Zilla, Zilly

Zilly Nebenform von → Zillah

Zina friesische Sonderform von → Namen auf -cina

Zinab Nebenform von → Zaynab

Zineb Nebenform von → Zaynab

Zinnia benannt nach der Blume „Zinnie"; aus dem Englischen

Zinske Nebenform von → Josefine

Ziona bedeutet „der Tempelberg"; aus dem Hebräischen

Zippora bedeutet „der Sperling"; aus dem Hebräischen

Ziska Nebenform von → Franziska

Zissi Nebenform von → Franziska

Zissy Nebenform von → Franziska

Zita Nebenform von → Felicitas; Namenstag: 27. April

Zoe bedeutet „das Leben"; aus dem Englischen; Namenstag: 2. Mai

Zohra bedeutet „die Schönheit"; aus dem Arabischen

Zola bedeutet „die Stille"; aus dem Afrikanischen

Zölestine bedeutet „die Himmlische"; aus dem Lateinischen

Zora bedeutet „die Morgenröte"; aus dem Slawischen; Variationen: Zorina, Zorine

Zorina Nebenform von → Zora

Zorine Nebenform von → Zora

Männliche Vornamen

Aalderk niederdeutsch-friesische Form von → Adalrich

Aaron bedeutet „der Erleuchtete"; aus dem Hebräischen; Variation: Aron; Namenstag: 1. Juli

Aatami finnische Form von → Adam

Abachum Bedeutung ungeklärt; vermutlich aus dem Persischen

Abaddon bedeutet „die Vernichtung"; aus dem Hebräischen

Abbe ostfriesische Kurzform von → Namen mit Adal-

Abbo ostfriesische Kurzform von → Namen mit Adal-

Abdul bedeutet „der Diener"; aus dem Arabischen

Abel bedeutet „der Hauch"; aus dem Hebräischen; Namenstag: 9. Dezember

Abidan bedeutet „mein Vater ist Richter"; aus dem Hebräischen

Abilo Form von → Abel

Abner bedeutet „der Vater ist Licht"; aus dem Hebräischen

Abraham bedeutet „der Vater der Menge"; aus dem Hebräischen; Namenstag: 9. Oktober

Absalom bedeutet „mein Vater ist Frieden"; aus dem Hebräischen

Achatz Nebenform von → Achaz

Achaz bedeutet „der Herr besitzt"; aus dem Lateinischen; Variationen: Achatz, Ahas; Namenstag: 22. Juni

Achill Nebenform von → Achilles

Achilles bedeutet „der Schmerz"; aus dem Griechischen; Variation: Achill; Namenstag: 12. Mai

Achim bedeutet „er wird es richten"; aus dem Hebräischen

Achim Nebenform von → Joachim

Achmed bedeutet „der Preis- und Lobenswürdige"; aus dem Arabischen

Adair benannt nach einem schottischen Familiennamen; aus dem Keltischen

Adalbert bedeutet „der Edle und Glänzende"; aus dem Althochdeutschen; Variationen: Adelbert, Adelbrecht; Namenstage: 20. Juni, 23. April

Adalfried bedeutet „das Edle und der Friede"; aus dem Althochdeutschen

Adalrich bedeutet „der alte Herrscher"; aus dem Althochdeutschen; Variationen: Alderich, Alderk

Adalwin bedeutet „ der edle Freund"; aus dem Althochdeutschen; Variationen: Alvin, Alwyn

Adalwolf Nebenform von → Adolf

Adam bedeutet „der Mann"; aus dem Hebräischen; Variation: Adamo; Namenstag:

24. Dezember; bekannte Namensträger: Adam, im Alten Testament der erste Mensch, den Gott kreierte; Adam Green, geboren 1981, US-amerikanischer Sänger und Songwriter; Adam Opel, 1837 bis 1895, deutscher Industrieller; Adam Riese, 1492 bis 1559, deutscher Rechenmeister; Adam Sandler, geboren 1966, US-amerikanischer Comedian und Schauspieler; Adam Smith, 1723 bis 1790, schottischer National-Ökonom und Moralphilosoph; Adam von Trott zu Solz, 1909 bis 1944, deutscher Widerständler

Adamo Nebenform von → Adam

Adelar bedeutet „der edle Adler"; aus dem Althochdeutschen; Namenstage: 5. Juni, 7. Juni

Adelbert Nebenform von → Adalbert

Adelbrecht Nebenform von → Adalbert

Adeodatus bedeutet „der von Gott Geschenkte"; aus dem Lateinischen

Adi Kurzform von → Adolf

Adil bedeutet „gerecht"; aus dem Arabischen

Adje Kurzform von → Adolf

Adolf bedeutet „ der edle Wolf"; aus dem Althochdeutschen; Variationen: Adolfo,

Adolph, Adolphe, Adawolf; Namenstage: 30. August, 17. Juni, 4. Dezember, 13. Februar, 16. Mai, 30. Juni; bekannte Namensträger: Adolf Hennecke, 1905 bis 1975, Bergmann, Vorbild für die Aktivistenbewegung in der sowjetischen Besatzungszone und in der spätereren DDR; Adolf Hitler, 1889 bis 1945, deutscher Reichskanzler und Diktator

Adolfo Nebenform von → Adolf

Adolph Nebenform von → Adolf; bekannte Namensträger: Adolph Kolping, 1813 bis 1865, deutscher katholischer Priester, Begründer des Kolpingwerkes, 1991 seliggesprochen; Adolph Freiherr von Knigge, 1752 bis 1799, deutscher Philosoph und Schriftsteller

Adolphe Nebenform von → Adolf

Adonai bedeutet „mein Gott"; aus dem Hebräischen; Variation: Adonis

Adonis Nebenform von → Adonai; bekannter Namensträger: Adonis, Gestalt aus der vorderorientalischen, griechischen und römischen Mythologie

Adriaan Nebenform von → Adrian

Adrian bedeutet „der Mann aus Hadria"; aus dem Lateinischen; Variationen: Adriaan,

Adrien, Adriano, Arian; Namenstage: 9. Januar, 9. Juli; bekannter Namensträger: Adrian Ludwig Richter, 1803 bis 1884, deutscher Maler der Romantik

Adriano Nebenform von → Adrian; bekannter Namensträger: Adriano Celentano, geboren 1938, italienischer Sänger und Schauspieler

Adrien Nebenform von → Adrian; bekannter Namensträger: Adrien Brody, geboren 1973, US-amerikanischer Filmschauspieler

Aeneas bedeutet „der Gepriesene"; aus dem Griechischen; bekannter Namensträger: Aeneas, Figur aus Homers Ilias

Afanasi russische Form von → Athanasius

Affonso portugiesische Form von → Alfons

Agamemnon bedeutet „der sehr Standhafte"; aus dem Griechischen; bekannter Namensträger: Agamemnon, König von Mykene

Agapitus bedeutet „der Geliebte, der Gewünschte"; aus dem Griechischen; Variationen: Agapetus, Agapet

Age friesische Kurzform von → Namen mit Age-

Ägid bedeutet „das Ziegenfell"; aus dem Griechischen; Variationen: Ägidius, Egidius

Agilo Kurzform von → Namen mit Agil-

Agilolf bedeutet „der Wolf mit der Schwertspitze"; aus dem Althochdeutschen; Variationen: Agilulf, Aigolf, Egilolf, Aigulf

Agim bedeutet „die Morgendämmerung"; aus dem Albanischen

Agimar bedeutet „das berühmte Schwert"; aus dem Althochdeutschen; Variation: Agimo

Agimo Nebenform von → Agimar

Aginald bedeutet „das herrschende Schwert"; aus dem Althochdeutschen

Aginolf bedeutet „das Schwert und der Wolf"; aus dem Althochdeutschen

Agnello bedeutet „das Lamm"; aus dem Lateinischen

Agnolo italienische Form zu → Angelus

Agricola bedeutet „der Bauer"; aus dem Lateinischen

Agrippa bedeutet „der Landräuber"; aus dem Lateinischen

Ahab bedeutet „der Onkel"; aus dem Hebräischen

Ahas Nebenform von → Achaz

Ahmad Nebenform von → Achmed; bekannter Namensträger: Ahmad Al-Jaber Al-Sabah, 1921 bis 1950, Emir von Kuwait; Ahmad ibn Yahya, 1948 bis 1962, König des Jemen

Ahmed Nebenform von → Achmed

Ahmet Nebenform von → Achmed

Ahmose bedeutet „der Sohn des Lah"; aus dem Ägyptischen

Ahriman moderne persische Form von → Angra Mainyu

Ahura Mazda bedeutet „der Gott der Weisheit"; aus dem Persischen

Aias bedeutet „der Trauernde"; aus dem Griechischen; Variation: Ajax

Aimé bedeutet „der Geliebte"; aus dem Französischen

Aimo bedeutet „der großzügige Betrag"; aus dem Finnischen

Aimo Nebenform von → Achaz

Ainers friesische Form von → Andreas

Aingeru baskische Form von → Angelus

Aitor bedeutet „der gute Vater"; aus dem Baskischen

Ajax Nebenform von → Aias

Ajeet bedeutet „der nie besiegt wurde"; aus dem Indischen; Variation: Ajit

Ajit Nebenform von → Ajeet

Akash bedeutet „der Himmel"; aus dem Indischen

Ake friesische Kurzform von → Alke

Akim russische Kurzform von → Joachim

Akio bedeutet „der helle Junge"; aus dem Japanischen

Akira bedeutet „die Intelligenz"; aus dem Japanischen; bekannte Namensträger: Akira Kurosawa, 1910 bis 1998, japanischer Regisseur („Die sieben Samurai"); Akira Toda, geboren 1951, japanischer Komponist; Akira Toriyama, geboren 1955, japanischer Mangazeichner

Akke friesische Kurzform von → Alke

Akshar bedeutet „der Unvergängliche"; aus dem Indischen

Al englische Kurzform von → Albert

Ala Al-Din bedeutet „der Hervorragende"; aus dem Arabischen; Variation: Aladdin

Aladar bedeutet „der Herrscher"; aus dem Ungarischen

Aladdin Nebenform von →
Ala Al-Din

Alain Nebenform von →
Alan; bekannte Namensträger: Alain Delon, geboren
1935, französischer Schauspieler; Alain Prost, geboren
1955, ehemaliger Formel-1-
Rennfahrer; Alain Le Ray, 1910
bis 2007, französischer General und Widerstandskämpfer

Alan bedeutet „der Friede";
aus dem Keltischen; Variationen: Alain, Allen; bekannter
Namensträger: Alan Sidney
Patrick Rickman, geboren
1946, britischer Schauspieler
und Regisseur; Alan Wilder,
geboren 1959, britischer
Musiker, Exmitglied der Band
„Depeche Mode"; Alan Greenspan, geboren 1926, amerikanischer Wirtschaftswissenschaftler

Alaric bedeutet „der edle
Herrscher"; aus dem Althochdeutschen

Alban bedeutet „der aus
Alba Stammende"; aus dem
Lateinischen; Namenstag:
21. Juni; bekannter Namensträger: Alban Berg, 1885 bis
1935, österreichischer Komponist

Alberich bedeutet „der
Herrscher der Elben"; aus
dem Althochdeutschen;
Namenstag: 26. Januar

Albert Nebenform von →
Adalbert; Namenstage:
7. August, 14. September,
15. November, 24. November;

bekannte Namensträger:
Albert II. von Monaco, geboren 1958, Fürst von Monaco;
Albert Camus, 1913 bis 1960,
französischer Schriftsteller;
Albert Einstein, 1879 bis 1955,
deutsch-schweizerisch-US-
amerikanischer Physiker;
Albert Hammond, geboren
1944, Sänger, Songwriter;
Albert Schweitzer, 1875 bis
1965, deutsch-französischer
Arzt und Missionar; Albert
Uderzo, geboren 1927, Zeichner von Asterix

Alberto Nebenform von →
Adalbert

Albin skandinavische
Namensform von → Albwin
und → Albinus

Albinus bedeutet „der Weiße"; aus dem Lateinischen;
Variation: Albin; Namenstage:
1. März, 26. Oktober

Albo Kurzform von → Namen
mit Alb-

Alboin Nebenform von →
Alwin

Albrecht Nebenform von →
Adalbrecht; Namenstag:
5. Juli; bekannter Namensträger: Albrecht Dürer, 1471 bis
1528, deutscher Maler, Grafiker, Mathematiker und Kunsttheoretiker

Albuin Nebenform von →
Albwin; Namenstag: 5. Februar

Albwin bedeutet „die Elfe
und der Freund"; aus dem Alt-

hochdeutschen; Variationen:
Alboin, Albuin

Alderich Nebenform von →
Adalrich

Alderk Nebenform von →
Adalrich

Aldo aus dem Italienischen

Aldous Bedeutung ungeklärt; vermutlich aus dem
Englischen; bekannter
Namensträger: Aldous Huxley, 1894 bis 1963, britischer
Schriftsteller

Alec Nebenform von → Alexander; bekannter Namensträger: Alec Baldwin, geboren
1958, US-amerikanischer
Schauspieler

Alejo spanische Nebenform
von → Alexander

Aleko bulgarische Kurzform
von → Alexander

Aleksander Nebenform von
→ Alexander

Aleksej russische Kurzform
von → Alexander

Alessandro italienische
Nebenform von → Alexander

Alex Kurzform von →
Alexander

Alexander bedeutet „der
Schütze"; aus dem Griechischen; Variationen:
Aleksander, Alessandro, Alex,
Alexis, Alec; Namenstage:
18. April, 3. Mai, 11. Oktober;

bekannte Namensträger: Alexander von Medici, 1532 bis 1537, Herzog von Florenz; Alexander Ernst Kluge, geboren 1932, deutscher Rechtsanwalt, Filmemacher, Fernsehproduzent, Schriftsteller und Drehbuchautor; Alexander III. von Makedonien, genannt Alexander der Große, 356 vor Christus bis 323 vor Christus, König von Mazedonien

Alexios Nebenform von → Alexander

Alexis Nebenform von → Alexander

Alf bedeutet „der Elf"; aus dem Skandinavischen

Alf Nebenform von → Alfred

Alfie Nebenform von → Alfred

Alfons bedeutet „der Edle und der Eifrige"; aus dem Althochdeutschen; Variation: Alfonso; Namenstage: 30. Oktober, 1. August; bekannte Namensträger: Alfons Schuhbeck, geboren 1949, deutscher Spitzenkoch; König Alfons der Viertel-vor-Zwölfte, Figur aus dem Roman „Jim Knopf und Lukas der Lokomotivführer"

Alfonso italienische und spanische Nebenform von → Alfons

Alfred bedeutet „die Elfe und der Ratgeber"; aus dem Althochdeutschen; Variationen: Alfredo, Alf, Alfie;

Namenstage: 30. September, 28. Oktober, 2. Februar; bekannte Namensträger: Alfred Andersch, 1914 bis 1980, deutscher Schriftsteller; Alfred Biolek, geboren 1934, deutscher Fernseh-Entertainer; Alfred Döblin, 1878 bis 1957, deutscher Arzt und Schriftsteller; Alfred Hitchcock, 1899 bis 1980, britischer Regisseur; Alfred Nobel, 1833 bis 1896, schwedischer Chemiker

Alfredo italienische Nebenform von → Alfred

Alfried Nebenform von → Adalfried; Namenstag: 22. April

Ali bedeutet „der Erhabene"; aus dem Arabischen; bekannter Namensträger: Ali Baba, Figur aus „Ali Baba und die 40 Räuber"

Ali Kurzform von → Namen mit Al- und Adel-

Aljoscha russische Koseform von → Alexander

Alkmar bedeutet „der große Tempel"; aus dem Althochdeutschen

Allan Nebenform von → Alan; Namenstag: 8. September

Allen Nebenform von → Alan

Alois Nebenform von → Aloisius; Namenstag: 21. Juni; bekannte Namensträger: Alois Alzheimer, 1864 bis

1915, deutscher Psychiater; Alois Brandstetter, geboren 1938, österreichischer Schriftsteller und Philologe

Aloisius bedeutet „der vollkommen Weise"; aus dem Althochdeutschen; Variation: Alois

Alpaslan bedeutet „der Heldenhafte"; aus dem Türkischen

Altmann bedeutet „der edle Mann"; aus dem Althochdeutschen; Variation: Alto

Alto Nebenform von → Aldo

Alvar bedeutet „der Elfe und das Heer"; aus dem Englischen

Alvaro bedeutet „der Hüter des Ganzen"; aus dem Althochdeutschen; Namenstag: 19. Februar

Alvin bedeutet „der Elfenfreund"; aus dem Englischen

Alvin Nebenform von → Adalwin

Alwyn Nebenform von → Adalwin

Amadeo bedeutet „Lebe Gott!"; aus dem Lateinischen; Variation: Amadeus

Amadeus Nebenform von → Amadeo; Namenstage: 24. August, 30. August, 30. März; bekannter Namensträger: Wolfgang Amadeus Mozart, 1756 bis 1791, Komponist

Amalrich bedeutet „der tüchtige Herrscher"; aus dem Althochdeutschen; Variation: Amerigo

Amand Nebenform von → Amandus

Amandus bedeutet „der Liebenswürdige"; aus dem Lateinischen; Variation: Amand; Namenstage: 26. Oktober, 6. Februar

Amatus bedeutet „der Geliebte"; aus dem Lateinischen; Namenstag: 13. September

Amber Kurzform von → Ambrosius

Ambroise Nebenform von → Ambrosius

Ambros Nebenform von → Ambrosius

Ambrose Nebenform von → Ambrosius

Ambrosio Nebenform von → Ambrosius

Ambrosius bedeutet „der Unsterbliche"; aus dem Griechischen; Variationen: Ambrosio, Ambros, Ambroise, Ambrose; Namenstag: 7. Dezember

Amerigo Nebenform von → Amalrich; bekannter Namensträger: Amerigo Vespucci, 1451 bis 1512, Seefahrer und Entdecker vom Kontinent Amerika, der nach ihm benannt ist

Amin bedeutet „der Ehrliche"; aus dem Arabischen

Ammon Nebenform von → Amon

Amon bedeutet „der geübte Arbeiter"; aus dem Hebräischen

Amon bedeutet „der Sohn meines Volkes"; aus dem Hebräischen; Variation: Ammon

Amon bedeutet „die Erhabenheit"; aus dem Ägyptischen

Amor bedeutet „die Liebe"; aus dem Lateinischen

Amos bedeutet „der von Gott Getragene"; aus dem Hebräischen; Namenstag: 31. März

Anacletus Nebenform von → Anakletus

Anakletus bedeutet „der Angeflehte"; aus dem Griechischen; Variation: Anacletus; bekannter Namensträger: Anaklet, um 88, dritter Bischof von Rom

Anand bedeutet „das Glück, der Segen"; aus dem Indischen

Anastas bedeutet „die Auferstehung"; aus dem Griechischen; Variationen: Anastasios, Anastasius

Anastasios Nebenform von → Anastas

Anastasius Nebenform von → Anastas

Anatol Nebenform von → Anatole; Namenstag: 3. Juli

Anatole bedeutet „der Sonnenaufgang"; aus dem Griechischen; Variation: Anatolios

Anatolios Nebenform von → Anatole

Anders dänisch-schwedische Form von → Andreas

Andi Kurzform von → Andreas

Andor ungarische Form von → Andreas

András ungarische Form von → Andreas

André französische Form von → Andreas; Namenstag: 16. September; bekannte Namensträger: Andre Agassi, geboren 1970, US-amerikanischer Tennisspieler; André Marie Ampère, 1775 bis 1836, französischer Physiker, Mathematiker; André Gide, 1869 bis 1951, französischer Schriftsteller, Nobelpreisträger; André Malraux, 1901 bis 1976, französischer Schriftsteller und Politiker; André Rieu, geboren 1949, niederländischer Violinist; André Heller, geboren 1947, österreichischer Aktionskünstler, Kabarettist, Chansonnier

Andreas bedeutet „der Tapfere"; aus dem Griechischen; Variationen: Andres, Andrew,

Andi, Andy, André; Namenstage: 10. November, 6. Januar, 4. Februar, 30. November; bekannte Namensträger: Andreas Eschbach, geboren 1959, deutscher Science-Fiction-Autor; Andreas Gryphius, 1616 bis 1664, deutscher Barockdichter; Andreas Hofer, 1767 bis 1810, Tiroler Freiheitskämpfer; Andreas Köpke, geboren 1962, deutscher Fußballtorwart; Andreas Vesalius, 1514 bis 1564, belgischer Anatom

Andrei russische Form von → Andreas

Andres Nebenform von → Andreas

Andrew englische Form von → Andreas; bekannte Namensträger: Andrew Lloyd Webber, geboren 1948, englischer Komponist; Andrew Birkin, geboren 1945, britischer Drehbuchautor und Regisseur

Andy Kurzform von → Andreas; bekannter Namensträger: Andy Kaufman, 1949 bis 1984, amerikanischer Entertainer; Andy Warhol, 1928 bis 1987, amerikanischer Künstler; Andy Garcia, geboren 1956, kubanisch-amerikanischer Schauspieler; Andy Borg, geboren 1960, österreichischer Schlagersänger

Angel bedeutet „der Engel"; aus dem Spanischen

Angelikus bedeutet „der Engelsgleiche"; aus dem Lateinischen; Variationen:

Angelo, Angelus; Namenstag: 18. Februar

Angelo Nebenform von → Angelikus; Namenstag: 30. Oktober

Angelus spanische Form von → Angelikus

Angra Mainyu bedeutet „der böse Geist"; aus dem Arabischen

Angus benannt nach dem keltischen Gott Oengus; aus dem Keltischen

Anil bedeutet „der Wind"; aus dem Indischen

Anish bedeutet „der Gott Vishnu"; aus dem Indischen

Anjo bulgarische Kurzform von → Angelus

Anno bedeutet „der Adler"; aus dem Althochdeutschen; Namenstag: 5. Dezember

Ansas litauische Form von → Hans

Ansel Nebenform von → Anselm

Anselm bedeutet „der Gott und der Helm"; aus dem Althochdeutschen; Variation: Anselmo; Namenstag: 21. April; bekannte Namensträger: Anselm von Canterbury, um 1033 bis 1109, scholastischer Philosoph und Theologe, Erzbischof; Anselm Feuerbach, 1829 bis 1880, deutscher Maler; Anselm

Grün, geboren 1945, Benediktinerpater und Autor spiritueller Bücher; Anselm Kiefer, geboren 1945, deutscher Maler und Bildhauer

Anselmo Nebenform von → Anselm

Ansgar bedeutet „der Götterspeer"; aus dem Althochdeutschen; Namenstag: 3. Februar; bekannte Namensträger: der Heilige Ansgar, 801 bis 865, Erzbischof für Skandinavien und Hamburg und Bremen; Ansgar von Reichenbach und Steegen, 1849 bis 1912, Philantrop und Mäzen

Antal ungarische Form von → Anton

Antek slawische Form von → Anton

Anthelm bedeutet „der Gott und der Schutz"; aus dem Althochdeutschen

Anthony englische Form von → Anton; bekannte Namensträger: Anthony Cronin, geboren 1928, irischer Schriftsteller; Anthony Hopkins, geboren 1937, britisch-US-amerikanischer Schauspieler; Anthony Perkins, 1932 bis 1992, US-amerikanischer Schauspieler; Anthony Yeboah, geboren 1964, ghanaischer Fußballspieler; Anthony Quinn, 1915 bis 2001, US-amerikanischer Filmschauspieler; Anthony Kiedis, geboren 1962, US-amerikanischer Sänger

Antoine französische Form von → Anton

Anton benannt nach einem römischen Familiennamen; aus dem Lateinischen; Variationen: Antonius, Antonio, Antonello, Antoine; Namenstage: 24. Oktober, 5. Juli; bekannter Namensträger: Anton Tschechow, 1860 bis 1904, russischer Schriftsteller

Antonello Nebenform von → Anton

Antonio Nebenform von → Anton

Antonius Nebenform von → Anton; Namenstage: 13. Juni, 17. Januar; bekannter Namensträger: Antonius der Große, 251 bis 356, „Vater der Mönche"

Anup bedeutet „der Unvergleichliche"; aus dem Indischen

Anwar bedeutet „das Licht"; aus dem Arabischen

Anzo Nebenform von → Anselm

Apollinaris bedeutet „der dem Gott Apollo Geweihte"; aus dem Lateinischen

Apollo bedeutet „der Zerstörer, der Verkünder, der Leuchtende"; aus dem Griechischen; Variation: Apollonius; bekannter Namensträger: Apollo, in der griechischen und römischen Mythologie der Gott des Lichts

Apollonius Nebenform von → Apollo

Araldo italienische Form von → Harold

Aram bedeutet „hoch oben"; aus dem Englischen

Arden bedeutet „der Brennende"; aus dem Lateinischen

Arend bedeutet „der Adler"; aus dem Skandinavischen; Variation: Arent

Arent Nebenform von → Arend

Arian Nebenform von → Adrian

Aribert französische Form von → Herbert

Arik Nebenform von → Alberich

Aristid bedeutet „die beste Gestalt"; aus dem Griechischen; Variationen: Aristide, Aristides

Aristide Nebenform von → Aristid

Aristides Nebenform von → Aristid

Aristophanes aus dem Griechischen

Aristoteles bedeutet „der Vornehmste"; aus dem Griechischen; bekannter Namensträger: Aristoteles, 384 bis 322 vor Christus, griechischer Philosoph

Arjun bedeutet „der Weiße, der Helle"; aus dem Indischen

Arke Kurzform von → Namen mit Arn-

Arko Kurzform von → Namen mit Arn-

Arlo bedeutet „der befestigte Hügel"; aus dem Englischen

Armand französische Form von → Hermann

Armin Nebenform von → Namen mit Ermen-; Namenstag: 2. Juni

Arminius Nebenform von → Namen mit Ermen-

Arnaldo Nebenform von → Arnold

Arnaud französische Form von → Arnold

Arnd nordische Kurzform von → Namen mit Arn-

Arndt nordische Kurzform von → Namen mit Arn-

Arnhold Nebenform von → Arnold

Arnim nordische Kurzform von → Namen mit Arn-

Arno bedeutet „der Adler"; aus dem Althochdeutschen; Namenstage: 24. Januar, 13. Juli

Arnold bedeutet „Adler und herrschen"; aus dem Althochdeutschen; Variationen: Arnhold, Arnolt, Arnaldo; Namenstage: 15. Januar, 1. Mai, 25. Oktober; bekannter Namensträger: Arnold Zweig, 1887 bis 1968, deutscher Schriftsteller

Arnolt Nebenform von → Arnold

Arnt nordische Kurzform von → Namen mit Arn-

Arnulf bedeutet „der Adler und der Wolf"; aus dem Althochdeutschen; Namenstage: 15. August, 18. Juli

Arnvid Nebenform von → Arved

Aron Nebenform von → Aaron

Arpad bedeutet „das Gerstenkorn"; aus dem Ungarischen

Arthur benannt nach dem berühmten Sagenkönig; aus dem Keltischen; Variationen: Artur, Artus, Arturo, Arthus; Namenstage: 1. November, 15. November, 11. Dezember; bekannte Namensträger: Arthur C. Clarke, 1917 bis 2008, Schriftsteller; Sir Arthur Conan Doyle, 1859 bis 1930, britischer Arzt und Schriftsteller; Arthur Miller, 1915 bis 2005, Schriftsteller

Arthus Nebenform von → Arthur

Artur Nebenform von → Arthur

Arturo Nebenform von → Arthur

Artus Nebenform von → Arthur

Arun bedeutet „die Morgenröte"; aus dem Indischen

Arved bedeutet „Adler und weit"; aus dem Skandinavischen; Variationen: Arwed, Arvid, Arnvid

Arvid Nebenform von → Arved

Arwed Nebenform von → Arved

Arwid Nebenform von → Arved

Asher bedeutet „das Glück"; aus dem Hebräischen

Ashley bedeutet „die Eschenabholzung"; aus dem Englischen; Variation: Ashly

Ashly Nebenform von → Ashley

Aslam bedeutet „der Gesündere"; aus dem Arabischen

Asmus Kurzform von → Erasmus

Athanasios bedeutet „der Unsterbliche"; aus dem Griechischen; Variation: Athanasius

Athanasius Nebenform von → Athanasios; Namenstag: 2. Mai

Attila aus dem Gotischen; Namenstag: 5. Oktober

August bedeutet „der Heilige"; aus dem Lateinischen; Variationen: Augustin, Auguste, Augustus; Namenstage: 19. Mai, 3. August, 27. Februar, 1. Mai; bekannter Namensträger: August Wilhelm Schlegel, 1767 bis 1845, Schriftsteller

Auguste Nebenform von → August

Augustin Nebenform von → August; Namenstag: 27. Mai

Augustus Nebenform von → August

Aurel Nebenform von → Aurelius; Namenstag: 9. November

Aurelius bedeutet „der Goldene"; aus dem Lateinischen; Variation: Aurel

Austen Nebenform von → August

Ava russische Kurzform von → August; Namenstag: 7. Februar

Axel nordische Form von → Absalom; Namenstag: 21. März; bekannter Namensträger: Axel Springer, 1912 bis 1985, deutscher Verleger

Azmi bedeutet „der fest Entschlossene"; aus dem Türkischen

Azzo westfriesische Kurzform von → Namen mit Adal-

Baako bedeutet „der Erstgeborene"; aus dem Afrikanischen

Babak bedeutet „der kleine Vater"; aus dem Persischen

Babur bedeutet „der Löwe"; aus dem Türkischen

Bacchus bedeutet „rufen"; aus dem Griechischen; bekannter Namensträger: Bacchus, Gott des Weines

Bado bedeutet „der Kämpfer"; aus dem Nordischen; Variationen: Batho, Patto, Pado

Badr bedeutet „der Vollmond"; aus dem Arabischen

Badulf Form von → Bardolf

Baha bedeutet „der Glanz"; aus dem Arabischen

Bahadur bedeutet „der Unerschrockene"; aus dem Persischen

Baharata bedeutet „wie erwartet"; aus dem Indischen; Variation: Bharat

Bahne bedeutet „das Aufgebot"; aus dem Friesischen

Bahram bedeutet „der Sieg"; aus dem Persischen

Bai bedeutet „der Weiße"; aus dem Chinesischen

Bailey benannt nach einem englischen Familiennamen; aus dem Englischen

Baily Form von → Bailey

Bairre Nebenform von → Fionnbharr

Bakar bedeutet „der Alleinige"; aus dem Baskischen

Bakr bedeutet „das junge Kamel"; aus dem Arabischen

Bala bedeutet „der Junge"; aus dem Indischen

Baladeva bedeutet „der Gott der Stärke"; aus dem Indischen

Baldebert bedeutet „mutig und glänzend"; aus dem Althochdeutschen

Balder bedeutet „der Prinz"; aus dem Skandinavischen

Baldewin Nebenform zu → Baldwin

Baldfried bedeutet „kühn und Friede"; aus dem Althochdeutschen

Baldovino Nebenform von → Baldwin

Baldram Nebenform von → Baltram

Baldric bedeutet „der Kühne und der Mächtige"; aus dem Althochdeutschen

Balduin Nebenform von → Baldwin

Baldur bedeutet „der Gott des Lichts"; aus dem Skandinavischen; bekannte Namensträger: Baldur, Gott des reinen Lichtes, der Sonne, des Frühlings bei den Asen; Baldur Springmann, 1912 bis 2003, deutscher Politiker; Baldur Ragnarsson, geboren 1930, isländischer Schriftsteller

Baldur bedeutet „der Herr"; aus dem Isländischen; Variation: Balder

Baldvin Nebenform von → Baldwin

Baldwin bedeutet „der kühne Freund"; aus dem Althochdeutschen; Variationen: Balduin, Baldvin; Namenstag: 21. August

Balendin baskische Form von → Valentinus

Balfour bedeutet „der Dorfanger"; aus dem Gälischen

Balko Kurzform von → Balduin

Balster Kurzform von → Balthasar

Balte niederländische Kurzform von → Balthasar

Balthasar bedeutet „Ba'al schützt den König"; aus dem Hebräischen; Variation: Balte, Balthassar, Balster, Baltes; Namenstag: 6. Januar

Baltram bedeutet „der kühne Rabe"; aus dem Althochdeutschen; Variation: Baldram

Bambang bedeutet „der Ritter"; aus dem Indischen

Banaiah bedeutet „Yahweh hat gebaut"; aus dem Hebräischen

Bandi ungarische Koseform von → Andreas

Baptist bedeutet „der Täufer"; aus dem Griechischen; Variation: Baptiste

Baptiste Nebenform von → Baptist

Baqi bedeutet „für alle Ewigkeit"; aus dem Arabischen

Baqir bedeutet „der Aufgerissene"; aus dem Arabischen

Barack bedeutet „der Gesegnete"; aus dem Arabischen; bekannter Namensträger: Barack Hussein Obama II, geboren 1961, 44. Präsident der Vereinigten Staaten von Amerika und erster afroamerikanischer Präsident

Barak bedeutet „das Leuchten"; aus dem Hebräischen

Baraz bedeutet „der Begeisterte"; aus dem Persischen

Barbo Bedeutung ungeklärt; vermutlich aus dem Schwedischen

Barclay bedeutet „der Birkenwald"; aus dem Gälischen

Bardo althochdeutsche Kurzform von → Bardolf; Namenstag: 10. Juni

Bardolf bedeutet „die Streitaxt und der Wolf"; aus dem Althochdeutschen; Variation: Bardo

Bari bedeutet „der Friede"; aus dem Türkischen

Barlaam Bedeutung ungeklärt; vermutlich aus dem Hebräischen

Barnabas bedeutet „der Sohn des Propheten"; aus dem Aramäischen; Variation: Barnaby; Namenstag: 11. Juni; bekannter Namensträger: Barnabas Bögle, geboren 1957, Abt des Benediktinerklosters Ettal

Barnaby englische Form von → Barnabas

Barney Nebenform von → Bernard; bekannter Namensträger: Barney Dreyfuss, 1865 bis 1932, US-amerikanischer Unternehmer und Baseballpionier; Barney, lila Plüsch-Dinosaurier im US-amerikanischen Kinderfernsehen; Barney Geröllheimer, Figur aus der Serie „Familie Feuerstein"; Barney Gumble, Figur aus der Serie „Die Simpsons"; Barney McKenna, 1939 bis 2012, Musiker

Barra Kurzform von → Fionnbharr

Barret Nebenform von → Barrett

Barrett bedeutet „der Disput"; aus dem Englischen; Variation: Barret

Barrie Nebenform von → Fionnbharr

Barry Nebenform von → Fionnbharr

Bart Nebenform von → Bartholomäus

Bartal Nebenform von → Bartholomäus

Bartel Nebenform von → Bartholomäus

Bartholomäus bedeutet „der Sohn des Furchenziehers"; aus dem Aramäischen; Namenstage: 24. August, 23. Mai; bekannter Namensträger: Bartholomäus, einer der zwölf Apostel

Bartholomew Nebenform von → Bartholomäus

Bartolo italienische Koseform von → Bartholomäus

Bartomeu Nebenform von → Bartholomäus

Bartosz Nebenform von → Bartholomäus

Baruch bedeutet „der Gesegnete"; aus dem Hebräischen; bekannter Namensträger: Baruch Spinoza, 1632 bis 1677, niederländischer Philosoph

Bas Kurzform von →
Sebastian

Basajaun bedeutet „der
Gott der Wälder"; aus dem
Baskischen

Basant Bedeutung ungeklärt; vermutlich aus dem
Indischen

Bashkim bedeutet „die Einheit"; aus dem Albanischen

Basil bedeutet „der Mutige";
aus dem Arabischen; bekannte Namensträger: Basil Bernstein, 1924 bis 2000, Soziolinguist; Basil Kerski, geboren
1969, Journalist

Basil Nebenform von →
Basilius

Basile Nebenform von →
Basilius

Basileo Nebenform von →
Basilius

Basileus Nebenform von →
Basilius

Basilio Nebenform von →
Basilius

Basilius bedeutet „der
König"; aus dem Griechischen; Variationen: Basil,
Basile, Basileo, Basileus;
Namenstag: 2. Januar;
bekannter Namensträger:
Basilius der Große, 1468 bis
1552, russischer Heiliger

Basim bedeutet „das
Lächeln"; aus dem Arabischen

Basir bedeutet „der Weise";
aus dem Arabischen

Basit bedeutet „der ausbaut"; aus dem Arabischen

Bassam Nebenform von →
Basim

Bastian Nebenform von →
Sebastian; bekannte Namensträger: Bastian Pastewka,
geboren 1972, deutscher
Schauspieler und Komödiant;
Bastian Schweinsteiger, geboren 1984, deutscher Fußballspieler; Bastian Sick, geboren
1965, deutscher Journalist
und Autor

Bastien Nebenform von →
Sebastian

Batho Nebenform zu → Bado

Battista Nebenform von →
Baptist

Baudelio Bedeutung
unbekannt; aus dem
Spanischen

Baudouin Nebenform von →
Baldwin

Bautista Nebenform von →
Baptist

Baxter benannt nach einem
englischen Familiennamen;
aus dem Englischen

Bayard bedeutet „der braun
Gefärbte"; aus dem Französischen

Bazili Nebenform von →
Basilius

Bearach bedeutet „der
Scharfe"; aus dem Gälischen

Beat Nebenform von →
Beatus; Namenstage: 9. Mai,
28. Juli

Beathan bedeutet „das
Leben"; aus dem Gälischen

Beatus bedeutet „der
Glückselige"; aus dem Lateinischen; Variation: Beat

Beau bedeutet „der Schöne"; aus dem Französischen

Beaumont bedeutet „der
schöne Berg"; aus dem Französischen

Beauregard bedeutet „die
schöne Aussicht"; aus dem
Französischen

Beavis Nebenform von →
Bevis

Bede bedeutet „die Andacht,
das Gebet"; aus dem Englischen

Bedivere Bedeutung
unbekannt; vermutlich aus
dem Keltischen

Bedrich Nebenform von →
Friedrich

Bedros Nebenform von →
Peter

Bedwyr walisische Form von
→ Bedivere

Beelzebub bedeutet „der
Herr der Fliegen"; aus dem
Hebräischen; bekannter

B

Namensträger: Beelzebub, im Volksmund anderer Name für den Teufel

Behar bedeutet „der Sommer"; aus dem Albanischen

Behnam bedeutet „der Angesehene"; aus dem Persischen

Behruz bedeutet „das Glück"; aus dem Persischen

Bekir bedeutet „der Unberührte"; aus dem Türkischen

Béla Nebenform von → Abel; bekannte Namensträger: Bela B., geboren 1962, Künstlername des Schlagzeugers, Songwriters und Sängers der Band „Die Ärzte"; Béla Bartók, 1881 bis 1945, ungarischer Komponist, Pianist und Musikethnologe

Belenus bedeutet „der Blendende"; aus dem Keltischen; Variation: Beli

Beli Nebenform von → Belenus

Belial bedeutet „der Wortlose"; aus dem Hebräischen

Ben Nebenform von → Benjamin; bekannte Namensträger: Ben Affleck, geboren 1972, US-amerikanischer Schauspieler; Ben Becker, geboren 1964, deutscher Schauspieler; Ben Kingsley, geboren 1943, britischer Schauspieler; Ben Stiller, geboren 1965, US-amerikanischer Schauspieler und Komiker

Bence ungarische Form von → Vincent

Bendix Kurz- und Koseform von → Benedikt

Bene Nebenform von → Benedikt

Benedek Nebenform von → Benedikt

Benedetto italienische Form von → Benedikt

Benedict Nebenform von → Benedikt

Benedikt bedeutet „der Gesegnete"; aus dem Lateinischen; Variationen: Benedict, Bene, Bengt; Namenstage: 13. Oktober, 11. Juli, 11. Februar, 12. Februar, 21. März, 16. April; bekannte Namensträger: Benedikt ist ein Papstname, zum Beispiel der deutsche Papst Benedikt XVI.; Benedikt von Nursia, circa 480 bis 547, Begründer der Benediktiner

Benediktus Nebenform von → Benedikt

Benesh Nebenform von → Benedikt

Bengt schwedische Nebenform von → Benedikt

Benigno Nebenform von → Benignus

Benignus bedeutet „der Freundliche"; aus dem Lateinischen; Variation: Benigno; Namenstag: 17. Februar

Benito Nebenform von → Benedikt

Benj Nebenform von → Benjamin

Benjamin bedeutet „der Glückssohn"; aus dem Hebräischen; Variationen: Benj, Benji, Ben; Namenstage: 19. Februar, 31. März; bekannte Namensträger: Benjamin Britten, 1913 bis 1976, britischer Komponist; Benjamin Franklin, 1706 bis 1790, nordamerikanischer Verleger, Beamter, Politiker, Schriftsteller, Naturwissenschaftler, Erfinder, Naturphilosoph und Freimaurer; Benjamin Netanjahu, geboren 1949 , israelischer Politiker; Benjamin von Stuckrad-Barre, geboren 1975, deutscher Autor und Journalist

Benji Nebenform von → Benjamin

Bennett englische Nebenform von → Benedikt

Bennie Nebenform von → Benedikt

Benno bedeutet „Bern"; aus dem Althochdeutschen

Benno Nebenform von → Benjamin; Namenstage: 3. August, 16. Juni; bekannter Namensträger: Benno Fürmann, geboren 1972, Schauspieler; Benno Adam, 1812 bis 1892, Tiermaler

Benny Kurzform von → Benjamin/Benedikt

Benoit französische Form von → Benedikt

Benson bedeutet „der Sohn des Benedikt"; aus dem Englischen

Bent Nebenform von → Benedikt

Bentley Bedeutung ungeklärt; vermutlich aus dem Englischen

Bento Nebenform von → Benedikt

Benton Bedeutung ungeklärt; vermutlich aus dem Englischen

Benvenuto bedeutet „Willkommen"; aus dem Italienischen; Namenstag: 27. Juni

Beowulf bedeutet „der Bienenwolf"; aus dem Englischen; bekannter Namensträger: Beowulf, Figur aus dem epischen Heldengedicht

Beppe Nebenform von → Guiseppe

Beppo Koseform von → Josef

Berach Nebenform von → Bearach

Berend Nebenform von → Bernhard

Berk bedeutet „der Feste"; aus dem Türkischen

Berkant bedeutet „die starke Eiche"; aus dem Türkischen

Berker bedeutet „der starke Mann"; aus dem Türkischen

Berko bedeutet „der Erstgeborene"; aus dem Afrikanischen

Bernard Nebenform von → Bernhard; bekannte Namensträger: Bernard Bernard, 1821 bis 1895, französischer Missionar; Bernard Herrmann, 1911 bis 1975, US-amerikanischer Dirigent und Komponist; Bernard Kouchner, geboren 1939, französischer Arzt und Politiker

Bernardo italienische Nebenform von → Bernhard

Bernat Nebenform von → Bernhard

Bernd Nebenform von → Bernhard; bekannte Namensträger: Bernd Eichinger, geboren 1949 bis 2011, Filmproduzent und Regisseur; Bernd Herzsprung, geboren 1942, Schauspieler

Bernhard bedeutet „der harte Bär"; aus dem Althochdeutschen; Variationen: Bernd, Berni, Bernie, Berno; Namenstage: 20. August, 13. Juni, 15. Juni, 5. November, 14. November; bekannte Namensträger: Bernhard Grzimek, 1909 bis 1987, deutscher Zoologe; Bernhard Hoëcker, geboren 1970, deutscher Komödiant; Bernhard Wicki, 1919 bis 2000, österreichisch-schweizerischer Regisseur und Schauspieler; Bernhard Erdmannsdörffer, 1833 bis 1901, deutscher Historiker

Bernhold Nebenform von → Bernold

Berni Nebenform von → Bernhard

Bernie Nebenform von → Bernhard

Berno Nebenform von → Bernhard; Namenstag: 14. Januar

Bernold bedeutet „der Bär und herrschen"; aus dem Althochdeutschen

Bernt Nebenform von → Bernhard

Bert bedeutet „der Helle"; aus dem Althochdeutschen; Variationen: Berti, Bertie; bekannte Namensträger: Bert Brecht, eigentlich Eugen Bertolt Friedrich Brecht, 1898 bis 1956, deutscher Dramatiker und Lyriker; Bert Bilzer, 1913 bis 1980, deutscher Kunsthistoriker

Bertalan Nebenform von → Bartholomäus

Bertes Koseform von → Hubert, → Robert und → Rupert

Berthold bedeutet „hell und herrschen"; aus dem Althochdeutschen; Variation: Bertold; Namenstage: 14. Dezember, 29. März, 27. Juli

Berti Nebenform von → Bert

Bertie Nebenform von → Bert

B

Bertil schwedische Kurzform von → Namen mit Bert-

Bertin Nebenform von →
Bert

Berto Kurzform von →
Berthold

Bertók ungarische Form
von → Bertram

Bertold Nebenform von →
Berthold

Bertolt Nebenform von →
Berthold

Bertram bedeutet „der
glänzende Rabe"; aus dem Althochdeutschen; Variationen:
Bertók, Bertrand; Namenstage:
6. September, 30. Juni

Bertrand Nebenform von →
Bertram; Namenstag: 6. Juni

Berwyn bedeutet „der weiße Kopf"; aus dem Keltischen

Besnik bedeutet „der
Treue"; aus dem Albanischen

Betelgeuse benannt nach
dem gleichnamigen Stern,
dem „Schulterstern" des Orion; aus dem Arabischen

Bethuel bedeutet „der
Mann Gottes"; aus dem
Hebräischen

Bettino Nebenform von →
Benedikt

Bevan benannt nach einem
walisischen Familiennamen;
aus dem Keltischen

Bevis benannt nach einem
englischen Familiennamen;
aus dem Englischen

Bhaltair schottische Form
von → Walter

Bharat Nebenform von →
Bharaskara

Bhaskara bedeutet „der
Glänzende"; aus dem
Indischen; Variation: Bharat

Biagio Bedeutung unbekannt; vermutlich aus dem
Italienischen; Variation: Blaise

Bieito Nebenform von →
Blasius

Biff bedeutet „der Treffer";
aus dem Englischen

Bikendi baskische Form von
→ Vincent

Bilal bedeutet „befeuchten";
aus dem Arabischen

Bilbo benannt nach dem
Protagonisten aus dem
Roman „Der kleine Hobbit"
von J.R.R. Tolkien

Bill Nebenform von → William; bekannte Namensträ-
ger: Bill Clinton, geboren
1946, Expräsident der USA;
Bill Cosby, geboren 1937, US-
amerikanischer Schauspieler
und Komiker; Bill Evans, 1929
bis 1980, US-amerikanischer
Jazzmusiker; Bill Gates, geboren 1955, Gründer der Firma
Microsoft; Bill Haley, 1925 bis
1981, US-amerikanischer
Rock-'n'-Roll-Musiker; Bill

Kaulitz, geboren 1989, Sänger
der Musikband „Tokio Hotel";
Bill Murray, geboren 1950, US-
amerikanischer Schauspieler

Billie Nebenform von →
William

Billy Nebenform von →
William; bekannter Namens-
träger: Billy Idol, eigentlich
William Michael Albert Broad,
geboren 1955, britischer
Rockmusiker

Bima bedeutet „der Mutige";
aus dem Indischen

Bion bedeutet „das Leben";
aus dem Griechischen

Birger bedeutet „der
Beschützer"; aus dem Skandinavischen

Birk Kurzform von → Burkhard; bekannter Namensträger: Birk Borkason, Figur aus
„Ronja Räubertochter"

Bittor baskische Form von →
Viktor

Bjarne Nebenform von →
Björn

Bjarte bedeutet „der Glänzende"; aus dem Norwe-
gischen

Björn bedeutet „der Bär";
aus dem Schwedischen;
bekannte Namensträger:
Björn Borg, geboren 1956,
schwedischer Tennisspieler;
Björn Dixgård, geboren 1981,
Sänger und Mitglied der
schwedischen Band „Mando

Diao"; Björn Engholm, geboren 1939, deutscher Politiker; Björn Ulvaeus, geboren 1945, schwedischer Sänger, Mitglied der Gruppe „ABBA"

Blaine bedeutet „der Diener des Blann (schottischer Heiliger)"; aus dem Englischen

Blair bedeutet „die Ebene"; aus dem Gälischen

Blaise Nebenform von → Blasius

Blake bedeutet „der Schwarze"; aus dem Englischen

Blankard bedeutet „der Kühnglänzende"; aus dem Althochdeutschen

Blasius bedeutet „der Lispelnde"; aus dem Lateinischen; Variation: Blaise; Namenstag: 3. Februar

Blythe bedeutet „der Unbeschwerte"; aus dem Englischen

Bo bedeutet „das Leben"; aus dem Schwedischen

Bo bedeutet „die Welle"; aus dem Chinesischen

Boaz bedeutet „die Schnelligkeit"; aus dem Hebräischen

Bob Kurzform von → Robert; bekannte Namensträger: Bob Dylan, geboren 1941, US-amerikanischer Folk- und Rockmusiker; Bob Geldof, geboren 1951, irischer Musiker; Bob Hope, 1903 bis 2003,

britischer Komiker, Schauspieler und Entertainer; Bob Marley, 1945 bis 1981, jamaikanischer Sänger, Gitarrist und Songschreiber; Bob Ross, 1942 bis 1995, US-amerikanischer Maler und Schauspieler; Bob Weinstein, geboren 1954, US-amerikanischer Filmproduzent; Bob Hoskins, geboren 1942, britischer Schauspieler

Bobbie Nebenform von → Robert

Bobby Nebenform von → Robert; bekannter Namensträger: Bobby Brown, geboren 1969, US-amerikanischer R&B-Sänger

Bodo deutsche Kurzform von → Namen mit Bod-; Namenstag: 2. Februar; bekannte Namensträger: Bodo H. Hauser, 1946 bis 2004, deutscher Journalist und Moderator (ZDF); Bodo Illgner, geboren 1967, deutscher Fußballspieler; Bodo Kirchhoff, geboren 1948, deutscher Schriftsteller

Bogdan bedeutet „der von Gott Gegebene"; aus dem Slawischen

Boghos armenische Form von → Paul

Bogislaw bedeutet „die Ehre Gottes"; aus dem Slawisch-Russischen; Variation: Boguslaw

Bogomil Nebenform von → Bogumil

Bogumil bedeutet „das Gottgefallen"; aus dem Rumänischen; Variationen: Bogomil, Bohumil

Boipelo bedeutet „der Stolz"; aus dem Afrikanischen

Bojan bedeutet „der Kampf"; aus dem Slawischen

Bolek Nebenform von → Boleslaw

Boleslaw bedeutet „die große Ehre"; aus dem Polnischen

Bolivar bedeutet „die Mühle am Flussufer"; aus dem Bolivischen

Bonaventura bedeutet „die gute Zukunft"; aus dem Italienischen; Variation: Bonaventure; Namenstag: 15. Juli

Bonaventure Nebenform von → Bonaventura

Bongani bedeutet „sei dankbar"; aus dem Afrikanischen

Bonifatius bedeutet „das gute Geschick"; aus dem Lateinischen; Variation: Bonifaz; Namenstag: 14. Mai; bekannter Namensträger: Bonifatius, der „Apostel der Deutschen"

Bonifaz Nebenform von → Bonifatius; Namenstag: 19. Februar

Booker bedeutet „der Buchmacher"; aus dem Englischen

B

Bora bedeutet „der Sturm"; aus dem Türkischen

Boris bedeutet „die Schlacht und der Ruhm"; aus dem Russischen; Namenstage: 2. Mai, 7. Mai; bekannte Namensträger: Boris Becker, geboren 1967, deutscher Tennisspieler; Boris Jelzin, 1931 bis 2007, ehemaliger russischer Präsident; Boris Karloff, 1887 bis 1969, britischer Filmschauspieler in Horrorfilmen; Boris Pasternak, 1890 bis 1960, russischer Dichter, Schriftsteller und Nobelpreisträger; Boris Aljinovic, geboren 1967, deutscher Schauspieler; Boris Spasski, geboren 1937, russischer Schachweltmeister; Boris Jefimow, 1900 bis 2008, sowjetischer Karikaturist; Boris Blacher, 1903 bis 1975, deutsch-baltischer Komponist; Boris Akunin, geboren 1956, russischer Kriminalschriftsteller; Boris Nemzow, 1959 bis 2015, russischer Politiker

Borislav bedeutet „die Schlacht und der Ruhm"; aus dem Russischen

Börje Nebenform von → Birger

Bork Kurzform von → Burkhard

Bosse Nebenform von → Bo

Botho deutsche Kurzform von → Namen mit Bod-; bekannte Namensträger: Botho Strauß, geboren 1944, deutscher Schriftsteller;

Botho Prinz zu Sayn-Wittgenstein-Hohenstein, 1927 bis 2008, deutscher Politiker (CDU), Ehrenpräsident des Deutschen Roten Kreuzes; Botho von Rienäcker, Figur in Theodor Fontanes Werk „Irrungen, Wirrungen"

Boudewijn Nebenform von → Baldwin

Boya Nebenform von → Boris

Boya Nebenform von → Boris

Boyce bedeutet „der Wald"; aus dem Französischen

Boyd bedeutet „der Blonde"; aus dem Gälischen

Boyko bedeutet „der Erfreute"; aus dem Bulgarischen

Božidar bedeutet „das göttliche Geschenk"; aus dem Tschechischen

Bozo Kurzform von → Namen mit Bod-

Brack Nebenform von → Braxton

Brad Nebenform von → Bradley; bekannter Namensträger: Brad Pitt, eigentlich William Bradley Pitt, geboren 1963, US-amerikanischer Schauspieler und Produzent

Braden bedeutet „der Lachs"; aus dem Gälischen

Bradford bedeutet „die weite Furt"; aus dem Englischen

Bradley bedeutet „die weite Abholzung"; aus dem Englischen; Variation: Bradly; bekannter Namensträger: Bradley Cooper, geboren 1975, US-amerikanischer Schauspieler („Hangover")

Bradly Nebenform von → Bradley

Brady bedeutet „der Breitbrüstige"; aus dem Gälischen

Brahma bedeutet „der Preisende"; aus dem Indischen

Bram Nebenform von → Abraham; bekannter Namensträger: Bram Stoker, 1847 bis 1912, irischer Schriftsteller

Bran bedeutet „der Rabe"; aus dem Gälischen

Brand bedeutet „das Schwert"; aus dem Keltischen

Branden bedeutet „mit Ginster bedeckter Berg"; aus dem Englischen; Variation: Brandon

Brandon Nebenform von → Branden; bekannte Namensträger: Brandon Call, geboren 1976, US-amerikanischer Schauspieler; Brandon Lee, 1965 bis 1993, US-amerikanischer Schauspieler; Brandon Roy, geboren 1984, US-amerikanischer Basketballspieler; Brandon Simpson, geboren 1981, jamaikanischer Sprinter

Branimir bedeutet „der friedvolle Schutz"; aus dem Slawischen

Branislaw bedeutet „die Ehre schützen"; aus dem Slawischen

Branko Nebenform von → Branislaw

Branson bedeutet „der Sohn von Brand"; aus dem Englischen

Bras Nebenform von → Blasius

Bratislav bedeutet „der glorreiche Bruder"; aus dem Slawischen

Braxton Bedeutung ungeklärt; vermutlich aus dem Englischen

Brayden Nebenform von → Braden

Brecht Kurzform von → Albrecht

Brendan Nebenform von → Brenden; Namenstag: 16. Mai; bekannte Namensträger: Brendan Fraser, geboren 1968, kanadischer Schauspieler; Brendan der Reisende, 484 bis 577, irischer Heiliger

Brenden bedeutet „der Prinz"; aus dem Keltischen; Variationen: Brandan, Brandon

Brendon Nebenform von → Brenden

Brenton Bedeutung ungeklärt; vermutlich aus dem Englischen

Bret bedeutet „der Bretone"; aus dem Englischen; Variation: Brett

Brett Nebenform von → Bret

Brian bedeutet „der Hügel"; aus dem Keltischen; Variationen: Bryan, Brion; bekannte Namensträger: Brian Jones, 1942 bis 1969, Musiker und Gründungsmitglied der „Rolling Stones"; Brian May, geboren 1947, Gitarrist der Band „Queen"; Brian Eno, geboren 1948, englischer Musikproduzent; Brian Wilson, geboren 1942, US-amerikanischer Musiker

Briar bedeutet „der Dornenstrauch"; aus dem Englischen

Brice bedeutet „der Gesprenkelte"; aus dem Keltischen

Bridger bedeutet „der Brückenbauer"; aus dem Englischen

Brijesha bedeutet „der Herrscher von Brij"; aus dem Indischen

Brion Nebenform von → Brian

Briscoe bedeutet „der Birkenwald"; aus dem Englischen; Variation: Brisko

Brisko Nebenform von → Briscoe

Bristol bedeutet „die Seite der Brücke"; aus dem Englischen

Britton Bedeutung ungeklärt; vermutlich aus dem Englischen

Broder bedeutet „der Bruder"; aus dem Friesischen

Brodie bedeutet „der Bach"; aus dem Gälischen; Variation: Brody

Brody Nebenform von → Brodie

Brogan bedeutet „der Schuh"; aus dem Gälischen

Bronislaw Nebenform von → Branislaw

Brook Bedeutung ungeklärt; vermutlich aus dem Englischen

Brooke Bedeutung ungeklärt; vermutlich aus dem Englischen

Bruce aus dem Englischen; bekannte Namensträger: Bruce Campbell, geboren 1958, US-amerikanischer Schauspieler; Bruce Darnell, geboren 1957, US-amerikanischer Dressman, Fotomodel und Choreograf; Bruce Lee, 1940 bis 1973, Schauspieler aus Hongkong; Bruce Springsteen, geboren 1949, amerikanischer Rockmusiker; Bruce Willis, geboren 1955, amerikanischer Schauspieler; Bruce Wayne, Comicfigur, bürgerliche Identität von „Batman"

Bruno bedeutet „der Braune"; aus dem Althochdeutschen; Namenstage: 9. März,

27. Mai, 11. Oktober, 6. Oktober; bekannte Namensträger: Bruno Ganz, geboren 1941, schweizerischer Schauspieler; Bruno Labbadia, geboren 1966, deutscher Fußballspieler und -trainer; Bruno Bozzetto, geboren 1938, italienischer Zeichentrick-Animator und Filmregisseur („Herr Rossi"); Bruno Horst Bull, geboren 1933, deutscher Schriftsteller; Bruno Jonas, geboren 1952, deutscher Kabarettist; Bruno Vogel, 1898 bis 1987, deutscher Schriftsteller; Bruno Walter, 1876 bis 1962, österreichisch-US-amerikanischer Dirigent, Pianist und Komponist deutscher Herkunft; Bruno Wille, 1860 bis 1928, deutscher Prediger, Philosoph, Journalist und Schriftsteller

Brutus bedeutet „der Schwere"; aus dem Lateinischen

Bryan Nebenform von → Brian; bekannter Namensträger: Bryan Guy Adams, geboren 1959, kanadischer Rocksänger, Komponist und Fotograf

Bryn bedeutet „der Hügel"; aus dem Keltischen

Brynmor bedeutet „der große Hügel"; aus dem Keltischen

Bryon Nebenform von → Brian

Bryson bedeutet „der Sohn des Brice"; aus dem Englischen

Buania bedeutet „die Welt"; aus dem Indischen

Buck bedeutet „die Hirschkuh"; aus dem Englischen

Bud bedeutet „der Freund, der Kumpel"; aus dem Englischen; Variation: Buddy

Buddha bedeutet „der Erleuchtete"; aus dem Indischen

Buddy Nebenform von → Bud; bekannter Namensträger: Buddy Holly, 1936 bis 1959, Musiker

Buenaventura Nebenform von → Bonaventura

Bülent bedeutet „der sehr Große"; aus dem Türkischen

Bulus arabische Form von → Paul

Bulut bedeutet „die Wolke"; aus dem Türkischen

Burak bedeutet „der Leuchtende"; aus dem Türkischen

Burghard bedeutet „die harte Burg"; aus dem Althochdeutschen; Variation: Burkhart; Namenstage: 7. April, 18. Mai, 14. Oktober

Burke bedeutet „die Festung"; aus dem Englischen

Burkhard Nebenform von → Burghard

Burt Nebenform von → Burton; bekannte Namensträger: Burt Lancaster, 1913 bis 1994, US-amerikanischer Schauspieler; Burt Reynolds, geboren 1936, US-amerikanischer Schauspieler

Burton bedeutet „die verstärkte Stadt"; aus dem Englischen; Variation: Burt

Busse Nebenform von → Burghart

Busso Nebenform von → Burghart

Buster Spitzname für jemanden, der Sachen zerbricht; aus dem Englischen; bekannter Namensträger: Buster Keaton, 1895 bis 1966, Schauspieler, Komiker und Regisseur

Butrus Nebenform von → Peter

Butz Kurzform von → Burkhard

Buz bedeutet „die Verachtung"; aus dem Hebräischen

Byelobog bedeutet „der weiße Gott"; aus dem Slawischen

Byrne Bedeutung ungeklärt; vermutlich aus dem Englischen

Byron bedeutet „der Platz der Kuhställe"; aus dem Englischen

Bysshe Bedeutung ungeklärt; vermutlich aus dem Englischen

Cäcilius bedeutet „der Blinde"; aus dem Lateinischen

Cade bedeutet „der Runde"; aus dem Englischen

Cadell bedeutet „der Kampf"; aus dem Gälischen

Caden Bedeutung ungeklärt; vermutlich aus dem Englischen

Cadeyrn bedeutet „der Schlachtkönig"; aus dem Keltischen

Cadfael bedeutet „der Schlachtprinz"; aus dem Keltischen

Cadfan bedeutet „die Kampfspitze"; aus dem Keltischen

Cadoc bedeutet „der Kampf"; aus dem Keltischen

Cadogan Nebenform von → Cadwgawn

Cadwalader bedeutet „der Kampf und der Führer"; aus dem Keltischen

Cadwgawn bedeutet „der Kampf und die Ehre"; aus dem Keltischen; Variation: Cadogan

Caedmon Bedeutung ungeklärt; vermutlich aus dem Keltischen

Cáel bedeutet „der Schlanke"; aus dem Gälischen

Caelan Bedeutung ungeklärt; vermutlich aus dem Gälischen

Caelestis bedeutet „der Himmlische"; aus dem Lateinischen

Caerwyn bedeutet „die edle Festung"; aus dem Keltischen

Caesar bedeutet „das Haar"; aus dem Lateinischen; Variationen: Cäsar, Cesar

Caetano Bedeutung ungeklärt; vermutlich aus dem Portugiesischen

Çagatay Bedeutung ungeklärt; vermutlich aus dem Türkischen

Cahal Bedeutung ungeklärt; vermutlich aus dem Gälischen

Cahaya bedeutet „das Licht"; aus dem Indischen

Cahir Bedeutung ungeklärt; vermutlich aus dem Gälischen

Caibre bedeutet „der Wagenlenker"; aus dem Gälischen

Cailean bedeutet „der Welpe"; aus dem Gälischen

Cain bedeutet „der Anerzogene"; aus dem Hebräischen

Cainan Nebenform von → Kenan

Caio italienische Form von → Kai

Cairo benannt nach der Stadt Kairo in Ägypten

Cajetan Nebenform von → Kajetan

Cajus Nebenform von → Gaius; Namenstag: 22. April

Cal Nebenform von → Calvin

Calbhach bedeutet „der Kahle"; aus dem Gälischen

Cale Nebenform von → Caleb

Caleb bedeutet „der Hund"; aus dem Hebräischen; Variation: Cale

Caligula bedeutet „das kleine Boot"; aus dem Lateinischen; bekannter Namensträger: Caligula, 12 bis 41, römischer Kaiser

Calisto Nebenform von → Callistus

Calix bedeutet „der Weinbecher"; aus dem Lateinischen

Calixto Nebenform von → Callistus

Calixtus Nebenform von → Callistus; Namenstag: 14. Oktober

Callahan Bedeutung ungeklärt; vermutlich aus dem Gälischen

Callisto Nebenform von → Callistus

Callistus bedeutet „der sehr Schöne"; aus dem Lateinischen; Variation: Calisto

Callum Bedeutung ungeklärt; vermutlich aus dem Keltischen

Calogero bedeutet „der schöne Älteste"; aus dem Lateinischen

Calum Bedeutung ungeklärt; vermutlich aus dem Keltischen

Calvagh bedeutet „der Kahle"; aus dem Gälischen

Calvert bedeutet „der Hirte"; aus dem Englischen

Calvin bedeutet „der Kahlköpfige"; aus dem Französischen; bekannte Namensträger: Calvin Coolidge, 1872 bis 1933, 30. Präsident der USA; Calvin Klein, geboren 1942, Designer

Camden bedeutet „das enge Tal"; aus dem Englischen

Cameron bedeutet „die krumme Nase"; aus dem Gälischen

Camille französische Form von → Camillo

Camillo bedeutet „der Ehrbare"; aus dem Lateinischen; Variation: Camillus; Namenstag: 14. Juli

Camillus Nebenform von → Camillo; aus dem Lateinischen

Campbell bedeutet „der krumme Mund"; aus dem Gälischen

Can bedeutet „die Seele"; aus dem Türkischen; bekannte Namensträger: Can Togay, geboren 1955, türkischer Drehbuchautor, Filmregisseur und Schauspieler; Can Bartu, geboren 1936, Fußballspieler

Canaan Bedeutung ungeklärt; vermutlich aus dem Hebräischen

Candid gekürzte Nebenform von → Candidus

Candidus bedeutet „der Helle"; aus dem Lateinischen

Canice irische Form von → Kenneth

Canute Nebenform von → Knut

Caoimhín irische Form von → Kevin

Caolán bedeutet „der Schlanke"; aus dem Gälischen

Caradoc Nebenform von → Caradog

Caradog bedeutet „der Geliebte"; aus dem Keltischen; Variationen: Caradoc, Caractus

Caratacus Nebenform von → Caradog

Carel tschechische Form von → Karl

Carey bedeutet „der Dunkle"; aus dem Gälischen

Carl bedeutet „der freie Mann"; aus dem Althochdeutschen; Variationen: Karl, Carles, Carlo; Namenstag: 13. November; bekannte Namensträger: Carl XVI. Gustaf, geboren 1946, König von Schweden; Carl Bechstein, 1826 bis 1900, deutscher Klavierbauer; Carl Friedrich Benz, 1844 bis 1929, deutscher Ingenieur und Automobilpionier; Carl Bertelsmann, 1791 bis 1850, deutscher Drucker und Verleger; Carl Ritter, 1779 bis 1859, Begründer der wissenschaftlichen Geografie; Carl Schmitt, 1888 bis 1985, deutscher Staatsrechtler und Philosoph; Carl Friedrich von Siemens, 1872 bis 1941, deutscher Industrieller; Carl Zeiss, 1816 bis 1888, deutscher Industrieller und Unternehmer

Carles Nebenform von → Carl

Carlisle aus dem Englischen

Carlo Nebenform von → Carl; Namenstage: 10. September, 15. Dezember; bekannte Namensträger: Carlo Pedersoli, besser bekannt als Bud Spencer, geboren 1929, italienischer Schauspieler; Carlo Schönhaar, 1924 bis 1942, deutscher Widerstandskämpfer in der Résistance; Carlo

Thränhardt, geboren 1957, deutscher Hochspringer

Carlomann Nebenform von → Carl

Carlos Nebenform von → Carl

Carlton englische Form von → Carl

Carlyle Bedeutung ungeklärt; vermutlich aus dem Englischen

Carmelo Bedeutung ungeklärt; vermutlich aus dem Spanischen

Carmi bedeutet „der Wein"; aus dem Hebräischen

Carmine bedeutet „das Lied"; aus dem Italienischen

Carol Nebenform von → Carl

Carolus Nebenform von → Carl

Carpus bedeutet „die Frucht"; aus dem Griechischen

Carran Bedeutung ungeklärt; vermutlich aus dem Englischen

Carrol Nebenform von → Cearbhal

Carroll Nebenform von → Cearbhal

Carsten Nebenform von → Karsten; bekannte Namensträger: Carsten Jancker,

geboren 1974, Fußballer; Carsten Spengemann, geboren 1972, Schauspieler; Carsten Maschmeyer, geboren 1959, Unternehmer

Carter bedeutet „jemand, der einen Wagen nutzt"; aus dem Englischen

Carver bedeutet „der Holzschnitzer"; aus dem Englischen

Carwyn bedeutet „die heilige Liebe"; aus dem Keltischen

Cary Nebenform von → Carey

Cäsar Nebenform von → Caesar; Namenstag: 27. August

Casey bedeutet „der Aufmerksame"; aus dem Gälischen

Cash bedeutet „der Behälter"; aus dem Französischen

Casimir bedeutet „den Frieden zerstören"; aus dem Slawischen

Caspar Nebenform von → Jasper; bekannte Namensträger: Caspar David Friedrich, 1774 bis 1840, deutscher Maler; Caspar Weinberger, 1917 bis 2006, US-amerikanischer Verteidigungsminister

Casper Nebenform von → Jasper

Caspian benannt nach einer literarischen Figur aus C. S.

Lewis „Die Chroniken von Narnia"; aus dem Englischen

Cassian Nebenform von → Cassius; Namenstag: 13. August

Cassius bedeutet „leer"; aus dem Lateinischen; Variation: Cassian; Namenstag: 10. Oktober; bekannter Namensträger: Cassius Marcellus Clay Jr., auch bekannt als Muhammad Ali, geboren 1942, ehemaliger US-amerikanischer Boxer; Cassius, 3. Jahrhundert, Märtyrer und Patron von Bonn

Castor bedeutet „der Hervorragende"; aus dem Griechischen; Namenstag: 13. Februar

Catahecassa bedeutet „der schwarze Huf"; aus dem Indischen

Cathair bedeutet „der Kampf und der Mann"; aus dem Gälischen; Variation: Cathaoir

Cathal bedeutet „der Herr über den Kampf"; aus dem Gälischen

Cathán bedeutet „der Kampf"; aus dem Gälischen

Cathaoir Nebenform von → Cathair

Cato bedeutet „der Weise"; aus dem Lateinischen

Cavan bedeutet „die Höhle"; aus dem Gälischen

C

Cayetano spanische Form von → Kajetan

Ceallach bedeutet „der helle Kopf"; aus dem Gälischen; Variation: Ceallagh

Ceallagh Nebenform von → Ceallach

Cearbhall bedeutet „der mit der Waffe Zerhackende"; aus dem Gälischen

Cebrián Bedeutung ungeklärt; vermutlich aus dem Spanischen

Cecil Nebenform von → Sextus

Cedric Bedeutung ungeklärt; vermutlich aus dem Englischen

Ceferino Nebenform von → Zephyrinus

Cefin Form von → Kevin

Celestine Nebenform von → Caelestis

Celio bedeutet „der Himmel"; aus dem Lateinischen

Celso bedeutet „der Hochgewachsene"; aus dem Lateinischen

Celyn bedeutet „der Heilige"; aus dem Keltischen

Cemal bedeutet „die Schönheit"; aus dem Türkischen

Cenek Nebenform von → Vinzenz

Cephalus bedeutet „der Kopf"; aus dem Griechischen

Cephas bedeutet „der Felsen"; aus dem Aramäischen

Cepheus Bedeutung ungeklärt; vermutlich aus dem Lateinischen

Cernunnos bedeutet „gehören"; aus dem Keltischen

Cesaire Nebenform von → Caesar

Cesar Nebenform von → Caesar

César Nebenform von → Caesar; bekannte Namensträger: César Cui, 1835 bis 1918, russischer Komponist, Musikkritiker und Offizier; César Franck, 1822 bis 1890, französischer Komponist und Organist; César Salazar, geboren 1972, kolumbianischer Radrennfahrer; César Pedroso, geboren 1946, kubanischer Pianist

Cetin bedeutet „der Lebhafte"; aus dem Türkischen

Cezar Nebenform von → Caesar

Chad bedeutet „der Kampf"; aus dem Keltischen

Chadwik Bedeutung ungeklärt; vermutlich aus dem Englischen

Chaim bedeutet „das Leben"; aus dem Hebräischen

Chairton bedeutet „die Anmut"; aus dem Griechischen

Chanda bedeutet „der Heißblütige"; aus dem Indischen

Chandan bedeutet „das Sandelholz"; aus dem Indischen

Chander Bedeutung ungeklärt; vermutlich aus dem Indischen

Chandler bedeutet „der Kerzenverkäufer"; aus dem Englischen

Chandrakant bedeutet „der vom Mond Geliebte"; aus dem Indischen

Chang bedeutet „die Kraft"; aus dem Chinesischen

Chao bedeutet „der Unvergleichliche"; aus dem Chinesischen

Charalampos bedeutet „der vor Glück leuchtet"; aus dem Griechischen

Charles Nebenform von → Carl; bekannte Namensträger: Charles Baudelaire, 1821 bis 1867, französischer Dichter und Schriftsteller; Charles Bukowski, 1920 bis 1994, US-amerikanischer Dichter und Schriftsteller; Charles Spencer Chaplin jr. alias Charlie Chaplin, 1889 bis 1977, englischer Regisseur und Schauspieler; Charles Darwin, 1809 bis 1882, Begründer der modernen Evolutionstheorie

Charley englische Koseform von → Charles

Charlot Nebenform von → Carl; Namenstag: 1. Dezember

Charlton bedeutet „die Siedlung freier Menschen"; aus dem Englischen; bekannter Namensträger: Charlton Heston, 1923 bis 2008, US-amerikanischer Schauspieler

Charon bedeutet „die große Helligkeit"; aus dem Griechischen

Chas Koseform von → Charles

Chase bedeutet „der Jäger"; aus dem Englischen

Chauncey Bedeutung ungeklärt; vermutlich aus dem Englischen

Chavdar bedeutet „der Führer"; aus dem Persischen

Chayim bedeutet „das Leben"; aus dem Hebräischen

Chaz Form von → Charles

Che bedeutet „He!, Hallo!"; aus dem Spanischen

Chenaniah Nebenform von → Kenaniah

Cheng bedeutet „der Wohlerzogene"; aus dem Chinesischen

Chernobog bedeutet „der schwarze Gott"; aus dem Slawischen

Cherokee bedeutet „der Fremde"; aus dem Indischen

Chesed bedeutet „das Mitleid"; aus dem Hebräischen

Chesley bedeutet „die Lagerwiese"; aus dem Englischen

Chester bedeutet „der befestigte Platz"; aus dem Englischen; Variation: Chet

Chet Nebenform von → Chester

Chetan bedeutet „der Sichtbare"; aus dem Indischen

Chico Nebenform von → Francisco

Chidi bedeutet „Gott existiert"; aus dem Afrikanischen

Chidubem bedeutet „der von Gott Geführte"; aus dem Afrikanischen

Chip Koseform von → Charles und → Christopher

Chiranjeevi Nebenform von → Chiranjivi

Chiranjivi bedeutet „der lang Lebende"; aus dem Indischen; Variation: Chiranjeevi

Chiumbo bedeutet „der Kleine"; aus dem Afrikanischen

Chlodwig Nebenform und Frühform von → Ludwig; Namenstag: 8. Juni

Chris Kurzform von → Christian und → Christopher

Christen Nebenform von → Kristen

Christer schwedische Koseform von → Christian

Christi Nebenform von → Christopher

Christian bedeutet „der Gesalbte"; aus dem Griechischen; Variationen: Chris, Christer, Christiano; Namenstage: 14. Mai, 12. November, 4. Dezember, 21. März; bekannte Namensträger: Christian Bale, geboren 1974, britischer Schauspieler; Christian Dior, 1905 bis 1957, französischer Modeschöpfer; Christian Enzensberger, 1931 bis 2009, deutscher Schriftsteller und Übersetzer; Christian Morgenstern, 1871 bis 1914, deutscher Dichter und Schriftsteller

Christiano Nebenform von → Christian

Christo Kurzform von → Christoph

Christobal spanische Form von → Christopher

Christof Nebenform von → Christopher

Christoff Nebenform von → Christopher

Christoph Nebenform von → Christopher; Namenstage: 31. Oktober, 20. April; bekann-

C

te Namensträger: Christoph Kolumbus, 1451 bis 1506, Seefahrer in spanischen Diensten, dem gemeinhin die Entdeckung Amerikas zugeschrieben wird

Christopher bedeutet „der Christus trägt"; aus dem Griechischen; Variationen: Christoff, Christof, Christoph, Chris; bekannte Namensträger: Christopher Lambert, geboren 1957, US-amerikanisch-französischer Schauspieler; Christopher Lee, geboren 1922, britischer Schauspieler

Christos Nebenform von → Christian

Christy Nebenform von → Christopher

Chucho spanische Koseform von → Jesus

Chuck aus dem Englischen; bekannte Namensträger: Chuck Berry, geboren 1926, US-amerikanischer Rockmusiker; Chuck Norris, geboren 1940, US-amerikanischer Schauspieler; Chuck Close, geboren 1940, US-amerikanischer Maler

Chukwuemeka bedeutet „Gott hat etwas Großes getan"; aus dem Afrikanischen

Chun bedeutet „der Frühling"; aus dem Chinesischen

Chus spanische Koseform von → Jesus

Cian bedeutet „der Altertümliche"; aus dem Gälischen; Variation: Cianán

Cianán Form von → Cian

Ciarán bedeutet „der Schwarze"; aus dem Gälischen

Cibor Bedeutung ungeklärt; aus dem Portugiesischen

Cibrán Nebenform von → Cyprianus

Cicero bedeutet „die Kichererbse"; aus dem Lateinischen

Cid bedeutet „der Herr"; aus dem Arabischen

Cillian bedeutet „der Krieg"; aus dem Gälischen

Cináed bedeutet „der vom Feuer Geborene"; aus dem Gälischen

Cionaodh Bedeutung ungeklärt; vermutlich aus dem Gälischen

Ciprian Nebenform von → Cyprianus

Ciriaco Nebenform von → Cyriacus

Ciril Nebenform von → Cyril

Cirino Nebenform von → Cyrus

Ciro Nebenform von → Cyrus

Citalali bedeutet „der Stern"; aus dem Indischen

Claas Nebenform von → Nikolaus

Claes Nebenform von → Nikolaus

Clancy bedeutet „der Sohn des roten Kriegers"; aus dem Gälischen

Clarence Bedeutung ungeklärt; vermutlich aus dem Englischen

Clark bedeutet „der Geistliche"; aus dem Englischen; Variationen: Clerk, Clerke, Clarke; bekannter Namensträger: Clark Gable, 1901 bis 1960, US-amerikanischer Schauspieler

Clarke Nebenform von → Clark

Claude Nebenform von → Claudius; bekannter Namensträger: Claude Chabrol, 1930 bis 2010, französischer Filmregisseur und Vertreter der Nouvelle Vague

Claudio italienische Nebenform von → Claudius; Namenstag: 8. November

Claudius bedeutet „der Lahme"; aus dem Lateinischen; Variationen: Claudio, Claude; Namenstag: 6. Juni

Claus Nebenform von → Nikolaus; bekannter Namensträger: Claus von Amsberg, 1926 bis 2002, Ehemann der ehemaligen niederländischen Königin Beatrix

Clay bedeutet „der Lehm"; aus dem Englischen

Clayton bedeutet „die Lehmsiedlung"; aus dem Englischen

Cledwyn bedeutet „der Derbe und der Helle"; aus dem Keltischen

Cleisthenes bedeutet „der Ruhm und die Kraft"; aus dem Griechischen

Clem Nebenform von → Clemens

Clemens bedeutet „der milde Charakter"; aus dem Lateinischen; Variationen: Clement, Clem; Namenstage: 23. November, 22. März; bekannter Namensträger: Clemens Brentano, 1778 bis 1842, deutscher Dichter und Schriftsteller der Romantik

Clement Nebenform von → Clemens

Cleon bedeutet „der Ruhm"; aus dem Griechischen

Cleopas bedeutet „der Ruhm des Vaters"; aus dem Griechischen

Cletis Nebenform von → Anakletus

Cleto Nebenform von → Anakletus

Cletus Nebenform von → Anakletus; Namenstag: 26. April

Cleve Nebenform von → Cleveland

Cleveland bedeutet „das hügelige Land"; aus dem Englischen; Variation: Cleve

Cliff Nebenform von → Clifford und → Clifton; bekannter Namensträger: Cliff Richard, geboren 1940, britischer Musiker

Clifford bedeutet „die Furt bei einem Kliff"; aus dem Englischen

Clifton bedeutet „die Siedlung bei einem Kliff"; aus dem Englischen

Clímaco bedeutet „die Stufe"; aus dem Spanischen

Clint Nebenform von → Clinton; bekannter Namensträger: Clinton Eastwood jr. alias Clint Eastwood, geboren 1930, US-amerikanischer Produzent, Filmregisseur, Komponist, Politiker und Schauspieler

Clinton bedeutet „die Siedlung am Gipfel"; aus dem Englischen

Clive bedeutet „das Kliff"; aus dem Englischen

Clovis Nebenform von → Ludwig

Cobus Nebenform von → Jacobus

Códy Bedeutung ungeklärt; vermutlich aus dem Gälischen

Coen Kurzform von → Konrad

Coilean Bedeutung ungeklärt; vermutlich aus dem Gälischen

Coinneach bedeutet „der Attraktive"; aus dem Gälischen

Colbert bedeutet „der Kühle und Glänzende"; aus dem Althochdeutschen

Colby bedeutet „die Kohlenstadt"; aus dem Englischen

Cole bedeutet „der Schwarze"; aus dem Englischen

Coleman bedeutet „der schwarze Mann"; aus dem Englischen

Cölestin bedeutet „der Himmlische"; aus dem Lateinischen; Namenstag: 19. Mai

Colin Nebenform von → Cailean; bekannter Namensträger: Colin Farrell, geboren 1976, irischer Schauspieler

Collin Nebenform von → Cailean; bekannter Namensträger: Collin Raye, geboren 1959, US-amerikanischer Countrysänger

Colm Bedeutung ungeklärt; vermutlich aus dem Gälischen

Colmán bedeutet „der schwarze Mann"; aus dem Gälischen

Colom spanische Nebenform von → Kolumbus

C

Colombo Nebenform von →
Columba

Colten bedeutet „die Holz-
kohlestadt"; aus dem Eng-
lischen; Variation: Colton

Colton Nebenform von →
Colten

Colum Nebenform von →
Columba

Columba bedeutet „die Tau-
be"; aus dem Lateinischen;
Variationen: Colum, Colombo,
Columbain

Columbain Nebenform von
→ Columba

Columban Nebenform von
→ Columba

Columbanus Nebenform
von → Columba

Colwyn Bedeutung ungeklärt; vermutlich aus dem Keltischen

Conan bedeutet „der kleine
Wolf"; aus dem Gälischen

Conni englische Koseform
von → Konrad

Conrad bedeutet „der kühne
Ratgeber"; aus dem Althochdeutschen; bekannter
Namensträger: Conrad Hilton,
1887 bis 1979, US-amerikanischer Hotelier

Constantin bedeutet „der
Standhafte"; aus dem Lateinischen; Variationen: Constantius, Konstantin; bekann-

ter Namensträger: Constantin
Guys, 1802 bis 1892, Maler
und Zeichner

Constantius Nebenform
von → Constantin

Corbin bedeutet „der Rabe";
aus dem Lateinischen; Variation: Corbinian

Corbinian Nebenform von →
Corbin

Cord Nebenform von → Kurt

Corey bedeutet „die
Schlucht"; aus dem Gälischen;
Variation: Cory

Cornel Kurzform für →
Cornelius

Cornelius bedeutet „das
Horn"; aus dem Lateinischen;
Namenstage: 14. September,
16. September

Cory Nebenform von →
Corey

Cosimo Nebenform von →
Cosma; aus dem Griechisch-
Italienischen

Coskun bedeutet „der Lebhafte"; aus dem Türkischen

Cosma bedeutet „der
Glanz"; aus dem Grie-
chischen; Variation: Cosmo

Cosmo Nebenform von →
Cosma

Crescentius bedeutet „der
Wachsende"; aus dem Lateinischen

Crispin bedeutet „das krau-
se Haar"; aus dem Latei-
nischen; Namenstag:
25. Oktober

Cullen benannt nach der
Stadt Köln; aus dem Französi-
sischen

Curadin Nebenform von →
Conrad

Curd Nebenform von →
Curtis

Curt Nebenform von →
Curtis

Curtis bedeutet „der Höfliche"; aus dem Französi-
sischen; Variationen: Curt,
Curd; bekannter Namensträger: Curtis Mayfield, 1942 bis
1999, US-amerikanischer
Soulmusiker („For Your Pre-
cious Love")

Cvetko bedeutet „die Blüte"; aus dem Slawischen

Cyprian bedeutet „der Ein-
wohner Zyperns"; aus dem
Griechischen; Namenstag:
16. September

Cyprianus Nebenform von
→ Cyprian

Cyril Nebenform von → Cyrill

Cyrill bedeutet „der rechte
Herr"; aus dem Griechischen;
Variationen: Cyril, Ciril;
Namenstage: 14. Februar,
18. März, 27. Juni

Cyrus bedeutet „der Weit-
sichtige"; aus dem Persischen

Daan Nebenform von →
Daniel

Daciano Nebenform von →
Dacio

Dacio bedeutet „der aus
Dacia Stammende"; aus dem
Lateinischen; Variation:
Daciano

Dag Kurzform von → Namen
mit Dag-

Dagobert bedeutet „der
Gute und der Glänzende"; aus
dem Althochdeutschen; Variation: Dagoberto; Namenstag:
23. Dezember; bekannte
Namensträger: Dagobert
Duck, Comicfigur von Carl
Barks; Dagobert Lindlau,
geboren 1930, Schriftsteller

Dagoberto Nebenform von
→ Dagobert

Daichi Bedeutung ungeklärt;
vermutlich aus dem Japa-
nischen

Daiki Bedeutung ungeklärt;
vermutlich aus dem Japa-
nischen

Daire bedeutet „der Fruchtbare"; aus dem Gälischen

Daisuke bedeutet „die
große Hilfe"; aus dem Japanischen

Dakila bedeutet „der
Große"; aus dem Indone-
sischen

Dakota benannt nach dem
Volk der Dakota-Indianer; aus
dem Amerikanischen; Variation: Dakotah

Dakotah Nebenform von →
Dakota

Dale bedeutet „das Tal"; aus
dem Skandinavischen; Variation: Dalin

Dalibor bedeutet „der ent-
fernt Kämpfende"; aus dem
Tschechischen

Dalin Nebenform von → Dale

Dallas benannt nach einer
gleichnamigen Stadt in Texas;
aus dem Amerikanischen

Dallin bedeutet „der Talbe-
wohner"; aus dem Englischen

Dalma Nebenform von →
Dalmatius

Dalmat Nebenform von →
Dalmatius

Dalmatius bedeutet „der
aus Dalmatien Stammende";
aus dem Lateinischen; Variationen: Dalma, Dalmazio

Dalmazio Nebenform von →
Dalmatius

Dalton bedeutet „die Stadt
im Tal"; aus dem Englischen

Damaso bedeutet „der Bän-
diger"; aus dem Italienischen;
Variationen: Damasos,
Damasus

Damasos Nebenform von →
Damaso

Damasus Nebenform von →
Damaso; Namenstag:
11. Dezember

Damian bedeutet „der Bän-
diger"; aus dem Griechischen;
Variationen: Damiano, Damianos, Damianus, Damion,
Damon; Namenstag: 26. September

Damiano Nebenform von →
Damian

Damianos Nebenform von
→ Damian

Damianos Nebenform von
→ Damian

Damianus Nebenform von
→ Damian

Damianus Nebenform von
→ Damian

Damion Nebenform von →
Damian

Damir bedeutet „der Frie-
densspender"; aus dem Slawischen

Dammo Nebenform von →
Dankmar

Damon Nebenform von →
Damian; bekannte Namens-
träger: Damon Hill, geboren
1960, ehemals britischer For-
mel-1-Pilot und Weltmeister
von 1996; Damon Albarn,

geboren 1968, britischer Musiker und Sänger der Band „Blur"

Damond Bedeutung ungeklärt; vermutlich aus dem Englischen

Dan bedeutet „der Richter"; aus dem Hebräischen

Dan Nebenform von → Daniel

Dana bedeutet „der Däne", aus dem Englischen; Variation: Dane

Danco serbische Kurzform von → Daniel

Dandre Bedeutung ungeklärt; vermutlich aus dem Englischen

Dandy englische Kurzform von → Andrew

Dane Nebenform von → Dana

Dangelo Bedeutung ungeklärt; vermutlich aus dem Englischen

Dani Nebenform von → Daniel

Daniel bedeutet „Gott ist mein Richter"; aus dem Hebräischen; Variationen: Daniel, Danny, Daniele; Namenstage: 11. Dezember, 21. Juli, 10. Oktober; bekannte Namensträger: Daniel Edward Aykroyd, geboren 1952, kanadischer Filmschauspieler; Daniel von Padua, unbekannt bis 168, christlicher Märtyrer und Heiliger; Daniel Bernoulli,

1700 bis 1782, Schweizer Mathematiker und Physiker; Daniel Brühl, geboren 1978, deutscher Schauspieler; Daniel Cohn-Bendit, geboren 1945, deutsch-französischer Politiker; Daniel Craig, geboren 1968, britischer Schauspieler; Daniel Defoe, 1660 bis 1731, Autor von „Robinson Crusoe"; Daniel Kehlmann, geboren 1975, deutschsprachiger Schriftsteller; Daniel Radcliffe, geboren 1989, britischer Schauspieler

Dániel Nebenform von → Daniel

Daniele italienische Nebenform von → Daniel

Danielo Nebenform von → Daniel

Daniil russische Nebenform von → Daniel

Danijel Nebenform von → Daniel

Danilo slawische Nebenform von → Daniel

Danio Nebenform von → Daniel

Dankmar bedeutet „die Gnade und der Lohn"; aus dem Althochdeutschen

Danko bedeutet „der Schenkende"; aus dem Serbischen

Dankrad bedeutet „die Gnade und der Rat"; aus dem Althochdeutschen; Namenstag: 16. Dezember

Dankward bedeutet „der Hüter der Gedanken"; aus dem Althochdeutschen; Variation: Dankwart

Danny Nebenform von → Daniel

Dano bulgarische Kurzform von → Daniel

Dante Nebenform von → Durante; bekannter Namensträger: Dante Alighieri, 1265 bis 1321, italienischer Dichter

Dany Nebenform von → Daniel

Daquan Bedeutung ungeklärt; vermutlich aus dem Englischen

Dara Bedeutung ungeklärt; vermutlich aus dem Gälischen; Variation: Daragh

Daragh Nebenform von → Dara

Darayavahush bedeutet „der Gut Besitzende"; aus dem Persischen

Darby bedeutet „die Stadt der Hirsche"; aus dem Englischen

Darcy bedeutet „die Festung"; aus dem Lateinischen

Dardan bedeutet „die Birne"; aus dem Albanischen; Variation: Dardanos

Dardanos Nebenform von → Dardan

Dareios Nebenform von → Darius

Darek bedeutet „der Mächtige im Volk"; aus dem Althochdeutschen

Daren Nebenform von → Darius

Darian Nebenform von → Darius

Darien Nebenform von → Darius

Darin Nebenform von → Darius

Dario italienische Nebenform von → Darius

Darion Nebenform von → Darius

Darius bedeutet „der Mächtige"; aus dem Griechischen; Variationen: Dareios, Daren, Darin, Dariusz, Darrell, Darrian, Darrien, Darrin, Darrion, Darron

Dariusz Nebenform von → Darius

Darko Nebenform von → Darius

Darnell bedeutet „der aus Airelle Stammende"; aus dem Englischen; Variationen: Daryl, Daryll

Daron Nebenform von → Darius

Darragh Nebenform von → Dara

Darrel Nebenform von → Darnell

Darrell Nebenform von → Darnell

Darren Nebenform von → Darius

Darrian Nebenform von → Darius

Darrien Nebenform von → Darius

Darrin Nebenform von → Darius

Darrion Nebenform von → Darius

Darrius Nebenform von → Darius

Darron Nebenform von → Darius

Darryl Nebenform von → Darnell

Darwin Bedeutung ungeklärt; vermutlich aus dem Englischen

Daryl Nebenform von → Darnell

Dashawn Bedeutung ungeklärt; vermutlich aus dem Englischen

Dashiell benannt nach einem ehemaligen französischen Familiennamen; aus dem Englischen

Dasio Nebenform von → Dasius

Dasios Nebenform von → Dasius

Dasius benannt nach einem Heiligen und Märtyrer aus dem 3. Jahrhundert; aus dem Italienischen; Variationen: Dasio, Dasios

Datius benannt nach einem Bischof von Mailand im 6. Jahrhundert; aus dem Italienischen

Datu bedeutet „der Häuptling"; aus dem Indonesischen

Dave englische Nebenform von → David

David bedeutet „der Geliebte"; aus dem Hebräischen; Variationen: Davide, Dave; Namenstage: 1. März, 11. Dezember, 29. Dezember, 26. Juni; bekannte Namensträger: David, biblische Gestalt, israelischer biblischer König, Sieger über Goliath; David Arquette, geboren 1971, US-amerikanischer Schauspieler; David Beckham, geboren 1975, englischer Fußballnationalspieler; David Bowie, geboren 1947, britischer Musiker; David Copperfield, geboren 1956, US-amerikanischer Zauberkünstler; David Cronenberg, geboren 1943, kanadischer Regisseur; David Duchovny, geboren 1960, US-amerikanischer Schauspieler; David Ben Gurion, 1886 bis 1973, israelischer Politiker; David Hasselhoff, geboren 1952, US-amerikanischer Schauspieler und Sänger; David Lynch, geboren 1946,

US-amerikanischer Regisseur; David Schwimmer, geboren 1966, US-amerikanischer Schauspieler; David Garrett, geboren 1980, Violinist

Davide italienische Nebenform von → David

Davin bedeutet „der Dichter"; aus dem Gälischen; Variationen: Davino, Davion

Davino Nebenform von → Davin

Davion Nebenform von → Davin

Davis bedeutet „Davids Sohn"; aus dem Keltischen

Davon Nebenform von → Davin

Davonte Nebenform von → Davin

Davor benannt nach einem slawischen Kriegsgott; aus dem Slawischen

Dawson bedeutet „der Sohn Davids"; aus dem Englischen

Dayton bedeutet „die Molkereistadt"; aus dem Englischen

Dazio Nebenform von → Datius

De bedeutet „die Tugend"; aus dem Chinesischen

Deaglán Bedeutung ungeklärt; vermutlich aus dem Gälischen

Dean bedeutet „der Dekan"; aus dem Englischen; bekannte Namensträger: Dean Koontz, geboren 1945, US-amerikanischer Schriftsteller; Dean Martin, 1917 bis 1995, Sänger und Schauspieler

Deandre Bedeutung ungeklärt; vermutlich aus dem Englischen

Deangelo Bedeutung ungeklärt; vermutlich aus dem Englischen

Deasmhumhan benannt nach einer irischen Provinz; aus dem Gälischen

Decimo Nebenform von → Decimus

Decimus bedeutet „der Zehnte"; aus dem Lateinischen; Variationen: Decimo, Decio, Décio

Decio Nebenform von → Decimus

Décio Nebenform von → Decimus

Declan Bedeutung ungeklärt; vermutlich aus dem Gälischen

Defrim bedeutet „der Spaß"; aus dem Albanischen

Degenhard bedeutet „der junge starke Krieger"; aus dem Althochdeutschen; Variationen: Degenhart, Deinhard

Deik niederdeutsche Kurzform von → Namen mit Diet-

Dejan bedeutet „der von Gott Gegebene"; aus dem Slawischen

Dejuan Bedeutung ungeklärt; vermutlich aus dem Englischen

Delbert bedeutet „der Glänzende"; aus dem Althochdeutschen

Delf Kurzform von → Detlef

Delfio bedeutet „der Bruder"; aus dem Griechischen

Delfred bedeutet „der Friede"; aus dem Althochdeutschen

Delio benannt nach der griechischen Göttin Delia; aus dem Griechischen; Variation: Délio

Délio Nebenform von → Delio

Demarco Bedeutung ungeklärt; vermutlich aus dem Englischen

Demarcus Bedeutung ungeklärt; vermutlich aus dem Englischen

Demario Bedeutung ungeklärt; vermutlich aus dem Englischen

Demetrio italienische Nebenform von → Demetrius

Demetrios Nebenform von → Demetrius; Namenstag: 8. Oktober

Demetrius bedeutet „der der Göttin Demeter Geweihte"; aus dem Griechischen

Demian Nebenform von → Damian

Demir bedeutet „das Eisen"; aus dem Türkischen

Demjan Nebenform von → Damian

Democrito Nebenform von → Democritus

Democritos Nebenform von → Democritus

Democritus bedeutet „der Kritiker des Volkes"; aus dem Griechischen; Variationen: Democrito, Demokrit, Democritos

Demokrit Nebenform von → Democritus

Dempsey bedeutet „der Stolze"; aus dem Gälischen

Dénes Nebenform von → Dennis

Denis Nebenform von → Dennis

Deniz bedeutet „das offene Meer"; aus dem Türkischen

Dennis bedeutet „der dem Gott Dionysos Geweihte"; aus dem Lateinischen; Variationen: Denis, Denny; bekannter Namensträger: Dennis Hopper, 1936 bis 2010, US-amerikanischer Schauspieler und Regisseur

Denny Nebenform von → Dennis

Denver bedeutet „die Talfähre"; aus dem Englischen

Denys Nebenform von → Dennis

Denzil bedeutet „die hohe Burg"; aus dem Englischen

Deocaus bedeutet „das Volk und der Speer"; aus dem Althochdeutschen; Variationen: Deochar, Deochar

Deodat bedeutet „der von Gott Gegebene"; aus dem Lateinischen; Variationen: Deodato, Deodatus, Déodat

Déodat Nebenform von → Deodat

Deodato Nebenform von → Deodat

Deodatus Nebenform von → Deodat

Deon Nebenform von → Dennis

Deondre Bedeutung ungeklärt; vermutlich aus dem Englischen

Deonte Bedeutung ungeklärt; vermutlich aus dem Englischen

Deorwine Nebenform von → Darwin

Dequan Bedeutung ungeklärt; vermutlich aus dem Englischen

Derek Nebenform von → Dietrich

Deri bedeutet „die Eiche"; aus dem Keltischen

Derick Nebenform von → Dietrich

Derik Nebenform von → Dietrich

Derk Nebenform von → Dietrich

Dermod Nebenform von → Dermot

Dermot bedeutet „der freie Mann"; aus dem Gälischen; Variation: Dermod

Derrick Nebenform von → Dietrich

Derrik Nebenform von → Dietrich

Deshaun Bedeutung ungeklärt; vermutlich aus dem Englischen

Deshawn Bedeutung ungeklärt; vermutlich aus dem Englischen

Desiderio Nebenform von → Desiderius

Desiderius bedeutet „das Verlangen"; aus dem Lateinischen; Variation: Desiderio

Desidero Nebenform von → Desiderius

Désiré Nebenform von → Desiderius

Desmond benannt nach einer englischen Provinz; aus dem Englischen

Destin bedeutet „das Schicksal"; aus dem Englischen

Dethard Nebenform von → Diethard

Detlef bedeutet „das Erbe des Volkes"; aus dem Althochdeutschen; Variation: Detlev; Namenstag: 23. November

Detlev Nebenform von → Detlef

Dettmar Nebenform von → Dietmar

Deusdedit bedeutet „der von Gott Gegebene"; aus dem Lateinischen

Devan benannt nach einer englischen Grafschaft; aus dem Englischen; Variationen: Devante, Deven, Devin, Devon, Devone, Devontae, Devyn

Devante Nebenform von → Devan

Deven Nebenform von → Devan

Devin Nebenform von → Devan

Devon Nebenform von → Devan

Devonta Nebenform von → Devan

Devontae Nebenform von → Devan

Devonte Nebenform von → Devan

Devyn Nebenform von → Devan

Dewayne Bedeutung ungeklärt; vermutlich aus dem Gälischen

Dexter bedeutet „der Stoffärber"; aus dem Englischen

Diamond bedeutet „der Diamant"; aus dem Englischen

Diarmaid Nebenform von → Dermot

Diarmait Nebenform von → Dermot

Diarmid Nebenform von → Dermot

Diarmuid Nebenform von → Dermot

Dick Nebenform von → Richard

Didaco Nebenform von → Didacus

Didacus bedeutet „der Lehrende"; aus dem Lateinischen; Variation: Didaco

Didi Nebenform von → Dieter und → Dietrich

Didier Form von → Dieter

Diebald Nebenform von → Dietbald

Diego spanische Form von → Jakob; Namenstag: 12. November; bekannter Namensträger: Diego Maradona, geboren 1960, argentinischer Fußballspieler

Diemo bedeutet „das berühmte Volk"; aus dem Althochdeutschen

Dierk Nebenform von → Dirk

Dietbald bedeutet „das kühne Volk"; aus dem Althochdeutschen

Dietbert bedeutet „das glänzende Volk"; aus dem Althochdeutschen

Dietbod bedeutet „der Gebieter des Volkes"; aus dem Althochdeutschen

Dieter bedeutet „das Volksheer"; aus dem Althochdeutschen; Namenstage: 30. Oktober, 29. April; bekannte Namensträger: Dieter Bohlen, geboren 1954, deutscher Musiker, Musikproduzent und Songwriter; Dieter Hallervorden, geboren 1935, deutscher Komiker und Kabarettist; Dieter Hildebrandt, 1927 bis 2013, deutscher Kabarettist und Schauspieler

Dietger bedeutet „das Volk und der Speer"; aus dem Althochdeutschen; Namenstag: 24. Juni

Diethard bedeutet „das Volk und stark"; aus dem Althochdeutschen; Namenstag: 10. September

Diethelm bedeutet „das Volk und der Schutz"; aus dem Althochdeutschen

Diether Nebenform von → Dieter

Dietmar bedeutet „der Berühmte"; aus dem Althochdeutschen; Namenstage: 5. März, 17. Mai; bekannter Namensträger: Dietmar Schönherr, 1926 bis 2014, österreichischer Schauspieler und Autor

Dietmund bedeutet „der Schützer des Volkes"; aus dem Althochdeutschen

Dietrich bedeutet „der Volksherrscher"; aus dem Althochdeutschen; Namenstage: 27. September, 29. April, 1. Juli; bekannter Namensträger: Dietrich Bonhoeffer, 1906 bis 1945, deutscher evangelisch-lutherischer Theologe und Widerstandskämpfer

Dietz Nebenform von → Dietrich

Dillan Nebenform von → Dillon

Dillion Nebenform von → Dillon

Dillon bedeutet „der Treue"; aus dem Englischen

Dima Nebenform von → Demetrius

Dimitri Nebenform von → Demetrius

Dimitrij Nebenform von → Demetrius

Dimitrios Nebenform von → Demetrius

Dinko slawische Kurzform von → Dominik

Dino Bedeutung ungeklärt; vermutlich aus dem Italienischen

Diodata bedeutet „der von Gott Gegebene"; aus dem Lateinischen

Diogenes bedeutet „der von Zeus Abstammende"; aus dem Griechischen

Diogo Nebenform von → Didacus

Diomede Nebenform von → Diomedes

Diomède Nebenform von → Diomedes

Diomedes bedeutet „der Gedanke von Zeus"; aus dem Griechischen

Diomiro bedeutet „das berühmte Volk"; aus dem Althochdeutschen

Dion Nebenform von → Dean

Dionigi Nebenform von → Dionys

Dionisio Nebenform von → Dionys

Dionte Nebenform von → Dionys

Dionys bedeutet „der Fröhliche"; aus dem Griechischen; Variationen: Dionigi, Dionisio, Dionte; Namenstag: 9. Oktober

Dionysios Nebenform von → Dionys

Dionysius Nebenform von → Dionys; Namenstag: 26. Februar

Dirk Nebenform von → Dietrich; bekannter Namensträger: Dirk Bach, 1961 bis 2012, deutscher Schauspieler

Ditmar bedeutet „das berühmte Volk"; aus dem Althochdeutschen; Variation: Dittmar

Ditmir bedeutet „der gute Tag"; aus dem Albanischen

Dittmar Nebenform von → Ditmar

Divo bedeutet „der Göttliche"; aus dem Lateinischen

Djamal bedeutet „der Schöne"; aus dem Arabischen; Variation: Djamil

Djamil Nebenform von → Djamal

Django Sinti-Name von → Johannes

Djibril Nebenform von → Gabriel

Djordje Bedeutung ungeklärt; vermutlich aus dem Slawischen

Dobrilo bedeutet „der Gute"; aus dem Slawischen

Doerk Nebenform von → Dietrich

Dolf Kurzform von → Namen mit Endung -dolf

Domek Nebenform von → Dominic

Domenic Nebenform von → Dominic

Domenik Nebenform von → Dominic

Domenique Nebenform von → Dominic

Domhnall benannt nach einem irischen Clan; aus dem Gälischen

Domingo Nebenform von → Dominic

Dominic bedeutet „der dem Herrn Gehörende"; aus dem Lateinischen; Variationen: Dominik, Domenik, Domenique

Dominick Nebenform von → Dominic

Dominicus Nebenform von → Dominic

Dominik Nebenform von → Dominic; Namenstage: 8. März, 21. Februar

Dominikus Nebenform von → Dominic; Namenstag: 8. August

Dominique französische Nebenform von → Dominic

Domonico Nebenform von → Dominic

Domonkos Nebenform von → Dominic

Don Kurzform von → Donald

Donald bedeutet „der Weltherrscher"; aus dem Keltischen; Namenstag: 11. August; bekannte Namensträger: Donald Regan, 1918 bis 2003, US-amerikanischer Politiker; Donald Rumsfeld, geboren 1932, US-amerikanischer Politiker

Donat Nebenform von → Donatus

Donát Nebenform von → Donatus

Donatello Nebenform von → Donatus

Donato Nebenform von → Donatus

Donatus bedeutet „die Schenkung"; aus dem Lateinischen; Variationen: Donato, Donatello, Donat, Donát; Namenstag: 7. August

Donavan Nebenform von → Donovan

Dong bedeutet „der Osten"; aus dem Chinesischen

Donnchadh bedeutet „der braunhaarige Krieger"; aus dem Gälischen

Donnell Nebenform von → Domhnall

Donnie Nebenform von → Domhnall

Donovan bedeutet „der Dunkelbraune"; aus dem Englischen

Dontae Nebenform von → Durante

Donte Nebenform von → Durante

Dorian bedeutet „der Dorer"; aus dem Griechischen; Variationen: Doriano, Dorianus, Dorin

Doriano Nebenform von → Dorian

Dorianus Nebenform von → Dorian

Dorin Nebenform von → Dorian

Doron bedeutet „das Geschenk"; aus dem Hebräischen

Doroteo Nebenform von → Dorotheos

Dorotheo Nebenform von → Dorotheos

Dorotheos bedeutet „das Gottesgeschenk"; aus dem Griechischen; Variationen: Dorotheo, Doroteo, Dorotheus

Dorotheus Nebenform von → Dorotheos

D

Dorsteinn bedeutet „der Donner und der Stein"; aus dem Isländischen

Dothias bedeutet „die Taube"; aus dem Friesischen

Doug englische Nebenform von → Douglas

Dougal bedeutet „der Fremde"; aus dem Englischen

Douglas bedeutet „der Dunkelblaue"; aus dem Keltischen; bekannter Namensträger: Douglas Adams, 1952 bis 2001, britischer Schriftsteller

Draca bedeutet „der Drache"; aus dem Englischen; Variation: Draco

Draco Nebenform von → Draca

Dragan bedeutet „der Liebe"; aus dem Slawischen

Dragisa Bedeutung ungeklärt; vermutlich aus dem Slawischen

Drago Nebenform von → Dragomir

Dragomir bedeutet „lieb und der Friede"; aus dem Slawischen

Dragoslav bedeutet „lieb und der Ruhm"; aus dem Slawischen

Dragotin Bedeutung ungeklärt; vermutlich aus dem Slawischen

Dragutin Bedeutung ungeklärt; vermutlich aus dem Slawischen

Drake Nebenform von → Draca

Drasko Bedeutung ungeklärt; vermutlich aus dem Slawischen

Drazan Bedeutung ungeklärt; vermutlich aus dem Slawischen

Drazen Bedeutung ungeklärt; vermutlich aus dem Slawischen

Drees Kurzform von → Andreas

Drew Nebenform von → Andreas

Drilon benannt nach einem Park am Ohridsee; aus dem Albanischen

Driss Bedeutung ungeklärt; aus dem Arabischen

Dritan bedeutet „das Licht"; aus dem Albanischen; Variation: Driton

Driton Nebenform von → Dritan

Drystan Nebenform von → Tristan

Duane Bedeutung ungeklärt; vermutlich aus dem Gälischen

Duarte bedeutet „der Hüter seines Besitzes"; aus dem Portugiesischen

Dubhan Bedeutung ungeklärt; vermutlich aus dem Gälischen

Dubhghlas Nebenform von → Douglas

Duilio Nebenform von → Duilius

Duilius bedeutet „der Krieg"; aus dem Lateinischen;

Dumitru Nebenform von → Demetrius

Duncan bedeutet „der braune Krieger"; aus dem Gälischen

Dunstan Bedeutung ungeklärt; vermutlich aus dem Englischen

Durante bedeutet „das Kind möge ausdauernd sein"; aus dem Lateinischen

Dustin bedeutet „der Hügel und der Stein"; aus dem Englischen; Variation: Dusty

Dusty Nebenform von → Dustin

Dwight Bedeutung ungeklärt; aus dem Englischen

Dylan bedeutet „das großartige Meer"; aus dem Keltischen; Variation: Dylon

Dylon Nebenform von → Dylan

Dymitr Nebenform von → Demetrius

Eadgar Nebenform von →
Edgar

Eadmund Nebenform von →
Edmund

Eadweard Nebenform von →
Edward

Eadwine Nebenform von →
Edwin

Ealdwine Nebenform von →
Edwin

Earl bedeutet „der freie
Mann, der Graf"; aus dem
Englischen

Earle Nebenform von → Earl

Earnest Nebenform von →
Ernst

Easton bedeutet „die Ost-
stadt"; aus dem Englischen

Ebbo bedeutet „der Eber";
aus dem Althochdeutschen

Ebenezer bedeutet „der
Stein der Hilfe"; aus dem
Hebräischen

Eberardo Nebenform von →
Eberhard

Eberhard bedeutet „der
harte Eber"; aus dem Alt-
hochdeutschen; Variationen:
Eberardo, Eberhart; Namens-

tage: 14. August, 21. Juni,
22. Juni, 25. Januar, 17. April;
bekannte Namensträger:
Eberhard Spiess, 1925 bis
2007, deutscher Filmhistoriker; Eberhard Diepgen, geboren 1941, Berlins ehemaliger
regierender Bürgermeister;
Eberhard von Friaul, 810 bis
866, Herzog von Friaul

Eberhart Nebenform von →
Eberhard

Eckart bedeutet „die starke
Schneide"; aus dem Althochdeutschen; Variationen: Ecke-
hart, Eckert, Ekkehard

Eckbert bedeutet „die glänzende Waffe"; aus dem Althochdeutschen; Variation:
Egbert

Eckehard bedeutet „die
harte Waffe"; aus dem Althochdeutschen; Variation:
Edzard

Ed englischer Kosename für
→ Namen mit Ed-

Eddi Kosename für → Namen
mit Ed-; bekannter Namensträger: Eddi Arent, 1925 bis
2013, deutscher Schauspieler
und Komiker

Eddie Kosename für →
Namen mit Ed-; bekannter
Namensträger: Eddie Murphy,
geboren 1961, US-amerika-
nischer Schauspieler

Eddy Kosename für →
Namen mit Ed-

Ede Kurzform von → Edgar

Edelbert bedeutet „der Edle
und der Glänzende"; aus dem
Althochdeutschen

Edelmiro bedeutet „der
Edle und der Berühmte"; aus
dem Althochdeutschen

Edgar bedeutet „der Besitz
und der Speer"; aus dem Englischen; Variationen: Edgardo,
Edgaro; Namenstag: 8. Juli;
bekannte Namensträger:
Edgar Allan Poe, 1809 bis
1849, US-amerikanischer
Schriftsteller; Edgar Reitz,
geboren 1932, deutscher
Regisseur; Edgar Wallace,
1875 bis 1932, englischer
Schriftsteller

Edgardo Nebenform von →
Edgar

Edgaro Nebenform von →
Edgar

Edi Kosename von → Namen
mit Ed-

Edin bedeutet „der Glaube
Gottes"; aus dem Slawischen

Edis Nebenform von →
Edison

Edison bedeutet „der Sohn
von Eduard"; aus dem Eng-
lischen

Edmond Nebenform von →
Edmund

Edmondo Nebenform von →
Edmund

Edmund bedeutet „der
Schützer des Besitzes"; aus

dem Althochdeutschen; Variationen: Edmond, Edmondo; Namenstage: 20. November, 16. November, 1. Dezember; bekannter Namensträger: Edmund Stoiber, geboren 1941, deutscher Politiker (CSU)

Edoardo Nebenform von → Eduard

Edon bedeutet „er liebt"; aus dem Albanischen

Edouard Nebenform von → Eduard

Èdouard Nebenform von → Eduard

Eduard bedeutet „der Besitz und der Schutz"; aus dem Englischen; Variation: Edward; Namenstag: 18. März; bekannte Namensträger: Eduard Prinz von Anhalt, geboren 1941, deutscher Erbe des Hauses Anhalt-Askanien; Eduard Brockhaus, 1829 bis 1914, deutscher Verleger und Politiker; Eduard Einstein, 1910 bis 1965, zweiter Sohn Albert Einsteins; Eduard August Feuerbach, 1803 bis 1843, deutscher Rechtswissenschaftler; Eduard Mörike, 1804 bis 1875, deutscher Dichter und Erzähler; Eduard Sacher, 1843 bis 1892, österreichischer Gastronom und Hotelier; Eduard Zimmermann, 1929 bis 2009, deutscher Journalist und Fernsehmoderator

Eduardo Nebenform von → Eduard

Edvard schwedische und norwegische Nebenform von → Eduard

Edvin bedeutet „der Besitz und der Freund"; aus dem Althochdeutschen

Edward Nebenform von → Eduard; Namenstage: 5. Januar, 13. Oktober; bekannter Namensträger: Edward Norton, geboren 1969, Schauspieler

Edwin bedeutet „der Besitz und der Freund"; aus dem Althochdeutschen; Namenstage: 4. März, 12. Oktober, 4. Oktober

Edzard friesische Form von → Eckehard

Efraim Nebenform von → Ephraim

Egbert Nebenform von → Eckbert; Namenstag: 24. April

Egbrecht Nebenform von → Egbert

Eghart Nebenform von → Eckart

Egilmar Bedeutung ungeklärt; vermutlich aus dem Althochdeutschen

Egino Nebenform von → Egon

Egmont niederländische Form von → Egmund

Egmund bedeutet „die Waffe und der Schutz"; aus dem Althochdeutschen

Egon bedeutet „der Wolf"; aus dem Althochdeutschen; Namenstag: 15. Juli

Ehregott bedeutet „Ehre Gott!"; aus dem Althochdeutschen

Ehrenfried bedeutet „die Ehre und der Friede"; aus dem Althochdeutschen; Namenstag: 21. Mai

Eico Nebenform von → Eckart

Eike Nebenform von → Egon

Eilard Nebenform von → Eilhard

Eilhard bedeutet „die starke Waffe"; aus dem Althochdeutschen; Namenstag: 25. Mai

Eilmar bedeutet „die berühmte Waffe"; aus dem Althochdeutschen

Einar bedeutet „der Einzelkämpfer"; aus dem Isländischen

Eitel bedeutet „der Eitle"; aus dem Althochdeutschen

Ekkehard Nebenform von → Eckart

Elef Nebenform von → Eloff

Elfried Nebenform von → Ehrenfried

Elger bedeutet „der edle Speer"; aus dem Friesischen

Elia Nebenform von → Elias

Elias bedeutet „mein Gott ist Jahwe"; aus dem Hebräischen; Variationen: Elia, Elija, Elijah; Namenstage: 24. März, 20. Juli; bekannte Namensträger: Elias Canetti, 1905 bis 1994, Schriftsteller und Literaturnobelpreisträger; Elias Chacour, geboren 1939, israelisch-arabischer Erzbischof aus Galiläa; Elias Hügel, 1681 bis 1755, kaiserlicher Hofsteinmetz und Kirchenbaumeister; Elias von Löwen, 1602 bis 1661, deutscher Arzt, Mathematiker und Astronom

Elieser bedeutet „mein Gott ist Hilfe"; aus dem Hebräischen

Eligius bedeutet „der Auserwählte"; aus dem Lateinischen; Variationen: Eulogius, Eloi, Eloy; Namenstag: 1. Dezember

Elija Nebenform von → Elias

Elijah Nebenform von → Elias; bekannter Namensträger: Elijah Jordan Wood, geboren 1981, US-amerikanischer Schauspieler

Elimar Nebenform von → Eilmar

Elkmar Nebenform von → Egilmar

Elliot Nebenform von → Elias

Ellmar Nebenform von → Eilmar

Elmar Nebenform von → Eilmar; Namenstage:

28. August, 22. März; bekannte Namensträger: Elmar Wepper, geboren 1944, deutscher Schauspieler; Elmar Gunsch, 1931 bis 2012, Moderator

Eloff bedeutet „der feste Erbe"; aus dem Schwedischen

Eloi Nebenform von → Eligius

Eloy Nebenform von → Eligius

Elton Bedeutung ungeklärt; vermutlich aus dem Englischen; bekannter Namensträger: Sir Elton Hercules John, geboren 1947, britischer Sänger, Komponist und Pianist

Eluf Nebenform von → Eloff

Elvin Nebenform von → Elwin; Namenstag: 26. Mai

Elvis Nebenform von → Elwin; bekannte Namensträger: Elvis Presley, 1935 bis 1977, US-amerikanischer Sänger; Elvis Costello, geboren 1954, britischer Musiker

Elwin bedeutet „die Elfe und der Freund"; aus dem Englischen; Variationen: Elvin, Elvis

Emanuel bedeutet „Gott mit uns"; aus dem Griechischen; Namenstag: 1. Oktober

Emeram bedeutet „die Amaler betreffend und Rabe"; aus dem Althochdeutschen; Namenstag: 22. September

Emil bedeutet „aus der Familie der Amilier"; aus dem Lateinischen; Variation: Emile; Namenstage: 10. März, 22. Mai; bekannte Namensträger: Emil Molt, 1876 bis 1936, deutscher Tabakfabrikant und Gründer der ersten Waldorfschule; Emil Jannings, 1884 bis 1950, deutscher Schauspieler; Emil Nolde, 1867 bis 1956, deutscher Maler des Expressionismus; Emil Aarestrup, 1800 bis 1856, dänischer Dichter; Emil Berliner, 1851 bis 1929, deutscher Erfinder; Emil Zátopek, 1922 bis 2000, tschechischer Leichtathlet; Emil Tischbein, Hauptfigur aus den beiden „Emil"-Romanen von Erich Kästner

Émile Nebenform von → Emil; bekannter Namensträger: Émile Zola, 1840 bis 1902, französischer Schriftsteller und Journalist

Emin bedeutet „das Vertrauen"; aus dem Türkischen

Emir bedeutet „der Fürst"; aus dem Türkischen

Emmerich bedeutet „der Herrscher der Amaler"; aus dem Althochdeutschen; Namenstag: 5. November

Enco italienische Form von → Heinrich

Enders niederdeutsche Form von → Andreas

Endre ungarische Form von → Andreas

Engelbert bedeutet „Stammesname der Angeln und glänzend"; aus dem Althochdeutschen; Namenstage: 7. November, 10. Juli; bekannte Namensträger: Engelbert Humperdinck, 1854 bis 1921, deutscher Komponist der Spätromantik; Engelbert Obernosterer, geboren 1936, österreichischer Schriftsteller

Engelhard bedeutet „Stammesname der Angeln und stark"; aus dem Althochdeutschen

Engelmar bedeutet „Stammesname der Angeln und berühmt"; aus dem Althochdeutschen; Namenstag: 14. Januar

Engin bedeutet „der Endlose"; aus dem Türkischen

Enno Bedeutung ungeklärt; vermutlich aus dem Friesischen

Enoch bedeutet „der Eingeweihte"; aus dem Hebräischen

Enrico italienische Form von → Heinrich; bekannte Namensträger: Enrico Caruso, 1873 bis 1921, Opernsänger; Enrico Sabbatini, 1932 bis 1998, italienischer Designer

Enzo italienische Form von → Heinrich

Eoban bedeutet „der Morgenröte entgegengehen"; aus dem Griechischen; Namenstage: 5. Juni, 7. Juni

Ephraim bedeutet „der fruchtbare Nachkomme"; aus dem Hebräischen; Namenstag: 9. Juni; bekannter Namensträger: Ephraim Kishon, 1924 bis 2005, israelischer Satiriker

Erasmus bedeutet „der Liebenswürdige"; aus dem Griechischen; Namenstag: 2. Juni; bekannte Namensträger: Erasmus von Rotterdam, 1466 bis 1536, Humanist; Erasmus Grasser, 1450 bis 1518, deutscher Bildhauer

Ercole italienische Form von → Hercules

Erdmann Nebenform von → Hartmann

Erfried bedeutet „die Ehre und der Friede"; aus dem Althochdeutschen; Variation: Erinfried

Erhan bedeutet „der Held"; aus dem Türkischen

Erhard bedeutet „das starke Ansehen"; aus dem Althochdeutschen; Namenstag: 8. Januar; bekannte Namensträger: Erhard Keller, geboren 1944, deutscher Eisschnellläufer und zweifacher Olympiasieger; Erhard Louven, geboren 1938, deutscher Wirtschaftswissenschaftler; Erhard Wunderlich, geboren 1956, deutscher Handballspieler; Erhard Freitag, geboren 1940, Buchautor und einer der bekanntesten Verfechter des „Positiven Denkens"

Erhart Nebenform von → Erhard

Eric Nebenform von → Erich; bekannte Namensträger: Eric Bana, geboren 1968, US-amerikanischer Schauspieler; Eric Clapton, geboren 1945, englischer Musiker; Eric Idle, geboren 1943, britischer Schauspieler, Filmproduzent, Regisseur, Komponist und Buchautor; Éric Rohmer, 1920 bis 2010, französischer Film- und Theaterregisseur

Erich bedeutet „der alleinige Herrscher"; aus dem Skandinavischen; Variationen: Eric, Erik, Erk, Erker; Namenstage: 18. Mai, 30. Juni, 10. Juli; bekannte Namensträger: Erich Fromm, 1900 bis 1980, Philosoph, Sozialpsychologe und Psychoanalytiker; Erich Kästner, 1899 bis 1974, Schriftsteller, Drehbuchautor und Kabarettist; Erich Maria Remarque, 1898 bis 1970, Schriftsteller; Erich von Däniken, geboren 1935, schweizerischer Schriftsteller, Hotelier

Erik Nebenform von → Erich; Namenstag: 10. August; bekannte Namensträger: Erik der Rote, um 950 bis um 1003, Gründer der ersten Wikingersiedlungen in Grönland; Erik IX., 1120 bis 1160, König und Schutzheiliger von Schweden; Erik Zabel, geboren 1970, deutscher Radrennfahrer

Erim bedeutet „erreichen"; aus dem Türkischen

E

Erinfried Nebenform von →
Erfried

Erk Nebenform von → Erich

Erker Nebenform von →
Erich

Erko Nebenform von → Erich

Erland bedeutet „der Aus-
länder"; aus dem Islän-
dischen; Variation: Erlandus

Erlandus Nebenform von →
Erland

Erminold bedeutet „der
große Herrscher"; aus dem
Althochdeutschen; Variation:
Ermo; Namenstag: 6. Januar

Ermo Nebenform von →
Erminold

Ernest Nebenform von →
Ernst; bekannter Namensträger: Ernest Miller Hemingway,
1899 bis 1961, US-amerikanischer Schriftsteller und
Nobelpreisträger

Ernestinus Nebenform von
→ Ernst

Ernesto italienische Nebenform von → Ernst

Ernestus Nebenform von →
Ernst; Namenstag: 12. Januar

Erni Nebenform von → Ernst

Ernie Nebenform von →
Ernst

Ernst bedeutet „die Beharrlichkeit"; aus dem Althoch-

deutschen; Variationen:
Ernestus, Earnest, Erni, Erny,
Ernie, Ernesto; Namenstage:
7. November, 27. März,
30. Juni; bekannte Namensträger: Ernst Barlach, 1870
bis 1938, deutscher Bildhauer
und Grafiker; Ernst Bloch,
1885 bis 1977, deutscher Philosoph; Ernst Cassirer, 1874
bis 1945, deutscher Philosoph; E.T.A. Hoffman, eigentlich: Ernst Theodor Wilhelm,
1776 bis 1822, deutscher
Schriftsteller; Ernst Jünger,
1895 bis 1998, deutscher
Schriftsteller; Ernst Lubitsch,
1892 bis 1947, deutsch-amerikanischer Regisseur; Ernst
Jandl, 1925 bis 2000, österreichischer experimenteller
Lyriker; Ernst Ludwig Kirch-
ner, 1880 bis 1938, deutscher
Maler und Grafiker des
Expressionismus

Erny Nebenform von → Ernst

Erwin bedeutet „der Herr
und der Freund"; aus dem Althochdeutschen; Namenstage:
29. Mai, 25. April; bekannte
Namensträger: Erwin Pisca-
tor, 1893 bis 1966, deutscher
Theaterregisseur und Intendant; Erwin Strittmatter, 1912
bis 1994, deutscher Schriftsteller

Esra bedeutet „der Herr ist
Hilfe"; aus dem Hebräischen;
Variation: Ezra

Esteban spanische Form
von → Stephan

Étienne französische Form
von → Stephan

Etzel Bedeutung ungeklärt;
aus dem Althochdeutschen

Eugen bedeutet „der Wohlgeborene"; aus dem Grie-
chischen; Variationen:
Eugene, Eugenio; Namens-
tage: 13. November,
20. Dezember, 23. Januar;
bekannter Namensträger:
Eugen Drewermann, geboren
1940, deutscher Theologe,
Psychologe und Schriftsteller

Eugene Nebenform von →
Eugen

Eugenio Nebenform von →
Eugen

Eulogius Nebenform von →
Eligius

Eusebius bedeutet „der
Gottesfürchtige"; aus dem
Lateinischen und Grie-
chischen

Evangelist bedeutet „die
frohe Botschaft"; aus dem
Griechischen

Ewald bedeutet „Gesetz und
herrschen"; aus dem Althochdeutschen; Namenstag:
3. Oktober

Eward bedeutet „der
Gesetzeshüter"; aus dem Friesischen

Ezechiel bedeutet „Gott
stärkt"; aus dem Hebräischen

Ezra Nebenform von → Esra

Ezzo italienische Kurzform
von → Adolf

F

Fabian bedeutet „die Bohne"; aus dem Lateinischen; Variationen: Fabio, Fabianus, Fabián, Fabiano; bekannte Namensträger: Fabian Harloff, geboren 1970, deutscher Schauspieler und Synchronsprecher; Fabian Hambüchen, geboren 1987, deutscher Geräteturner; Fabian, 200 bis 250, Heiliger, Märtyrer und Bischof von Rom

Fabián Nebenform von → Fabian

Fabiano italienische Nebenform von → Fabian

Fabianus Nebenform von → Fabian; Namenstag: 20. Januar

Fabiao Nebenform von → Fabian

Fabien Nebenform von → Fabian

Fabio italienische und spanische Nebenform von → Fabian

Fabius Nebenform von → Fabian

Fabrice Nebenform von → Fabricius

Fabricio Nebenform von → Fabricius

Fabricius bedeutet „der handwerklich Geschickte"; aus dem Lateinischen; Variationen: Fabrice, Fabrizio, Fabrizius

Fabrizio Nebenform von → Fabricius

Fabrizius Nebenform von → Fabricius

Faisal bedeutet „der Richter"; aus dem Arabischen

Falco Nebenform von → Falko; bekannter Namensträger: Johann Hölzel alias Falco, 1957 bis 1998, österreichischer Musiker

Falk Nebenform von → Falko; Namenstag: 6. Juni

Falkmar bedeutet „der berühmte Falke"; aus dem Althochdeutschen

Falko bedeutet „der Falke"; aus dem Althochdeutschen; Variationen: Falk, Falco; Namenstag: 20. Februar; bekannte Namensträger: Falko Götz, geboren 1962, deutscher Fußballspieler und Trainer; Falko Hennig, geboren 1969, deutscher Schriftsteller und Journalist; Falko Maiwald, geboren 1976, deutscher Schauspieler; Falko Traber, geboren 1959, deutscher Artist

Farald Nebenform von → Farold

Faramond Nebenform von → Farmund

Farmund bedeutet „der Nachkomme und der Schutz"; aus dem Althochdeutschen; Variation: Faramond

Farold bedeutet „fahren und walten"; aus dem Althochdeutschen; Variationen: Farald, Farolt

Farolt Nebenform von → Farold

Faruk Bedeutung ungeklärt; aus dem Arabischen

Fastmar bedeutet „der Feste und der Berühmte"; aus dem Althochdeutschen

Fastrad bedeutet „der feste Ratgeber"; aus dem Althochdeutschen

Fatih bedeutet „der Eroberer"; aus dem Türkischen

Fausto italienische Nebenform von → Faustus; Namenstag: 14. Oktober

Faustus bedeutet „der Glücksbringer"; aus dem Lateinischen; Variation: Fausto

Fedde friesische Kurzform von → Namen mit Fried-

Federico italienische Form von → Friedrich

Fedor Nebenform von → Theodor

Feike friesische Kurzform von → Namen mit Endung -fried

Feiko friesische Kurzform von → Namen mit -fried

Feivel Nebenform von → Phoebe

Felice Nebenform von → Felix

Felician Nebenform von → Felix; Namenstag: 9. Juni

Feliciano Nebenform von → Felix

Felicianus Nebenform von → Felix

Félicien Nebenform von → Felix

Felipe spanische Nebenform von → Philipp; bekannte Namensträger: Felipe VI., geboren 1968, König von Spanien; Felipe Massa, geboren 1981, Automobilrennfahrer; Felipe de Vigarny, 1480 bis 1542, spanischer Bildhauer

Felix bedeutet „der Glückliche"; aus dem Lateinischen; Variationen: Felice, Feliciano, Félicien; Namenstag: 11. September; bekannte Namensträger: Felix Baumgartner, geboren 1969; österreichischer Extremsportler

Felizian Nebenform von → Felix

Felton bedeutet „das Dorf inmitten von Feldern"; aus dem Englischen

Fendel Koseform von → Ferdinand

Fenton benannt nach einem Ort in der Marsch; aus dem Englischen

Feodor Nebenform von → Theodor

Ferdel Kurzform von → Ferdinand

Ferdi Nebenform von → Ferdinand

Ferdinand bedeutet „der mutige Friede"; aus dem Althochdeutschen; Variationen: Ferdi, Ferdy; Namenstag: 30. Mai; bekannte Namensträger: Graf Ferdinand von Zeppelin, 1838 bis 1917, deutscher Luftschiffkonstrukteur; Ferdinand Sauerbruch, 1875 bis 1951, deutscher Chirurg; Ferdinand Porsche, 1875 bis 1951, deutscher Kraftfahrzeugkonstrukteur; Ferdinand Lassalle, 1825 bis 1864, deutscher Politiker und Gründer der Sozialdemokratie; Ferdinand Magellan, 1480 bis 1521, portugiesischer Seefahrer; Ferdinand Keller, 1800 bis 1881, schweizerischer Altertumsforscher und Archäologe

Ferdy Nebenform von → Ferdinand

Ferenc Nebenform von → Franziskus

Fergal bedeutet „der tapfere Mann"; aus dem Gälischen

Fergus bedeutet „der kräftige Mann"; aus dem Gälischen

Fermin bedeutet „der Standhafte"; aus dem Lateinischen; Variationen: Firmin, Firminus

Fermund Nebenform von → Farmund

Festus bedeutet „das Fest"; aus dem Lateinischen

Fidel Nebenform von → Fidelius

Fidelis Nebenform von → Fidelius; Namenstag: 24. April

Fidelius bedeutet „der Treue"; aus dem Lateinischen; Variationen: Fidel, Fidelis

Fides Nebenform von → Fidelius

Fiete Nebenform von → Friedrich

Filibert bedeutet „der sehr Glänzende"; aus dem Althochdeutschen

Filip slawische Form von → Philipp

Fillin bedeutet „der Wolf"; aus dem Gälischen

Fingal bedeutet „der helle Fremde"; aus dem Gälischen

Finn bedeutet „der Finne"; aus dem Skandinavischen

Finn bedeutet „der Helle"; aus dem Gälischen

Fionnbharr Bedeutung ungeklärt; aus dem Irischen

Firmin Nebenform von → Fermin; Namenstag: 25. September

Firminus Nebenform von → Fermin

Fjodor russische Form von → Theodor

Flavio Nebenform von → Flavius; bekannter Namensträger: Flavio Briatore, geboren 1950, italienischer Formel-1-Manager

Flavius bedeutet „der Goldene"; aus dem Lateinischen; Variation: Flavio

Flo Nebenform von → Florens

Florens bedeutet „der im blühenden Alter"; aus dem Lateinischen; Variationen: Florian, Flo

Flori Kurzform von → Florian

Florian Nebenform von → Florens; Namenstag: 4. Mai; bekannte Namensträger: Florian Silbereisen, geboren 1981, deutscher Moderator und Volksliedsänger; Florian Henckel von Donnersmarck, geboren 1973, deutscher Regisseur und Drehbuchautor; Florian Geyer, um 1490 bis 1525, deutscher Ritter und Diplomat

Floribert bedeutet „der Blühende und der Glänzende"; aus dem Althochdeutschen

Flynn bedeutet „der Rote"; aus dem Gälischen

Focke friesische Kurzform von → Namen mit Volk-

Foillan Bedeutung ungeklärt; vermutlich aus dem Gälischen

Folke ostfriesische Nebenform von → Namen mit Volk-

Folker Nebenform von → Volker

Folkwein bedeutet „das Volk und der Freund"; aus dem Althochdeutschen

Foma russische Form von → Thomas

Forbes bedeutet „das Feld"; aus dem Gälischen

Fortunat Nebenform von → Fortunatus; Namenstag: 12. Juli

Fortunatus bedeutet „der Glückliche"; aus dem Lateinischen; Variation: Fortunat

Francesco Nebenform von → Franziskus

Francis Nebenform von → Franziskus; bekannte Namensträger: Francis Bacon, 1561 bis 1626, englischer Philosoph; Francis Drake, 1540 bis 1596, britischer Seefahrer; Francis Ford Coppola, geboren 1939, US-amerikanischer Regisseur und Produzent

Francisco spanische Form von → Franziskus; bekannte Namensträger: Francisco Alvarez, circa 1465 bis circa 1540, portugiesischer Missionar und Entdecker; Francisco Zúñiga, 1912 bis 1998, costaricanischer Bildhauer und Maler; Francisco Corzas Chávez, 1936 bis 1983, mexikanischer Maler; Francisco d'Andrade, 1859 bis 1921, portugiesischer Opernsänger

Franciscus Nebenform von → Franziskus

Franco italienische Nebenform von → Franziskus

François Nebenform von → Franziskus

Franek Nebenform von → Franziskus

Frank bedeutet „der Offene, der Freie"; aus dem Althochdeutschen; bekannte Namensträger: Frank Elstner, geboren 1942, Spielshowerfinder und Moderator; Frank Farian, geboren 1941, deutscher Musikproduzent, Komponist und Sänger; Frank Goosen, geboren 1966, deutscher Kabarettist und Romanautor; Frank Sinatra, 1915 bis 1998, US-amerikanischer Sänger und Schauspieler; Frank Wedekind, 1864 bis 1918, deutscher Schriftsteller und Schauspieler; Frank Zander, geboren 1942, deutscher Sänger; Frank Zappa, 1940 bis 1993, US-amerikanischer Rockmusiker

Franklin bedeutet „der freie Mann"; aus dem Englischen; bekannter Namensträger: Franklin D. Roosevelt, 1882

bis 1945, 32. Präsident der USA; Franklin Bittencourt, geboren 1969, brasilianischer Fußballspieler und Fußballtrainer; Franklin Stahl, geboren 1929, US-amerikanischer Genetiker; Franklin J. Schaffner, 1920 bis 1989, US-amerikanischer Filmregisseur

Franky Nebenform von → Frank

Frans holländische Form von → Franz

Franz Nebenform von → Franziskus; Namenstage: 4. Juni, 9. August, 21. August, 1. Oktober; bekannte Namensträger: Franz Beckenbauer, geboren 1945, deutscher Fußballspieler; Franz Burda, 1903 bis 1986, deutscher Verleger; Franz Kafka, 1883 bis 1924, deutscher Schriftsteller; Franz Marc, 1880 bis 1916, deutscher Maler; Franz Müntefering, geboren 1940, deutscher Politiker; Franz Schubert, 1797 bis 1828, österreichischer Komponist; Franz Josef Strauß, 1915 bis 1988, deutscher Politiker; Franz von Assisi, um 1181 bis 1226, Gründer des katholischen Ordens der Franziskaner; Franz Werfel, 1890 bis 1945, österreichischer Schriftsteller; Franz Joseph I., 1848 bis 1916, Kaiser von Österreich-Ungarn

Franziskus bedeutet „vom Stamm der Franken"; aus dem Lateinischen; Variationen: Francois, Franz, Franek

Fred Nebenform von → Friedrich; bekannte Namensträger: Fred Astaire, 1899 bis 1987, US-amerikanischer Sänger, Tänzer und Schauspieler; Fred Durst, geboren 1970, US-amerikanischer Rocksänger; Fred Kogel, geboren 1960, deutscher Medienmanager

Freddy Nebenform von → Friedrich

Frederico Nebenform von → Friedrich

Frederik Nebenform von → Friedrich

Frido Nebenform von → Friedrich

Fridolin Nebenform von → Friedrich; Namenstag: 6. März

Frieder Nebenform von → Friedrich

Friederico Nebenform von → Friedrich

Friedger bedeutet „der Friede und der Speer"; aus dem Althochdeutschen

Friedhelm bedeutet „der Friede und der Helm"; aus dem Althochdeutschen

Friedolf bedeutet „der Friede und der Wolf"; aus dem Althochdeutschen

Friedrich bedeutet „der Friede und die Herrschaft"; aus dem Althochdeutschen; Namenstage: 7. August, 3. März, 8. Mai, 18. Juli;

bekannte Namensträger: Friedrich Dürrenmatt, 1921 bis 1990, schweizerischer Schriftsteller, Dramatiker und Maler; Friedrich Ebert, 1871 bis 1925, deutscher Politiker und erster Reichspräsident der Weimarer Republik; Friedrich Engels, 1820 bis 1895, deutscher Politiker, Unternehmer, Philosoph und Militärhistoriker; Friedrich Nietzsche, 1844 bis 1900, deutscher Philosoph; Friedrich Schiller, 1759 bis 1805, deutscher Dichter, Dramatiker und Historiker

Frithjof bedeutet „die heimliche Liebe"; aus dem Skandinavischen

Fritz Nebenform von → Friedrich; bekannte Namensträger: Fritz Lang, 1890 bis 1976, österreichisch-US-amerikanischer Filmregisseur; Fritz Wepper, geboren 1941, deutscher Schauspieler; Fritz Reuter, 1810 bis 1874, deutscher Schriftsteller

Frodewin bedeutet „der kluge Freund"; aus dem Althochdeutschen; Namenstag: 27. März

Fulko ost- und nordfriesische Kurzform von → Namen mit Volk-

Fulvian bedeutet „das rotblonde Haar"; aus dem Lateinischen; Variationen: Fulvio

Fulvio Nebenform von → Fulvian

Fynn Nebenform von → Finn

Gabe Nebenform von →
Gabriel

Gabir bedeutet „der Tröster"; aus dem Arabischen

Gábor ungarische Form von
→ Gabriel

Gabriel bedeutet „der
starke Mann Gottes"; aus dem
Hebräischen; Variationen:
Gabe, Gabor; Namenstag:
29. September; bekannte
Namensträger: Gabriel Omar
Batistuta, geboren 1969,
argentinischer Fußballspieler;
Gabriel Fauré, 1845 bis 1924,
französischer Komponist;
Gabriel Héctor Fernández,
geboren 1977, argentinischer
Fußballspieler; Gabriel García
Márquez, 1927 bis 2014,
kolumbianischer Schriftsteller
und Nobelpreisträger des
Jahres 1982; Gabriel Lamé,
1795 bis 1875 , französischer
Mathematiker und Physiker;
Gabriel Heinze, geboren 1978,
argentinischer Fußballspieler;
Gabriel Lippmann, 1845 bis
1921, französischer Physiker
und Nobelpreisträger des
Jahres 1908; Gabriel von
Seidl, 1848 bis 1913, Architekt

Gabriele italienische Form
von → Gabriel

Gad bedeutet „das Glück";
aus dem Hebräischen

Gael französische Form →
Gallus

Gaetano Bedeutung ungeklärt; vermutlich aus dem
Lateinischen

Gafar bedeutet „der Strom";
aus dem Arabischen

Gage bedeutet „das Maß";
aus dem Englischen

Gaius Bedeutung ungeklärt;
vermutlich aus dem Latei-
nischen; bekannter Namensträger: Gaius Iulius Caesar,
100 vor Christus bis 44 vor
Christus, römischer Staatsmann, Feldherr und Autor

Gaizka bedeutet „der Retter"; aus dem Baskischen

Galahad aus dem Kel-
tischen; bekannter Namensträger: Sir Galahad, einer der
wichtigsten Ritter der Tafelrunde in der Artussage

Galdwyn bedeutet „der helle Freund"; aus dem Eng-
lischen

Gale bedeutet „der Sturm";
aus dem Englischen; bekannter Namensträger: Gale Morgan Harold III, geboren 1969,
Schauspieler

Galen bedeutet „der Stille";
aus dem Lateinischen

Galileo aus dem Italienischen; bekannter Namensträger: Galileo Galilei, 1564
bis 1642, italienischer Erfinder und Naturwissenschaftler

Gallagher bedeutet „die
fremde Hilfe"; aus dem
Gälischen

Gallus bedeutet „der Hahn";
aus dem Lateinischen;
Namenstag: 16. Oktober

Galvin bedeutet „der
Spatz"; aus dem Keltischen

Gamal bedeutet „die Schönheit"; aus dem Arabischen

Gamil bedeutet „der Schöne"; aus dem Arabischen

Gandalf bedeutet „der Wan-
der-Elf"; aus dem Skandinavischen; bekannter Namensträger: Gandalf, eine
Hauptfigur aus J. R. R. Tol-
kiens „Der kleine Hobbit" und
dem Roman „Der Herr der
Ringe"

Ganesh bedeutet „der Herr
der Horden"; aus dem
Indischen; Variation: Ganesha

Ganesha Nebenform von →
Ganesh

Ganix baskische Nebenform
von → Johannes

Garaile bedeutet „der Sieger"; aus dem Baskischen

Garbhán bedeutet „der
Raue"; aus dem Gälischen;
Variationen: Garvan, Garvin

García bedeutet „der Bär";
aus dem Spanischen

Garet Nebenform von →
Garrett

Gareth Bedeutung ungeklärt; aus dem Keltischen

Garfield bedeutet „das dreieckige Feld"; aus dem Englischen

Garland bedeutet „das dreieckige Land"; aus dem Englischen

Garnet bedeutet „das Scharnier"; aus dem Englischen

Garrett Bedeutung ungeklärt; aus dem Englischen

Garrick bedeutet „die Speerkraft"; aus dem Englischen

Garth bedeutet „der Garten"; aus dem Englischen

Garvan Nebenform von → Garbhán

Garvin bedeutet „der Freund mit Speer"; aus dem Englischen

Garvin Nebenform von → Garbhán

Gary Kurzform von → Gareth

Gaspar Nebenform von → Jasper

Gaspard Nebenform von → Jasper

Gaspare Nebenform von → Jasper; bekannte Namensträger: Gaspare Aselli, 1581 bis 1626, italienischer Chirurg und Anatom; Gaspare Stanis-

lao Ferrari SJ, 1834 bis 1903, italienischer Mathematiker und Astronom; Gaspare Fossati, 1809 bis 1883, venezianischer Architekt; Gaspare Landi, 1756 bis 1830, italienischer Maler; Gaspare Mainardi, 1800 bis 1879, italienischer Mathematiker; Gaspare Luigi Pacifico Spontini, 1774 bis 1851, italienischer Komponist und Dirigent

Gasparo italienische Form von → Kaspar

Gaston bedeutet „der Fremde"; aus dem Französischen; Namenstag: 6. Februar

Gaubert bedeutet „Gesetz und hell"; aus dem Althochdeutschen

Gaudenz bedeutet „der, der sich freut"; aus dem Lateinischen

Gavin Nebenform von → Gawain; bekannte Namensträger: Gavin Friday, geboren 1959, irischer Sänger, Songwriter, Komponist und Maler; Gavin Rossdale, geboren 1967, britischer Musiker und Schauspieler; Gavin Menzies, geboren 1937, Schriftsteller

Gawain bedeutet „der weiße Adler"; aus dem Keltischen; Variation: Gavin; bekannter Namensträger: Gawain, in der Artussage ein Ritter von König Artus' Tafelrunde

Gaylord Bedeutung ungeklärt; vermutlich aus dem Englischen

Gaynor bedeutet „der Sohn des hellen Mannes"; aus dem Gälischen

Gebes Kurzform von → Gebhard

Gebhard bedeutet „das robuste Geschenk"; aus dem Althochdeutschen; Namenstag: 15. Juni

Geert Nebenform von → Gerhard

Gelleért Nebenform von → Gerhard

Gene Nebenform von → Eugene; bekannter Namensträger: Gene Hackman, geboren 1930, US-amerikanischer Schauspieler

Genest bedeutet „der Spross"; aus dem Französischen

Genghis bedeutet „der Herr über alles"; aus dem Persischen

Gennadius bedeutet „der Edle"; aus dem Griechischen

Gennaro bedeutet „Januar"; aus dem Italienischen

Geoffrey bedeutet „das fremde Gebiet"; aus dem Englischen; bekannte Namensträger: Geoffrey Bayldon, geboren 1924, britischer Schauspieler; Geoffrey Chaucer, circa 1343 bis 1400, britischer Schriftsteller; Geoffrey de Havilland, 1882 bis 1965, britischer Flugzeug-

G

konstrukteur; Geoffrey Rush, geboren 1951, australischer Schauspieler; Geoffrey Ingram Taylor, 1886 bis 1975, britischer Physiker; Geoffrey Tozer, geboren 1954, australischer Pianist; Geoffrey Wilkinson, 1921 bis 1996, britischer Chemiker; Geoffrey Trease, 1909 bis 1998, britischer Autor

Georg bedeutet „der Bauer"; aus dem Griechischen; Variationen: George, Georgie; Namenstage: 28. Oktober, 27. Januar, 23. April; bekannte Namensträger: Georg VI., 1936 bis 1952, König von England; Georg V., 1910 bis 1936, König von England; Georg II., 1923 bis 1947, König von Griechenland; Georg von Podiebrad, 1458 bis 1471, König von Böhmen

George Nebenform von → Georg; bekannte Namensträger: George Boole, 1815 bis 1864, englischer Mathematiker und Philosoph; George H. W. Bush, geboren 1924, US-amerikanischer Politiker und 41. Präsident der USA; George W. Bush, geboren 1946, US-amerikanischer Politiker und 43. Präsident der USA; George Clooney, geboren 1961, US-amerikanischer Schauspieler, Drehbuchautor, Produzent und Regisseur; George Foreman, geboren 1949, US-amerikanischer Boxer und Prediger; George Gershwin, 1898 bis 1937, US-amerikanischer Komponist; George Harrison, 1943 bis 2001, englischer Musiker, Komponist und Mitglied der „Beatles"; George Lucas, geboren 1944, US-amerikanischer Regisseur und Produzent; George Michael, geboren 1963, britischer Sänger; George Orwell, 1903 bis 1950, englischer Schriftsteller und Essayist; George Bernard Shaw, 1856 bis 1950, irischer Dramatiker; George Washington, 1732 bis 1799, US-amerikanischer Politiker, General und erster Präsident der USA; George Washington De Long, 1844 bis 1881, US-amerikanischer Seefahrer und Polarforscher

Georgie Nebenform von → Georg

Gerald bedeutet „das Gesetz und der Speer"; aus dem Althochdeutschen; Namenstag: 5. Dezember; bekannte Namensträger: Gerald Asamoah, geboren 1978, deutscher Fußballspieler; Gerald Ford, 1913 bis 2006, der 38. Präsident der Vereinigten Staaten von Amerika; Gerald Green, 1922 bis 2006, US-amerikanischer Schriftsteller

Gerard Nebenform von → Gerhard; bekannte Namensträger: Gerard Butler, geboren 1969, schottischer Schauspieler; Gérard Depardieu, geboren 1948, französischer Schauspieler

Gerasimos bedeutet „der Alte"; aus dem Griechischen

Gerben bedeutet „der Speer und der Bär"; aus dem Althochdeutschen

Gerd Nebenform von → Gerhard; bekannte Namensträger: Gerd Dudenhöffer, geboren 1949, deutscher Kabarettist; Gerd Knebel, Geburtstag unbekannt, deutscher Musiker, Comedian und Schauspieler; Gerd Müller, geboren 1945, deutscher Fußballspieler und Weltmeister des Jahres 1974

Gereon bedeutet „der alte Mann"; aus dem Griechischen; Namenstag: 10. Oktober

Gerhald Nebenform von → Gerhard

Gerhard bedeutet „der harte Speer"; aus dem Althochdeutschen; Variationen: Gerd, Gerard, Gerko; Namenstage: 24. September, 29. Januar, 8. März; bekannte Namensträger: Gerhard Bronner, 1922 bis 2007, Komponist und Musiker; Gerhart Hauptmann, 1862 bis 1946, Bühnendichter und Erzähler; Gerhard Richter, geboren 1932, Maler; Gerhard Rühm, geboren 1930, Schriftsteller und Komponist; Gerhard Schröder, geboren 1944, deutscher Bundeskanzler von 1998 bis 2005; Gerhard Stoltenberg, 1928 bis 2001, deutscher Politiker (CDU), deutscher Finanz- und Verteidigungsminister; Gerhard Zadek, 1919 bis 2005, deutscher NS-Widerstandskämpfer, Journalist und Autor

Gerhold Nebenform von → Gerhard

Gerko friesische Kurzform von → Gerhard

Gerlach bedeutet „der Speer und das Spiel"; aus dem Althochdeutschen; Namenstag: 5. Januar

Gerlof Nebenform von → Gerwulf

German bedeutet „der Speer und der Mann"; aus dem Althochdeutschen; Namenstage: 31. Juli, 21. Februar

Germar bedeutet „Speer und berühmt"; aus dem Althochdeutschen; Namenstag: 30. Dezember

Gernot bedeutet „der Speer und die Gefahr"; aus dem Althochdeutschen; Namenstag: 10. April

Gero Kurzform von → Namen mit Ger- ; Namenstag: 29. Juni

Gerolf Form von → Gerwulf

Geronimo Nebenform von → Jerome

Gerrit Nebenform von → Gerhard

Gershom bedeutet „das Exil"; aus dem Hebräischen; Variation: Gershon

Gershon Nebenform von → Gershom

Gervais Nebenform von → Gervasius

Gervasius bedeutet „der Speer"; aus dem Althochdeutschen; Variation: Gervais; Namenstag: 19. Juni

Gerwin bedeutet „der Speer und der Freund"; aus dem Althochdeutschen

Gerwulf bedeutet „der Speer und der Wolf"; aus dem Althochdeutschen; Variationen: Gerolf, Gerlof

Gevaert niederländische Form von → Gebhard

Géza Bedeutung ungeklärt; vermutlich aus dem Ungarischen

Ghalib bedeutet „der Eroberer"; aus dem Arabischen

Ghassan bedeutet „der Junge"; aus dem Arabischen

Ghislan bedeutet „die Geisel"; aus dem Althochdeutschen

Ghjuvan Nebenform von → Johannes

Ghufran bedeutet „der Verzeihende"; aus dem Arabischen

Giacomo italienische Form von → Jakob; bekannte Namensträger: Giacomo Puccini, 1858 bis 1924, italienischer Komponist; Giacomo Mari, 1924 bis 1991, italienischer Fußballspieler; Giacomo da Lentini, circa 1210 bis 1260, Erfinder des Sonetts; Giacomo Casanova, 1725 bis 1798, italienischer Abenteurer; Giacomo Agostini, geboren 1942, italienischer Motorradrennfahrer

Giancarlo italienische Kombination aus → Johannes und Carl; bekannter Namensträger: Giancarlo Fisichella, geboren 1973, italienischer Formel-1-Rennfahrer

Gianluca italienische Kombination aus → Johannes und Lukas

Gianni Nebenform von → Johannes; bekannter Namensträger: Gianni Versace, 1946 bis 1997, italienischer Modeschöpfer

Gideon bedeutet „der Holzfäller"; aus dem Hebräischen; Namenstag: 2. Oktober; bekannte Namensträger: Gideon Mantell, 1790 bis 1852, englischer Paläontologe; Gideon Spicker, 1840 bis 1912, deutscher Religionsphilosoph

Giffard bedeutet „die mutige Gabe"; aus dem Englischen

Gil bedeutet „die Freude"; aus dem Hebräischen; bekannte Namensträger: Gil Eanes, 15. Jahrhundert, portugiesischer Seefahrer und Entdeckungsreisender; Gil Ofarim, geboren 1982, deutscher Musiker und Schauspieler; Gil Evans, 1912 bis 1988, Jazzmusiker; Gil Kane, 1926 bis 2000, Comiczeichner

Gil Nebenform von → Gilbert

G

Gilbert bedeutet „versprechen und hell"; aus dem Althochdeutschen; Namenstag: 6. August; bekannte Namensträger: Gilbert Keith Chesterton, 1874 bis 1936, Grafiker und Autor; Gilbert Gascard, 1931 bis 2010, französischer Comiczeichner; Gilbert O'Sullivan, geboren 1946, irischer Sänger; Gilbert Stuart, 1755 bis 1828, US-amerikanischer Maler; Gilbert von Poitiers, circa 1080 bis 1155, scholastischer Theologe und Philosoph

Gildo aus dem Althochdeutschen; bekannter Namensträger: Guildo Horn, geboren 1963, deutscher Schlagersänger und Musiktherapeut

Giles bedeutet „die junge Ziege"; aus dem Lateinischen; Variation: Gilles

Gilles Nebenform von → Giles; bekannter Namensträger: Gilles Blanchard, geboren 1953, französischer Künstler

Gillespie bedeutet „der Diener des Bischofs"; aus dem Gälischen

Gino italienische Koseform von → Namen auf -gino; bekannte Namensträger: Gino Bartali, 1914 bis 2000, italienischer Radrennfahrer; Gino Bianco, 1916 bis 1984, italienischer Autorennfahrer; Gino Hahnemann, 1946 bis 2006, deutscher Schriftsteller, Architekt und Künstler; Gino Lettieri, geboren 1966, deutsch-italienischer Fußball-

trainer; Gino Severini, 1883 bis 1966, italienischer Maler; Gino Vannelli, geboren 1952, kanadischer Jazz-, Rock- und Popsänger

Giordano italienische Form von → Jordanus

Giorgio Nebenform von → Georg

Giotto Nebenform von → Ambrosius

Giovanni Nebenform von → Johannes; bekannte Namensträger: Giovanni Belzoni, 1778 bis 1823, italienischer Abenteurer, Ingenieur, Gewichtheber und Akrobat; Pionier der Ägyptologie; Giovanni da Bologna, 1529 bis 1608, Florentiner Bildhauer des Manierismus und Frühbarock; Giovanni Trapattoni, geboren 1939, italienischer Fußballspieler und -trainer; Giovanni Battista Tiepolo, 1696 bis 1770, italienischer Maler; Giovanni Battista Piranesi, 1720 bis 1778, italienischer Architekt

Girisha bedeutet „der Herr der Berge"; aus dem Indischen

Giselbert bedeutet „die helle Geisel"; aus dem Althochdeutschen; Namenstag: 20. März

Giuliano Nebenform von → Julian

Giulio Nebenform von → Julius

Giuseppe Nebenform von → Josef; bekannte Namensträger: Giuseppe Cesari, 1568 bis 1640, italienischer Maler; Giuseppe De Santis, 1917 bis 1997, italienischer Regisseur; Giuseppe Verdi, 1813 bis 1901, italienischer Komponist; Giuseppe „Nino" Farina, 1906 bis 1966, italienischer Rennfahrer und erster Formel-1-Weltmeister; Giuseppe Meazza, 1910 bis 1979, italienischer Fußballspieler

Glanville benannt nach einem Ortsnamen; aus dem Französischen

Glaucio bedeutet „der bläulich Schimmernde"; aus dem Lateinischen

Glaw bedeutet „der Regen"; aus dem Keltischen

Glen bedeutet „das Tal"; aus dem Gälischen; Variation: Glenn

Glenn Nebenform von → Glen; bekannte Namensträger: Glenn Ford, 1916 bis 2006, US-amerikanischer Schauspieler; Glenn Gould, 1932 bis 1982, kanadischer Pianist; Glenn Strange, 1899 bis 1973, Schauspieler

Glyn bedeutet „das Tal"; aus dem Keltischen

Glyndwr bedeutet „das Tal des Wassers"; aus dem Keltischen

Gobán bedeutet „der kleine Schmied"; aus dem Gälischen

Goddard bedeutet „der tapfere Gott"; aus dem Englischen

Godfrey bedeutet „der Friede mit Gott"; aus dem Althochdeutschen

Godofredo Nebenform von → Geoffrey

Godot benannt nach einer Figur aus dem Stück „Warten auf Godot" von Samuel Beckett; aus dem Französischen und aus dem Englischen

Godric bedeutet „die Kraft von Gott"; aus dem Englischen

Godwin bedeutet „der Freund von Gott"; aus dem Englischen

Gofraidh Nebenform von → Godfrey

Goibniu bedeutet „der Schmied"; aus dem Gälischen

Göker bedeutet „der Mann des Himmels"; aus dem Türkischen

Goliath bedeutet „der Unbedeckte"; aus dem Hebräischen; bekannter Namensträger: Goliath, Figur aus der Bibel

Golo Kurzform von → Namen mit God- oder Gott-

Gomer bedeutet „der Komplette"; aus dem Hebräischen

Gonzalo aus dem Spanischen; bekannte Namensträger: Gonzalo Pizarro, 1502 bis 1548, spanischer Eroberer; Gonzalo Sánchez de Lozada, geboren 1930, Präsident von Bolivien; Gonzalo Torrente Ballester, 1910 bis 1999, spanischer Schriftsteller und Rezensent

Gopal Nebenform von → Gopala

Gopala bedeutet „der Beschützer der Kuh"; aus dem Indischen; Variation: Gopal

Gopinatha bedeutet „der Führer der Gopies"; aus dem Indischen

Goraidh Nebenform von → Godfrey

Goran bedeutet „der Bergmann"; aus dem Serbischen

Göran schwedische Form von → Georg

Gordian bedeutet „der aus Gordium Stammende"; aus dem Lateinischen; Namenstag: 10. Mai

Gordon bedeutet „der große Hügel"; aus dem Keltischen; Namenstag: 16. Oktober; bekannte Namensträger: Gordon Brown, geboren 1951, britischer Politiker und Premierminister; Gordon Cooper, 1927 bis 2004, US-amerikanischer Astronaut; Gordon Moore, geboren 1929, US-amerikanischer Unternehmer

Gore bedeutet „das Dreieck"; aus dem Englischen

Gorka baskische Form von → Georg

Goro bedeutet „der fünfte Sohn"; aus dem Japanischen

Goronwy Bedeutung ungeklärt; vermutlich aus dem Keltischen

Gösta schwedische Form von → Gustav

Gotama bedeutet „der beste Ochse"; aus dem Indischen

Gottfried bedeutet „Gott und Friede"; aus dem Althochdeutschen; Namenstage: 2. Oktober, 8. November; bekannte Namensträger: Gottfried Keller, 1819 bis 1890, schweizerischer Schriftsteller; Gottfried von Berlichingen, 1480 bis 1562, fränkischer Reichsritter

Gottlieb bedeutet „der Nachkomme Gottes"; aus dem Althochdeutschen; Namenstag: 7. Juni; bekannte Namensträger: Gottlieb Daimler, 1834 bis 1900, deutscher Ingenieur, Konstrukteur und Industrieller; Gottlieb Bertrand, 1775 bis 1813, deutscher Autor; Gottlieb Schick, 1776 bis 1812, deutscher Maler

Gottschalk bedeutet „der Diener Gottes"; aus dem Althochdeutschen; Namenstag: 14. Juni

G

Götz Kurzform von → Gottfried

Gotzon bedeutet „der Engel"; aus dem Baskischen

Govad bedeutet „der Wind"; aus dem Persischen

Goyathlay bedeutet „der Gähnende"; aus dem Indianischen

Goyo Nebenform von → Gregor

Graham bedeutet „das steinige Anwesen"; aus dem Keltischen; bekannte Namensträger: Graham Chapman, 1941 bis 1989, britischer Schauspieler und Schriftsteller; Graham Greene, 1904 bis 1991, englischer Schriftsteller; Graham Hill, 1929 bis 1975, britischer Rennfahrer; Graham Nash, geboren 1942, Sänger und Songwriter („Crosby, Stills and Nash")

Granville bedeutet „die große Stadt"; aus dem Englischen

Granziano Nebenform von → Gratianus

Gratianus bedeutet „die Anmut"; aus dem Lateinischen; Variationen: Grazian, Graziano

Grazian Nebenform von → Gratianus; Namenstag: 18. Dezember

Greg Nebenform von → Gregor

Greger schwedische Form von → Gregor

Gregor bedeutet „der Wachsame"; aus dem Griechischen; Variationen: Gregorius, Greg, Greger; Namenstage: 25. August, 26. August, 3. September, 17. November; bekannte Namensträger: Gregor Gysi, geboren 1948, deutscher Politiker; Gregor Mendel, 1822 bis 1884, österreichischer Botaniker; Gregor Braun, geboren 1955, deutscher Radrennfahrer und Olympiasieger

Gregorius Nebenform von → Gregor

Gregory Nebenform von → Gregor; bekannter Namensträger: Gregory Peck, 1916 bis 2003, amerikanischer Schauspieler

Griffin bedeutet „der Greif"; aus dem Englischen

Grischa Nebenform von → Gregor

Grover bedeutet „der Hain mit Bäumen"; aus dem Englischen

Gruffydd bedeutet „der Prinz"; aus dem Keltischen

Grwn bedeutet „der Kamm"; aus dem Keltischen

Gualberto Nebenform von → Waldebert

Gualter Nebenform von → Walter

Gudbrand bedeutet „das Schwert Gottes"; aus dem Skandinavischen

Guerino Nebenform von → Warin

Guido italienische Form von → Guy; Namenstag: 12. Juni; bekannte Namensträger: Guido Bachmann, 1940 bis 2003, schweizerischer Schriftsteller; Guido Baumann, 1926 bis 1992, schweizerischer Journalist und Ratefuchs; Guido Dinelli, 1869 bis unbekannt, italienisch-argentinischer Gleitflugpionier, flog 1904 über 590 Fuß; Guido Henckel von Donnersmarck, 1830 bis 1916, bedeutender schlesischer Industrieller; Guido Knopp, geboren 1948, deutscher Historiker, Publizist und Moderator

Guillaume Nebenform von → Wilhelm

Guiomar bedeutet „der gut in der Schlacht ist"; aus dem Althochdeutschen

Guiscard bedeutet „der normannische Ort"; aus dem Englischen

Gundolf bedeutet „der Kampf und der Wolf"; aus dem Althochdeutschen

Gunnar bedeutet „der Krieger"; aus dem Skandinavischen; bekannter Namensträger: Gunnar Nilsson, 1948 bis 1978, schwedischer Formel-1-Pilot in den 70er-Jahren

Gunter bedeutet „der Kampf und das Heer"; aus dem Althochdeutschen; Variationen: Gunther, Günter, Günther; bekannte Namensträger: Gunter Gabriel, 1942 bis 2011, deutscher Sänger, Komponist und Texter; Gunter Sachs, 1932 bis 2011, deutscher Fotograf, Dokumentarfilmer und Kunstsammler

Günter Nebenform von → Gunter; bekannte Namensträger: Günter Grass, 1927 bis 2015, deutscher Schriftsteller; Günter Netzer, geboren 1944, ehemaliger deutscher Fußballspieler und Moderator; Günter Rexrodt, 1941 bis 2004, ehemaliger deutscher Politiker; Günter Wallraff, geboren 1942, deutscher Journalist

Gunthard bedeutet „der harte Kampf"; aus dem Althochdeutschen

Günther Nebenform von → Gunter; bekannter Namensträger: Günther Fielmann, geboren 1939, deutscher Unternehmer

Gunther Nebenform von → Gunter; bekannter Namensträger: Gunther Baumann, 1921 bis 1998, deutscher Fußballspieler

Guntram bedeutet „der Kriegsrabe"; aus dem Althochdeutschen; Namenstag: 28. März

Guntur bedeutet „der Donner"; aus dem Indischen

Gurutz bedeutet „das Kreuz"; aus dem Baskischen

Gustaf Nebenform von → Gustav; bekannter Namensträger: Gustaf Gründgens, 1899 bis 1963, deutscher Schauspieler, Regisseur und Intendant

Gustav bedeutet „die Stütze Gottes"; aus dem Skandinavischen; Variationen: Gustaf, Gustavo; Namenstage: 15. September, 10. März; bekannte Namensträger: Gustav Heinemann, 1899 bis 1976, deutscher Politiker, Bundespräsident von 1969 bis 1974; Gustav Robert Kirchhoff, 1824 bis 1887, deutscher Physiker; Gustav Klimt, 1862 bis 1918, österreichischer Maler

Gustave Nebenform von → Gustav; bekannte Namensträger: Gustave Eiffel, 1832 bis 1923, französischer Ingenieur; Gustave Flaubert, 1821 bis 1880, Schriftsteller

Gustavo Nebenform von → Gustav

Gutxi bedeutet „der Kleine"; aus dem Baskischen

Guy bedeutet „der Wald"; aus dem Althochdeutschen; bekannte Namensträger: Guy de Maupassant, 1850 bis 1893, französischer Schriftsteller und Journalist; Guy Pearce, geboren 1967, australisch-britischer Schauspieler

Gwallter Nebenform von → Walter

Gwenaël bedeutet „der Helle und Gesegnete"; aus dem Französischen

Gwil Nebenform von → Wilhelm

Gwilherm Nebenform von → Wilhelm

Gwilim Nebenform von → Wilhelm

Gwillym Nebenform von → Wilhelm

Gwilym Nebenform von → Wilhelm

Gwrtheryrn bedeutet „der bedeutende König"; aus dem Keltischen

Gwyn bedeutet „der Gesegnete", aus dem Keltischen

Gwynfor bedeutet „der Gesegnete und der Große"; aus dem Keltischen

Gwythyr Nebenform von → Victor

Gyatso bedeutet „der Ozean, das Meer"; aus dem Tibetanischen

György Nebenform von → Georg

Gyözö bedeutet „der Sieg"; aus dem Ungarischen

Gyula Nebenform von → Julius

Gyuri Nebenform von → Georg

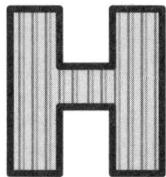

Haakon bedeutet „der Freund"; aus dem Skandinavischen; Variation: Hakon; bekannter Namensträger: Haakon von Norwegen, geboren 1973, Kronprinz

Habib bedeutet „der Geliebte"; aus dem Arabischen

Hadbert bedeutet „der Kampf und hell"; aus dem Althochdeutschen

Hadebrand bedeutet „der Kampf und der Brand"; aus dem Althochdeutschen

Hademar bedeutet „der Kampf und berühmt"; aus dem Althochdeutschen; Namenstag: 9. August

Hadi bedeutet „der Führer"; aus dem Arabischen

Hadrian bedeutet „der aus Hadria Stammende"; aus dem Lateinischen; Variationen: Hadrianus, Hadrien; Namenstag: 8. September; bekannte Namensträger: Hadrian, 76 bis 138, römischer Kaiser; Hadrian von Canterbury, unbekannt bis 710, britischer Heiliger; Hadrian ist zudem ein klassischer Papstname, zuletzt Hadrian VI.

Hadrianus Nebenform von → Hadrian

Hadrien Nebenform von → Hadrian

Hadubrand Nebenform von → Hadebrand

Hadufuns bedeutet „der Kampfbereite"; aus dem Althochdeutschen

Hadwin bedeutet „der Kampf und der Freund"; aus dem Althochdeutschen

Haerviu bedeutet „der Kampfeswürdige"; aus dem Keltischen

Hage bedeutet „die Einhegung"; aus dem Althochdeutschen

Hagen bedeutet „der Beschützer"; aus dem Althochdeutschen; bekannter Namensträger: Hagen von Tronje, Siegfrieds Widersacher im mittelhochdeutschen Epos von den Nibelungen

Haiko Nebenform von → Heiko

Haimo Nebenform von → Heinrich

Hajo Kurzform von → Hans-Joachim

Hakan bedeutet „der Herrscher"; aus dem Türkischen

Hakeem bedeutet „der Weise"; aus dem Arabischen; Variation: Hakim

Hakim Nebenform von → Hakeem

Hakon Nebenform von → Haakon

Hakvinn bedeutet „der Kampf und der Freund"; aus dem Althochdeutschen

Haldan bedeutet „der Stein und der Däne"; aus dem Norwegischen

Haldor bedeutet „der Stein und Thor (Donnergott)"; aus dem Skandinavischen

Hale bedeutet „der Gesunde"; aus dem Englischen

Halil bedeutet „die Flöte"; aus dem Hebräischen

Halim bedeutet „der Milde"; aus dem Arabischen

Halit Bedeutung ungeklärt; vermutlich aus dem Türkischen

Hallvard Nebenform von → Halvard

Hallvardr Nebenform von → Halvard

Halvard bedeutet „der Stein und der Hüter"; aus dem Skandinavischen und Althochdeutschen; Variation: Hallvard; Namenstag: 15. Mai

Halvor Nebenform von → Halvard

Hamal bedeutet „das Lamm"; aus dem Arabischen

Hamid Nebenform von → Hamit

Hamit bedeutet „der Lobenswerte"; aus dem Türkischen

Hamlet benannt nach einer Figur von Shakespeare; aus dem Englischen

Hamo Nebenform von → Heinrich

Hampus Nebenform von → Johannes

Hamza bedeutet „der Starke"; aus dem Arabischen

Hanfried Kombination aus → Johannes und → Friedrich

Hanif bedeutet „der Aufrichtige"; aus dem Arabischen

Hanjo Kombination aus → Johannes und → Joachim

Hank amerikanische Form von → Henry

Hannes Kurzform von → Johannes

Hannfried Nebenform von → Hanfried

Hannibal aus dem Phönizischen; bekannter Namensträger: Hannibal Barka, 246 vor Christus bis 183 vor Christus, einer der größten Feldherren der Antike

Hanno Kurzform von → Johannes; Namenstag: 24. Dezember

Hans Kurzform von → Johannes; Namenstag:

24. Dezember; bekannte Namensträger: Hans Albers, 1891 bis 1960, Sänger und Schauspieler; Hans Christian Andersen, 1805 bis 1875, dänischer Dichter und Schriftsteller; Hans Clarin, 1929 bis 2005, Schauspieler; Hans von Dohnanyi, 1902 bis 1945, Jurist und Widerstandskämpfer; Hans Fallada, 1893 bis 1947, Schriftsteller; Hans Dietrich Genscher, geboren 1927, Politiker (FDP); Hans Emil Meyer, 1889 bis 1954, schweizerischer Architekt; Hans Moser, 1880 bis 1964, österreichischer Schauspieler; Hans Rosenthal, 1925 bis 1987, deutscher Entertainer und Moderator; Hans Scholl, 1918 bis 1943, Widerstandskämpfer gegen den Nationalsozialismus

Hansdieter Kombination aus → Hans und → Dieter

Hansheinz Kombination aus → Hans und → Heinz

Hansi Kurzform von → Johannes

Hansjoachim Kombination aus → Hans und → Joachim; bekannter Namensträger: Hans-Joachim Kulenkampff, 1921 bis 1998, Schauspieler und Moderator

Hansjochen Kombination aus → Hans und → Jochen

Hansjörg Kombination aus → Hans und → Jörg

Hansjürgen Kombination aus → Hans und → Jürgen

Hanspeter Kombination aus → Hans und → Peter

Hanswerner Doppelname aus → Hans und → Werner

Harald bedeutet „der Herr und herrschen"; aus dem Althochdeutschen; Variation: Harold; Namenstag: 28. Juni; bekannte Namensträger: Harald Schmidt, geboren 1957, deutscher Schauspieler, Kabarettist, Kolumnist, Entertainer, Schriftsteller und Moderator; Harald Juhnke, 1929 bis 2005, deutscher Schauspieler, Sänger, Entertainer und Showmaster

Harbert ostfriesische Form von → Herbert

Hardi Kurzform von → Namen mit Hart- und -hard

Harduwin bedeutet „der berühmte Herrscher"; aus dem Althochdeutschen

Hardy Kurzform von → Namen mit Hart- und -hard; bekannter Namensträger: Hardy Krüger, geboren 1928, deutscher Filmschauspieler und Schriftsteller

Hares bedeutet „der Beschützer"; aus dem Arabischen

Hariolf bedeutet „das Heer und der Wolf"; aus dem Althochdeutschen

Haris Bedeutung ungeklärt; vermutlich aus dem Englischen

Hark friesische Kurzform von → Namen mit Har-

Harley bedeutet „die Hasenwiese"; aus dem Englischen

Harm friesische Form von → Hermann

Harmen Nebenform von → Hermann

Haro Nebenform von → Heribert

Harold Nebenform von → Harald; bekannter Namensträger: Sir Harold Pinter, 1930 bis 2008, britischer Theaterautor, Regisseur und Träger des Literaturnobelpreises 2005

Haroldo Nebenform von → Harald

Haroun bedeutet „der Erleuchtete"; aus dem Arabischen

Harris Bedeutung ungeklärt; vermutlich aus dem Englischen

Harrison benannt nach einem englischen Familiennamen; aus dem Englischen; bekannter Namensträger: Harrison Ford, geboren 1942, amerikanischer Schauspieler

Harro Nebenform von → Harald

Harry Nebenform von → Henry; bekannte Namensträger: Harry Belafonte, geboren 1927, US-amerikanischer Sänger, Schauspieler und Entertainer; Harry Rowohlt, geboren 1945, deutscher Schriftsteller und Übersetzer; Harry S. Truman, 1884 bis 1972, US-amerikanischer, demokratischer Politiker, 33. Präsident der USA; Harry Potter, literarische Figur aus dem Roman von J. K. Rowling

Hartbert bedeutet „hart und glänzend"; aus dem Althochdeutschen

Hartger bedeutet „der harte Speer"; aus dem Althochdeutschen

Hartlieb bedeutet „das harte Erbe"; aus dem Althochdeutschen

Hartmann bedeutet „der starke Mann"; aus dem Althochdeutschen; Namenstage: 12. Dezember, 23. Dezember

Hartmut bedeutet „die harte Entschlossenheit"; aus dem Althochdeutschen; Namenstag: 23. Januar; bekannter Namensträger: Hartmut Bossel, geboren 1935, Umweltforscher

Hartwig bedeutet „der harte Kampf"; aus dem Althochdeutschen; Namenstag: 14. Juni

Hartwin bedeutet „der starke Freund"; aus dem Althochdeutschen

Harun bedeutet „der Erleuchtete"; aus dem Arabischen

Harvey bedeutet „der Krieger"; aus dem Englischen; bekannte Namensträger: Harvey Keitel, geboren 1939, Schauspieler; Harvey Milk, 1930 bis 1978, Politiker

Harwig Nebenform von → Hartwig

Hasan bedeutet „der Gute"; aus dem Arabischen; Variation: Hassan

Haskel bedeutet „der starke Gott"; aus dem Hebräischen

Hassan Nebenform von → Hasan

Hasso bedeutet „der Hesse"; aus dem Althochdeutschen; Namenstag: 4. Juli

Hatto bedeutet „der Kampf"; aus dem Althochdeutschen

Hauk bedeutet „der Geist"; aus dem Althochdeutschen; Variation: Hauke

Hauke Nebenform von → Hauk

Hávadr bedeutet „der hohe Wächter"; aus dem Skandinavischen

Hayden bedeutet „die Heide"; aus dem Englischen; Variation: Haydn; bekannter Namensträger: Hayden Christensen, geboren 1981, kanadischer Schauspieler

Haydn Nebenform von → Hayden

Heath bedeutet „das Heideland"; aus dem Englischen; bekannter Namensträger: Heath Ledger, 1979 bis 2008, australischer Schauspieler

Hector Nebenform von → Hektor; Namenstag: 4. Februar

Hedi bedeutet „der Führer"; aus dem Arabischen

Heider Bedeutung ungeklärt; vermutlich aus dem Althochdeutschen

Heiderich Bedeutung ungeklärt; vermutlich aus dem Althochdeutschen

Heidher Bedeutung ungeklärt; vermutlich aus dem Althochdeutschen

Heidhr Bedeutung ungeklärt; vermutlich aus dem Althochdeutschen

Heiko niederdeutsch-ostfriesische Kurzform von → Heinrich

Heilmar bedeutet „der Gesunde und der Berühmte"; aus dem Althochdeutschen

Heilwig bedeutet „der Gesunde und der Kämpfende"; aus dem aus Althochdeutschen

Heimerad Nebenform von → Heimrad

Heimerich bedeutet „Heim und reich"; aus dem Althochdeutschen

Heimo Kurzform von → Namen mit Heim-; Namenstag: 27. Juni

Heimrad bedeutet „das Heim und der Ratgeber"; aus dem Althochdeutschen

Hein Nebenform von → Heinrich

Heiner Nebenform von → Heinrich; bekannte Namensträger: Heiner Lauterbach, geboren 1953, deutscher Schauspieler; Heiner Müller, 1929 bis 1995, deutscher Schriftsteller

Heino Nebenform von → Heinrich; bekannter Namensträger: Heino Ferch, geboren 1963, deutscher Schauspieler

Heinrich bedeutet „die mächtige Einfriedung"; aus dem Althochdeutschen; Variationen: Hein, Heiner, Heiko; Namenstage: 10. Juni, 23. Januar, 11. März, 13. Juli; bekannte Namensträger: Heinrich Böll, 1917 bis 1985, deutscher Schriftsteller; Heinrich von Brentano, 1904 bis 1964, deutscher Politiker und Bundesaußenminister; Heinrich Brüning, 1885 bis 1970, deutscher Politiker und Reichskanzler der Weimarer Republik; Heinrich Heine, 1797 bis 1856, deutscher Dichter und Journalist; Heinrich Jacobi, 1866 bis 1946, deutscher Architekt und provinzialrömischer Archäologe; Heinrich von Kleist, 1777 bis 1811, preußischer Dramatiker, Erzähler und Lyriker; Heinrich

Mann, 1871 bis 1950, deutscher Schriftsteller; Heinrich der Seefahrer, 1394 bis 1460, Initiator der portugiesischen Entdeckungsfahrten; Heinrich Schliemann, 1822 bis 1890, deutscher Kaufmann und Archäologe; Heinrich Schütz, 1585 bis 1672 deutscher Musiker, Komponist und Organist

Heinz Nebenform von → Heinrich; bekannte Namensträger: Heinz Erhardt, 1909 bis 1979, deutscher Komiker, Entertainer und Schauspieler; Heinz Gröning, geboren 1965, deutscher Kabarettist und Musiker; Heinz Georg Kramm, besser bekannt als „Heino", geboren 1938, deutscher Sänger; Heinz Rühmann, 1902 bis 1994, deutscher Schauspieler; Heinz Schenk, geboren 1924, deutscher Schauspieler und Showmaster; Heinz Sielmann, 1917 bis 2006, deutscher Tierfilmer; Heinz Strelow, 1915 bis 1943, deutscher Widerstandskämpfer

Heitor Nebenform von → Hektor

Hektor bedeutet „der Anker"; aus dem Griechischen; Variationen: Hector, Heitor

Helaku bedeutet „der sonnige Tag"; aus dem Indischen

Helder bedeutet „die Stadt in Holland"; aus dem Niederländischen

Helferich bedeutet „die mächtige Hilfe"; aus dem Althochdeutschen; Variation: Helfrich

Helfrich Nebenform von → Helferich

Helge bedeutet „der Gesunde"; aus dem Schwedischen; Variation: Helgo; bekannter Namensträger: Helge Schneider, geboren 1955, deutscher Autor, Musiker, Schauspieler und Komiker

Helgo Nebenform von → Helge

Helimar Nebenform von → Heilmar

Helios bedeutet „die Sonne"; aus dem Griechischen

Hellmuth Nebenform von → Helmut

Helmar Nebenform von → Heilmar

Helmer Nebenform von → Heilmar

Helmut bedeutet „der gesunde Geist"; aus dem Althochdeutschen; Variationen: Hellmuth, Helmuth; Namenstag: 29. März; bekannte Namensträger: Helmut Fischer, 1926 bis 1997, deutscher Schauspieler; Helmut Kindler, 1912 bis 2008, deutscher Verleger, Journalist und Autor; Helmut Kohl, geboren 1930, deutscher Politiker (CDU), von 1982 bis 1998 Bundeskanzler; Helmut Lotti, geboren 1969, belgischer Tenor; Helmut Newton, 1920

bis 2004, deutscher Fotograf; Helmut Schmidt, geboren 1918, deutscher Politiker (SPD), von 1974 bis 1982 Bundeskanzler

Helmuth Nebenform von → Helmut

Helwig Nebenform von → Heilwig

Hendrick bedeutet „Heim und reich"; aus dem Althochdeutschen; Variation: Hendrik

Hendrik Nebenform von → Hendrick

Henk Nebenform von → Heinrich

Henner Nebenform von → Heinrich

Hennes Nebenform von → Heinrich

Hennig Nebenform von → Johannes

Henning Nebenform von → Johannes; Namenstag: 21. Mai; bekannter Namensträger: Henning Mankell, geboren 1948, schwedischer Theaterregisseur und Schriftsteller

Henny Nebenform von → Heinrich

Henoch bedeutet „der Geweihte"; aus dem Hebräischen; Variation: Henok

Henok Nebenform von → Henoch

Henri Nebenform von → Heinrich; bekannter Namensträger: Henri Nannen, 1913 bis 1996, deutscher Verleger und Publizist

Henrick Nebenform von → Heinrich

Henrik Nebenform von → Heinrich

Henriko Nebenform von → Heinrich

Henry Nebenform von → Heinrich; bekannte Namensträger: Henry Fonda, 1905 bis 1982, US-amerikanischer Schauspieler; Henry Ford, 1863 bis 1947, US-amerikanischer Automobilindustrieller; Henry Hübchen, geboren 1947, deutscher Schauspieler; Henry Kissinger, geboren 1923, US-amerikanischer Politiker und Diplomat; Henry Maske, geboren 1964, deutscher Boxer; Henry „Harry" Mountbatten-Windsor, geboren 1984, Enkel und Thronfolger der britischen Königin Elisabeth II.; Henry Robinson, 1897 bis 1944, europäischer Kommunist und Widerstandskämpfer; Henry Wells, 1805 bis 1878, US-amerikanischer Unternehmer

Herakles bedeutet „der Ruhm der Göttin Hera"; aus dem Griechischen; bekannter Namensträger: Herakles, griechische Sagengestalt

Herbert bedeutet „das glänzende Heer"; aus dem Althochdeutschen; Variationen:

Herbie, Heribert; Namenstage: 13. November, 16. März; bekannte Namensträger: Herbert Feuerstein, geboren 1937, deutscher Kabarettist und Entertainer; Herbert Grönemeyer, geboren 1956, deutscher Sänger und Schauspieler; Herbert von Karajan, 1908 bis 1989, österreichischer Dirigent; Herbert George Wells, 1866 bis 1946, englischer Schriftsteller und Erfinder der Science-Fiction-Literatur

Herbie Nebenform von → Herbert

Hercule Nebenform von → Herakles; bekannter Namensträger: Hercule Poirot, Romanfigur der britischen Schriftstellerin Agatha Christie

Hercules Nebenform von → Herakles

Herfried bedeutet „das Heer und der Frieden"; aus dem Althochdeutschen

Hergard bedeutet „das Heer und der Schutz"; aus dem Althochdeutschen

Heribert Nebenform von → Herbert; Namenstag: 30. August

Heriberto Nebenform von → Herbert

Herke Nebenform von → Herko

Herko niederdeutsche Kurzform von → Namen mit Her-

Herlof Nebenform von → Herolf

Herman Nebenform von → Hermann

Hermann bedeutet „das Heer und der Mann"; aus dem Althochdeutschen; Variationen: Herman, Hermo; Namenstage: 6. August, 24. September; bekannter Namensträger: Hermann Hesse, 1877 bis 1962, deutsch-schweizerischer Dichter, Schriftsteller und Freizeitmaler; Hermann Huppen, geboren 1938, Comiczeichner

Hermes benannt nach dem griechischen Götterboten; aus dem Griechischen; Namenstag: 28. August

Hermo Nebenform von → Hermann

Hernan bedeutet „der Schutz und die Kühnheit"; aus dem Spanischen

Hernando Nebenform von → Hernan

Herold Nebenform von → Herwald

Herolf bedeutet „das Heer und der Wolf"; aus dem Althochdeutschen; Variation: Herlof

Herschel bedeutet „der Hirsch"; aus dem Jiddischen

Hertwig Nebenform von → Herwig

Hervé bedeutet „der würdige Kampf"; aus dem Keltischen

Herwald bedeutet „das Heer und herrschen"; aus dem Althochdeutschen; Variation: Herold

Herwig bedeutet „das Heer und der Kampf"; aus dem Althochdeutschen

Herwin bedeutet „das Heer und der Freund"; aus dem Althochdeutschen

Hesekiel bedeutet „der starke Gott"; aus dem Hebräischen

Hicham Bedeutung ungeklärt; aus dem Arabischen

Hieronymos bedeutet „der heilige Name"; aus dem Griechischen; Variation: Hieronymus

Hieronymus Nebenform von → Hieronymos; Namenstage: 30. September, 8. Februar

Hilal bedeutet „der Neumond"; aus dem Arabischen

Hilar Form von → Hilarius

Hilarius bedeutet „der Heitere"; aus dem Lateinischen; Variation: Hilar; Namenstag: 13. Januar

Hildebrand bedeutet „der Kampf und der Brand"; aus dem Althochdeutschen; Namenstag: 11. April

Hildeger bedeutet „der Kampf und der Speer"; aus dem Althochdeutschen

Hildemar bedeutet „der berühmte Kampf"; aus dem Althochdeutschen

Hilger Nebenform von → Hildeger

Hilmar Nebenform von → Hildemar; Namenstag: 13. Januar

Hinrich Nebenform von → Heinrich

Hinrik Nebenform von → Heinrich

Hiob bedeutet „der Feind"; aus dem Hebräischen

Hiram bedeutet „Erhaben ist mein Bruder"; aus dem Hebräischen

Ho bedeutet „der Gute"; aus dem Chinesischen

Hoimar bedeutet „erhaben und berühmt"; aus dem Althochdeutschen

Holden bedeutet „das Tal"; aus dem Englischen

Holger bedeutet „die Insel und der Speer"; aus dem Skandinavischen; bekannter Namensträger: Holger Speckhahn, geboren 1974, deutscher Schauspieler

Holm bedeutet „der Inselbewohner"; aus dem Skandinavischen

Horst bedeutet „das Gebüsch"; aus dem Althochdeutschen; Namenstag: 12. Oktober; bekannte Namensträger: Horst Buchholz, 1933 bis 2003, deutscher Schauspieler; Horst Eckel, geboren 1932, deutscher Fußballspieler; Horst Janson, geboren 1935, deutscher Schauspieler; Horst Köhler, geboren 1943, deutscher Bundespräsident von 2004 bis 2010; Horst Lichter, geboren 1962, deutscher Koch; Horst-Eberhard Richter, geboren 1923, deutscher Psychoanalytiker; Horst Seehofer, geboren 1949, bayerischer Ministerpräsident; Horst Tappert, 1923 bis 2008, deutscher Schauspieler

Hosea bedeutet „die Rettung"; aus dem Hebräischen

Howard benannt nach einem englischen Familiennamen; aus dem Englischen; Variation: Howie; bekannte Namensträger: Howard Carpendale, geboren 1946, deutscher Schlagersänger südafrikanischer Herkunft; Howard Carter, 1874 bis 1939, britischer Archäologe; Howard Hughes, 1905 bis 1976, US-amerikanischer Unternehmer, Filmproduzent und Luftfahrtpionier; Howard Stern, geboren 1954, US-amerikanischer Radiomoderator

Howie Nebenform von → Howard

Hubert bedeutet „der glänzende Geist"; aus dem Althochdeutschen; Variationen:

Hubertus, Hugbert, Hugubert; Namenstage: 3. November, 2. März; bekannter Namensträger: Hubert Burda, geboren 1940, deutscher Kunsthistoriker und Verleger

Hubertus Nebenform von → Hubert

Hugbert Nebenform von → Hubert

Hugh Kurzform von → Namen mit Hug-; bekannte Namensträger: Hugh Grant, geboren 1966, britischer Schauspieler; Hugh Hefner, geboren 1926, US-amerikanischer Verleger des „Playboy"; Hugh Jackman, geboren 1968, australischer Schauspieler

Hugo Kurzform von → Namen mit Hug- ; Namenstag: 28. April; bekannte Namensträger: Hugo Egon Balder, geboren 1950, deutscher Fernsehmoderator; Hugo von Hofmannsthal, 1874 bis 1929, österreichischer Schriftsteller und Dramatiker

Hugubert Nebenform von → Hubert

Humbert bedeutet „braun und glänzend"; aus dem Althochdeutschen; Namenstag: 4. März

Hussein ist ein arabischer Familienname; aus dem Arabischen; bekannter Namensträger: Hussein I. , 1935 bis 1999, König von Jordanien von 1952 bis 1999

Ian Nebenform von → Johannes; bekannte Namensträger: Ian Anderson, geboren 1947, britischer Sänger; Ian Curtis, 1956 bis 1980, britischer Musiker; Ian Fleming, 1908 bis 1964, Schriftsteller

Iannis Nebenform von → Johannes

Ibrahim Nebenform von → Abraham

Ibrahima Nebenform von → Abraham

Idris bedeutet „der Gelehrte"; aus dem Arabischen; Variationen: Idriss, Idriz

Idriss Nebenform von → Idris

Idriz Nebenform von → Idris

Iefan Nebenform von → Johannes

Iesus Nebenform von → Jesus

Ieuan Nebenform von → Johannes

Iggy Nebenform von → Ignatius; bekannter Namensträger: Iggy Pop, geboren 1947, US-amerikanischer Sänger, Gitarrist, Komponist, Schlagzeuger und Schauspieler

Ignace Nebenform von → Ignatius

Ignacio Nebenform von → Ignatius

Ignatius bedeutet „der Feurige"; aus dem Lateinischen; Variationen: Ignaz, Iggy; Namenstage: 31. Juli, 17. Oktober

Ignaz Nebenform von → Ignatius; bekannte Namensträger: Ignatz Bubis, 1927 bis 1999, deutscher Kaufmann, FDP-Politiker und Vorsitzender des Zentralrates der Juden in Deutschland; Ignaz Kiechle, 1930 bis 2003, CSU-Politiker, Bundesminister für Ernährung, Landwirtschaft und Forsten 1983 bis 1993; Ignaz Seipel, 1876 bis 1932, österreichischer Moraltheologe und Bundeskanzler 1922 bis 1924 und 1926 bis 1929; Ignaz Wrobel, Pseudonym Kurt Tucholskys

Ignazi Nebenform von → Ignatius

Igor russische Form von → Ingvar; Namenstag: 19. September; bekannter Namensträger: Igor Fjodorowitsch Strawinski, 1882 bis 1971, russischer Komponist

Ika russische Form von → Ingvar

Ike Nebenform von → Isaac

Iker Bedeutung ungeklärt; vermutlich aus dem Spanischen

Ilan bedeutet „der Baum"; aus dem Hebräischen

Ilari Nebenform von → Hilarius

Ilario Nebenform von → Hilarius

Ilhan bedeutet „die mongolische Dynastie"; aus dem Türkischen

Ilian Nebenform von → Elias

Ilias Nebenform von → Elias

Ilies Nebenform von → Elias

Ilija Nebenform von → Elias

Ilir bedeutet „frei sein"; aus dem Albanischen

Ilja Nebenform von → Elias; bekannte Namensträger: Ilja Frank, 1908 bis 1990, russischer Physiker und Nobelpreisträger; Ilja Kabakow, geboren 1933, russischer Maler und Installationskünstler; Ilja Metschnikow, 1845 bis 1916, ukrainischer Zoologe und Nobelpreisträger; Ilja Repin, 1844 bis 1930, russischer Maler; Ilja Richter, geboren 1952, deutscher Schauspieler, Moderator und Synchronsprecher

Illie Nebenform von → Elias

Ilmari bedeutet „die Luft"; aus dem Finnischen; Variation: Ilmarinen

Ilmarinen Nebenform von → Ilmari

Ilya Nebenform von → Elias; bekannter Namensträger: Ilya Prigogine, 1917 bis 2003, russisch-belgischer Chaostheoretiker und Nobelpreisträger

Ilyas Nebenform von → Elias

Ilyes Nebenform von → Elias

Imer Bedeutung ungeklärt; vermutlich aus dem Albanischen

Immanuel Nebenform von → Emmanuel; bekannte Namensträger: Immanuel Kant, 1724 bis 1804, deutscher Philosoph; Immanuel Nobel, 1801 bis 1872, Vater von Alfred Nobel

Imraan bedeutet „der Großvater Jesu"; aus dem Arabischen; Variation: Imran

Imran Nebenform von → Imraan

Imre Nebenform von → Emmerich

Inaki Nebenform von → Ignatius

Indigo bedeutet „der Blaue"; aus dem Englischen

Indro Bedeutung ungeklärt; vermutlich aus dem Italienischen

Ing Nebenform von → Ingomar

Ingar Nebenform von → Ingomar

Ingbert bedeutet „Stammesgott und glänzend"; aus dem Althochdeutschen; Namenstage: 28. März, 22. Oktober

Ingemar Nebenform von → Ingomar

Ingmar Nebenform von → Ingomar; Namenstage: 21. Dezember, 5. März; bekannter Namensträger: Ingmar Bergman, 1918 bis 2007, schwedischer Filmregisseur

Ingo selbstständige Kurzform von → Namen mit Ingo-; bekannte Namensträger: Ingo Appelt, geboren 1961, österreichischer Bobfahrer und Olympiasieger; Ingo Appelt, geboren 1967, deutscher Kabarettist und Comedian; Ingo Dubinski, geboren 1963, deutscher Fernsehmoderator

Ingolf bedeutet „der Stammesgott und der Wolf"; aus dem Althochdeutschen; Variation: Infólfr; bekannter Namensträger: Ingolf Lück, geboren 1958, deutscher Schauspieler, Moderator und Comedian

Ingólfr Nebenform von → Ingolf

Ingomar bedeutet „der Stammesgott und berühmt"; aus dem Althochdeutschen; Variationen: Ingmar, Ingemar

Ingvar bedeutet „der Stammesgott und der Hüter"; aus dem Althochdeutschen; Variation: Ingward

Ingward Nebenform von → Ingvar

Inigo Nebenform von → Ignatius

Inko Nebenform von → Ingomar

Innocenco Nebenform von → Innozenz

Innocentius Nebenform von → Innozenz

Innokenti Nebenform von → Innozenz

Innozenz bedeutet „der Unschuldige"; aus dem Lateinischen; Variationen: Innocentius, Innocenco, Innokenti; Namenstage: 28. Juli, 12. August, 12. März

Inocencio Nebenform von → Innozenz

Iram bedeutet „der Wachsame"; aus dem Hebräischen

Irenäus bedeutet „der Friedfertige"; aus dem Griechischen; Namenstag: 28. Juni

Irmfried bedeutet „der große Friede"; aus dem Althochdeutschen; Namenstag: 25. September

Irmo Kurzform von → Namen mit Irm-

Irvine Nebenform von → Irwyn; bekannter Namensträger: Irvine Welsh, geboren 1961, britischer Schriftsteller

Irving Nebenform von →
Irwyn

Irwyn bedeutet „der Eber
und der Freund"; aus dem
Englischen; Variationen:
Irvine, Irving

Isaac bedeutet „er wird
lachen"; aus dem Hebrä-
ischen; Variation: Isaak;
bekannte Namensträger:
Isaac Barrow, 1630 bis 1677,
englischer Geistlicher und
Mathematiker; Sir Isaac Newton, 1643 bis 1727, Physiker

Isaak Nebenform von →
Isaac; bekannter Namensträger: Isaak II., 1155 bis 1204,
byzantinischer Kaiser

Isacco Nebenform von →
Isaac

Isak Nebenform von → Isaac

Isbert Nebenform von →
Isenbert

Isenbert bedeutet „Eisen
und glänzend"; aus dem Althochdeutschen; Variation:
Isbert

Isger bedeutet „das Eisen
und der Speer"; aus dem Althochdeutschen

Ishamel Nebenform von →
Ismael

Isidor bedeutet „das
Geschenk der Göttin Isis"; aus
dem Griechischen; Variationen: Isidro, Isidore, Isidoro,
Isidoros; Namenstage: 10. Mai,
4. April

Isidore Nebenform von →
Isidor

Isidoro Nebenform von →
Isidor

Isidoros Nebenform von →
Isidor

Isidro Nebenform von →
Isidor

Ismael bedeutet „Gott
hört"; aus dem Hebräischen;
Variationen: Ismail, Ishmael,
Ismaele

Ismaele Nebenform von →
Ismael

Ismail Nebenform von →
Ismael; bekannter Namens-
träger: Ismail Pascha, 1830
bis 1895, Vizekönig von Ägypten (1864 bis 1879)

Ismar bedeutet „das Eisen
und berühmt"; aus dem Althochdeutschen

Israel bedeutet „der Gottes-
reiter"; aus dem Hebräischen;
bekannter Namensträger:
Israel Epstein, 1915 bis 2005,
Journalist und Autor

Issa Nebenform von → Josua

Issac Nebenform von →
Isaac

István ungarische Form von
→ Stephan

Italo bedeutet „der Italie-
ner"; aus dem Italienischen;
Variation: Italus; bekannter
Namensträger: Italo Calvino,

1923 bis 1985, italienischer
Schriftsteller

Italus Nebenform von →
Italo

Iti Nebenform von → Itys

Itys benannt nach einer
Mythengestalt; aus dem Griechischen; Variation: Iti

Iván Nebenform von →
Johannes

Ivan Nebenform von →
Johannes; bekannter
Namensträger: Ivan Illich,
1926 bis 2002, österrei-
chischer Autor und Philosoph

Ivano Nebenform von →
Johannes

Ivar Nebenform von → Ingvar

Iven Nebenform von → Ivo

Ivo bedeutet „die Eibe"; aus
dem Englischen; Variation:
Iven; Namenstage: 19. Mai,
23. Dezember; bekannter
Namensträger: Ivo Haupt-
mann, 1886 bis 1973, deutscher Kunstmaler

Ivor bedeutet „das Elfen-
bein"; aus dem Lateinischen

Iwan Nebenform von →
Johannes

Iwe Nebenform von → Ivo

Iwen Nebenform von →
Johannes

Iwo Nebenform von → Ivo

I

Jaakov Nebenform von →
Jakob

Jaap Nebenform von →
Jakob

Jace Nebenform von →
Jason

Jachym Nebenform von →
Joachim

Jack Nebenform von →
Johannes; bekannte Namensträger: Jack Lemmon, 1925
bis 2001, US-amerikanischer
Schauspieler; Jack Nicholson,
geboren 1937, US-amerika-
nischer Schauspieler; Jack
Johnson, geboren 1975, US-
amerikanischer Musiker, Filmregisseur und Surfer; Jack
Scott, geboren 1936, kanadischer Countrypop- und
Rockabillymusiker; Jack the
Ripper, Pseudonym eines englischen Serienmörders im
Jahr 1888

Jackie Nebenform von →
Johannes

Jackson bedeutet „der
Sohn von Jack"; aus dem
Englischen; bekannter
Namensträger: Jackson Pol-
lock, 1912 bis 1956, US-ameri-
kanischer Maler

Jacky Nebenform von →
Johannes

Jacob Nebenform von →
Jakob; bekannte Namensträger: Jacob Abbott, 1803 bis
1879, US-amerikanischer
Jugendschriftsteller; Jacob
Böhme, 1575 bis 1624, deutscher Mystiker und Naturphilosoph; Jacob Duck, 1600 bis
1667, niederländischer Maler;
Jacob Grimm, 1785 bis 1863,
deutscher Sprach- und Litera-
turwissenschaftler; Jacob
Benjamin Gyllenhaal, geboren
1980, US-amerikanischer
Schauspieler; Jacob Rogge-
veen, 1659 bis 1729, niederländischer Seefahrer und For-
schungsreisender

Jacobo Nebenform von →
Jakob

Jacoby Nebenform von →
Jakob

Jacopo Nebenform von →
Jakob

Jacques Nebenform von →
Jakob; bekannte Namensträger: Jacques Berndorf, geboren 1936, deutscher Krimi-
schriftsteller und Journalist;
Jacques Besson, um 1540 bis
um 1576, französischer
Mathematiker und Ingenieur;
Jacques Bingen, 1908 bis
1944, französisches Résistan-
cemitglied; Jacques Brel, 1929
bis 1978, belgischer Chansonnier und Schauspieler;
Jacques Cartier, 1491 bis 1557,
französischer Entdecker und
Seefahrer; Jacques Chirac,
geboren 1932, französischer
Staatspräsident; Jacques
Curie, 1855 bis 1941, französischer Physiker; Jacques

Cousteau, 1910 bis 1997, französischer Meeresforscher;
Jacques Lacan, 1901 bis 1981,
französischer Psychoanalytiker; Jacques Lanzmann, 1927
bis 2006, französischer
Schriftsteller und Journalist;
Jacques Offenbach, 1819 bis
1880, französisch-deutscher
Komponist; Jacques Piccard,
1922 bis 2008, schweize-
rischer Tiefseeforscher und
Ozeanograf; Jacques Rivette,
geboren 1928, Regisseur;
Jacques Tati, 1908 bis 1982,
Schauspieler und Regisseur;
Jacques Villeneuve, geboren
1971, kanadischer Rennfahrer

Jago Nebenform von →
Jakob

Jaime französische Form
von → Jakob

Jak Nebenform von → Jakob

Jake Nebenform von →
Jakob

Jakob bedeutet „der Über-
lister"; aus dem Hebräischen;
Variationen: Jakobus, Jaime;
Namenstage: 28. November,
2. Februar, 25. Juli, 11. Oktober, 12. Oktober

Jakobus Nebenform von →
Jakob; Namenstag: 3. Mai

Jakow Nebenform von →
Jakob

Jalal bedeutet „der Ruhm";
aus dem Arabischen

Jamal bedeutet „der Schöne"; aus dem Arabischen

James englische Form von → Jakob; bekannte Namensträger: James Belushi, geboren 1954, US-amerikanischer Schauspieler; James Blunt, geboren 1974, britischer Sänger; James Brown, 1933 bis 2006, US-amerikanischer Musiker; James Cagney, 1899 bis 1986, US-amerikanischer Schauspieler; James Cameron, geboren 1954, kanadischer Regisseur; James Cook, 1728 bis 1779, britischer Seefahrer und Entdecker; James Dean, 1931 bis 1955, US-amerikanischer Schauspieler; James Marshall Hendrix, besser bekannt als Jimi Hendrix, 1943 bis 1970, US-amerikanischer Rockmusiker; James Joyce, 1882 bis 1941, irischer Schriftsteller; James Krüss, 1929 bis 1997, deutscher Dichter und Schriftsteller; James Last, geboren 1929, deutscher Bandleader, Komponist, Arrangeur und Musikproduzent; James Stewart, 1908 bis 1997, US-amerikanischer Schauspieler

Jameson bedeutet „der Sohn von James"; aus dem Englischen

Jamie Nebenform von → Jakob; bekannter Namensträger: Jamie Oliver, geboren 1975, englischer Koch

Jan friesische Form von → Johannes; Namenstage: 2. Dezember, 17. März; bekannte Namensträger: Jan Fedder, geboren 1955, deutscher Schauspieler und Synchronsprecher; Jan Kašpar, 1883 bis 1927, tschechischer Flugzeugkonstrukteur; Jan Josef Liefers, geboren 1964, deutscher Schauspieler, Musiker und Regisseur; Jan Mabuse, 1478 bis 1532, niederländischer Maler

Janek polnische Form von → Johannes

Janis lettische Form von → Johannes

Jannik dänische Form von → Johannes

János ungarische Form von → Johannes

Janosch Nebenform von → Johannes; bekannter Namensträger: Janosch, eigentlich Horst Eckert, geboren 1931, berühmt durch seine Kinder- und Jugendbücher

Janusz Nebenform von → Johannes

Jared bedeutet „der Herabsteigende"; aus dem Englischen; Variation: Jarred; bekannter Namensträger: Jared Leto, geboren 1971, US-amerikanischer Schauspieler

Jaromir bedeutet „der Heftige und der Mutige"; aus dem Slawischen

Jaroslaw bedeutet „der Heftige und der Ruhmreiche"; aus dem Slawischen

Jarred Nebenform von → Jared

Jason benannt nach einer griechischen Sagengestalt; aus dem Griechischen; Namenstag: 3. Dezember

Jasper bedeutet „der Schatzmeister"; aus dem Persischen; bekannte Namensträger: Jasper Carstens, 1705 bis 1759, deutscher Baumeister des Rokoko; Jasper Johns, geboren 1930, US-amerikanischer Künstler

Jean französische Form von → Johannes; Namenstage: 19. August, 19. Oktober; bekannte Namensträger: Jean Cocteau, 1889 bis 1963, französischer Schriftsteller, Regisseur und Maler; Jean Genet, 1910 bis 1986, französischer Schriftsteller und Dramatiker; Jean Reno, geboren 1948, französischer Schauspieler

Jeannot Nebenform von → Johannes

Jed Nebenform von → Jedidiah

Jedidiah bedeutet „des Herren Liebling"; aus dem Hebräischen; Variation: Jed

Jeff bedeutet „der Fremde"; aus dem Althochdeutschen; Variationen: Jeffery, Jeffrey; bekannter Namensträger: Jeff Bridges, geboren 1949, US-amerikanischer Schauspieler

Jefferson bedeutet „der Sohn von Jeffrey"; aus dem Englischen

Jeffery Nebenform von → Jeff

Jeffrey Nebenform von → Jeff

Jefrem Nebenform von → Ephraim

Jefta Nebenform von → Jephta

Jehohanan Nebenform von → Jonathan

Jehoiakim Nebenform von → Joachim

Jehonathan Nebenform von → Jonathan

Jehoschua Nebenform von → Josua

Jehudi bedeutet „der aus Judäa Stammende"; aus dem Hebräischen

Jelke Nebenform von → Julius

Jendrik tschechische Form von → Heinrich

Jens dänische und nordfriesische Kurzform von → Johannes; bekannte Namensträger: Jens Jeremies, geboren 1974, deutscher Fußballspieler; Jens Lehmann, geboren 1969, deutscher Torhüter; Jens Nowotny, geboren 1974, deutscher Fußballspieler; Jens Weißflog, geboren 1964, deutscher Skispringer; Jens Riewa, geboren 1963, deutscher Nachrichtensprecher

Jephta bedeutet „Gott öffnet"; aus dem Hebräischen; Variation: Jefta

Jeppe Nebenform von → Josef

Jere Nebenform von → Jeremias

Jeremia Nebenform von → Jeremias

Jeremiah Nebenform von → Jeremias

Jeremias bedeutet „der Gott erhöht"; aus dem Hebräischen; Variationen: Jeremia, Jeremy, Jere, Jeremiah; Namenstag: 1. Mai

Jérémie Nebenform von → Jeremias

Jérémy Nebenform von → Jeremias

Jeremy Nebenform von → Jeremias; bekannter Namensträger: Jeremy Irons, geboren 1948, britischer Schauspieler

Jerker Nebenform von → Erich

Jerod Nebenform von → Jared

Jerome englische Form von → Hieronymus; bekannter Namensträger: Jerome K. Jerome, 1859 bis 1927, englischer Autor („Drei Mann in einem Boot")

Jeron Nebenform von → Hieronymus

Jeronimo Nebenform von → Hieronymus

Jerrell Nebenform von → Gerald

Jerrit ostfriesische Form von → Gerhard

Jerrod Nebenform von → Jared

Jerry Nebenform von → Jeremias; bekannte Namensträger: Jerry Lewis, geboren 1926, US-amerikanischer Entertainer, Produzent, Schauspieler und Sänger; Jerry Lee Lewis, geboren 1935, US-amerikanischer Rock-'n'-Rollmusiker

Jeschua Nebenform von → Josua

Jesko slawische Kurzform aus → Jaromir und Jaroslaw

Jesus Nebenform von → Josua; bekannter Namensträger: Jesus von Nazareth, 4 v. Chr. bis 30 n. Chr., Begründer des Christentums

Jethro bedeutet „der Überfluss"; aus dem Englischen

Jewgeni russische Form von → Eugen

Jibril Nebenform von → Gabriel

Jim Nebenform von → Jakob; bekannter Namensträger: Jim Carrey, geboren 1962, kanadisch-US-amerikanischer Komiker und Schauspieler

Jimmie Nebenform von → Jakob

Jimmy Nebenform von → Jakob

Jindrich tschechische Form von → Heinrich

Jiri tschechische Form von → Georg

Jirmejahu Nebenform von → Jeremias

Jo Nebenform von → Joachim

Joachim bedeutet „der Herr gründet"; aus dem Hebräischen; Variationen: Jochen, Joe, Achim, Joakim; Namenstage: 11. Mai, 26. Juli; bekannte Namensträger: Joachim Heinrich Campe, 1746 bis 1818, deutscher Schriftsteller, Sprachforscher, Pädagoge und Verleger; Joachim Fest, 1926 bis 2006, deutscher Zeithistoriker, Publizist und Autor; Joachim Fuchsberger, 1927 bis 2014, deutscher Schauspieler; Joachim Król, geboren 1957, deutscher Schauspieler; Joachim Löw, geboren 1960, deutscher Fußballnationaltrainer; Joachim Meisner, geboren 1933, Erzbischof von Köln; Joachim von Preußen, geboren 1890 bis 1920, der letzte Sohn von Kaiser Wilhelm II; Joachim Ringelnatz, 1883 bis 1934, deutscher Dichter; Joachim Witt, geboren 1949, Musiker

Joakim Nebenform von → Joachim

Joan Nebenform von → Johannes

Joao Nebenform von → Johannes

Joaquim Nebenform von → Joachim

Joaquin Nebenform von → Joachim

Joaquín Nebenform von → Joachim; bekannte Namensträger: Joaquín Phoenix, geboren 1974, US-amerikanischer Schauspieler; Joaquín Sánchez Rodríguez, geboren 1981, spanischer Fußballspieler

Jochen Nebenform von → Joachim; bekannte Namensträger: Jochen Bendel, geboren 1967, deutscher Radio- und Fernsehmoderator; Jochen Busse, geboren 1941, deutscher Kabarettist und Schauspieler

Jody Nebenform von → Jakob

Joe Nebenform von → Joachim

Joel bedeutet „Jahwe ist Gott"; aus dem Hebräischen; Namenstag: 18. Oktober; bekannte Namensträger: Joel Coen, geboren 1954, US-amerikanischer Regisseur, Drehbuchautor und Produzent; Joel Schumacher, geboren 1939, US-amerikanischer Regisseur, Drehbuchautor und Produzent; Joel Madden, geboren 1979, Sänger

Joey Nebenform von → Joachim

Johan Nebenform von → Johannes

Johanan Nebenform von → Johannes

Johann Nebenform von → Johannes; bekannte Namensträger: Johann Sebastian Bach, 1685 bis 1750, deutscher Komponist des Barock; Johann Wolfgang von Goethe, 1749 bis 1832, deutscher Dichter und Naturwissenschaftler; Johann Lafer, geboren 1957, deutscher Koch; Johann Strauß (Vater), 1804 bis 1849, österreichischer Komponist und Kapellmeister; Johann Strauß (Sohn), 1825 bis 1899, österreichischer Komponist und Kapellmeister

Johannes bedeutet „der Herr ist gnädig"; aus dem Hebräischen; Variationen: Johan, Johanan, Johann, John, Johnnie, Johnny, Jon; Namenstage: 4. August, 29. August, 13. September, 9. Oktober, 23. Oktober, 10. November, 4. Dezember, 14. Dezember, 17. Dezember, 27. Dezember, 31. Januar, 8. März, 16. Mai, 18. Mai, 24. Juni, 26. Juni, 13. Juli; bekannte Namensträger: Johannes Brahms, 1833 bis 1897, deutscher Pianist und Komponist der Romantik; Johannes Bückler, auch bekannt als Schinderhannes, 1783 bis 1803, deutscher Räuberhauptmann; Johannes Calvin, 1509 bis 1564, franzö-

J

sisch-schweizerischer Reformator und Begründer des
Calvinismus; Johannes
Gutenberg, um 1400 bis 1468,
deutscher Erfinder des Buch-
drucks mit beweglichen
Metalllettern; Johannes Hees-
ters, 1903 bis 2011, niederlän-
disch-deutscher Schauspieler
und Operettensänger;
Johannes Kepler, 1571 bis
1630, deutscher Mathematiker, Astronom, Astrologe und
Optiker; Johannes B. Kerner,
geboren 1964, deutscher
Fernsehmoderator; Johannes
Rau, 1931 bis 2006, deutscher
Politiker und achter Bundespräsident

John Nebenform von →
Johannes; Namenstage:
22. Juni, 10. März; bekannte
Namensträger: John Irving,
geboren 1942, US-amerika-
nischer Schriftsteller; John F.
Kennedy, 1917 bis 1963, US-
amerikanischer Präsident;
John le Carré, geboren 1931,
englischer Schriftsteller;
John Lennon, 1940 bis 1980,
englischer Popmusiker und
Mitglied der „Beatles"; John
Locke, 1632 bis 1704, englischer Philosoph; John
McCain, geboren 1936, US-
amerikanischer Politiker;
John Ronald Reuel Tolkien,
1892 bis 1973, Schriftsteller

Johnnie Nebenform von →
Johannes

Johnny Nebenform von →
Johannes

Jojakim Nebenform von →
Joachim

Jon Nebenform von →
Johannes

Jona Nebenform von →
Jonah

Jonah bedeutet „die Taube";
aus dem Hebräischen; Variationen: Jonas, Jona

Jonas Nebenform von →
Jonah; Namenstag: 21. September

Jonathan bedeutet „die
Gottesgabe"; aus dem Hebräischen; Namenstag: 29. Dezember; bekannter Namens-
träger: Jonathan Swift, 1667
bis 1745, englisch-irischer
Schriftsteller

Joona Nebenform von →
Jonah

Joonas Nebenform von →
Jonah

Jooris Nebenform von →
Gregor

Joos Form von → Josef

Jorck Nebenform von →
Georg

Jordan bedeutet „die Erde
und kühn"; aus dem Althochdeutschen; Variationen: Jordano, Jorden; Namenstag:
13. Februar; bekannter
Namensträger: Jordan
Knight, geboren 1970, amerikanischer Sänger („New Kids
On The Block")

Jordano Nebenform von →
Jordan

Jorden Nebenform von →
Jordan

Jordy Nebenform von →
Georg

Jörg Nebenform von →
Georg; bekannte Namensträger: Jörg Haider, 1950 bis
2008, österreichischer Politiker; Jörg Kachelmann, geboren 1958, schweizerischer
Meteorologe und Moderator;
Jörg Pilawa, geboren 1965,
deutscher Fernsehmoderator

Jorge Nebenform von →
Georg

Joris Nebenform von →
Gregor

Jörn Nebenform von →
Jürgen

Joscha Nebenform von →
Josef

Joschka ungarische Form
von → Josef

José spanische Nebenform
von → Josef

Josef bedeutet „Gott gebe
Vermehrung"; aus dem
Hebräischen; Variationen:
Joseph, Joscha, Joschka,
Jupp; Namenstage: 9. Juni,
10. Juni, 25. August, 11. Sep-
tember, 29. Januar, 19. März,
1. Mai, 23. Juni, 3. Juli

Joseph Nebenform von →
Josef; Namenstage: 31. Juli,
11. Dezember; bekannte
Namensträger: Joseph Beuys,
1921 bis 1986, deutscher

Künstler; Joseph von Eichendorff, 1788 bis 1857, deutscher Dichter; Joseph Fischer, besser bekannt als Joschka Fischer, geboren 1948, deutscher Politiker; Joseph von Fraunhofer, 1787 bis 1826, deutscher Optiker und Physiker; Joseph Haydn, 1732 bis 1809, österreichischer Komponist; Joseph Ratzinger, geboren 1927, emeritierter Papst Benedikt XVI.; Joseph Roth, 1894 bis 1939, österreichischer Schriftsteller

Josh Form von → Josua

Joshua Nebenform von → Josua

Josias bedeutet „Jahwe heilt"; aus dem Hebräischen

Josua bedeutet „Jahwe hilft"; aus dem Hebräischen; Variation: Joshua

Juan spanische Form von → Johannes; bekannter Namensträger: Juan Carlos, geboren 1938, ehemaliger König von Spanien

Jules Nebenform von → Julian; bekannter Namensträger: Jules Verne, 1828 bis 1905, französischer Schriftsteller

Julian benannt nach einem römischen Familiennamen; aus dem Lateinischen; Variationen: Julius, Jules, Julianus; Namenstage: 9. Januar, 27. Januar; bekannter Namensträger: Julian Seymour Schwinger, 1918 bis 1994, US-amerikanischer Physik-Nobelpreisträger

Julianus Nebenform von → Julian

Julien Nebenform von → Julian; bekannter Namensträger: Julien Green, 1900 bis 1998, französischer Schriftsteller

Julio Nebenform von → Julian

Julius Nebenform von → Julian; Namenstage: 19. August, 20. Dezember, 12. April; bekannte Namensträger: Julius Leber, 1891 bis 1945, deutscher Politiker und Widerstandskämpfer gegen den Nationalsozialismus; Julius Raab, 1891 bis 1964, österreichischer Politiker, Bundeskanzler, erreichte 1955 den Abschluss des österreichischen Staatsvertrags

Junior bedeutet „der Sohn"; aus dem Englischen

Jupiter benannt nach einem römischer Gott; aus dem Lateinischen; bekannter Namensträger: Jupiter Jones, deutsch Justus Jonas, Figur aus der Buch- und Hörspielreihe „Die drei Fragezeichen"

Jupp Nebenform von → Josef

Jurek Bedeutung ungeklärt; vermutlich aus dem Polnischen

Jürgen Nebenform von → Georg; bekannte Namensträger: Jürgen Drews, geboren 1945, deutscher Schlagersän-

ger; Jürgen Habermas, geboren 1929, deutscher Soziologe und Philosoph; Jürgen Klinsmann, geboren 1964, ehemaliger deutscher Fußballspieler und Fußballbundestrainer; Jürgen von der Lippe, geboren 1948, deutscher Komiker und Fernsehmoderator; Jürgen Fliege, geboren 1947, Pfarrer und Fernsehmoderator

Juri Nebenform von → Georg

Jurij Nebenform von → Georg

Jussi Nebenform von → Johannes

Just Nebenform von → Justus

Justin Nebenform von → Justus; bekannter Namensträger: Justin Timberlake, geboren 1981, US-amerikanischer Popmusiker

Justinius Nebenform von → Justus

Justinus Nebenform von → Justus

Justus bedeutet „der Gerechte"; aus dem Lateinischen; Variationen: Justinius, Justin, Just, Justinus; Namenstage: 10. November, 18. Oktober; bekannte Namensträger: Justus Jonas der Ältere, 1493 bis 1555, deutscher Jurist, Humanist, Theologe und Reformator; Justus Jonas der Jüngere, 1525 bis 1567, deutscher Theologe und Politiker

Kaan bedeutet „der Herrscher"; aus dem Türkischen

Kaarlo Nebenform von → Carl

Kacey bedeutet „der Wachsame"; aus dem Gälischen

Kade Bedeutung ungeklärt; vermutlich aus dem Englischen

Kadeem Bedeutung ungeklärt; vermutlich aus dem Englischen

Kaden bedeutet „der Sohn von Cadán"; aus dem Gälischen; Variation: Kaiden

Kader bedeutet „der Fähige"; aus dem Arabischen

Kadim bedeutet „der Diener"; aus dem Arabischen

Kadin bedeutet „der Begleiter"; aus dem Arabischen

Kadir bedeutet „der Diener"; aus dem Arabischen

Kai bedeutet „der See"; aus dem Hawaiianischen

Kai Nebenform von → Gaius; bekannte Namensträger: Kai Böcking, geboren 1964, deutscher Moderator; Kai Michalke, geboren 1976, deutscher

Fußballspieler; Kai Pflaume, geboren 1967, deutscher Moderator; Kai Wessel, geboren 1961, deutscher Film- und Fernsehregisseur („Hilde")

Kaiden Nebenform von → Kaden

Kain bedeutet „der Speer"; aus dem Hebräischen

Kais Bedeutung ungeklärt; vermutlich aus dem Arabischen

Kaito bedeutet „der Dieb"; aus dem Japanischen

Kaj Nebenform von → Gaius

Kajetan bedeutet „der Mann aus der Stadt Gaëta"; aus dem Lateinischen; Namenstag: 7. August

Kalani bedeutet „der Himmel"; aus dem Indonesischen

Kaleb Nebenform von → Caleb

Kalen Bedeutung ungeklärt; vermutlich aus dem Englischen

Kalixtus Nebenform von → Callistus

Kalle Nebenform von → Carl

Kallistus Nebenform von → Callistus

Kálmám Bedeutung ungeklärt; vermutlich aus dem Ungarischen

Kalvin Nebenform von → Calvin

Kamal bedeutet „der Perfekte"; aus dem Arabischen

Kamal bedeutet „der Rote"; aus dem Indischen

Kamel Nebenform von → Kamil

Kameron Nebenform von → Cameron

Kamil bedeutet „der Vollendete"; aus dem Arabischen; Variation: Kamel

Kamillo bedeutet „der Messdiener"; aus dem Lateinischen; Variation: Kamillus

Kamillus Nebenform von → Kamillo

Kane Bedeutung ungeklärt; vermutlich aus dem Gälischen

Kang bedeutet „der Friedliche"; aus dem Chinesischen

Kanye Bedeutung ungeklärt; vermutlich aus dem Englischen; bekannter Namensträger: Kanye Omari West, geboren 1977, US-amerikanischer Rapper, Sänger und Musikproduzent

Kareem Nebenform von → Karim

Karel Nebenform von → Carl

Karim bedeutet „der Großzügige"; aus dem Arabischen

Karl Nebenform von → Carl; Namenstage: 4. November, 28. Januar, 2. März; bekannte Namensträger: Karl Carstens, 1914 bis 1992, deutscher Politiker und Bundespräsident der Bundesrepublik Deutschland (1979 bis 1984); Karl Dall, geboren 1941, deutscher Fernsehmoderator und Komiker; Karl Kraus, 1874 bis 1936, österreichischer Schriftsteller; Karl Otto Lagerfeld, geboren 1938, deutscher Modeschöpfer; Karl Liebknecht, 1871 bis 1919, deutscher Politiker; Karl Marx, 1897 bis 1985, deutscher Komponist und Pädagoge; Karl Heinrich Marx, 1818 bis 1883, deutscher Philosoph und Journalist; Karl Friedrich May, 1842 bis 1912, deutscher Schriftsteller; Karl Moik, 1938 bis 2015, österreichischer Entertainer; Karl Zink, 1910 bis 1940, deutscher Widerstandskämpfer

Karl-Heinz Kombination aus → Karl und Heinz; bekannter Namensträger: Karl-Heinz Rummenigge, geboren 1955, deutscher Fußballspieler

Karlheinz Kombination aus → Karl und Heinz; bekannte Namensträger: Karlheinz Böhm, 1928 bis 2014, österreichischer Schauspieler; Karlheinz Brandenburg, geboren 1954, deutscher Erfinder des mp3-Formats

Karlo Nebenform von → Carl

Karmi bedeutet „der Rebberg"; aus dem Hebräischen

Karol polnische Form von → Carl; bekannter Namensträger: Karol Wojtyła, 1920 bis 2005, Papst Johannes Paul II.

Karolus Nebenform von → Carl

Károly Nebenform von → Carl

Karsten niederdeutsche Form von → Christian; bekannter Namensträger: Karsten Speck, geboren 1960, Entertainer und Schauspieler

Kary bedeutet „der Schwarze"; aus dem Gälischen

Kasey Nebenform von → Casey

Kasimir bedeutet „der, der den Frieden zerstört"; aus dem Polnischen; Namenstag: 4. März

Kaspar Nebenform von → Jasper; Namenstag: 26. September; bekannter Namensträger: Kaspar Hauser, circa 1812 bis 1833, Findelkind anonymer Herkunft

Kasper Nebenform von → Jasper

Kassius Nebenform von → Cassius

Kastriut benannt nach einem albanischen Nationalhelden; aus dem Albanischen

Katsumi bedeutet „die Selbstbeherrschung"; aus dem Japanischen

Kay Nebenform von → Kai

Kayden Nebenform von → Kaden

Kaye Nebenform von → Kai

Kazimierz Nebenform von → Kasimir

Kazimir Nebenform von → Kasimir

Kazuki bedeutet „der Baum"; aus dem Japanischen

Kazuya bedeutet „die Harmonie"; aus dem Japanischen

Keanu bedeutet „der frische Wind"; aus dem Hawaiianischen; bekannter Namensträger: Keanu Reeves, geboren 1964, kanadischer Schauspieler

Keaton bedeutet „die Stadt der Lagerhäuser"; aus dem Englischen

Keegan Bedeutung ungeklärt; vermutlich aus dem Gälischen

Keenan Nebenform von → Kenan

Kegan Bedeutung ungeklärt; vermutlich aus dem Gälischen

Keir bedeutet „das Sumpfland"; aus dem Gälischen

Keisuke bedeutet „der Segen dazwischen"; aus dem Japanischen

K

Keith bedeutet „der Wald"; aus dem Englischen; bekannte Namensträger: Keith Haring, 1958 bis 1990, US-amerikanischer Künstler; Keith Moon, 1946 bis 1978, britischer Schlagzeuger; Keith Richards, geboren 1943, britischer Rockgitarrist; Keith Urban, geboren 1967, australischer Sänger und Musiker; Keith West, geboren 1943, Sänger und Musikproduzent

Kelby bedeutet „der Bauernhof bei der Quelle"; aus dem Gälischen

Keld bedeutet „der Kessel"; aus dem Skandinavischen

Kelemen Nebenform von → Clemens

Kelian Nebenform von → Kilian

Kellen Bedeutung ungeklärt; vermutlich aus dem Englischen

Kelly Bedeutung ungeklärt; vermutlich aus dem Gälischen

Kelsey Bedeutung ungeklärt; vermutlich aus dem Englischen

Kelton bedeutet „die Stadt der Kiele"; aus dem Englischen

Kelvin bedeutet „in der Nähe des Wassers"; aus dem Englischen

Kelvin Nebenform von → Calvin

Kelyan bedeutet „der Krieg"; aus dem Keltischen

Kemal bedeutet „das Talent"; aus dem Türkischen

Ken Kurzform von → Namen mit Ken-; bekannte Namensträger: Ken Follett, geboren 1941, britischer Schriftsteller; Ken Loach, geboren 1936, britischer Regisseur und Drehbuchautor

Kenan bedeutet „die Beherrschung"; aus dem Hebräischen

Kenaniah bedeutet „Jahwe stellt her"; aus dem Hebräischen

Kendal Nebenform von → Kendall

Kendall bedeutet „das Tal des Flusses Kent"; aus dem Englischen

Kendrick bedeutet „der hohe Hügel"; aus dem Keltischen

Kenelm Bedeutung ungeklärt; aus dem Englischen

Kennard Bedeutung ungeklärt; aus dem Englischen

Kennedy benannt nach dem gleichnamigen US-Präsidenten; aus dem Englischen

Kenneth Nebenform von → Cináed; bekannter Namensträger: Kenneth Branagh, geboren 1960, nordirischer Schauspieler und Regisseur

Kenno friesische Form von → germanischen Namen mit Kuni-

Kenny Nebenform von → Cináed

Keno friesische Form von → germanischen Namen mit Kuni-

Kenrick Nebenform von → Kendrick

Kent benannt nach einer englischen Grafschaft; aus dem Englischen

Kenta bedeutet „gesund und beleibt"; aus dem Japanischen

Kenton bedeutet „das königliche Gut"; aus dem Englischen

Kerim bedeutet „der Großzügige"; aus dem Türkischen

Kerr bedeutet „das Sumpfland"; aus dem Gälischen

Kerry bedeutet „der Schwarze"; aus dem Gälischen

Kersten niederdeutsche Form von → Christian

Kettil bedeutet „der Kessel"; aus dem Skandinavischen

Keu Nebenform von → Gaius

Keven Nebenform von → Kevin

Kevin bedeutet „der Schöne"; aus dem Gälischen; Variationen: Keven, Kevon; Namenstag: 6. Juni; bekannte Namensträger: Kevin Bacon, geboren 1958, US-amerikanischer Schauspieler; Kevin Costner, geboren 1955, US-amerikanischer Schauspieler; Kevin Federline, geboren 1978, US-amerikanischer Tänzer und Schauspieler; Kevin James, geboren 1965, US-amerikanischer Schauspieler; Kevin Kline, geboren 1947, US-amerikanischer Schauspieler; Kevin Kurányi, geboren 1982, deutscher Fußballspieler; Kevin Spacey, geboren 1959, Schauspieler

Kevon Nebenform von → Kevin

Khalid bedeutet „der Ewige"; aus dem Arabischen

Khalil bedeutet „der Freund"; aus dem Arabischen

Kian Nebenform von → Cian

Kidlat bedeutet „der Blitz"; aus dem Indonesischen

Kieran bedeutet „der Schwarze"; aus dem Gälischen; Variationen: Kyran, Kieron, Kieren; bekannte Namensträger: Kieran Culkin, geboren 1982, US-amerikanischer Schauspieler; Kieran Crotty, geboren 1930, irischer Politiker; Kieran Doherty, 1955 bis 1981, nordirischer Widerstandskämpfer; Kieran Kane, geboren 1949, US-amerikanischer Countrysänger und

Songwriter; Kieran O'Brien, geboren 1973, britischer Schauspieler; Kieran Page, geboren 1983, britischer Radrennfahrer

Kieren Nebenform von → Kieran

Kieron Nebenform von → Kieran

Kilian bedeutet „der Krieg"; aus dem Gälischen; Variationen: Killian, Kilyan; Namenstag: 8. Juli; bekannte Namensträger: Kilian Saum, geboren 1958, deutscher Benediktinerpater und Autor; Kilian Koll (Pseudonym von Walter Julius Bloem), 1898 bis 1945, deutscher Schriftsteller; Kilian Ignaz Dientzenhofer, 1689 bis 1751, deutscher Baumeister; Kilian Albrecht, geboren 1973, österreichischer Skirennläufer; Kilian Patour, geboren 1982, französischer Radrennfahrer

Killian Nebenform von → Kilian

Kilyan Nebenform von → Kilian

Kim Nebenform von → Joachim

Kimi aus dem Finnischen; bekannter Namensträger: Kimi Matias Räikkönen, geboren 1979, finnischer Formel-1-Pilot

Kimo bedeutet „Gott möge schützen"; aus dem Hawaiianischen

Kimon Bedeutung ungeklärt; vermutlich aus dem Griechischen

Kiran Nebenform von → Kieran

Kirby bedeutet „das Dorf mit Kirche"; aus dem Englischen

Kiriakos bedeutet „das Sonntagskind"; aus dem Griechischen

Kirk bedeutet „die Kirche"; aus dem Englischen; bekannte Namensträger: Kirk Douglas, geboren 1916, US-amerikanischer Schauspieler; Kirk Hammett, geboren 1962, Leadgitarrist der Metalband „Metallica"; Kirk Cameron, geboren 1970, US-amerikanischer Schauspieler; Kirk Johnson, geboren 1972, kanadischer Schwergewichtsboxer; Kirk O'Bee, geboren 1977, US-amerikanischer Radrennfahrer

Kirsten Nebenform von → Christian

Kiyoshi bedeutet „die Reinheit"; aus dem Japanischen

Klaas Nebenform von → Nikolaus

Klaes Nebenform von → Nikolaus

Klaudius Nebenform von → Claudius

Klaudiusz Nebenform von → Claudius

Klaus Nebenform von →
Nikolaus; Namenstag:
25. September; bekannte
Namensträger: Klaus Bon-
hoeffer, 1901 bis 1945, deutscher Jurist und Widerstandskämpfer; Klaus Kinkel,
geboren 1936, deutscher Politiker; Klaus Kinski, 1926 bis
1991, deutscher Schauspieler;
Klaus von Klitzing, geboren
1943, deutscher Physiker und
Nobelpreisträger; Klaus Lage,
geboren 1950, deutscher
Musiker; Klaus Löwitsch, 1936
bis 2002, deutscher Schauspieler; Klaus Mann, 1906 bis
1949, deutscher Schriftsteller;
Klaus Maria Brandauer, geboren 1943, österreichischer
Schauspieler; Klaus Störtebe-
ker, um 1360 bis 1401, bekannter deutscher Seeräuber;
Klaus Töpfer, geboren 1938,
deutscher Politiker; Klaus
Toppmöller, geboren 1951,
deutscher Fußballspieler und
Trainer; Klaus Wowereit,
geboren 1953, deutscher Politiker

Klausi Nebenform von →
Nikolaus

Kléber Bedeutung ungeklärt; vermutlich aus dem
Französischen

Klebert Bedeutung ungeklärt; vermutlich aus dem
Französischen

Kleitos bedeutet „der
Berühmte"; aus dem Grie-
chischen

Klemens bedeutet „der
Barmherzige"; aus dem Latei-

nischen; Variationen: Clemens, Klemenz; Namenstag:
15. März; bekannte Namensträger: Klemens Wenzel
Lothar von Metternich, 1773
bis 1859, österreichischer
Staatsmann; Klemens Brosch,
1894 bis 1926, österrei-
chischer Maler und Grafiker;
Klemens Maria Hofbauer, 1751
bis 1820, österreichischer
Heiliger und erster deutscher
Redemptorist; Klemens
Schnorr, geboren 1949, deutscher Organist und Musikwis-
senschaftler

Klemenz Nebenform von →
Klemens

Kleopas bedeutet „der
Ruhm des Vaters"; aus dem
Griechischen; Variation: Kleo-
patros

Kleopatros Nebenform von
→ Kleopas

Kletus Nebenform von →
Kleitos

Kliment Nebenform von →
Klemens

Knud Nebenform von →
Knut; Namenstage: 7. Januar,
10. Juli; bekannter Namensträger: Knud Rasmussen,
1879 bis 1933, dänischer
Polarforscher

Knut bedeutet „der Kecke";
aus dem Althochdeutschen;
Variation: Knud; bekannte
Namensträger: Knut Hamsun,
1859 bis 1952, norwegischer
Schriftsteller; Knut, 2006 bis
2011, ein weltweit bekannter

Eisbär im Zoologischen Garten Berlin

Kobe benannt nach der
gleichnamigen Stadt in
Japan; aus dem Englischen

Koby Nebenform von →
Jakob

Kody bedeutet „der Sohn
von Otto"; aus dem Gälischen

Koen bedeutet „der kühne
Ratgeber"; aus dem Althochdeutschen; Variation: Koenraad

Koenraad Nebenform von →
Koen

Kolby bedeutet „die Kohlenstadt"; aus dem Englischen

Kole Bedeutung ungeklärt;
vermutlich aus dem Eng-
lischen

Kolja russische Kurzform
von → Nikolaus; bekannter
Namensträger: Kolja Klee-
berg, geboren 1964, deut-
scher Koch

Koloman bedeutet „der
Einsiedler"; aus dem Althochdeutschen; Namenstage:
17. Juli, 13. Oktober

Kolton bedeutet „die Kohlenstadt"; aus dem Eng-
lischen

Kolumban bedeutet „die
Taube"; aus dem Lateinischen

Konrad Nebenform von →
Conrad; Namenstage: 1. Juni,

26. November, 19. Februar, 4. April, 21. April; bekannte Namensträger: Konrad Duden, 1829 bis 1911, deutscher Philologe; Konrad Lorenz, 1903 bis 1989, österreichischer Verhaltensforscher; Konrad Zuse, 1910 bis 1995, deutscher Erfinder und Computerpionier; Konrad Hansen, geboren 1933, deutscher Schriftsteller, Regisseur und Theaterintendant; Konrad Adenauer, 1876 bis 1967, deutscher Bundeskanzler von 1949 bis 1963; Konrad Henlein, 1898 bis 1945, deutschtschechischer Politiker; Konrad Kleinknecht, geboren 1940, deutscher Physiker; Konrad Witz, 1400 bis 1446, schweizerischer Maler; Konrad Wolf, 1925 bis 1982, deutscher Regisseur

Konradin Nebenform von → Conrad

Konstandin Nebenform von → Constantin; Namenstage: 21. Mai, 22. Mai, 26. Juni

Konstaninos Nebenform von → Constantin

Konstantin Nebenform von → Constantin; bekannte Namensträger: Konstantin Seitz, geboren 1970, österreichischer Filmemacher; Konstantin Wecker, geboren 1947, deutscher Musiker; Konstantin Bodin, 1081 bis 1101, König von Serbien; Konstantin der Große, unbekannt bis 307, von 306 bis 324 römischer Kaiser; von 324 bis 337 byzantinischer Kaiser

Korab benannt nach einem Berg in Albanien; aus dem Albanischen

Koray bedeutet „der rote Mond"; aus dem Türkischen

Korbinian bedeutet „der kleine Rabe"; aus dem Lateinischen; Namenstag: 8. September; bekannte Namensträger: Korbinian Aigner, 1885 bis 1966, deutscher Pfarrer und Apfelexperte; Korbinian Brodmann, 1868 bis 1918, deutscher Neurologe und Psychiater

Kordt Nebenform von → Conrad

Korey Nebenform von → Corey

Korkut Bedeutung ungeklärt; vermutlich aus dem Türkischen

Kornel bedeutet „das Horn"; aus dem Tschechischen; Variation: Kornél

Kornél Nebenform von → Kornel

Kornelius Nebenform von → Cornelius

Korneliusz Nebenform von → Cornelius

Kory Nebenform von → Corey

Kosmas bedeutet „der Kosmos"; aus dem Griechischen; Namenstag: 26. September; bekannte Namensträger: Kos-

mas I., 1075 bis 1081, Patriarch von Konstantinopel; Kosmas Indikopleustes, im 6. Jahrhundert, griechischer Schriftsteller und Reisender aus Alexandrien

Kosta südslawische Kurzform von → Constantin

Kostandin Nebenform von → Constantin

Kostas Nebenform von → Constantin

Kostja Nebenform von → Constantin

Kouhei bedeutet „der ruhige Friede"; aus dem Japanischen

Kourtney bedeutet „die kurze Nase", aus dem Englischen

Kraft bedeutet „die Kraft"; aus dem Althochdeutschen

Kreshnik Bedeutung ungeklärt; vermutlich aus dem Albanischen

Kresimir Nebenform von → Kasimir

Kris Nebenform von → Christopher

Krishan Nebenform von → Christian

Krispin bedeutet „der Kraushaarige"; aus dem Lateinischen

Kristi Nebenform von → Christian

K

Kristian Nebenform von → Christian

Kristijan Nebenform von → Christian

Kristjan Nebenform von → Christian

Kristof Nebenform von → Christopher

Kristóf Nebenform von → Christopher

Kristofer Nebenform von → Christopher

Kristoffer Nebenform von → Christopher

Kristopher Nebenform von → Christopher

Krisztián Nebenform von → Christian

Krsytof Nebenform von → Christopher

Krunoslav bedeutet „der Ruhm und die Ehre"; aus dem Slawischen

Krystian Nebenform von → Christian

Krysztof Nebenform von → Christopher

Kunibald bedeutet „das mutige Geschlecht"; aus dem Althochdeutschen

Kunibert bedeutet „das glänzende Geschlecht"; aus dem Althochdeutschen; Namenstag: 12. November

Kuno Kurzform von → Konrad und → Namen mit Kuni-; Namenstag: 19. Mai

Kunz bedeutet „der kühne Ratgeber"; aus dem Althochdeutschen

Kurt Kurzform von → Conrad; bekannte Namensträger: Kurt Beck, geboren 1949, deutscher Politiker; Kurt Biedenkopf, geboren 1930, deutscher Politiker; Kurt Cobain, 1967 bis 1994, Sänger, Gitarrist, Komponist und Maler; Kurt Felix, geboren 1941, Fernsehmoderator; Kurt Kiesinger, 1904 bis 1988, Bundeskanzler der Bundesrepublik Deutschland 1966 bis 1969; Kurt Ritter, 1909 bis 1944, Kommunist und Widerstandskämpfer; Kurt Russell, geboren 1951, US-amerikanischer Schauspieler; Kurt Schumacher, 1895 bis 1952, deutscher Politiker; Kurt Schumacher, 1905 bis 1942, Bildhauer und Widerstandskämpfer; Kurt Tucholsky, 1890 bis 1935, Schriftsteller und Publizist; Kurt Vonnegut, 1922 bis 2007, amerikanischer Schriftsteller

Kurtis Nebenform von → Curtis

Kurus bedeutet „der Herr", aus dem Persischen; Variation: Kurush

Kurush Nebenform von → Kurus

Kushtim bedeutet „die Hingabe"; aus dem Albanischen; Variation: Kushtrim

Kushtrim Nebenform von → Kushtim

Kuwat bedeutet „der Starke"; aus dem Indonesischen

Kwaku bedeutet „der am Mittwoch Geborene"; aus dem Afrikanischen

Kwasi bedeutet „der am Sonntag Geborene"; aus dem Afrikanischen

Kyle bedeutet „der Engpass"; aus dem Englischen

Kyler bedeutet „der Bogenschütze"; aus dem Englischen

Kylian Nebenform von → Kilian

Kyllian Nebenform von → Kilian

Kyo bedeutet „der Große"; aus dem Japanischen

Kyran Form von → Kieran

Kyriakos bedeutet „der zu Gott Gehörende"; aus dem Griechischen

Kyrill Nebenform von → Kyrillos

Kyrillos bedeutet „der gerechte Herr"; aus dem Griechischen; Variation: Kyrill

Kyrillus Nebenform von → Kyrillos

Kyros Nebenform von → Kurus

Labinot bedeutet „die albanische Stadt"; aus dem Albanischen

Lachlan Nebenform von → Lochlann

Ladarius Nebenform von → Darius

Ladislao Nebenform von → Ladislaus

Ladislaus bedeutet „die Macht und der Ruhm"; aus dem Slawischen; Variationen: Ladislav, Ladislao; Namenstag: 29. Juli; bekannte Namensträger: Ladislav Fialka, 1931 bis 1991, tschechischer Pantomime und Schauspieler; Ladislaus Sunthaym, um 1440 bis 1512 oder 1513, Historiker und Geograf; Ladislaus Kmoch, 1897 bis 1971, österreichischer Karikaturist und Comiczeichner

Ladislav Nebenform von → Ladislaus

Lajos ungarische Form von → Ludwig

Lamar Bedeutung ungeklärt; vermutlich aus dem Englischen

Lambert bedeutet „das glänzende Land"; aus dem Althochdeutschen; Variati-onen: Lampert, Lamberto; Namenstage: 17. September, 18. September, 19. September; bekannte Namensträger: Lambert von Lüttich, circa 635 bis circa 705, Bischof von Maastricht und Heiliger; Lambert, 1420 bis 1494, Herrscher von Monaco; Lambert Lombard, 1505 bis 1566, Maler; Lambert Wilson, geboren 1958, Schauspieler

Lamberto Nebenform von → Lambert

Lambrecht Nebenform von → Lambert

Lami bedeutet „der Glänzende"; aus dem Türkischen

Lamont bedeutet „der Mann des Gesetzes"; aus dem Englischen

Lampert Nebenform von → Lambert

Lamprecht Nebenform von → Lambert

Lance Nebenform von → Lancelot; bekannte Namensträger: Lance Armstrong, geboren 1971, US-amerikanischer Radrennfahrer; Lance Burton, geboren 1960, US-amerikanischer Zauberkünstler; Lance Reventlow, 1936 bis 1972, dänisch-US-amerikanischer Adeliger und Erbe des Woolworth-Vermögens

Lancelot benannt nach einem Ritter aus der Tafelrunde; aus dem Englischen; Variation: Lance

Landen Bedeutung ungeklärt; vermutlich aus dem Englischen

Landfried bedeutet „das Land und der Friede"; aus dem Althochdeutschen; Variation: Lando

Lando Nebenform von → Landfried

Landolf Nebenform von → Landulf

Landolfo Nebenform von → Landulf

Landon Nebenform von → Landen

Landulf bedeutet „das Land und der Wolf"; aus dem Althochdeutschen; Variationen: Landolf, Landolfo

Lane bedeutet „der am Weg Wohnende"; aus dem Englischen

Lanfranco Bedeutung ungeklärt; vermutlich aus dem Italienischen

Lanfrank Nebenform von → Lanfranco

Lantbert Nebenform von → Lambert

Lanzo Kurzform von → Namen mit Land-

Lapo Nebenform von → Jakob

Larkin Nebenform von → Laurentius

L

Larry Nebenform von → Laurentius; bekannte Namensträger: Larry Bunker, 1928 bis 2005, US-amerikanischer Jazzmusiker; Larry David, geboren 1947, US-amerikanischer Komiker, Schauspieler und Autor; Larry Flynt, geboren 1942, US-amerikanischer Verleger und Publizist; Larry Hagman, 1931 bis 2012, US-amerikanischer Schauspieler („Dallas"); Larry King, geboren 1933, US-amerikanischer Journalist und Moderator

Lars schwedische Kurzform von → Laurentius; bekannte Namensträger: Lars Gustafsson, geboren 1936, schwedischer Schriftsteller; Lars von Trier, geboren 1956, dänischer Regisseur; Lars Teutenberg, geboren 1970, deutscher Radrennfahrer

Laslo Nebenform von → Ladislaus

Lassana Bedeutung ungeklärt; vermutlich aus dem Französischen

Lasse Nebenform von → Laurentius

László Nebenform von → Ladislaus

Latif bedeutet „der Gnädige"; aus dem Türkischen

Laurance Nebenform von → Laurentius

Laurence Nebenform von → Laurentius

Laurens Nebenform von → Laurentius

Laurent Nebenform von → Laurentius; bekannter Namensträger: Laurent Benoît Baudouin Marie, geboren 1963, Prinz von Belgien

Laurente Nebenform von → Laurentius

Laurentius bedeutet „aus Laurentanum"; aus dem Lateinischen; Variationen: Laurenz, Lorenz, Lorenzo, Laurance, Laurence, Laurenz, Laurent, Laurente, Laurenzi; Namenstage: 10. August, 21. Juli; bekannte Namensträger: Laurentius von Canterbury, unbekannt bis 619, zweiter Erzbischof von Canterbury; Laurentius von Rom, unbekannt bis 258, Heiliger und Märtyrer

Laurenz Nebenform von → Laurentius; bekannte Namensträger: Laurenz Meyer, geboren 1948, Politiker; Laurenz Mefferdatis, 1677 bis 1740, Barockbaumeister

Laurenzo Nebenform von → Laurentius

Lauri Form von → Laurentius

Laurids dänische Kurzform von → Laurentius

Laurin bedeutet „der mit Lorbeer bekränzt ist"; aus dem Lateinischen

Lauris Nebenform von → Laurentius

Laurits Nebenform von → Laurentius

Lauritz Nebenform von → Laurentius

Lauro Nebenform von → Laurentius

Lavdrim bedeutet „der Lobende"; aus dem Albanischen

Lawrence Nebenform von → Laurentius

Layne Nebenform von → Lane

Lazar Nebenform von → Lazarus

Lazaro Nebenform von → Lazarus

Lazaros Nebenform von → Lazarus

Lazarus bedeutet „Gott hat geholfen"; aus dem Lateinischen; Variationen: Lazar, Lazaro, Lazaros; Namenstag: 17. Dezember

Lazlo Nebenform von → Ladislaus

Lazzaro Nebenform von → Lazarus

Leander Form von → Leandros; Namenstag: 13. März

Léandre Nebenform von → Leandros

Leandro Nebenform von → Leandros

Leandros bedeutet „das Volk"; aus dem Griechischen; Variationen: Leander, Leandro

Lebuin Nebenform von → Liebwin

Lech Bedeutung ungeklärt; vermutlich aus dem Polnischen

Ledion Bedeutung ungeklärt; vermutlich aus dem Albanischen

Lee benannt nach einem Ort in England; aus dem Englischen; bekannte Namensträger: Lee Hazlewood, 1929 bis 2007, US-amerikanischer Komponist, Sänger und Plattenproduzent; Lee Majors, geboren 1939, US-amerikanischer Schauspieler und Sänger; Lee Morgan, 1938 bis 1972, US-amerikanischer Jazztrompeter

Leen Nebenform von → Leonhard

Leeroy bedeutet „der König"; aus dem Französischen

Leewin Nebenform von → Levi

Leif bedeutet „der Erbe"; aus dem Althochdeutschen; Namenstag: 3. März; bekannte Namensträger: Leif Eriksson, um 970 bis um 1020, isländischer Entdecker; Leif Segerstam, geboren 1940, finnischer Komponist und Dirigent

Leigh Nebenform von → Lee

Leka Nebenform von → Alexander

Leland bedeutet „das Brachland"; aus dem Englischen

Lelio benannt nach einem römischen Geschlechternamen; aus dem Lateinischen

Lembit Bedeutung ungeklärt; vermutlich aus dem Estnischen

Lenard Nebenform von → Leonhard

Lennard Nebenform von → Leonhard

Lennart Nebenform von → Leonhard; bekannter Namensträger: Lennart Bernadotte, 1909 bis 2004, schwedischer Prinz und Begründer der Blumeninsel Mainau

Lennert Nebenform von → Leonhard

Lennie Nebenform von → Leonhard

Lennon bedeutet „der Geliebte"; aus dem Gälischen

Lennox bedeutet „ruhig fließen"; aus dem Gälischen

Lenny Nebenform von → Leonard; bekannter Namensträger: Lenny Kravitz, eigentlich Leonard Albert Kravitz, geboren 1964, Musiker und Musikproduzent

Leny Nebenform von → Leonard

Lenz Nebenform von → Laurentius

Leo bedeutet „der Löwe"; aus dem Lateinischen; Variationen: Leo, Lion; Namenstage: 12. August, 12. Juni, 19. April, 10. November; bekannte Namensträger: Leo Drabent, 1899 bis 1944, deutscher Werftarbeiter, Kommunist und Widerstandskämpfer; Leo Kirch, 1926 bis 2011, deutscher Medienunternehmer; Leo Tolstoi, 1828 bis 1910, russischer Schriftsteller; Leo Trotzki, 1879 bis 1940, marxistischer Revolutionär

Léo Nebenform von → Leo

Leobard bedeutet „der Liebe und Entschlossene"; aus dem Althochdeutschen

Leodebald Nebenform von → Leopold

Leofwine Nebenform von → Liebwin

Léon Nebenform von → Leo

Leon Nebenform von → Leo; bekannter Namensträger: Leon de Winter, geboren 1954, niederländischer Schriftsteller

Léonard Nebenform von → Leonhard

Leonard Nebenform von → Leonhard; bekannte Namensträger: Leonard Bernstein,

L

1918 bis 1990, US-amerikanischer Komponist; Leonard Cohen, geboren 1934, kanadischer Schriftsteller und Sänger; Leonard Monheim, 1830 bis 1913, deutscher Kolonialwarenhändler und Unternehmer; Leonard Woolley, 1880 bis 1960, britischer Archäologe

Leonardo Nebenform von → Leonhard; Namenstag: 18. November; bekannte Namensträger: Leonardo DiCaprio, geboren 1974, US-amerikanischer Schauspieler; Leonardo da Vinci, 1452 bis 1519, italienischer Maler und Wissenschaftler; Leonardo de Déus Santos, geboren 1978, brasilianischer Fußballspieler; Leonardo Padura Fuentes, geboren 1955, kubanischer Schriftsteller

Leonas Kurzform von → Leonhard

Léonce Nebenform von → Leonhard

Leone Nebenform von → Leo

Leonel Nebenform von → Leo

Leonello Nebenform von → Leo

Leonhard bedeutet „der harte Löwe"; aus dem Lateinischen und Althochdeutschen; Variation: Leonardo; Namenstag: 6. November

Leonid Nebenform von → Leonidas

Leonidas bedeutet „der, der dem Löwen gleicht"; aus dem Griechischen; Variationen: Leonid, Leonides, Leonido; Namenstag: 22. April

Leonides Nebenform von → Leonidas

Leonido Nebenform von → Leonidas

Leontina bedeutet „der Löwenhafte"; aus dem Lateinischen; Variationen: Leontine, Léontine

Leontine Nebenform von → Leontina

Léontine Nebenform von → Leontina

Leopold bedeutet „der kühne Löwe"; aus dem Althochdeutschen; Variationen: Léopold, Leopoldo; Namenstage: 30. Juli, 15. November; bekannte Namensträger: Leopold von Sacher-Masoch, 1836 bis 1895, deutscher Schriftsteller, von seinem Namen stammt das Wort Masochismus; Leopold von Ranke, 1795 bis 1886, deutscher Historiker; Leopold Ručička, 1887 bis 1976, schweizerischer Chemiker, Nobelpreisträger; Leopold Mozart, 1719 bis 1787, deutscher Komponist, Vater Wolfgang Amadeus Mozarts

Léopold Nebenform von → Leopold

Leopoldo Nebenform von → Leopold

Lesley Bedeutung ungeklärt; vermutlich aus dem Englischen

Leslie Bedeutung ungeklärt; vermutlich aus dem Englischen

Lester Bedeutung ungeklärt; vermutlich aus dem Englischen

Leszek polnische Form von → Alexander

Leutrim Bedeutung ungeklärt; vermutlich aus dem Albanischen

Levent bedeutet „der Gutaussehende"; aus dem Türkischen; Variation: Levente

Levente Nebenform von → Levent

Levi bedeutet „der Anhängliche"; aus dem Hebräischen; Variationen: Lewin, Leewin; bekannter Namensträger: Levi Strauss, 1829 bis 1902, Schneider und Erfinder der Jeans

Levin Nebenform von → Levi

Lew russische und polnische Form von → Leo

Lewis englische Form von → Ludwig

Lex Nebenform von → Alexander; bekannter Namensträger: Lex Barker, eigentlich Alexander Crichlow Barker Jr., 1919 bis 1973, US-amerikanischer Schauspieler

Li bedeutet „die Kraft"; aus dem Chinesischen

Liafwin Nebenform von → Liebwin

Liam irische Kurzform von → Wilhelm; bekannte Namensträger: Liam Gallagher, geboren 1972, englischer Musiker; Liam Neeson, geboren 1952, nordirischer Schauspieler; Liam O'Flaherty, 1896 bis 1984, irischer Schriftsteller; Liam Mac Cóil, geboren 1952, irischer Schriftsteller und Literaturkritiker; Liam Howlett, geboren 1971, englischer Musiker; Liam Cosgrave, geboren 1920, irischer Politiker

Liang bedeutet „der Helle"; aus dem Chinesischen

Liberio Nebenform von → Liberius

Liberius bedeutet „der Freie"; aus dem Lateinischen; Variationen: Libero, Libor, Liborio, Liberio

Libero Nebenform von → Liberius

Libor Nebenform von → Liberius

Liborio Nebenform von → Liberius

Liborius Nebenform von → Liberius; Namenstage: 9. Juni, 9. Dezember, 23. Juli

Licio Nebenform von → Lucius

Liebhard bedeutet „der Liebe und der Harte"; aus dem Althochdeutschen

Liebwin bedeutet „der liebe Freund"; aus dem Althochdeutschen

Lienhard Nebenform von → Leonhard

Lieven Nebenform von → Liebwin

Lilian bedeutet „die Lilie"; aus dem Französischen

Linard Nebenform von → Leonhard

Lincoln benannt nach einer Stadt in England; aus dem Englischen

Lindsay Bedeutung ungeklärt; vermutlich aus dem Englischen

Lindsey Nebenform von → Lindsay

Linnart Nebenform von → Leonhard

Lino Nebenform von → Linus

Linos Nebenform von → Linus

Linus bedeutet „das Klagelied"; aus dem Englischen; Variation: Lino; Namenstag: 23. September; bekannte Namensträger: Linus Yale, 1821 bis 1868, amerikanischer Erfinder; Linus Torvalds, geboren 1969, Initiator des Betriebssystemkernels Linux;

Linus Reichlin, geboren 1957, schweizerischer Schriftsteller; Linus Carl Pauling, 1901 bis 1994, US-amerikanischer Chemiker; Linus Kather, 1893 bis 1983, deutscher Politiker

Lion Nebenform von → Leo

Lionardo Nebenform von → Leonhard

Lionel Nebenform von → Leo; bekannte Namensträger: Lionel Richie, geboren 1949, US-amerikanischer Sänger; Lionel Terray, 1921 bis 1965, französischer Bergsteiger; Lionel de Rothschild, 1808 bis 1879, britischer Politiker, erstes jüdisches Mitglied des britischen House of Commons

Lior bedeutet „mein Licht"; aus dem Hebräischen

Liridon bedeutet „der Freiheitswille"; aus dem Albanischen

Lirim bedeutet „die Befreiung"; aus dem Albanischen

Liudger Nebenform von → Ludger

Livinus Nebenform von → Livius

Livio Nebenform von → Livius

Livius bedeutet „das Geschlecht der Livier"; aus dem Lateinischen; Variationen: Livinus, Livio

Ljubomir bedeutet „die Liebe und der Friede"; aus dem Slawischen

Loan Nebenform von → Lochlann

Lochlann bedeutet „das Seenland"; aus dem Gälischen

Lodewijk Nebenform von → Ludwig

Lodovico Nebenform von → Ludwig

Logan bedeutet „die kleine Höhle"; aus dem Englischen

Loic Bedeutung ungeklärt; vermutlich aus dem Französischen

Loick Bedeutung ungeklärt; vermutlich aus dem Französischen

Lois Nebenform von → Alois

Loke Nebenform von → Loki

Loki bedeutet „der Biegende"; aus dem Keltischen; Variation: Loke

Lokman Bedeutung ungeklärt; vermutlich aus dem Türkischen

Long bedeutet „der Drache"; aus dem Chinesischen

Longin bedeutet „der Lange"; aus dem Lateinischen

Lonnie Bedeutung ungeklärt; vermutlich aus dem Englischen

Loois Nebenform von → Alois

Lóránt Nebenform von → Roland

Lorcan bedeutet „der kleine Wilde"; aus dem Gälischen

Loren Nebenform von → Laurentius

Lorenc Nebenform von → Laurentius

Lorenz Nebenform von → Laurentius; bekannte Namensträger: Lorenz von Stein, 1815 bis 1890, deutscher Staatsrechtler und Wirtschaftswissenschaftler; Lorenz Adlon, 1849 bis 1921, deutscher Gastronom und Hotelier; Lorenz Böhler, 1885 bis 1973, österreichischer Chirurg, Begründer der modernen Unfallchirurgie; Lorenz Oken, eigentlich Ockenfuß, 1779 bis 1851, deutscher Naturforscher

Lorenzo Nebenform von → Laurentius; bekannte Namensträger: Lorenzo di Giovanni de Medici, 1395 bis 1440, jüngster Sohn des Giovanni di Bicci de Medici; Lorenzo de Medici, 1449 bis 1492, genannt der Prächtige, italienischer Politiker und Stadtherr von Florenz; Lorenzo Monaco, 1370 bis 1425, florentinischer Maler; Lorenzo Valla, 1407 bis 1457, italienischer Humanist der Renaissance

Lorin Nebenform von → Laurentius

Loris Nebenform von → Laurentius

Lothair Nebenform von → Lothar

Lothaire Nebenform von → Lothar

Lothar bedeutet „berühmt und das Volk"; aus dem Althochdeutschen; Variationen: Lothair, Lothaire; Namenstage: 15. Juni, 30. Dezember; bekannte Namensträger: Lothar Bisky, geboren 1941, deutscher PDS-Politiker; Lothar de Maizière, geboren 1940, deutscher CDU-Politiker; Lothar Matthäus, geboren 1961, deutscher Fußballer und Trainer; Lothar von Richthofen, 1894 bis 1922, deutscher Kampfpilot im Ersten Weltkrieg; Lothar Späth, geboren 1937, schwäbischer CDU-Politiker; Lothar von Trotha, 1848 bis 1920, deutscher General

Lou Nebenform von → Ludwig

Louan Bedeutung ungeklärt; bedeutet vermutlich „das Licht"; aus dem Französischen

Louie Nebenform von → Ludwig

Louis französische Form von → Ludwig; bekannter Namensträger: Louis Agassiz, 1807 bis 1873, schweizerisch-amerikanischer Zoologe, Paläontologe und Geologe; Louis Armstrong, 1901 bis 1971, US-amerikanischer Jazztrompeter und Sänger; Louis Chevrolet, 1878 bis 1941, Autorennfahrer und Gründer der Chevrolet Motor Car Company; Louis de Funès, 1914 bis 1983, französischer Schauspieler, Regisseur, Filmproduzent und Komiker; Louis Jacobi, 1836 bis 1910, deutscher Architekt, geheimer Baurat und provinzialrömischer Archäologe; Louis Malle, 1932 bis 1995, französischer Regisseur; Louis Victor Robert Schwartzkopff, 1825 bis 1892, deutscher Unternehmer; Louis Vuitton, 1821 bis 1892, französischer Unternehmer

Louison Nebenform von → Ludwig

Louka Nebenform von → Lucius

Loukas Nebenform von → Lucius

Love bedeutet „die Liebe"; aus dem Englischen

Lovis Nebenform von → Ludwig; bekannter Namensträger: Lovis Corinth, 1858 bis 1925, deutscher Maler des Impressionismus

Lowell bedeutet „der Wolf"; aus dem Englischen

Luan Bedeutung ungeklärt; vermutlich aus dem Albanischen

Lubin bedeutet „die Liebe"; aus dem Französischen

Luc Nebenform von → Lucius; bekannter Namensträger: Luc Besson, geboren 1959, französischer Filmregisseur

Luca Nebenform von → Lucius; bekannter Namensträger: Luca Toni, geboren 1977, italienischer Fußballspieler

Lucano Nebenform von → Lucius

Lucas Nebenform von → Lucius; bekannte Namensträger: Lucas Cranach der Ältere, 1472 bis 1553, deutscher Maler; Lucas Cranach der Jüngere, 1515 bis 1586, deutscher Maler und Grafiker

Lucero Nebenform von → Lucius

Lucian Nebenform von → Lucius

Luciano Nebenform von → Lucius

Lucianus Nebenform von → Lucius

Lucien Nebenform von → Lucius

Lucio Nebenform von → Lucius

Lucius bedeutet „das Licht"; aus dem Lateinischen; Variationen: Lucas, Lukas, Lucio, Lucjan, Lucien, Lucian, Luc, Lucero; Namenstag: 2. Dezember

Lucjan Nebenform von → Lucius

Ludek Nebenform von → Ludwig

Ludewig Nebenform von → Ludwig

Ludger bedeutet „das Volk und der Speer"; aus dem Althochdeutschen; Namenstag: 26. März; bekannter Namensträger: Ludger Beerbaum, geboren 1963, deutscher Springreiter

Ludolf bedeutet „das Volk und der Wolf"; aus dem Althochdeutschen; Namenstag: 29. März

Ludovic Nebenform von → Ludwig

Ludovico Nebenform von → Ludwig

Ludvig Nebenform von → Ludwig

Ludvik Nebenform von → Ludwig

Ludwig bedeutet „laut und der Kampf"; aus dem Althochdeutschen; Variationen: Ludvik, Ludvig, Ludewig, Ludovic, Ludwik; Namenstage: 28. April, 25. August, 11. September, 25. Oktober; bekannte Namensträger: Ludwig van Beethoven, 1770 bis 1827, deutscher Komponist; Ludwig Erhard, 1897 bis 1977, deutscher Bundeskanzler; Ludwig Thoma, 1867 bis 1921, deutscher Erzähler; Ludwig Uhland, 1787 bis 1862, deutscher Dichter

Ludwik Nebenform von → Ludwig

Luftar bedeutet „der Krieger"; aus dem Albanischen

Luigi italienische Form von → Ludwig; bekannte Namensträger: Luigi Bertolini, 1904 bis 1977, Fußballspieler, Weltmeister 1934; Luigi Allemandi, 1903 bis 1978, Fußballspieler, Weltmeister 1934; Luigi Blau, geboren 1945, Architekt und Möbeldesigner; Luigi Luca Cavalli-Sforza, geboren 1922, Populationsgenetiker; Luigi Galvani, 1737 bis 1798, Arzt, Anatom und Biophysiker; Luigi De Agostini, geboren 1961, Fußballspieler; Luigi Cherubini, 1760 bis 1842, Komponist; Luigi Comencini, 1916 bis 2007, Filmregisseur; Luigi Dallapiccola, 1904 bis 1975, Komponist; Luigi Lablache, 1794 bis 1858, Opernsänger; Luigi Pirandello, 1867 bis 1936, Schriftsteller und Nobelpreisträger; Luigi Lo Cascio, geboren 1967, Schauspieler

Luis spanische Kurzform von → Ludwig

Luitolf Form von → Ludolf

Luitpold bedeutet „das Volk und kühn"; aus dem Althochdeutschen; Namenstag: 1. November; bekannter Namensträger: Luitpold von Bayern, 1821 bis 1912, ab 1886 Prinzregent von Bayern

Luitwin bedeutet „der Freund des Volkes"; aus dem Althochdeutschen

Luiz Form von → Ludwig

Luka Nebenform von → Lucius

Lukacs Nebenform von → Lucius

Lukas Nebenform von → Lucius; Namenstage: 17. Februar, 18. Oktober; bekannte Namensträger: Lukas Podolski, geboren 1985, deutscher Fußballspieler; Lukas der Lokomotivführer aus dem Kinderbuch des deutschen Schriftstellers Michael Ende aus dem Jahr 1960

Lukasz Nebenform von → Lucius

Luke Nebenform von → Lucius; bekannter Namensträger: Lucky Luke, die Hauptfigur und zugleich der Titel einer von Morris (Maurice de Bévère) gezeichneten belgischen Comicserie, die erstmals 1946 erschien

Lulezim bedeutet „der, der blüht"; aus dem Albanischen; Variation: Lulzim

Lulzim Nebenform von → Lulezim

Lumturi bedeutet „das Glück"; aus dem Albanischen

Lupe Nebenform von → Lupita

Lupita benannt nach einem Ort in Spanien; aus dem Spanischen; Variation: Lupe

Luther Nebenform von → Lutger

Lutz Nebenform von → Ludwig

Luuk Nebenform von → Lucius

Luzian Nebenform von → Lucius

Luzius Nebenform von → Lucius

Luzvimindo Bedeutung ungeklärt; vermutlich aus dem Indonesischen

Lycius benannt nach einem römischen Familiennamen; aus dem Lateinischen

Lyes Bedeutung ungeklärt; vermutlich aus dem Arabischen

Lyle bedeutet „Insel"; aus dem Englischen

Lyndon bedeutet „Hügel mit Lindenbäumen"; aus dem Englischen

Lyonel Nebenform von → Leo

Lyria bedeutet „die Leier"; aus dem Englischen

Lysander bedeutet „der Freigelassene"; aus dem Griechischen; Variation: Lysandros

Lysandros griechische Nebenform von → Lysander

Maarten Nebenform von → Martinus

Macaire Nebenform von → Macarius

Macario Nebenform von → Macarius

Macarius bedeutet „der Gesegnete"; aus dem Lateinischen; Variationen: Macaire, Macario

Maciej Nebenform von → Matthäus

Maciek Nebenform von → Matthäus

Maciou Bedeutung ungeklärt; vermutlich aus dem Bretonischen

Mackenzie Bedeutung ungeklärt; vermutlich aus dem Gälischen

Maddox bedeutet „der Sohn von Madoc"; aus dem Keltischen; Variation: Madoc

Madison bedeutet „der Sohn von Maud"; aus dem Englischen

Madoc Nebenform von → Maddox

Mads Nebenform von → Matthäus

Mael bedeutet „der Prinz"; aus dem Gälischen

Maghnus Nebenform von → Magnus

Magnum Nebenform von → Magnus

Magnus bedeutet „der Große"; aus dem Lateinischen; Variationen: Maghnus, Magnum; Namenstage: 6. September, 16. April

Magtanggol Bedeutung ungeklärt; vermutlich aus dem Indonesischen

Mahamadou Bedeutung ungeklärt; vermutlich aus dem Arabischen

Mahir bedeutet „der Geschickte"; aus dem Türkischen

Mahmud Nebenform von → Mohammed

Maicon Nebenform von → Michael

Maik Nebenform von → Michael

Máirtin Nebenform von → Martinus

Makar Nebenform von → Makarios

Makarios bedeutet „der Glückliche"; aus dem Griechischen; Variationen: Makari, Makar, Makarius; Namenstage: 2. Januar, 20. Dezember

Makoto bedeutet „die Wahrheit"; aus dem Japanischen

Maksim Nebenform von → Maximilian

Malachi Nebenform von → Maleachi

Malcolm aus dem Gälischen; Variation: Malcom; bekannter Namensträger: Malcolm X, 1925 bis 1965, US-amerikanischer Bürgerrechtler; Malcolm Young, geboren 1953, australischer Gitarrist

Malcom Nebenform von → Malcolm

Maleachi benannt nach einem Propheten; aus dem Hebräischen

Malek bedeutet „der König"; aus dem Arabischen; Variation: Malik

Malik Nebenform von → Malek

Malo bedeutet „die Geisel und das Licht"; aus dem Französischen

Malte bedeutet „Schutz und herrschen"; aus dem Althochdeutschen; Variation: Malthe

Malthe Nebenform von → Malte

Malvin Nebenform von → Melvin

Mamadou Bedeutung ungeklärt; vermutlich aus dem Arabischen

M

Manabu bedeutet „der Lernbegierige"; aus dem Japanischen

Manegold bedeutet „der Mann und das Gold"; aus dem Althochdeutschen; Variation: Mangold

Manfred bedeutet „der Mann und der Friede"; aus dem Althochdeutschen; Variationen: Manfredi, Manfredo, Manfried; Namenstag: 28. Januar; bekannte Namensträger: Manfred Krug, geboren 1937, deutscher Schauspieler und Sänger; Manfred Mann, geboren 1940, südafrikanischer Musiker („Manfred Mann's Earth Band")

Manfredi Nebenform von → Manfred

Manfredo Nebenform von → Manfred

Manfried Nebenform von → Manfred

Mangold Nebenform von → Manegold

Manhard bedeutet „der starke Mann"; aus dem Althochdeutschen

Manlio Nebenform von → Manlius

Manlius benannt nach einem römischen Familiennamen; aus dem Lateinischen; Variation: Manlio

Manni Nebenform von → Manfred

Mano Nebenform von → Manuel

Manoel Nebenform von → Manuel

Manolo spanische Kurzform von → Immanuel

Mansur bedeutet „der Sieg Gottes"; aus dem Arabischen

Manu Nebenform von → Manuel

Manuel bedeutet „Gott mit uns"; aus dem Hebräischen; Variationen: Manuele, Manoel, Manu, Mano; Namenstag: 26. März; bekannte Namensträger: Manuel Andrack, geboren 1965, deutscher Redakteur und Moderator; Manuel Tolsá, 1757 bis 1816, spanisch-mexikanischer Baumeister und Bildhauer; Manuel González Flores, 1833 bis 1893, mexikanischer Offizier und Politiker; Manuel Friedrich, geboren 1979, deutscher Fußballer

Maraki Nebenform von → Makarios

Marald bedeutet „Pferd und herrschen"; aus dem Althochdeutschen

Marbert bedeutet „das glänzende Pferd"; aus dem Althochdeutschen

Marc Nebenform von → Marcus; bekannte Namensträger: Marc Almond, geboren 1957, britischer Sänger und Song-writer; Marc Anthony, geboren 1968, US-amerikanischer Sänger; Marc Chagall, 1887 bis 1985, weißrussischer Maler; Marc Rothemund, geboren 1968, deutscher Filmregisseur

Marcas bedeutet „der im März Geborene"; aus dem Gälischen

Marceau Nebenform von → Marcus

Marcel Nebenform von → Marcus; Namenstag: 19. März; bekannte Namensträger: Marcel Carné, 1906 bis 1996, französischer Filmregisseur; Marcel Marceau, 1923 bis 2007, französischer Pantomime; Marcel Proust, 1871 bis 1922, französischer Schriftsteller; Marcel Reich-Ranicki, 1920 bis 2013, deutscher Literaturkritiker; Marcel Reif, geboren 1949, deutscher Sportjournalist

Marcell Nebenform von → Marcus; bekannter Namensträger: Marcell Jansen, geboren 1985, deutscher Fußballspieler

Marcellin Nebenform von → Marcus

Marcellino Nebenform von → Marcus

Marcellinus Nebenform von → Marcus

Marcello Nebenform von → Marcus; Namenstag: 31. August

Marcellus Nebenform von → Marcus; Namenstag: 16. Januar

Marcelo Nebenform von → Marcus

Marcial Nebenform von → Marcus

Marcin Nebenform von → Marcus

Marcio Nebenform von → Marcus

Marcius Nebenform von → Marcus

Marco Nebenform von → Marcus; Namenstag: 13. August; bekannte Namensträger: Marco Polo, 1254 bis 1324, venezianischer Seefahrer, Händler und Abenteurer; Marco Rima, geboren 1961, schweizerischer Komiker

Marcos Nebenform von → Marcus

Marcus bedeutet „der Sohn des Mars"; aus dem Lateinischen; Variationen: Marcel, Marc, Mark, Markus; bekannter Namensträger: Marcus Tullius Cicero, 106 bis 43 vor Christus, Politiker

Maredudd bedeutet „der Herr des Meeres"; aus dem Keltischen

Marek Nebenform von → Marcus

Marian Nebenform von → Marius

Mariano Nebenform von → Marius

Marianus Nebenform von → Marius

Marijo Nebenform von → Marius

Marin Nebenform von → Marinus

Marino Nebenform von → Marinus

Marinus bedeutet „das Meer betreffend"; aus dem Lateinischen

Mario Nebenform von → Marius

Márió Nebenform von → Marius

Marius bedeutet „die Familie der Marier"; aus dem Lateinischen; Variationen: Mario, Marianus, Mariusz, Mariano, Marianus, Marijo; Namenstag: 19. Januar; bekannter Namensträger: Marius Müller-Westernhagen, geboren 1948, deutscher Musiker und Schauspieler

Mariusz Nebenform von → Marius

Márk Nebenform von → Marcus

Mark Nebenform von → Marcus; bekannte Namensträger: Mark Knopfler, geboren 1949, britischer Rockmusiker; Mark Twain, eigentlich Samuel Langhorne Clemens, 1835 bis 1910, US-amerikanischer Schriftsteller

Markku Nebenform von → Marcus

Marko Nebenform von → Marcus

Márkó Nebenform von → Marcus

Markolf bedeutet „die Grenze und der Wolf"; aus dem Althochdeutschen

Markos Nebenform von → Marcus

Markus Nebenform von → Marcus; Namenstage: 25. April, 7. September; bekannte Namensträger: Markus Maria Profitlich, geboren 1960, deutscher Komiker; Markus Wasmeier, geboren 1963, ehemaliger deutscher Skifahrer

Markward bedeutet „der Hüter der Grenze"; aus dem Althochdeutschen; Variation: Markwart; Namenstage: 2. Februar, 27. Februar, 6. Mai

Markwart Nebenform von → Markward

Marlin Bedeutung ungeklärt; vermutlich aus dem Englischen

Marlon aus dem Englischen; bekannte Namensträger: Marlon Brando, 1924 bis 2004, US-amerikanischer Schauspieler; Marlon Jackson, geboren 1957, Sänger

Marlow bedeutet „der ausgetrocknete See"; aus dem Englischen

Marques Nebenform von → Marquis

Marquez Nebenform von → Marquis

Marquis bedeutet „der französische Adlige"; aus dem Französischen; Variationen: Marques, Marquez, Marquise

Marquise Nebenform von → Marquis

Mars benannt nach einem Kriegsgott; aus dem Lateinischen; Variationen: Martial, Martialis

Marshal Nebenform von → Marshall

Marshall bedeutet „der Pferdediener"; aus dem Englischen; Variation: Marshal

Marte Nebenform von → Martin

Marten Nebenform von → Martin

Martial Form von → Mars

Martialis Nebenform von → Mars

Martianus Nebenform von → Mars

Martii Form von → Martin

Martijn Nebenform von → Martin

Martin benannt nach dem römischen Kriegsgott Mars; aus dem Lateinischen; Variationen: Martinus, Martinho, Martino, Marte, Marten, Martius; Namenstage: 3. November, 11. November, 13. April; bekannte Namensträger: Martin Luther, 1483 bis 1546, Theologe und Reformator; Martin Luther King, 1929 bis 1968, US-amerikanischer Baptistenpfarrer und Bürgerrechtler

Martinho Nebenform von → Martin

Martino Nebenform von → Martin

Martinus Nebenform von → Martin

Martius Nebenform von → Martin

Martkos Nebenform von → Markus

Márton Nebenform von → Martin

Marty Nebenform von → Martin

Marvin bedeutet „der bedeutende Freund"; aus dem Englischen; Variation: Marwin

Marwan Bedeutung ungeklärt; vermutlich aus dem Arabischen; Variation: Marwane

Marwane Nebenform von → Marwan

Marwin Nebenform von → Marvin

Marzell Nebenform von → Marcus

Marzellinus Nebenform von → Marcus

Marzellus Nebenform von → Marcus

Marziano Nebenform von → Mars

Marzio Nebenform von → Mars

Masahiro bedeutet „die Gerechtigkeit"; aus dem Japanischen

Masao bedeutet „der rechtschaffene Mann"; aus dem Japanischen

Masaru bedeutet „der Sieg"; aus dem Japanischen

Mason bedeutet „der Maurer"; aus dem Englischen

Massimiliano italienische Nebenform von → Maximilian

Massimo Nebenform von → Maximus

Máté Nebenform von → Matthäus

Matej Nebenform von → Matthäus

Matéo Nebenform von → Matthäus

Mateo Nebenform von → Matthäus

Maternus bedeutet „der Mütterliche"; aus dem Lateinischen

Mateusz Nebenform von → Matthäus

Mathäus Nebenform von → Matthäus

Matheo Nebenform von → Matthäus

Mathéo Nebenform von → Matthäus

Mathew Nebenform von → Matthias

Mathias Nebenform von → Matthias

Mathieu Nebenform von → Matthäus

Mathijs Nebenform von → Matthäus

Mathis Nebenform von → Matthäus

Mathys Nebenform von → Matthäus

Mati Nebenform von → Matthäus

Matias Nebenform von → Matthias

Matija Nebenform von → Matthäus

Matis Nebenform von → Matthäus

Matisse Nebenform von → Matthäus

Mats Nebenform von → Matthäus

Matt Nebenform von → Matthias; bekannte Namensträger: Matt Damon, eigentlich Matthew Paige Damon, geboren 1970, US-amerikanischer Schauspieler; Matt Dillon, geboren 1964, US-amerikanischer Schauspieler; Matt Groening, geboren 1954, US-amerikanischer Comiczeichner

Mattäus Nebenform von → Matthäus

Matteo Nebenform von → Matthäus

Mattéo Nebenform von → Matthäus

Mattes Nebenform von → Matthäus

Matthaeus Nebenform von → Matthäus

Matthaios Nebenform von → Matthäus

Matthäus Nebenform von → Matthias

Mattheo Nebenform von → Matthäus

Mattheus Nebenform von → Matthäus

Matthew Nebenform von → Matthias; bekannter Namensträger: Matthew Broderick, geboren 1962, US-amerikanischer Schauspieler und Regisseur

Matthias bedeutet „das Geschenk von Jahwe"; aus dem Hebräischen; Variationen: Matt, Matthew, Matias, Mathias; Namenstage: 21. September, 24. Februar; bekannte Namensträger: Matthias Platzeck, geboren 1953, deutscher Politiker (SPD); Matthias Dropa, 1650 bis 1732, deutscher Orgelbauer; Matthias Seutter, 1678 bis 1757, deutscher Globenhersteller, Kartograf und Verlagsgründer; Matthias von Arras, 1290 bis 1352, französischer Architekt und Baumeister

Matthieu Nebenform von → Matthäus

Matthijs Nebenform von → Matthäus

Matthis Nebenform von → Matthäus

Matti Nebenform von → Matthias

Mattia Nebenform von → Matthäus

Mattias Nebenform von → Matthäus

Mattis Nebenform von → Matthäus

Mattitjahu Nebenform von → Matthäus

Matty Nebenform von → Matthias

Matys Nebenform von → Matthäus

M

Matze Nebenform von → Matthias

Mauno Nebenform von → Magnus

Maurice Nebenform von → Mauritius; bekannte Namensträger: Maurice Gibb, 1949 bis 2003, Sänger der „Bee Gees"; Maurice Jarre, 1924 bis 2009, französischer (Filmmusik-)Komponist

Mauricio Nebenform von → Mauritius

Mauricius Nebenform von → Mauritius

Mauricius Nebenform von → Mauritius

Maurilio Nebenform von → Mauritius

Maurin Nebenform von → Mauritius

Mauritius bedeutet „der Dunkelhäutige"; aus dem Lateinischen; Variationen: Mauricius, Maurus, Mauritz, Maurice, Morris, Maurits, Moritz

Mauritz Nebenform von → Mauritius

Mauriz Nebenform von → Mauritius

Mauro Nebenform von → Mauritius

Maurus Nebenform von → Mauritius; Namenstag: 15. Januar

Maverick bedeutet „der Unabhängige"; aus dem Englischen

Max Kurzform von → Maximilian; bekannte Namensträger: Max von Baden, 1867 bis 1929, preußischer General und der letzte Reichskanzler des Deutschen Kaiserreiches; Max Ernst, 1891 bis 1976, deutscher Maler und Bildhauer; Max Frisch, 1911 bis 1991, schweizerischer Schriftsteller; Max Goldt, geboren 1958, deutscher Schriftsteller und Musiker; Max Liebermann, 1847 bis 1935, deutscher Maler; Max Planck, 1858 bis 1947, deutscher Physiker, Gründer der Quantenphysik; Max Preßler, 1815 bis 1886, deutscher Ingenieur, Forstwissenschaftler, Erfinder und Ökonom; Max Raabe, geboren 1962, deutscher Sänger und Mitbegründer sowie Leiter des Palast Orchesters in Berlin; Max zu Schaumburg-Lippe, 1898 bis 1974, deutscher Autorennfahrer; Max Schmeling, 1905 bis 2005, deutscher Schwergewichtsboxer

Maxence Nebenform von → Maximilian

Maxi Nebenform von → Maximilian

Maxim Kurzform von → Maximilian; bekannte Namensträger: Maxim Biller, geboren 1960, deutscher Schriftsteller; Maxim Gorki, eigentlich Alexei Maximowitsch Peschkow, 1868 bis 1936, russischer Schriftsteller

Maxime Nebenform von → Maximilian

Maximilian bedeutet „der Größte"; aus dem Lateinischen; Variationen: Max, Maxi, Maxim, Maximilien, Maxime; Namenstage: 14. August, 21. August, 12. März, 12. Oktober; bekannter Namensträger: Maximilian Schell, geboren 1930, österreichisch-schweizerischer Schauspieler, Regisseur und Produzent

Maximilien Nebenform von → Maximilian

Maximillia Nebenform von → Maximilian

Maximillian englische Nebenform von → Maximilian

Maximin Nebenform von → Maximilian; Namenstage: 29. Mai, 12. September

Maximinianus bedeutet „der Größte"; aus dem Lateinischen; Variationen: Maximino, Maximinus, Maximus

Maximino Nebenform von → Maximinianus

Maximinus Nebenform von → Maximinianus

Maximus Nebenform von → Maximinianus; Namenstag: 27. Juni

Maxwell benannt nach einem englischen Fluss; aus dem Englischen

Maynard bedeutet „die starke Kraft"; aus dem Althochdeutschen; Variation: Maynerd

Maynerd Nebenform von → Maynard

Medhi bedeutet „mein Erlöser"; aus dem Arabischen; Variation: Mehdi

Mehdi Form von → Medhi

Mehmed Nebenform von → Mehmet

Mehmet bedeutet „der Lobenswerte"; aus dem Türkischen; Variation: Mehmed; bekannte Namensträger: Mehmet Oktav, 1917 bis 1996, türkischer Ringer, Olympiasieger 1948; Mehmet Scholl, geboren 1970, Fußballspieler

Meier Nebenform von → Meir

Meik Nebenform von → Michael

Meiko Nebenform von → Michael

Meinard Nebenform von → Meinhard

Meinhard bedeutet „Kraft und hart"; aus dem Althochdeutschen; Variation: Meinard

Meinhold bedeutet „Kraft und walten"; aus dem Althochdeutschen; Variation: Meinold

Meinold Nebenform von → Meinhold

Meinolf bedeutet „die Kraft und der Wald"; aus dem Althochdeutschen; Variation: Meinulf; Namenstag: 5. Oktober

Meinrad bedeutet „die Kraft und der Rat"; aus dem Althochdeutschen; Variation: Menrad; Namenstage: 21. Januar, 14. Juni

Meinulf Nebenform von → Meinolf

Meir bedeutet „der Leuchtende"; aus dem Hebräischen; Variationen: Meier, Meyer

Mekhi Bedeutung ungeklärt; vermutlich aus dem Englischen

Melchior bedeutet „Gott ist König des Lichts"; aus dem Hebräischen; Variationen: Melchiorre, Melchor; Namenstag: 7. September

Melchiorre Nebenform von → Melchior

Melchor Nebenform von → Melchior

Melih bedeutet „der Schönheit Besitzende"; aus dem Türkischen

Melker skandinavische Form von → Melchior

Melkior Nebenform von → Melchior

Melville benannt nach einer französischen Stadt; aus dem Englischen

Melvin bedeutet „der Rat und der Freund"; aus dem Englischen; Variationen: Melvyn, Melwin; bekannter Namensträger: Melvin Calvin, 1911 bis 1997, US-amerikanischer Chemiker und Biochemiker

Melvyn Nebenform von → Melvin

Memnun bedeutet „der Dankbare, der Glückliche"; aus dem Türkischen

Menachem bedeutet „der Tröster"; aus dem Hebräischen; Variationen: Menaham, Mendel

Menahem Nebenform von → Menachem

Mendel Nebenform von → Menahem

Meng bedeutet „der Wilde"; aus dem Chinesischen

Menrad Nebenform von → Meinrad

Mentor Bedeutung ungeklärt; vermutlich aus dem Albanischen

Mercure Nebenform von → Merkur

Mercurio Nebenform von → Merkur

Mercúrio Nebenform von → Merkur

Mercurius Nebenform von → Merkur

M

Mercury Nebenform von → Merkur

Meredith Bedeutung ungeklärt; vermutlich aus dem Englischen

Merfyn Bedeutung ungeklärt; vermutlich aus dem Keltischen

Mergim Bedeutung ungeklärt; vermutlich aus dem Albanischen

Merkur bedeutet „der Gott des Handels"; aus dem Skandinavischen; Variationen: Mercury, Mercure, Mercurius

Merle Nebenform von → Merlin

Merlin bedeutet „der Hügel am Meer"; aus dem Englischen, bekannter Namensträger: Merlin, mächtigster Zauberer der Welt; Lehrer von König Artus

Merrick bedeutet „die Meerfestung"; aus dem Englischen

Mert bedeutet „der Mutige"; aus dem Türkischen

Merten Nebenform von → Martinus

Mervin Nebenform von → Merfyn

Mesut bedeutet „der Glückliche"; aus dem Türkischen

Methodios bedeutet „die Methode"; aus dem Griechischen; Variation: Methodius

Methodius Nebenform von → Methodios; Namenstag: 14. Februar

Metin bedeutet „der Standhafte"; aus dem Türkischen

Meyer Nebenform von → Meir

Micael Nebenform von → Michael

Micah benannt nach einem Propheten; aus dem Hebräischen; Variation: Micaiah

Micaiah Nebenform von → Micah

Micha Nebenform von → Michael

Michael bedeutet „Wer ist Gott?"; aus dem Hebräischen; Variationen: Mike, Micha, Michi, Michail, Michaele, Michal; Namenstage: 29. September, 8. März, 6. April; bekannte Namensträger: Michael Ballack, geboren 1976, Fußballspieler; Michael Bublé, geboren 1975, Jazzsänger und Schauspieler; Michael Collins, 1890 bis 1922, irischer Unabhängigkeitskämpfer; Michael Collins, geboren 1930, US-amerikanischer Astronaut; Michael Crichton, 1942 bis 2008, US-amerikanischer Schriftsteller; Michael Degen, geboren 1932, deutscher Schauspieler; Michael Douglas, geboren 1944, US-amerikanischer Schauspieler; Michael Ende, 1929 bis 1995, deutscher Schriftsteller; Michael J. Fox, geboren 1961, US-amerikanischer Schauspieler; Michael Grzimek, 1934 bis 1959, deutscher Tierfilmer; Michael „Bully" Herbig, geboren 1968, deutscher Schauspieler, Regisseur und Produzent; Michael Holm, geboren 1943, deutscher Sänger und Songwriter; Michael Jackson, 1958 bis 2009, US-amerikanischer Popmusiker; Mick Jagger, geboren 1943, Sänger der britischen Rockband „The Rolling Stones"; Michael Jordan, geboren 1963, US-amerikanischer Basketballspieler; Michael Johnson, geboren 1967, US-amerikanischer Spitzenleichtathlet; Michael Mittermeier, geboren 1966, deutscher Comedian; Michael Moore, geboren 1954, US-amerikanischer Dokumentarfilmer und Autor; Michael Ondaatje, geboren 1943, kanadischer Schriftsteller; Michael Palin, geboren 1943, britischer Schauspieler; Michael Schanze, geboren 1947, deutscher Entertainer; Michael Schumacher, geboren 1969, deutscher Rekord-Formel-1-Weltmeister; Michael Stich, geboren 1968, deutscher Tennisspieler

Michaele Nebenform von → Michael

Michail Nebenform von → Michael; bekannter Namensträger: Michail Sergejewitsch Gorbatschow, geboren 1931, ehemaliger Präsident der Sowjetunion

Michal Nebenform von → Michael

Michal Nebenform von → Michael

Micheal Nebenform von → Michael

Micheál Nebenform von → Michael

Michel Nebenform von → Michael

Michelangelo Kombination aus → Michael und Angelo

Michele Nebenform von → Michael

Michi Nebenform von → Michael

Mick Nebenform von → Michael

Mickael Nebenform von → Michael

Mickey Nebenform von → Michael

Miguel Nebenform von → Michael

Miika Nebenform von → Michael

Mijo Bedeutung ungeklärt; vermutlich aus dem Slawischen

Mika finnische Kurzform von → Michael

Mikael Nebenform von → Michael

Mikail Nebenform von → Michael

Mike Nebenform von → Michael; bekannte Namensträger: Mike Krüger, eigentlich Michael Friedrich Wilhelm Krüger, geboren 1951, deutscher Sänger, Schauspieler und Entertainer; Mike Oldfield, geboren 1953, englischer Musiker; Mike Rutherford, eigentlich Michael John Cleote Crawford Rutherford, geboren 1950, englischer Musiker

Mikel Nebenform von → Michael

Mikhael Nebenform von → Michael

Mikis neugriechische Form von → Michael

Mikkel Nebenform von → Michael

Miklós Nebenform von → Michael

Miladin Bedeutung ungeklärt; vermutlich aus dem Slawischen

Milan slawische Kurzform von → Miloslaw

Milán slawische Kurzform von → Miloslaw

Miles Bedeutung ungeklärt; vermutlich aus dem Englischen

Milhály Nebenform von → Michael

Milko bedeutet „der Anmutige"; aus dem Slawischen

Millard bedeutet „der Mühlenbewacher"; aus dem Englischen; Variation: Millweard

Millweard Nebenform von → Millard

Milo Nebenform von → Milos

Milorad Bedeutung ungeklärt; vermutlich aus dem Slawischen

Milos bedeutet „der Liebe"; aus dem Tschechischen; Variation: Milo

Miloslav bedeutet „der Ruhmliebende"; aus dem Slawischen; Variation: Miloslaw

Miloslaw Nebenform von → Miloslav

Milot benannt nach einer Stadt in Albanien; aus dem Albanischen

Milton bedeutet „die Mühlenstadt"; aus dem Englischen

Milutin Bedeutung ungeklärt; vermutlich aus dem Slawischen

Mimmo bedeutet „das kleine Kind"; aus dem Italienischen

Minh benannt nach einer chinesischen Dynastie; aus dem Chinesischen

Minoru bedeutet „die Frucht"; aus dem Japanischen

M

Minos benannt nach einer Mythengestalt; aus dem Griechischen

Mirco slawische Kurzform von → Miroslaw

Mirko slawische Kurzform von → Miroslaw; bekannte Namensträger: Mirko Slomka, geboren 1967, deutscher Fußballtrainer; Mirko Kovats, geboren 1948, Investor und Unternehmer; Mirko Basaldella, 1910 bis 1969, italienisch-amerikanischer Künstler

Mirlind Bedeutung ungeklärt; vermutlich aus dem Albanischen

Mirnes Bedeutung ungeklärt; vermutlich aus dem Slawischen

Miro bedeutet „der Frieden"; aus dem Russischen

Miro Kurzform von → Miroslaw

Miroslav bedeutet „der bedeutende Ruhm"; aus dem Slawischen; Variationen: Miroslaw, Miro, Mirco, Mirko; bekannter Namensträger: Miroslav Klose, geboren 1978, deutscher Fußballspieler

Miroslaw Nebenform von → Miroslav

Mirza bedeutet „der Prinz"; aus dem Persischen

Misael bedeutet „Wer ist Gott?"; aus dem Hebräischen; Variation: Misail

Misail Nebenform von → Misael

Mischa Nebenform von → Michael

Mischael Nebenform von → Michael

Misha Nebenform von → Michael

Mishael Nebenform von → Michael

Mitar Nebenform von → Demetrius

Mitchel Nebenform von → Michael

Mitchell Nebenform von → Michael

Mithra bedeutet „der Gott des Lichts"; aus dem Indischen

Mitica Nebenform von → Demetrius

Mitja Nebenform von → Demetrius

Mladen Bedeutung ungeklärt; vermutlich aus dem Slawischen

Modesto Nebenform von → Modestus

Modestus bedeutet „der Bescheidene"; aus dem Lateinischen; Variation: Modesto; Namenstag: 5. Dezember

Mogens Nebenform von → Magnus

Mohamed Nebenform von → Mohammed

Mohammad Nebenform von → Mohammed

Mohammed bedeutet „der Gepriesene"; aus dem Arabischen; Variationen: Muhammad, Mohamed

Moise Nebenform von → Moses

Moisés Nebenform von → Moses

Mombert bedeutet „der strahlende Gedanke"; aus dem Althochdeutschen; Variationen: Momme, Mommo

Momme Nebenform von → Mombert

Mommo Nebenform von → Mombert

Monir bedeutet „der Leuchtende"; aus dem Arabischen

Montana benannt nach einem US-Bundesstaat; aus dem Englischen

Morcant bedeutet „das Meer, der Ozean"; aus dem Keltischen

Moreno bedeutet „der Dunkle"; aus dem Italienischen

Morgan bedeutet „der auf See Geborene"; aus dem Keltischen

Morice Nebenform von → Mauritius

Moritz Nebenform von → Mauritius; bekannte Namensträger: Moritz Bleibtreu, geboren 1971, Schauspieler; Moritz Freiherr von Knigge, geboren 1968, Unternehmensberater und Benimm-Experte der Neuzeit; Moritz von Oranien, 1567 bis 1625, Statthalter von Holland

Moriz Nebenform von → Mauritius

Morpheus bedeutet „die Gestalt"; aus dem Griechischen

Morris Nebenform von → Mauritius; bekannte Namensträger: Morris Rosenfeld, 1862 bis 1923, amerikanischer Lyriker; Morris Chestnut, geboren 1969, amerikanischer Schauspieler; Morris Fuller Benton, 1872 bis 1948, amerikanischer Ingenieur und Typograf; Morris Louis, 1912 bis 1962, amerikanischer Maler; Morris Silverman, 1912 bis 2006, amerikanischer Unternehmer; Morris William Travers, 1872 bis 1961, englischer Chemiker; Morris L. West, 1916 bis 1999, Autor

Morten Nebenform von → Martinus

Mortimer bedeutet „das tote Meer"; aus dem Englischen

Mose Nebenform von → Moses

Mosè Nebenform von → Moses

Moses bedeutet „der Sohn"; aus dem Hebräischen; Variationen: Mose, Moise, Moisés; Namenstag: 7. Februar

Moshe Nebenform von → Moses

Moufid bedeutet „der Nützliche"; aus dem Arabischen

Mounir bedeutet „der Leuchtende"; aus dem Arabischen

Mourad Nebenform von → Murat

Moussa Nebenform von → Moses

Mufid Nebenform von → Moufid

Muhamed Nebenform von → Mohammed

Muhammad Nebenform von → Mohammed

Muhammed Nebenform von → Mohammed

Mumme Nebenform von → Mombert

Mundzuk Bedeutung ungeklärt; vermutlich aus dem Lateinischen

Muni bedeutet „der Leuchtende"; aus dem Arabischen

Murad Nebenform von → Murat

Murat bedeutet „der Wunsch"; aus dem Türkischen

Muris Bedeutung ungeklärt; vermutlich aus dem Slawischen

Murray bedeutet „am Meer; am Ozean"; aus dem Englischen

Musa Nebenform von → Moses

Mustafa bedeutet „der Gütige"; aus dem Türkischen; Variationen: Muzafer, Muzaffer; bekannte Namensträger: Mustafa Kemal Atatürk, 1881 bis 1938, Begründer und erster Präsident der Türkei; Mustafa Sandal, geboren 1970, türkischer Musiker; Mustafa Yıldızdoğan, geboren 1966, türkischer Musiker; Mustafa Dok, geboren 1971, deutsch-türkischer Regisseur und Filmproduzent

Muzafer Nebenform von → Mustafa

Muzaffer Nebenform von → Mustafa

Muzio bedeutet „der Stille"; aus dem Italienischen

Mylentum bedeutet „die Mühlenstadt"; aus dem Englischen

Myles Nebenform von → Miles

Myrddin benannt nach einer Gestalt aus der Artussage; aus dem Keltischen

Myron bedeutet „die Myrrhe"; aus dem Englischen

M

Na´im bedeutet „der Friedliche"; aus dem Arabischen

Nabil bedeutet „der Noble"; aus dem Arabischen

Nabor bedeutet „der Prophet des Lichts"; aus dem Hebräischen; Namenstag: 12. Juli

Nacho spanische Koseform von → Ignatius

Nadim bedeutet „der Trinkkumpan"; aus dem Arabischen

Nadir bedeutet „der Seltene"; aus dem Arabischen

Nael bedeutet „der Sieger"; aus dem Arabischen

Nafi bedeutet „der Wertvolle"; aus dem Türkischen

Nahor bedeutet „der Schnaubende"; aus dem Hebräischen

Nahuel bedeutet „der Jaguar"; aus dem Spanischen

Nahum bedeutet „der Tröster"; aus dem Hebräischen

Nail bedeutet „der Erfolgreiche"; aus dem Arabischen

Naim bedeutet „der Glückliche"; aus dem Arabischen

Najee Bedeutung ungeklärt; vermutlich aus dem Englischen

Naji bedeutet „der Sichere"; aus dem Arabischen

Najib bedeutet „der Edle"; aus dem Arabischen

Nala bedeutet „der Stamm"; aus dem Indischen

Namid bedeutet „der Sterntänzer"; aus dem Indianischen

Namik bedeutet „der Schriftsteller"; aus dem Türkischen

Namir bedeutet „der Leopard"; aus dem Arabischen

Nanda bedeutet „die Freude"; aus dem Indischen

Nando Kurzform von → Namen mit -nando

Nandolf bedeutet „der kühne Wolf"; aus dem Althochdeutschen

Nándor Bedeutung ungeklärt; vermutlich aus dem Ungarischen

Nanno ostfriesische Kurzform von → Namen mit Nant-

Nante Nebenform von → Ferdinand

Nantwig bedeutet „der kühne Kampf"; aus dem Althochdeutschen

Naoki bedeutet „der Ehrenwerte, der gerade Baum"; aus dem Japanischen

Naomhán bedeutet „der kleine Heilige"; aus dem Gälischen

Naphtali bedeutet „der Kampf"; aus dem Hebräischen

Napoleon bedeutet „der aus Neapel Stammende"; aus dem Italienischen; bekannter Namensträger: Napoléon Bonaparte (Napoleon I.), 1769 bis 1821, Kaiser der Franzosen von 1804 bis 1814/15

Narciso Nebenform von → Narcissus

Narcisse Nebenform von → Narcissus

Narcissus bedeutet „der Schlaf"; aus dem Lateinischen; Variationen: Narcisso, Narcisse; Namenstag: 29. Oktober, bekannter Namensträger: Narcissus, unbekannt bis 54 nach Christus, Freigelassener

Narek Bedeutung ungeklärt; aus dem Armenischen

Narkissos Nebenform von → Narcissus

Narve benannt nach einer Mythengestalt; aus dem Skandinavischen

Narziss Nebenform von → Narcissus

Narziß Nebenform von → Narcissus

Naseem Nebenform von → Nasim

Nasim bedeutet „die Brise"; aus dem Persischen; Variation: Naseem

Nasir bedeutet „der Helfer"; aus dem Arabischen

Nasir bedeutet „der Helfer"; aus dem Türkischen

Nassim Nebenform von → Nasim

Nat Nebenform von → Natalis

Natalis bedeutet „Christi Geburt"; aus dem Lateinischen; Variation: Nat; Namenstag: 25. Dezember

Natan Nebenform von → Nathan

Nathan bedeutet „er hat gegeben"; aus dem Hebräischen; Variation: Natan; Namenstag: 24. Oktober; bekannter Namensträger: Nathan Lane, geboren 1956, US-amerikanischer Schauspieler

Nathanael bedeutet „Gott hat gegeben"; aus dem Hebräischen

Nathanial Nebenform von → Nathanael

Nathaniel Nebenform von → Nathanael

Naum Name eines Propheten; aus dem Russischen

Naveed bedeutet „die guten Neuigkeiten"; aus dem Arabischen

Nayati bedeutet „der Ringer"; aus dem Indianischen

Nazaire Nebenform von → Nazarius

Nazarenus Nebenform von → Nazarius

Nazario Nebenform von → Nazarius

Nazarius bedeutet „der aus Nazareth Stammende"; aus dem Lateinischen; Variationen: Nazaire, Nazario, Nazarenus

Nazzareno Nebenform von → Nazarius

Neacel schottische Form von → Nikolas

Neal Nebenform von → Neil

Nebojsa Bedeutung ungeklärt; aus dem Slawischen

Necat bedeutet „der Retter"; aus dem Türkischen; Variation: Necati

Necati Nebenform von → Necat

Ned Bedeutung ungeklärt; vermutlich aus dem Gälischen

Neelam Nebenform von → Nilam

Nehemia bedeutet „Jahwe tröstet"; aus dem Hebräischen

Neidhard bedeutet „die harte Missgunst"; aus dem Althochdeutschen; Variation: Neidhart

Neidhart Nebenform von → Neidhard

Neil bedeutet „der Meister"; aus dem Gälischen; bekannte Namensträger: Neil Armstrong, 1930 bis 2012, ehemaliger amerikanischer Testpilot und Astronaut; Neil Diamond, geboren 1941, US-amerikanischer Sänger und Songwriter; Neil Gaiman, geboren 1960, Autor von Science-Fiction- und Fantasy-geschichten, Comics und Drehbüchern; Neil Jordan, geboren 1950, irischer Filmregisseur, Drehbuchautor, Produzent und Schriftsteller; Neil Tennant, geboren 1954, britischer Musiker; Neil Young, geboren 1945, kanadischer Rockmusiker

Neilos bedeutet „der Nil"; aus dem Griechischen

Neithard Nebenform von → Neidhard

Nelio Nebenform von → Cornelius

Nelson bedeutet „der Sohn des Neil"; aus dem Englischen; bekannte Namensträ-

N

ger: Nelson Mandela, 1918 bis 2013, südafrikanischer Politiker und Aktivist; Nelson Piquet, geboren 1952, brasilianischer Formel-1-Fahrer; Nelson A. Rockefeller, 1908 bis 1979, 41. Vizepräsident der USA

Nemanja bedeutet „der Besitzlose"; aus dem Serbischen

Nemo bedeutet „niemand"; aus dem Lateinischen

Nenad bedeutet „der Unerwartete"; aus dem Serbokroatischen

Neo bedeutet „das Geschenk"; aus dem Afrikanischen

Neo bedeutet „der Neue"; aus dem Griechischen

Nepomuk bedeutet „der aus Pomuk Stammende"; aus dem Tschechischen

Neptun bedeutet „das Wasser"; aus dem Skandinavischen; Variation: Neptune

Neptune Nebenform von → Neptun

Neptuno Nebenform von → Neptun

Neptunus Nebenform von → Neptun

Nereos bedeutet „der Meeresgott"; aus dem Griechischen; Variation: Nereus

Nereus Nebenform von → Nereos; Namenstag: 12. Mai

Nerio Form von → Nereos

Nero benannt nach einem römischen Kaiser; aus dem Lateinischen

Nestor bedeutet „der Heimkommende"; aus dem Griechischen; Variation: Nestore

Nestore Nebenform von → Nestor

Nethruns Nebenform von → Neptun

Nettuno Nebenform von → Neptun

Nevan bedeutet „der Heilige"; aus dem Gälischen; Variationen: Nevem, Nevin

Nevem Nebenform von → Nevan

Nevill Nebenform von → Neville

Neville bedeutet „die neue Stadt"; aus dem Englischen; Variation: Nevill

Nevin Nebenform von → Nevan

Nevio bedeutet „das Mal"; aus dem Italienischen

Newton bedeutet „die neue Stadt"; aus dem Englischen

Nexhat Bedeutung ungeklärt; vermutlich aus dem Albanischen

Nhung bedeutet „der Samt"; aus dem Vietnamesischen

Niall Nebenform von → Neil

Nic Nebenform von → Dominic

Niccolò Nebenform von → Nikolaus

Nicéphore Nebenform von → Nikephoros

Nicholas Nebenform von → Nikolaus; bekannte Namensträger: Nicholas Ray, 1911 bis 1979, US-amerikanischer Filmregisseur und Schauspieler; Nicholas Sparks, geboren 1965, US-amerikanischer Schriftsteller

Nick Nebenform von → Dominic; bekannte Namensträger: Nick Carter, geboren 1980, US-amerikanischer Sänger; Nick Heidfeld, geboren 1977, deutscher Formel-1 Fahrer; Nick Hornby, geboren 1957, britischer Schriftsteller; Nick Nolte, geboren 1941, US-amerikanischer Schauspieler

Nicki Nebenform von → Nikolaus

Nicklas Nebenform von → Nikolaus

Nicklaus Nebenform von → Nikolaus

Nickolas Nebenform von → Nikolaus

Nicky Nebenform von → Nikolaus

Niclas Nebenform von →
Nikolaus

Nico Nebenform von →
Nikolaus

Nico Nebenform von → Nikolaus; bekannte Namensträger:
Nico Rosberg, geboren 1985,
deutsch-finnischer Formel-1-
Pilot; Nico Richter, 1915 bis
1945, niederländischer Komponist; Nico Patschinski,
geboren 1976, deutscher Fußballspieler; Nico Motchebon,
geboren 1969, deutscher Läu-
fer; Nico Kuhn, geboren 1985,
deutscher Buchautor

Nicodème Nebenform von
→ Nikodemus

Nicodemo Nebenform von
→ Nikodemus

Nicol Nebenform von →
Nikolaus

Nicola italienische Nebenform von → Nikolaus

Nicolaas Nebenform von →
Nikolaus

Nicolai Nebenform von →
Nikolaus

Nicolas Nebenform von →
Nikolaus

Nicolás Nebenform von →
Nikolaus

Nicolaus Nebenform von →
Nikolaus; bekannte Namensträger: Nicolaus Bruhns, 1665
bis 1697, Komponist der nord-
deutschen Orgelschule und

ein Orgel- und Geigenvirtuo-
se; Nicolaus Copernicus, 1473
bis 1543, wurde mit seiner
Theorie von den Umläufen
der Himmelskörper um die
Sonne zu einem der bedeu-
tendsten Astronomen des
Abendlandes; Nicolaus Rohlfs,
1695 bis 1750, deutscher
Mathematiker, Astronom und
Kalendermacher; Nicolaus
Taurellus, 1547 bis 1606,
Mediziner, Philosoph, luthe-
rischer Theologe und Physiker

Nicollò Nebenform von →
Nikolaus

Nicolo Nebenform von →
Nikolaus

Niels Nebenform von → Nikolaus; bekannte Namensträger:
Niels Janniksen Bjerrum, 1879
bis 1958, dänischer Chemiker;
Niels Henrik Abel, 1802 bis
1829, norwegischer Mathematiker; Niels von Dänemark, um
1064 bis 1134, König von
Dänemark; Niels Wilhelm
Gade, 1817 bis 1890, dänischer
Komponist und Dirigent

Nigel Nebenform von → Neil;
bekannte Namensträger: Nigel
Kennedy, geboren 1956, britischer Violinist; Nigel Rogers
geboren 1935, englischer
Tenor, Dirigent und Musikpäda-
goge; Nigel Kneale, geboren
1922 bis 2006, britischer
Schriftsteller und Drehbuchautor; Nigel Harman, geboren
1973, britischer Schauspieler

Nigellus Nebenform von →
Neil

Nik Nebenform von →
Nikolaus

Nikephoros bedeutet „der
den Sieg Davontragende";
aus dem Griechischen; Variation: Nicéphore

Nikhil bedeutet „der Ganze"; aus dem Indischen

Niki Nebenform von →
Nikolaus

Nikita bedeutet „der Unbezwingbare"; aus dem Rus-
sischen

Niklas Nebenform von →
Nikolaus; bekannter Namensträger: Niklas Luhmann, 1927
bis 1998, deutscher Soziologe
und Gesellschaftstheoretiker

Niklaus Nebenform von →
Nikolaus

Niko Nebenform von → Nikolaus; Namenstag: 26. November

Nikodemus bedeutet „der
Sieg und das Volk"; aus dem
Griechischen; Variationen:
Nikodim, Nicodème, Nicode-
mo; Namenstag: 3. August

Nikodim Nebenform von →
Nikodemus

Nikola Nebenform von →
Nikolaus

Nikolai Nebenform von →
Nikolaus; bekannter Namensträger: Nikolai Gogol, 1809 bis
1852, russischer Schriftsteller; Nikolai Kinski, geboren

1976, Schauspieler und Sohn von Klaus Kinski; Nikolai Bucharin, 1888 bis 1938, russischer Politiker

Nikolaj Nebenform von → Nikolaus

Nikolas Nebenform von → Nikolaus

Nikolaus bedeutet „der Sieger des Volkes"; aus dem Griechischen; Variationen: Nikola, Nikolaj, Nikolai, Nikolas, Nikos, Niko, Niki, Nik; Namenstage: 11. August, 10. September, 14. November, 6. Dezember, 23. Januar, 21. März; bekannte Namensträger: Niklaus Wirth, geboren 1934, schweizerischer Informatiker und Entwickler der Programmiersprache Pascal; Nikolaus Kopernikus, 1473 bis 1543, polnischer Astronom; Nikolaus II., 1894 bis 1918, Zar von Russland; Nikolaus von Myra, circa 286 bis 326, griechischer Bischof und als Sankt Nikolaus Schutzpatron Russlands, Kroatiens, Serbiens sowie der Kaufleute, der Seefahrer, der Schüler und Kinder

Nikos Nebenform von → Nikolaus

Nilam bedeutet „der Saphier"; aus dem Indischen

Nilay bedeutet „der leuchtende Fluss"; aus dem Indischen

Niles Nebenform von → Neil

Nils Nebenform von → Nikolas; bekannte Namensträger: Nils Ivar Bohlin, 1920 bis 2002, schwedischer Flugingenieur, Erfinder des Dreipunkt-Sicherheitsgurtes; Nils Bokelberg, geboren 1976, deutscher Fernsehmoderator und Sänger; Nils Holgersson, Figur aus dem gleichnamigen Roman von Literaturnobelpreisträgerin Selma Lagerlöf; Nils Lofgren, geboren 1951, US-amerikanischer Rockmusiker; Nils Mohl, geboren 1971, deutscher Schriftsteller; Nils Wülker, geboren 1977, deutscher Jazztrompeter und Komponist; Nils Strindberg, 1872 bis 1897, schwedischer Wissenschaftler und Fotograf; Niels Sönnichsen, geboren 1930, deutscher Arzt, Dermatologe und Immunologe

Nilus bedeutet „der Nil"; aus dem Lateinischen

Nima bedeutet „das Sonntagskind"; aus dem Tibetanischen

Nimrod Bedeutung ungeklärt; vermutlich aus dem Hebräischen

Ning bedeutet „der Friede"; aus dem Chinesischen

Nino Kurzform von → Namen mit der Endung -ino; bekannte Namensträger: Nino Bixio, 1821 bis 1873, italienischer Freiheitskämpfer; Nino D'Angelo, geboren 1957, italienischer Sänger; Nino Bixio, 1821 bis 1873, italienischer Freiheitskämpfer; Nino Bor-

ghi, 1918 bis 1994, italienischer Filmarchitekt; Nino Manfredi, 1921 bis 2004, italienischer Schauspieler; Nino Rota, 1911 bis 1979, italienischer Komponist

Nishant bedeutet „das Morgengrauen"; aus dem Indischen

Nithard Nebenform von → Neidhard

Nizar bedeutet „der Kleine"; aus dem Arabischen

Noa Nebenform von → Noah

Noah bedeutet „der Trost"; aus dem Hebräischen; Variationen: Noa, Noam; bekannter Namensträger: Noah Gordon, geboren 1926, US-amerikanischer Schriftsteller

Noam Nebenform von → Noah

Nobu bedeutet „die Wahrheit"; aus dem Japanischen

Noe Nebenform von → Noah

Noé Nebenform von → Noah

Noel bedeutet „Geburt Christi"; aus dem Französischen; bekannte Namensträger: Noel Gallagher, geboren 1967, Leadgitarrist, Sänger und Komponist der britischen Band „Oasis"; Sir Noël Peirce Coward, 1899 bis 1973, englischer Schauspieler, Schriftsteller und Komponist

Nolan bedeutet „der Sieger"; aus dem Keltischen; Variation: Nolann

Nolann Nebenform von → Nolan

Norbert bedeutet „der glänzende Norden"; aus dem Althochdeutschen; Variationen: Norberto, Nordbert; Namenstag: 6. Juni; bekannte Namensträger: Norbert Blüm, geboren 1935, deutscher Politiker; Norbert Elias, 1897 bis 1990, deutscher Soziologe und Psychologe; Norbert Meier, geboren 1958, deutscher Fußballspieler und -trainer; Norbert Wiener, 1894 bis 1964, amerikanischer Mathematiker und Begründer der Kybernetik; Norbert Gastell, geboren 1929, deutscher Schauspieler und Synchronsprecher; Norbert Geis, geboren 1939, deutscher Politiker; Norbert von Hannenheim, 1898 bis 1945, deutscher Komponist; Norbert Heisterkamp, geboren 1962, deutscher Schauspieler; Norbert Schultze, 1911 bis 2002, deutscher Komponist; Norbert Schramm, geboren 1960, deutscher Eiskunstläufer; Norbert Thom, geboren 1946, deutscher Wirtschaftswissenschaftler

Norberto Nebenform von → Norbert

Nordbert Nebenform von → Norbert

Nordman Nebenform von → Normann

Nori bedeutet „die Regel"; aus dem Japanischen

Norman Nebenform von → Normann; bekannte Namensträger: Norman Mailer, 1923 bis 2007, US-amerikanischer Schriftsteller; Norman Cook, geboren 1963, britischer Musiker

Normann bedeutet „der Mann aus dem Norden"; aus dem Althochdeutschen

Norris bedeutet „der Nördliche"; aus dem Französischen

Norton bedeutet „die Stadt im Norden"; aus dem Englischen

Norwin bedeutet „der Freund aus dem Norden"; aus dem Althochdeutschen

Norwood bedeutet „der Wald im Norden"; aus dem Englischen

Notger Nebenform von → Notker

Notker bedeutet „die Gefahr und der Speer"; aus dem Althochdeutschen; Variation: Notger; Namenstag: 6. April

Nouel Nebenform von → Noel

Novato Nebenform von → Novatus

Novatus bedeutet „der Erneuerte"; aus dem Lateinischen; Variation: Novato

Nuada bedeutet „der Beschützer"; aus dem Keltischen

Nuallan bedeutet „der Berühmte"; aus dem Gälischen

Nuccio italienische Form von → Josef

Nuka bedeutet „der jüngere Bruder"; aus dem Grönländischen

Numitor Bedeutung ungeklärt; vermutlich aus dem Lateinischen

Nuno Bedeutung ungeklärt; vermutlich aus dem Portugiesischen; bekannter Namensträger: Nuno Gomes, geboren 1976, portugiesischer Fußballspieler

Nunzio bedeutet „der Bote"; aus dem Italienischen; Namenstag: 5. Mai

Nur bedeutet „das Licht, der Erleuchtete"; aus dem Arabischen

Nurzhan bedeutet „die leichte Seele"; aus dem Kasachischen

Nye bedeutet „der Edle"; aus dem Keltischen

Nyima bedeutet „das Sonntagskind"; aus dem Tibetanischen

Nyyrikki benannt nach dem finnischen Gott der Jagd; aus dem Finnischen

Oberon Nebenform von → Alberich

Octave Nebenform von → Oktavian

Octavian Nebenform von → Oktavian

Octavio Nebenform von → Oktavian

Octavius Nebenform von → Oktavian

Octavus Nebenform von → Oktavian

Odan bedeutet „der Besitzer"; aus dem Althochdeutschen; Variationen: Oddo, Oddone

Oddo Nebenform von → Odan

Oddone Nebenform von → Odan

Odilo Nebenform von → Odin; Namenstag: 31. Dezember, 3. Januar

Odin benannt nach einem nordgermanischen Gott; aus dem Althochdeutschen; Variationen: Odilo, Odo, Odinn, Oden

Odinn Nebenform von → Odin

Odo Nebenform von → Odin; Namenstag: 18. November

Odoaker bedeutet „der germanische Anführer"; aus dem Althochdeutschen; Variationen: Odovacar, Odowakar

Odovacar Nebenform von → Odoaker

Odowakar Nebenform von → Odoaker

Odowaker Nebenform von → Odoaker

Odysseus Nebenform von → Olysses

Okke Kurzform von → Namen mit Ok-

Okko Kurzform von → Namen mit Ok-

Oktavian benannt nach einem römischen Familiennamen; aus dem Lateinischen; Variation: Octavio

Oktavus Nebenform von → Oktavian

Oktay bedeutet „der Intelligente"; aus dem Türkischen

Ola Nebenform von → Olaf

Olaf bedeutet „der Erbe der Ahnen"; aus dem Schwedischen; Variationen: Olav, Olavi, Ola, Olle, Olof, Olov; Namenstage: 29. Juli, 10. Juli; bekannte Namensträger: Olaf I. von Dänemark, 1058 bis 1095, König von Dänemark; Olav II. Haraldsson, 995 bis 1030, König von Norwegen und Heiliger; Olaf Marschall, geboren 1966, deutscher Fußballnationalspieler; Olaf Thon, geboren 1966, Fußballspieler

Olav Nebenform von → Olaf

Olavi Nebenform von → Olaf

Ole bedeutet „der Edle"; aus dem Althochdeutschen; bekannte Namensträger: Ole von Beust, geboren 1955, erster Bürgermeister der Freien und Hansestadt Hamburg; Ole Kirk Christiansen, 1891 bis 1958, Erfinder der Lego-Steine

Oleg Nebenform von → Helge; bekannter Namensträger: Oleg Popow, geboren 1930, russischer Clown und Pantomime

Olek Nebenform von → Alexander

Oli Nebenform von → Oliver

Olindo bedeutet „der Feigenbaum"; aus dem Italienischen; Variationen: Olinto

Olinto Nebenform von → Olindo

Oliver bedeutet „der Ölbaum"; aus dem Lateinischen; Variationen: Oli, Olivier, Olli, Oliviero; Namenstag: 11. Juli; bekannte Namensträger: Oliver Bierhoff, geboren 1968, ehemaliger deutscher Fußballspieler, Teammanager der deutschen Fußballnationalmannschaft; Oliver Cromwell, 1599 bis 1658, englischer Politiker; Oliver Hardy, 1892 bis 1957, US-amerikanischer Komiker und Filmschauspieler; Oliver Hirschbiegel, geboren 1957, deutscher Regisseur; Oliver Kahn, geboren 1969, ehemaliger deutscher Fußballtorwart; Oliver Neuville, geboren 1973, deutscher Fußballspieler; Oliver Stone, geboren 1946, US-amerikanischer Regisseur; Oliver Twist, Titel- und Hauptfigur eines Romans von Charles Dickens

Olivér Nebenform von → Oliver

Olivier Nebenform von → Oliver

Oliviero Nebenform von → Oliver

Olle Nebenform von → Olaf

Olli Nebenform von → Oliver

Olof Nebenform von → Olaf

Olov Nebenform von → Olaf

Omar bedeutet „der aufblühende Redner"; aus dem Arabischen

Omari Form von → Omar

Omarion Bedeutung ungeklärt; vermutlich aus dem Englischen

Omero Bedeutung ungeklärt; vermutlich aus dem Griechischen

One bedeutet „Eins"; aus dem Englischen

Onno Bedeutung ungeklärt; vermutlich aus dem Friesischen

Onnophios Bedeutung ungeklärt; vermutlich aus dem Griechischen

Onofrio Bedeutung ungeklärt; vermutlich aus dem Griechischen

Onorato bedeutet „der Geehrte"; aus dem Italienischen

Onuphrius Bedeutung ungeklärt; aus dem Griechischen

Onur bedeutet „der Wunsch"; aus dem Türkischen

Oran bedeutet „der Kleine und der Blassgrüne"; aus dem Gälischen

Orazio bedeutet „der Geehrte"; aus dem Italienischen

Orcun Bedeutung ungeklärt; aus dem Türkischen

Orell Nebenform von → Aurelius

Orest bedeutet „der Mann aus den Bergen"; aus dem Griechischen; Variation: Oreste

Oreste Form von → Orest

Orestes Nebenform von → Orest

Orfeo bedeutet „die Dunkelheit"; aus dem Griechischen

Orhan bedeutet „der Richter"; aus dem Türkischen

Orio Nebenform von → Orion

Orion bedeutet „der Urin"; aus dem Griechischen

Orlando Nebenform von → Roland

Orontius bedeutet „der am ersten August Geborene"; aus dem Lateinischen; Variation: Oronzio

Oronzio Nebenform von → Orontius

Oronzo Nebenform von → Orontius

Orpheus Nebenform von → Orfeo

Orsino Nebenform von → Orson

Orson bedeutet „der Bär"; aus dem Französischen; Variation: Orsino

Ortensio bedeutet „der Garten"; aus dem Italienischen

Ortlieb bedeutet „die Erde und die Waffenspitze"; aus dem Althochdeutschen

Ortwein Nebenform von → Ortwin

Ortwin bedeutet „die Waffenspitze und der Freund";

O

aus dem Althochdeutschen; Variation: Ortwein; Namenstage: 22. Mai, 26. Juni

Oscar Nebenform von → Oskar; bekannter Namensträger: Oscar Wilde, 1854 bis 1900, irisch-englischer Schriftsteller

Oskar bedeutet „Gott und der Speer"; aus dem Althochdeutschen; Variation: Oscar; bekannte Namensträger: Oskar Schindler, 1908 bis 1974, rettete im Zweiten Weltkrieg ungefähr 1.200 jüdischen Zwangsarbeitern das Leben; Oskar Maria Graf, 1894 bis 1967, deutscher Schriftsteller; Oskar Lafontaine, geboren 1943, deutscher Politiker; Oskar Baum, 1883 bis 1941, deutscher Schriftsteller

Osman Bedeutung ungeklärt; vermutlich aus dem Türkischen

Osmar bedeutet „der berühmte Gott"; aus dem Althochdeutschen

Oswald bedeutet „Gott herrscht"; aus dem Althochdeutschen; bekannte Namensträger: Oswald Teichmüller 1913 bis 1943, deutscher Mathematiker; Oswald Avery, 1877 bis 1955, kanadischer Mediziner und Bakteriologe

Oswin bedeutet „der Freund Gottes"; aus dem Germanischen; Namenstag: 20. August

Ote Nebenform von → Ottmar

Otello Nebenform von → Ottmar

Otfried Nebenform von → Ottfried

Otger Nebenform von → Otker

Othello Nebenform von → Ottmar

Othmar Nebenform von → Ottmar; Namenstag: 16. November

Othon Nebenform von → Ottmar

Otis bedeutet „das Gut"; aus dem Althochdeutschen

Otis benannt nach einem englischen Nachnamen; aus dem Englischen

Otker bedeutet „der Besitz und der Speer"; aus dem Althochdeutschen

Otmar Nebenform von → Ottmar; Namenstage: 9. September, 1. November; bekannte Namensträger: Otmar Alt, geboren 1940, deutscher Maler und Bildhauer; Otmar Issing, geboren 1936, deutscher Ökonom und Zentralbankier; Otmar von St. Gallen, 689 bis 759, Gründer und Abt des Klosters St. Gallen

Ottaviano Nebenform von → Oktavius

Ottavio Nebenform von → Oktavius

Ottfried bedeutet „der Besitz und der Friede"; aus dem Althochdeutschen; Variation: Otfried

Ottmar bedeutet „Besitz und berühmt"; aus dem Althochdeutschen; Variationen: Othmar, Otmar

Otto bedeutet „der Besitz"; aus dem Althochdeutschen; Variationen: Ottone, Ottorino; Namenstage: 7. September, 22. September, 23. März, 30. Juni

Ottokar Nebenform von → Odoaker; Namenstag: 26. Februar

Ottone Nebenform von → Otto

Ottorino Nebenform von → Otto

Otwin bedeutet „der Freund von Besitz"; aus dem Althochdeutschen

Ouranos bedeutet „der Himmel"; aus dem Griechischen

Ousmane bedeutet „der Osmane"; aus dem Französischen

Oussama Bedeutung ungeklärt; vermutlich aus dem Französischen

Owen nordfriesische Form von → Uwe

Paavo finnische Form von → Paul

Pabel niederdeutsche Form von → Paul

Pablito spanische Nebenform von → Paul

Pablo spanische Form von → Paul; bekannter Namensträger: Pablo Picasso, 1881 bis 1973, spanischer Maler der Moderne

Paco spanische Form von → Franziskus

Paddy Nebenform von → Patrick

Padrig Nebenform von → Patrick

Paidraig Nebenform von → Patrick

Pal Nebenform von → Paul

Pál Nebenform von → Paul

Palmatius bedeutet „der Palmenträger"; aus dem Lateinischen

Palmiro bedeutet „der Pilger"; aus dem Italienischen

Panagiotis bedeutet „der Allheilige"; aus dem Griechischen

Pancho Nebenform von → Franziskus

Pancras Nebenform von → Pankratius

Pancrazio Nebenform von → Pankratius

Pankrati Nebenform von → Pankratius

Pankratios Nebenform von → Pankratius

Pankratius bedeutet „der Allmächtige"; aus dem Griechischen; Variationen: Pankraz, Pancras, Pancrazio, Pankrati, Pankratios; Namenstag: 12. Mai

Pankraz Nebenform von → Pankratius

Panos Bedeutung ungeklärt; vermutlich aus dem Griechischen

Pantaleon bedeutet „gänzlich ein Löwe"; aus dem Griechischen; Namenstag: 27. Juli

Paolo Form von → Paul

Pär schwedische Form von → Peter

Paride Nebenform von → Paris

Paris benannt nach einem griechischen Sagenheld; aus dem Griechischen; Variation: Paride

Parsifal Nebenform von → Parsival

Parsival bedeutet „durchbreche das Tal"; aus dem Keltischen; Variationen: Parsifal, Parzival

Parzival Nebenform von → Parsival

Pascal bedeutet „der an Ostern Geborene"; aus dem Lateinischen; Variationen: Pasquale, Paschalis, Pascoal, Pascual, Pasqualino; Namenstag: 17. Mai

Paschalis Nebenform von → Pascal

Pascoal Nebenform von → Pascal

Pascual Nebenform von → Pascal

Pasquale Nebenform von → Pascal

Pasqualino Nebenform von → Pascal

Pat Nebenform von → Patrik

Patric Nebenform von → Patrik

Patrice Nebenform von → Patrik

Patricius Nebenform von → Patrik

Patrick Nebenform von → Patrik; Namenstag: 17. März; bekannte Namensträger: St. Patrick, unbekannt bis um 461, Missionar und irischer Nationalheiliger; Patrick Stewart, geboren 1940, britischer

P

Schauspieler; Patrick Süskind, geboren 1949, deutscher Schriftsteller; Patrick Swayze, 1952 bis 2009, US-amerikanischer Schauspieler; Patrick White, 1912 bis 1990, Literaturnobelpreisträger

Patrik benannt nach einem uralten römischen Adel; aus dem Lateinischen; Variationen: Patric, Patrice, Patrick

Patrizio Nebenform von → Patrik

Patrizius Nebenform von → Patrik

Patroclus Nebenform von → Patroklos

Patroklos benannt nach einer Sagengestalt; aus dem Griechischen; Variationen: Patroclus, Patroklus

Patroklus Nebenform von → Patroklos Namenstag: 21. Januar

Paul bedeutet „der Kleine"; aus dem Lateinischen; Variationen: Pablo, Paulchen, Paule, Paulin, Paulino, Paulinus, Paulo, Paulus, Pavel; Namenstage: 6. Februar, 26. Juni, 19. Oktober; bekannte Namensträger: Paul ist ein häufiger Papstname, zuletzt Papst Johannes Paul II., 1978 bis 2005

Paulchen Nebenform von → Paul

Paulin Nebenform von → Paul; Namenstag: 22. Juni

Paulino Nebenform von → Paul

Paulinus Nebenform von → Paul; Namenstage: 31. August, 11. Januar

Paulo Nebenform von → Paul

Paulus Nebenform von → Paul; Namenstage: 10. Januar, 29. Mai, 29. Juni, 25. Januar

Pavel Nebenform von → Paul

Pawel Form von → Paul

Payton bedeutet „die Stadt der Pfauen"; aus dem Englischen

Pedar Nebenform von → Peter

Peder Nebenform von → Peter

Pedram Bedeutung ungeklärt; aus dem Persischen

Pedro Nebenform von → Peter; Namenstage: 9. September, 26. April

Peer Nebenform von → Peter

Pekka finnische Form von → Peter

Pélage bedeutet „das Meer"; aus dem Französischen; Variation: Pelagio

Pelagio Nebenform von → Pélage

Pelagius Nebenform von → Pélage

Pelayo Nebenform von → Pélage

Pelle Nebenform von → Peter

Pellegrino bedeutet „der Pilger"; aus dem Italienischen

Pellumb Bedeutung ungeklärt; vermutlich aus dem Albanischen

Peng bedeutet „der riesige Vogel"; aus dem Chinesischen

Pepe Nebenform von → Josef

Pépin Nebenform von → Josef

Pepito spanische Nebenform von → Josef

Peppe Nebenform von → Josef

Peppino Nebenform von → Josef

Peppone Nebenform von → Josef

Per schwedische Form von → Peter

Perce Nebenform von → Parsival

Perceval Nebenform von → Parsival

Percival Nebenform von → Parsival

Percy Nebenform von → Parsival

Peredur Nebenform von →
Parsival

Peregrine Nebenform von →
Peregrinus

Peregrinus bedeutet „der
Fremde"; aus dem Latei-
nischen

Perikles bedeutet „der
Berühmte"; aus dem Grie-
chischen

Pero Nebenform von → Peter

Perparim Bedeutung ungeklärt; vermutlich aus dem
Albanischen

Perry Nebenform von →
Peregrinus

Petar Nebenform von →
Peter

Pete Nebenform von → Peter

Peter bedeutet „der Felsen";
aus dem Griechischen; Variationen: Peder, Pete, Pierre,
Piero, Pietro, Pedar, Petko,
Petre, Petronio, Petronius,
Pero; Namenstag: 21. Dezember; bekannter Namensträ-
ger: Peter Maffay, geboren
1949, deutscher Sänger, Lied-
texter, Schauspieler, Gitarrist
und Musikproduzent

Péter Nebenform von →
Peter

Petko Nebenform von →
Peter

Petre Nebenform von →
Peter

Petro Nebenform von →
Peter

Petronio Nebenform von →
Peter

Petronius Nebenform von
→ Peter

Petros Nebenform von →
Peter

Petrus Nebenform von →
Peter; Namenstage: 21. Februar, 30. Juli, 27. April, 29. Juni,
2. Juni; bekannte Namensträger: Petrus ist der Name des
Apostels Simon Petrus, Sohn
des Johannes aus der Bibel;
Petrus von Ravenna, 1448 bis
1508, italienischer Rechtswissenschaftler; Petrus van
Schendel, 1806 bis 1870,
belgischer Portraitmaler und
Radierer

Petschke Koseform von →
Peter

Petter Nebenform von →
Peter

Petteri Nebenform von →
Peter

Petz Kurz- und Koseform
von → Peter

Peyton bedeutet „die Stadt
der Pfauen"; aus dem Eng-
lischen

Phädrus bedeutet „der
Glänzende, der Strahlende";
aus dem Griechischen

Phil englische Kurzform von
→ Philip

Philalethes bedeutet
„Liebhaber der Wahrheit";
aus dem Griechischen

Philbert bedeutet „der sehr
Glänzende"; aus dem Alt-
hochdeutschen; Variation:
Philibert

Philemon bedeutet „der
Gütige"; aus dem Grie-
chischen; Namenstag:
22. November

Philibert Nebenform von →
Philbert

Philip bedeutet „der Pferde-
liebhaber"; aus dem Grie-
chischen; Variationen: Phil,
Philip, Philipp; bekannte
Namensträger: Philip K. Dick,
1928 bis 1982, amerikanischer
Science-Fiction-Autor; Philip
Seymour Hoffman, 1967 bis
2014, US-amerikanischer
Schauspieler; Prinz Philip von
England, geboren 1921, Ehemann von Elizabeth II.; Philip
Kapleau, 1912 bis 2004, US-
amerikanischer Zen-Mönch
und Autor; Philip Stein,
bekannt als „Estaño", 1919 bis
2009, Maler

Philipp Nebenform von →
Philip; Namenstage: 8. Februar, 26. Mai; bekannte Namensträger: Philipp, 1110 bis 1118,
König von Schweden; Philipp
Lahm, geboren 1983, deut-
scher Fußballnationalspieler;
Philipp Scheidemann, 1865
bis 1939, erster Reichskanzler
der Weimarer Republik

Philippe Nebenform von →
Philip

P

Philippos Nebenform von → Philip

Philippus Nebenform von → Philip; Namenstag: 3. Mai

Phillippe Nebenform von → Philip

Philo Kurzform von → Namen mit Phil-

Phöbus Nebenform von → Phoebe

Phoebus Nebenform von → Phoebe

Phoenix benannt nach einem mythischen Vogel, der aus seiner Asche neu entsteht; aus dem Englischen

Phoibos Nebenform von → Phoebe

Pierce Nebenform von → Peter; bekannter Namensträger: Pierce Brosnan, geboren 1953, irisch-US-amerikanischer Schauspieler und James-Bond-Darsteller

Pierluigi italienischer Doppelname aus → Piero und → Luigi

Piero Nebenform von → Peter

Pierre französische Nebenform von → Peter; Namenstag: 9. Dezember; bekannte Namensträger: Pierre Curie, 1859 bis 1906, französischer Physiker und Nobelpreisträger; Pierre Cardin, geboren 1922, französischer Mode-

designer; Pierre Littbarski, geboren 1960, deutscher Fußballspieler und -trainer; Pierre de Coubertin, 1863 bis 1937, französischer Historiker und Mathematiker

Pierrick Nebenform von → Peter

Piers Nebenform von → Peter

Pieter Nebenform von → Peter; bekannter Namensträger: Pieter Brueghel der Ältere, 1525/1530 bis 1569, niederländischer Maler

Pietro italienische Nebenform von → Petro

Pilatus bedeutet „der mit einem Wurfspieß Bewaffnete"; aus dem Lateinischen; bekannter Namensträger: Pontius Pilatus aus dem Neuen Testament der Bibel, er verurteilte Jesus von Nazareth zur Kreuzigung

Pinkus bedeutet „der Gesegnete"; aus dem Hebräischen

Pino Nebenform von → Josef

Pinuccio italienische Form von → Josef

Pio Nebenform von → Pius

Piotr Nebenform von → Peter

Pippin Bedeutung ungeklärt; vermutlich aus dem Englischen; bekannter Namens-

träger: Pippin der Jüngere, 714 bis 768, König von Franken

Pippinus Bedeutung ungeklärt; vermutlich aus dem Lateinischen

Pippo bedeutet „das Pferd"; aus dem Italienischen

Pirmin Bedeutung ungeklärt; vermutlich aus dem Lateinischen; Namenstag: 3. November

Pirro bedeutet „das Feuer"; aus dem Albanischen

Pit Nebenform von → Peter

Pitt Nebenform von → Peter

Pius bedeutet „der Fromme"; aus dem Lateinischen; Namenstage: 21. August, 30. April; bekannter Namensträger: Pius ist ein klassischer Papstname

Pjotr russische Form von → Peter

Placide Nebenform von → Placidus

Placido Nebenform von → Placidus; Namenstag: 5. Oktober; bekannter Namensträger: Placido Domingo, eigentlich José Placido Domingo, geboren 1941, spanischer Opernsänger

Placidus bedeutet „der Sanfte"; aus dem Lateinischen; Variation: Placido

Pleagios Nebenform von → Pélage

Plutao Nebenform von → Pluto

Pluto bedeutet „der Reichtum"; aus dem Griechischen; Variationen: Plutao, Pluton, Plutón

Pluton Nebenform von → Pluto

Plutón Nebenform von → Pluto

Plutone Nebenform von → Pluto

Poldi Nebenform von → Leopold

Polichronis bedeutet „viel Zeit"; aus dem Griechischen

Pollux bedeutet „der sehr Süße"; aus dem Griechischen

Polycarp bedeutet „viele Früchte"; aus dem Griechischen; Variationen: Polykarb, Polykarpos

Polydeukes Nebenform von → Pollux

Polykarp Nebenform von → Polycarp; Namenstag: 23. Februar

Polykarpos Nebenform von → Polycarp

Pompeo benannt nach einer Stadt im römischen Reich; aus dem Lateinischen

Pontian bedeutet „die Brücke"; aus dem Lateinischen; Variationen: Pontianus, Pontius

Pontianus Nebenform von → Pontian

Pontius Nebenform von → Pontian

Pontus Nebenform von → Pontian

Potifar bedeutet „der dem Sonnengott Ra Geweihte"; aus dem Hebräischen

Potiphar Nebenform von → Potifar

Potiphera Nebenform von → Potifar

Poul Nebenform von → Paul

Preben bedeutet „der erste Kampf"; aus dem Skandinavischen

Predag Bedeutung ungeklärt; vermutlich aus dem Slawischen

Prek bedeutet „die Berührung"; aus dem Albanischen

Preng Bedeutung ungeklärt; vermutlich aus dem Albanischen

Preston benannt nach einer Priesterstadt; aus dem Englischen

Priam Form von → Priamos

Priamo Form von → Priamos

Priamos bedeutet „der Erlöste"; aus dem Griechischen; Variationen: Priam, Priamus, Priamo

Priamus Nebenform von → Priamos

Pridbor Form von → Preben

Primo Nebenform von → Primus; bekannter Namensträger: Primo Levi, 1919 bis 1987, italienischer Schriftsteller und Chemiker

Primus bedeutet „der Erste"; aus dem Lateinischen; Variation: Primo; Namenstag: 9. Juni

Prince bedeutet „der Prinz"; aus dem Englischen, bekannter Namensträger: Prince Rogers Nelson, geboren 1958, Musiker

Pritbor Nebenform von → Preben

Prosper Nebenform von → Prosperus; Namenstag: 25. Juni

Prospero Nebenform von → Prosperus

Prosperus bedeutet „der Erfolgreiche"; aus dem Lateinischen; Variationen: Prosper, Prospero

Publio Nebenform von → Publius

Publius bedeutet „der Öffentliche"; aus dem Lateinischen; Variation: Publio

Qadir bedeutet „der Fähige"; aus dem Arabischen

Qasim bedeutet „der Gutes unter seinen Leuten Verteilende"; aus dem Arabischen

Qendrim bedeutet „die Ausdauer"; aus dem Albanischen

Qerin bedeutet „der Großzügige"; aus dem Albanischen

Qeynan Nebenform von → Kenan

Qillaq bedeutet „die Robbenhaut"; aus dem Grönländischen

Qiu bedeutet „der Herbst"; aus dem Chinesischen

Quan bedeutet „der Soldat"; aus dem Vietnamesischen

Quanah bedeutet „der Wohlriechende"; aus dem Indianischen

Quarto Nebenform von → Quartus

Quartus bedeutet „der Vierte"; aus dem Lateinischen; Variation: Quarto

Quentin englische Form von → Quintus; Namenstag: 31. Oktober; bekannter

Namensträger: Quentin Tarantino, geboren 1963, US-amerikanischer Regisseur; Quentin Blake, geboren 1932, britischer Cartoonist; Quentin Crisp, 1908 bis 1999, britischer Schriftsteller und Entertainer; Quentin Massys, circa 1466 bis 1530, niederländischer Maler; Quentin Skinner, geboren 1940, britischer Politologe

Quidel bedeutet „die brennende Fackel"; aus dem Indianischen

Quim portugiesische Kurzform von → Joachim

Quincey Nebenform von → Quintus

Quincy Nebenform von → Quintus; bekannter Namensträger: Quincy Jones, geboren 1933, US-amerikanischer Musikproduzent, Komponist, Jazztrompeter, Arrangeur und Bandleader

Quinn Bedeutung ungeklärt; vermutlich aus dem Gälischen

Quint Nebenform von → Quintus

Quinten Nebenform von → Quintus

Quintiliano Nebenform von → Quintus

Quintin Nebenform von → Quintus

Quintino Nebenform von → Quintus

Quintinus Nebenform von → Quintus

Quinto Nebenform von → Quintus

Quinton Nebenform von → Quintus

Quintus bedeutet „der Fünfte"; aus dem Lateinischen; Variationen: Quentin, Quintin, Quinto

Quique spanische Koseform von → Enrique

Quirin Nebenform von → Quirinus; Namenstage: 4. Juni, 16. Juni, 20. März, 30. April; bekannte Namensträger: Quirin Berg, geboren 1978, deutscher Filmproduzent; Quirin Engasser, 1907 bis 1990, Schriftsteller

Quirino Nebenform von → Quirinus

Quirinus bedeutet „der Kriegsreiche"; aus dem Lateinischen; Variationen: Quirin, Quirino; bekannte Namensträger: Quirinus Moscherosch, 1623 bis 1675, evangelischer Pfarrer und Gelegenheitsdichter in Bodersweier bei Straßburg; Quirinus Kuhlmann, 1651 bis 1689, deutscher Schriftsteller und Mystiker; Quirinus von Malmédy, gestorben 320, christlicher Märtyrer

Qusay bedeutet „der Entfernte"; aus dem Arabischen

Quy bedeutet „der Edle"; aus dem Vietnamesischen

Raban bedeutet „der Rabe"; aus dem Lateinischen; Variation: Rabanus

Rabanus Nebenform von → Raban; Namenstag: 4. Februar

Radek bedeutet „der Fröhliche"; aus dem Slawischen

Radisa Bedeutung ungeklärt; vermutlich aus dem Slawischen

Radivoje Bedeutung ungeklärt; vermutlich aus dem Slawischen

Radmilo Nebenform von → Radomil

Radolf Nebenform von → Radulf

Radomil bedeutet „der Frohe und der Angenehme"; aus dem Slawischen

Radovan bedeutet „der Botschafter Gottes"; aus dem Slawischen

Radu bedeutet „der Glückliche"; aus dem Rumänischen

Radulf bedeutet „der Rat und der Wolf"; aus dem Lateinischen; Variationen: Ralf, Ralph, Radolf, Raedwulf; Namenstag: 21. Juni

Raedwulf Nebenform von → Radulf

Raekwon Bedeutung ungeklärt; vermutlich aus dem Englischen

Rafael Nebenform von → Raphael

Rafaele italienische Nebenform von → Raphael

Raffael Nebenform von → Raphael

Raffaele Nebenform von → Raphael

Raffaello Nebenform von → Raphael

Raffaelo Nebenform von → Raphael

Ragimar Nebenform von → Reimar

Raginald Nebenform von → Reinhold

Raginhard bedeutet „der feste Beschluss"; aus dem Althochdeutschen; Variation: Raginhari

Raginhari Nebenform von → Raginhard

Raginmar bedeutet „der berühmte Entschluss"; aus dem Althochdeutschen

Raginmund Nebenform von → Raimund

Ragnar Nebenform von → Reinhold

Ragnvald nordische Form von → Rainer

Raheem bedeutet „der Freundliche"; aus dem Arabischen; Variation: Raheem

Rahim Nebenform von → Raheem

Rahman bedeutet „Gott"; aus dem Türkischen

Raimar Nebenform von → Rainer

Raimer Nebenform von → Rainer

Raimond Nebenform von → Raimund

Raimondo Nebenform von → Raimund

Raimund bedeutet „der Rat und der Schutz"; aus dem Althochdeutschen; Variationen: Raimond, Raimondo, Raginmund; Namenstage: 31. August, 7. Januar

Rainald Nebenform von → Reinhold; Namenstag: 18. August

Rainer bedeutet „der Rat und das Heer"; aus dem Althochdeutschen; Variationen: Reiner, Rainero; Namenstage: 4. August, 14. Januar, 11. April; bekannte Namensträger: Rainer Barzel, 1924 bis 2006, deutscher Politiker, CDU-Vorsitzender und Bundestagspräsident; Rainer Werner Fassbinder, 1945 bis 1982, Regisseur; Rainer Maria Rilke,

Q

R

1875 bis 1926, österreichischer Autor und Dichter

Rainero Nebenform von → Rainer

Rainhard Nebenform von → Reinhard

Rainier Nebenform von → Rainer

Rainiero Nebenform von → Rainer

Rajan bedeutet „der König"; aus dem Indischen

Rajiv bedeutet „der Gestreifte"; aus dem Indischen

Rajmund Nebenform von → Raimund

Rajnish bedeutet „der Herrscher der Nacht"; aus dem Indischen

Rakesh bedeutet „der Herrscher des Vollmondtages"; aus dem Indischen

Ralf Nebenform von → Radulf; bekannter Namensträger: Ralf Schumacher, geboren 1975, Rennfahrer

Ralph Nebenform von → Radulf; Namenstage: 7. September, 7. April; bekannter Namensträger: Ralph Siegel, geboren 1945, deutscher Musiker, Schlagerkomponist und Musikproduzent

Rama bedeutet „der Angenehme"; aus dem Indischen

Rambert bedeutet „der glänzende Rabe"; aus dem Althochdeutschen

Rami bedeutet „der Schütze"; aus dem Arabischen

Ramil Bedeutung ungeklärt; aus dem Indonesischen

Ramin bedeutet „der von Gott Geschützte"; aus dem Persischen

Ramiro Nebenform von → Ramirus

Ramirus bedeutet „der berühmte Rat"; aus dem Althochdeutschen; Variation: Ramiro

Ramiz bedeutet „der im Paradies die Unsterblichkeit Erlangende"; aus dem Türkischen

Ramon Nebenform von → Raimund; Namenstag: 3. Juli

Ramón spanische Form von → Raimund

Ramzi bedeutet „das Vorbild"; aus dem Arabischen

Randall Nebenform von → Randolf

Rando Nebenform von → Randolf

Randolf bedeutet „der Schildrand und der Wolf"; aus dem Althochdeutschen; Variationen: Rando, Randall, Randy, Randolph, Randulf, Randal

Randolph Nebenform von → Randolf ; Namenstag: 27. Mai

Randulf Nebenform von → Randolf

Randy englische Form von → Randolf

Ranko bedeutet „morgens früh"; aus dem Slowenischen

Raoul französische Form von → Radulf

Raphael bedeutet „Gott heilt"; aus dem Hebräischen; Variationen: Rafael, Rafaele, Raphaele, Raffaelo, Raffaello; Namenstage: 29. September, 10. Juli

Raphaele Nebenform von → Raphael

Rashad bedeutet „der Rechtschaffene"; aus dem Arabischen

Rashawn Bedeutung ungeklärt; aus dem Englischen

Rasheed bedeutet „der richtig Geführte"; aus dem Indischen

Rashid bedeutet „der richtig Geführte"; aus dem Arabischen

Rasim bedeutet „der Architekt"; aus dem Arabischen

Rasim bedeutet „der Gelobte"; aus dem Türkischen

Rasin bedeutet „der Gelassene"; aus dem Arabischen

Rasin bedeutet „der Vollmond"; aus dem Türkischen

Rasit bedeutet „der auf dem rechten Weg Wandelnde"; aus dem Türkischen

Rasmus Nebenform von → Erasmus

Rasul bedeutet „der Prophet"; aus dem Arabischen

Rasvan aus dem Rumänischen; Variation: Razvan

Ratbert bedeutet „der glänzende Ratgeber"; aus dem Althochdeutschen; Namenstag: 26. April

Ratger bedeutet „der Rat und der Speer"; aus dem Althochdeutschen

Raúl spanische Nebenform von → Radulf

Ravi bedeutet „die Sonne"; aus dem Indischen

Ray Nebenform von → Raimund; bekannte Namensträger: Ray Charles, 1930 bis 2004, US-amerikanischer Musiker („You are my sunshine"); Ray Harris, 1927 bis 2003, US-amerikanischer Rockabilly-Musiker; Ray Liotta, geboren 1954, US-amerikanischer Schauspieler; Ray Romano, geboren 1957, US-amerikanischer Schauspieler und Comedian

Rayan Bedeutung ungeklärt; vermutlich aus dem Arabischen

Rayane Bedeutung ungeklärt; vermutlich aus dem Arabischen

Raymond Nebenform von → Raimund

Raymundo Nebenform von → Raimund

Rayshawn Kombination aus → Raimund und Shawn

Razwan Nebenform von → Rasvan

Reagan bedeutet „der kleine König"; aus dem Gälischen

Recep bedeutet „der Respekt"; aus dem Türkischen

Red bedeutet „der Rote"; aus dem Englischen

Reda Bedeutung ungeklärt; vermutlich aus dem Arabischen

Redouane Bedeutung ungeklärt; vermutlich aus dem Arabischen

Redzep Nebenform von → Recep

Reece Nebenform von → Rhys

Reed bedeutet „der Rote"; aus dem Englischen; Variation: Red

Reemt Nebenform von → Reinhold

Rees walisische Nebenform von → Rhys

Reese Nebenform von → Rhys

Refet bedeutet „die helle Nacht"; aus dem Türkischen

Reggie Nebenform von → Reginald

Reginald bedeutet „der Reine"; aus dem Althochdeutschen; Variation: Rex; Namenstag: 1. Februar

Reginbert bedeutet „der glänzende Rat"; aus dem Althochdeutschen

Régis bedeutet „der Gebieter"; aus dem Französischen

Rei Bedeutung ungeklärt; vermutlich aus dem Albanischen

Reid Nebenform von → Red

Reik Nebenform von → Reginbert

Reiko Nebenform von → Reginbert

Reimar bedeutet „der berühmte Rat"; aus dem Althochdeutschen; Variationen: Ragimar, Reimer

Reimer Nebenform von → Reimar

Reimhard bedeutet „der harte Beschluss"; aus dem Althochdeutschen; Variationen: Reimhart, Reimhardt

Reimhardt Nebenform von → Reimhard

R

Reimhart Nebenform von → Reimhard

Reimund Nebenform von → Raimund

Reinbert bedeutet „der glänzende Rat"; aus dem Althochdeutschen

Reiner Nebenform von → Rainer

Reingard bedeutet „der Rat und der Schutz"; aus dem Althochdeutschen

Reinhard bedeutet „der harte Rat"; aus dem Althochdeutschen; Variation: Reinhart; Namenstage: 4. November, 5. Dezember, 7. März

Reinhart Nebenform von → Reinhard

Reinhold bedeutet „Rat und herrschen"; aus dem Althochdeutschen; Variationen: Rembod, Remmet; Namenstage: 16. Dezember, 7. Januar, 23. Januar; bekannte Namensträger: Reinhold Beckmann, geboren 1956, deutscher Moderator und Kommentator; Reinhold Messner, geboren 1944, Bergsteiger aus Südtirol

Reinmar Nebenform von → Reimar; Namenstag: 8. Dezember

Reinold Nebenform von → Reinhold

Rembert Nebenform von → Reinbert

Rembod Nebenform von → Reinhold

Remedius bedeutet „das Heilmittel"; aus dem Lateinischen; Variation: Remi

Remi Nebenform von → Remedius

Rémi Nebenform von → Remedius

Remigio Nebenform von → Remedius

Remigius Nebenform von → Remedius; Namenstag: 13. Januar

Remington bedeutet „die Rabenstadt"; aus dem Englischen

Remmer Nebenform von → Ramirus

Remo Nebenform von → Remus

Remus bedeutet „der Gründer Roms"; aus dem Lateinischen; Variation: Remo

Remy Nebenform von → Remedius

Rémy Nebenform von → Remedius

Remzi bedeutet „das Symbol"; aus dem Türkischen

Ren bedeutet „der Lotus"; aus dem Japanischen

Renaldo Nebenform von → Reinhold

Renato Nebenform von → Renatus

Renátó Nebenform von → Renatus

Renatus bedeutet „der Wiedergeborene"; aus dem Lateinischen; Variationen: René, Renato; Namenstag: 6. Oktober

Renaud Nebenform von → Reinhold

René französische Form von → Renatus; Namenstag: 26. September; bekannte Namensträger: René Descartes, 1596 bis 1650, französischer Philosoph, Mathematiker und Naturwissenschaftler; René Goscinny, 1926 bis 1977, Comicautor

Rene Nebenform von → Renatus

Renke Nebenform von → Reinhard

Renko Nebenform von → Reinhard

Reno Nebenform von → Renatus

Renzo Nebenform von → Laurentius

Rephael Nebenform von → Raphael

Resat bedeutet „der Held"; aus dem Türkischen

Resit bedeutet „der Heldenhafte"; aus dem Türkischen

Resul bedeutet „der Prophet"; aus dem Türkischen

Reto bedeutet „der Räter, der Rätoromane"; vermutlich aus dem Schweizerischen; Variation: Retus; Namenstag: 19. Juli

Reto bedeutet „der aus Rhaetia Stammende"; aus dem Schweizerischen

Retus Nebenform von → Reto

Reuben bedeutet „Seht! Ein Sohn!"; aus dem Hebräischen; Variation: Ruben

Rex bedeutet „der König"; aus dem Lateinischen

Rex Nebenform von → Reginald

Rey Nebenform von → Raimund

Reynaldo Nebenform von → Reinhold

Reynante Bedeutung ungeklärt; vermutlich aus dem Spanischen

Reynaud Nebenform von → Reinhold

Reynold Nebenform von → Reinhold

Reza bedeutet „der Zufriedene"; aus dem Persischen

Rezart bedeutet „der goldene Strahl"; aus dem Albanischen

Rhett Bedeutung ungeklärt; vermutlich aus dem Englischen

Rhydian bedeutet „die Furt"; aus dem Keltischen

Rhys bedeutet „die Begeisterung"; aus dem Keltischen

Rian Nebenform von → Ryan

Ricardo Nebenform von → Richard

Riccardo Nebenform von → Richard

Ricco Nebenform von → Richard

Richard bedeutet „die starke Kraft", aus dem Althochdeutschen; Variationen: Riccardo, Ricco, Richy, Rick; Namenstage: 7. Februar, 3. April; bekannte Namensträger: König Richard I., auch bekannt als Richard Löwenherz, 1157 bis 1199, König von England; Richard Attenborough, 1923 bis 2014, britischer Schauspieler und Regisseur; Richard Burton, 1925 bis 1984, britischer Schauspieler; Richard Chamberlain, geboren 1934, US-amerikanischer Schauspieler; Richard Gere, geboren 1949, US-amerikanischer Schauspieler; Richard Feynman, 1918 bis 1988, US-amerikanischer Physiker und Nobelpreisträger; Richard Nixon, 1913 bis 1994, US-Präsident; Richard Oetker, geboren 1951, deutscher Unternehmer; Richard Ohnsorg, 1876 bis

1947, deutscher Schauspieler, Theatergründer und Intendant; Richard Strauss, 1864 bis 1949, deutscher Komponist; Richard Wagner, 1813 bis 1883, Komponist; Richard von Weizsäcker, 1920 bis 2015, Bundespräsident

Richárd Nebenform von → Richard

Richart Nebenform von → Richard

Richbert bedeutet „die glänzende Kraft"; aus dem Althochdeutschen

Richeard Nebenform von → Richard

Richmar bedeutet „der Mächtige und der Berühmte"; aus dem Althochdeutschen

Richmut bedeutet „der Mächtige und der Kühne"; aus dem Althochdeutschen

Richwin bedeutet „der mächtige Freund"; aus dem Althochdeutschen

Richy Nebenform von → Richard

Rick Nebenform von → Richard

Rickard Nebenform von → Richard

Rickert Nebenform von → Richard

Rickey Nebenform von → Richard

R

Ricky Nebenform von → Richard

Rico Nebenform von → Richard

Ridge Nebenform von → Richard

Ridley bedeutet „die Schilfwiese"; aus dem Englischen

Rigoberto Nebenform von → Richbert

Rik Nebenform von → Richard

Rikard Nebenform von → Richard

Riko Nebenform von → Richard

Riku bedeutet „das Land"; aus dem Japanischen

Rikus Nebenform von → Richard

Riley bedeutet „das Roggenfeld"; aus dem Englischen

Rilind bedeutet „die Wiedergeburt"; aus dem Albanischen

Rimbert bedeutet „der glänzende Rat"; aus dem Althochdeutschen

Rinaldo Nebenform von → Reinhold

Ringo Kurzform von → Ringolf; bekannter Namensträger: Ringo Starr, geboren 1940, englischer Popmusiker und Mitglied der „Beatles"

Ringolf bedeutet „der Rat und der Wolf"; aus dem Althochdeutschen; Variation: Ringo

Rino Kurzform von → Namen mit -rino

Rinor Bedeutung ungeklärt; vermutlich aus dem Albanischen

Rishi bedeutet „der Kluge"; aus dem Indischen

Risto finnische Kurzform von → Christoph

River bedeutet „der Fluss"; aus dem Englischen; bekannter Namensträger: River Phoenix, 1970 bis 1993, US-amerikanischer Schauspieler

Riyad bedeutet „der Garten"; aus dem Arabischen

Rizal bedeutet „das Wiederergrünen"; aus dem Spanischen; Variationen: Rizaldo, Rizalino

Rizaldo Nebenform von → Rizal

Rizalino Nebenform von → Rizal

Riziero bedeutet „der Gelockte"; aus dem Italienischen; Variation: Rizzieri

Rizzieri Nebenform von → Riziero

Roald bedeutet „der berühmte Anführer"; aus dem Skandinavischen

Roar skandinavische Form von → Rüdiger

Rob Nebenform von → Robert

Robbe Nebenform von → Robert

Robbi Nebenform von → Robert

Robbie Nebenform von → Robert

Robbin Nebenform von → Robert

Robby Nebenform von → Robert

Robert bedeutet „der glänzende Ruhm"; aus dem Althochdeutschen; Variationen: Rupert, Rob, Robby, Robbi, Robin; Namenstage: 7. Juni, 17. September; bekannte Namensträger: Robert Atzorn, geboren 1945, deutscher Schauspieler; Robert Bosch, 1861 bis 1942, deutscher Industrieller; Robert Duvall, geboren 1931, US-amerikanischer Schauspieler und Regisseur; Robert F. Kennedy, 1925 bis 1968, US-amerikanischer Politiker; Robert Koch, 1843 bis 1910, deutscher Mediziner, Mikrobiologe und Nobelpreisträger; Robert Edward Lee, 1807 bis 1870, General der Südstaaten im Amerikanischen Bürgerkrieg; Robert Mitchum, 1917 bis 1997, US-amerikanischer Schauspieler; Robert Musil, 1880 bis 1942, österreichischer Schriftsteller; Robert

De Niro, geboren 1943, US-amerikanischer Schauspieler, Filmregisseur und Filmproduzent; Robert Oppenheimer, 1904 bis 1967, US-amerikanischer Physiker; Robert Rauschenberg, 1925 bis 2008, US-amerikanischer Pop-Art-Künstler; Robert Redford, geboren 1936, US-amerikanischer Schauspieler, Filmregisseur, Filmproduzent und Oscarpreisträger

Róbert Nebenform von → Robert

Roberto Nebenform von → Robert

Robin Nebenform von → Robert; bekannte Namensträger: Robin Williams, 1951 bis 2014, US-amerikanischer Schauspieler und Sänger; Robin Gibb, 1949 bis 2012, britisch-australischer Popmusiker der Band „Bee Gees"; Robin Hood, britische Sagenfigur

Robrecht Nebenform von → Robert

Robyn Nebenform von → Robert

Rocco Nebenform von → Rochus

Roch Nebenform von → Rochus

Rochus bedeutet „der Kriegsruf"; aus dem Althochdeutschen; Variationen: Rocco, Rock, Rocky, Roch; Namenstag: 16. August

Rock Nebenform von → Rochus; bekannter Namensträger: Rock Hudson, 1925 bis 1985, US-amerikanischer Schauspieler

Rocky Nebenform von → Rochus

Rod Nebenform von → Roderich; bekannte Namensträger: Roderick David, bekannt als „Rod" Stewart, geboren 1945, britischer Rock- und Popsänger („I am sailing"); Rod Steiger, 1925 bis 2002, US-amerikanischer Schauspieler

Rode Kurzform von → Rudolf

Rodebert bedeutet „der glänzende Ruhm"; aus dem Althochdeutschen; Variation: Rodebrecht

Rodebrecht Nebenform von → Rodebert

Rodegang bedeutet „der Ruhm und der Waffengang"; aus dem Althochdeutschen

Rodel Bedeutung ungeklärt; vermutlich aus dem Indonesischen

Rodene bedeutet „der Ruhm"; aus dem Englischen

Roderich bedeutet „der Ruhm und der Freund"; aus dem Althochdeutschen; Variationen: Rod, Rodney, Roderick

Roderick Nebenform von → Roderich

Rodger bedeutet „der berühmte Speer"; aus dem Althochdeutschen; Variation: Roger

Rodney Nebenform von → Roderich

Rodny Nebenform von → Roderich

Rodolfo Nebenform von → Rudolf

Rodolphe Nebenform von → Rudolf

Rodrigo spanische Form von → Roderich; Namenstag: 13. März; bekannte Namensträger: Rodrigo Díaz, bekannt als El Cid, 1043 bis 1099, spanischer Nationalheld; Rodrigo Galván de Bastidas, 1460 bis 1527, spanischer Eroberer, Entdecker der Landenge von Panama; Rodrigo Andrés González Espindola, besser bekannt als „Rod", geboren 1968, Musiker, Bassist und Sänger der Band „Die Ärzte"

Rodrigue französische Form von → Roderich

Roelof Nebenform von → Rudolf

Rogatus bedeutet „die Bitte"; aus dem Lateinischen; Variationen: Rogelio, Rogelius

Rogelio Nebenform von → Rogatus

Rogelius Nebenform von → Rogatus

R

Roger Nebenform von → Rodger; Namenstage: 1. März, 5. Januar; bekannte Namensträger: Roger Cicero, geboren 1970, deutscher Jazzmusiker; Roger Federer, geboren 1981, schweizerischer Tennisspieler; Roger Moore, geboren 1927, britischer Schauspieler; Roger Waters, geboren 1943, britischer Sänger, Bassist, Komponist, Texter und Gründungsmitglied von „Pink Floyd"; Roger Whittaker, geboren 1936, britischer Sänger; Roger Willemsen, geboren 1955, deutscher Publizist, Essayist, Autor und Fernsehmoderator

Rogério Nebenform von → Rüdiger

Rohan bedeutet „der kleine Rote"; aus dem Gälischen

Roho Kurzform von → Namen mit Ro-

Rolan Nebenform von → Roland

Roland bedeutet „der Ruhm und der Wagemut"; aus dem Althochdeutschen; Variationen: Rolando, Rowland; Namenstage: 15. September, 9. November, 14. Juli; bekannte Namensträger: Roland, circa 736 bis 778, Held der Rolandssage und des Rolandsliedes; Roland Berger, geboren 1937, deutscher Unternehmer und Berater; Roland Emmerich, geboren 1955, deutscher Filmemacher; Roland Kaiser, geboren 1952, deutscher Schlagersänger;

Roland Koch, geboren 1958, deutscher Politiker

Rolando Nebenform von → Roland; bekannter Namensträger: Rolando Villazon, geboren 1962, mexikanischer Opernsänger (Tenor)

Roldán Nebenform von → Roland

Rolf Nebenform von → Rudolf; bekannte Namensträger: Rolf Becker, geboren 1935, deutscher Schauspieler, Vater von Ben und Meret Becker (ebenfalls Schauspieler); Rolf Zuckowski, geboren 1947, deutscher Musiker; Rolf Zurbrügg, geboren 1971, schweizerischer Skibergsteiger, Skilangläufer und Bergführer; Rolf Gentz, geboren 1939, deutscher Maler und Bildhauer; Rolf Lappert, geboren 1958, schweizerischer Schriftsteller

Rollo Nebenform von → Rudolf; bekannte Namensträger: Rollo Gebhard, geboren 1921, deutscher Weltumsegler, Autor und Tierschützer; Rollo May, 1909 bis 1994, US-amerikanischer Psychologe

Rolph Nebenform von → Rudolf

Romaeus Nebenform von → Romanus

Romain Nebenform von → Romanus

Román Nebenform von → Romanus

Roman Nebenform von → Romanus; Namenstage: 9. August, 28. Februar; bekannte Namensträger: Roman Herzog, geboren 1934, deutscher Bundespräsident; Roman Polanski, geboren 1933, polnischer Regisseur und Autor; Roman Abramowitsch, geboren 1966, russischer Unternehmer

Romano Nebenform von → Romanus

Romanus bedeutet „der Römer"; aus dem Lateinischen; Variationen: Roman, Romano

Romaric Nebenform von → Romarich

Romarich bedeutet „der mächtige Römer"; aus dem Althochdeutschen; Variationen: Romaric, Romary

Romary Nebenform von → Romarich

Romed Nebenform von → Remedius; Namenstag: 15. Januar

Romedius Nebenform von → Remedius

Romegius Nebenform von → Remedius

Romel Bedeutung ungeklärt; vermutlich aus dem Indonesischen

Romeo bedeutet „der Rompilger"; aus dem Italienischen; bekannter Namensträger:

Romeo, Geliebter Julias, aus dem gleichnamigen Drama von William Shakespeare

Rommel Bedeutung ungeklärt; vermutlich aus dem Indonesischen

Romolo Nebenform von → Romulus

Romuald bedeutet „der Ruhm und der Herrscher"; aus dem Althochdeutschen; Variation: Romualdo; Namenstag: 19. Juni

Romualdo Nebenform von → Romuald

Romulus bedeutet „der Gründer Roms"; aus dem Lateinischen

Ron Nebenform von → Ronald; bekannte Namensträger: Ron Arad, geboren 1951, britischer Industriedesigner und Architekt; Ron Carey, 1935 bis 2007, amerikanischer Schauspieler; Ron Carter, geboren 1937, amerikanischer Jazzbassist; Ron Goodwin, 1925 bis 2003, britischer Komponist; Ron Perlman, geboren 1950, amerikanischer Schauspieler; Ron Williams, geboren 1942, deutsch-amerikanischer Schauspieler, Sänger, Kabarettist und Moderator

Ronald aus dem Keltischen; Variationen: Ronaldo, Ron, Ronnie, Ronny; Namenstag: 20. August; bekannter Namensträger: Ronald Rea-

gan, 1911 bis 2004, US-amerikanischer Schauspieler und 40. Präsident der Vereinigten Staaten

Ronaldo Nebenform von → Ronald; bekannter Namensträger: Ronaldo eigentlich Ronaldo Luís Nazário de Lima, geboren 1972, brasilianischer Fußballspieler

Ronan bedeutet „die kleine Robbe"; aus dem Gälischen; Namenstag: 7. Februar

Ronen bedeutet „das Lied"; aus dem Hebräischen

Ronnie Nebenform von → Ronald

Ronny Nebenform von → Ronald

Roosevelt bedeutet „das Rosenfeld"; aus dem Englischen

Roque Nebenform von → Rochus

Rory bedeutet „der rote König"; aus dem Gälischen; Variation: Roy

Ross bedeutet „das Kap"; aus dem Gälischen

Rötger Nebenform von → Rüdiger

Rousel bedeutet „der Rotschopf"; aus dem Französischen

Rouven Nebenform von → Reuben

Rowan bedeutet „der Kleine und der Rote"; aus dem Gälischen; bekannter Namensträger: Rowan Atkinson, geboren 1950, britischer Schauspieler

Rowland Nebenform von → Roland

Roy Nebenform von → Rory

Royce Bedeutung ungeklärt; vermutlich aus dem Englischen

Ruadhan bedeutet „der Kleine und der Rote"; aus dem Gälischen

Ruaidhrí Nebenform von → Rory

Ruairi Nebenform von → Rory

Ruben Nebenform von → Reuben

Rubén Nebenform von → Reuben

Rudger Nebenform von → Rüdiger

Rudi Kurzform von → Rudolf

Rüdiger bedeutet „der Ruhm und der Speer"; aus dem Althochdeutschen

Rudolf bedeutet „der Ruhm und der Wolf"; aus dem Althochdeutschen; Variationen: Rudi, Rudolph; Namenstage: 17. April, 15. Juli, 27. Juli, 17. Oktober; bekannte Namensträger: Rudolf Augstein, 1923 bis 2002, deutscher Journalist und Verleger; Rudolf Claus, 1893 bis 1935, deutscher Widerstandskämpfer; Rudolf Diesel, 1858 bis 1913, deutscher Ingenieur und Erfinder; Rudolf Welskopf, 1902 bis 1979, deutscher Widerstandskämpfer

Rudolph Nebenform von → Rudolf; bekannte Namensträger: Rudolph Giuliani, geboren 1944, US-amerikanischer Politiker; Rudolph Moshammer, 1940 bis 2005, deutscher Modeschöpfer und Autor; Rudolph Valentino, 1895 bis 1926, Schauspieler

Rudolphus Nebenform von → Rudolf

Rudy Nebenform von → Rudolf

Ruedi Nebenform von → Rüdiger

Rufin Nebenform von → Rufus

Rufino Nebenform von → Rufus

Rufus bedeutet „rothaarig"; aus dem Lateinischen; Variationen: Rufin, Rufino; Namenstag: 21. November; bekannte Namensträger: Rufus Beck, geboren 1957, Schauspieler und Hörbuchsprecher; Rufus Wainwright, geboren 1973, kanadisch-US-amerikanischer Musiker

Ruggero Nebenform von → Rüdiger

Ruggiero italienische Form von → Rüdiger

Rui bedeutet „der Ruhmreiche"; aus dem Portugiesischen

Rumold Nebenform von → Romuald

Rune bedeutet „der Rune"; aus dem Niederländischen

Ruodi Nebenform von → Rudolf

Rupert Nebenform von → Robert; Namenstage: 1. November, 27. März, 15. Mai; bekannte Namensträger: Rupert Everett, geboren 1959, britischer Schauspieler; Rupert Grint, geboren 1988, britischer Schauspieler; Rupert Murdoch, geboren 1931, internationaler Medienunternehmer

Ruppert Nebenform von → Robert

Ruprecht Nebenform von → Robert

Rurik russische Form von → Roderich

Ruslan bedeutet „der Löwe"; aus dem Russischen

Russ Nebenform von → Russell

Russel Nebenform von → Russell

Russell bedeutet „der kleine Rote"; aus dem Eng-

lischen; bekannter Namensträger: Russell Crowe, geboren 1964, neuseeländischer Schauspieler

Rusty bedeutet „der Rothaarige"; aus dem Englischen

Rutherford bedeutet „die Rinderfurt"; aus dem Englischen

Ruud niederländische Form von → Rudolf

Ruven Nebenform von → Reuben

Ruwen Nebenform von → Reuben

Ruy Nebenform von → Rui

Ryad Nebenform von → Riyad

Ryan bedeutet „der kleine König"; aus dem Gälischen; bekannte Namensträger: Ryan Adams, geboren 1974, US-amerikanischer Musiker; Ryan Phillippe, geboren 1974, US-amerikanischer Schauspieler

Ryder bedeutet „der berittene Förster"; aus dem Englischen

Rylan bedeutet „das Roggenland"; aus dem Englischen

Ryne Nebenform von → Ryan

Ryo bedeutet „der Kühle"; aus dem Japanischen

Sa'id bedeutet „der Glückliche"; aus dem Arabischen; Variation: Said

Saban Bedeutung ungeklärt; vermutlich aus dem Albanischen

Sabas bedeutet „der alte Mann"; aus dem Hebräischen

Sabatino bedeutet „der Sabbat"; aus dem Italienischen

Sabino bedeutet „vom Volk der Sabiner"; aus dem Lateinischen; Variation: Sabinus

Sabinus Nebenform von → Sabino

Sabri bedeutet „die Geduld betreffend"; aus dem Arabischen

Sabriel benannt nach einem Erzengel; aus dem Englischen

Saburo bedeutet „der dritte Sohn"; aus dem Japanischen; Variation: Saburou

Saburou Nebenform von → Saburo

Sacha Nebenform von → Alexander

Sacharja Nebenform von → Zacharias

Sachso bedeutet „das Schwert"; aus dem Althochdeutschen

Sadan bedeutet „der Fröhliche"; aus dem Türkischen

Saffet bedeutet „die Reinheit"; aus dem Türkischen

Sage bedeutet „der Salbei"; aus dem Englischen

Sahen bedeutet „der Falke"; aus dem Indischen

Sahin bedeutet „der Falke"; aus dem Türkischen

Said Nebenform von → Sa'id

Sakari Nebenform von → Zacharias

Saladin bedeutet „die Redlichkeit der Religion"; aus dem Kurdischen

Salih bedeutet „der Fromme"; aus dem Türkischen

Salim bedeutet „der Fröhliche"; aus dem Arabischen

Salman bedeutet „der Freie"; aus dem Arabischen

Salomo Nebenform von → Salomon

Salomon bedeutet „der Friedliche"; aus dem Hebräischen; Variationen: Salomo, Salomone, Suleiman, Süleyman, Suleymane

Salomone Nebenform von → Salomon

Salter bedeutet „der Salzhändler"; aus dem Englischen

Salvador Nebenform von → Salvator; bekannte Namensträger: Salvador Dalí, 1904 bis 1989, surrealistischer Maler; Salvador Allende, 1908 bis 1973, chilenischer Präsident

Salvator bedeutet „der Retter"; aus dem Lateinischen; Variation: Salvatore; Namenstag: 22. November

Salvatore Nebenform von → Salvator; bekannter Namensträger: Salvatore Lima, 1928 bis 1992, italienischer Politiker; Salvatore Accardo, geboren 1941, italienischer Violinist und Dirigent

Sam Nebenform von → Samson

Sam Nebenform von → Samuel

Sami bedeutet „der Erhabene"; aus dem Arabischen

Samir bedeutet „der Begleiter bei einem abendlichen Gespräch"; aus dem Arabischen

Sammy Nebenform von → Samuel

Samouel Nebenform von → Samuel

Samson bedeutet „stark wie die Sonne"; aus dem Hebräischen; Variation: Sansone

S

Samuel bedeutet „erhört von Gott"; aus dem Hebräischen; Variationen: Sam, Sammy, Samouel; Namenstage: 20. August, 10. Oktober; bekannte Namensträger: Samuel Langhorne Clemens, besser bekannt unter seinem Pseudonym Mark Twain, 1835 bis 1910, US-amerikanischer Schriftsteller und Journalist („Tom Sawyer"); Samuel Colt, 1814 bis 1862, US-amerikanischer Erfinder; Samuel L. Jackson, geboren 1948, US-amerikanischer Schauspieler

Samuele Nebenform von → Samuel

Samy Nebenform von → Samuel

Sander Nebenform von → Alexander

Sándor ungarische Kurzform von → Alexander

Sandro italienische Kurzform von → Alexander

Sandy Nebenform von → Alexander

Sansone Nebenform von → Samson

Santeri Nebenform von → Alexander

Santiago Nebenform von → Jakob

Santino bedeutet „der Heilige"; aus dem Italienischen; Variationen: Santo, Santos

Santo Nebenform von → Santino

Santos Nebenform von → Santino

Sasan Nebenform von → Sassan

Sascha russische Kurzform von → Alexander

Sasha Nebenform von → Alexander

Sassan bedeutet „der Sohn des Königs"; aus dem Persischen; Variation: Sasan

Sasso bedeutet „das Schwert"; aus dem Althochdeutschen

Saturn benannt nach einer römischen Mythengestalt; aus dem Lateinischen; Variationen: Saturne, Saturno, Saturnus

Saturne Nebenform von → Saturn

Saturno Nebenform von → Saturn

Saturnus Nebenform von → Saturn

Saul bedeutet „der Erhabene"; aus dem Hebräischen; Variation: Saúl; bekannter Namensträger: Saul Bellow, 1915 bis 2005, US-amerikanischer Schriftsteller, Soziologe und Nobelpreisträger

Saúl Nebenform von → Saul

Saverio Nebenform von → Xaver

Saviero Nebenform von → Xaver

Savino Nebenform von → Sabino

Sawyer bedeutet „der Holzarbeiter"; aus dem Englischen

Schelomoh Nebenform von → Salomon

Schemarja bedeutet „behütet durch Jahwe"; aus dem Hebräischen; Variation: Schemarjah

Schemarjah Nebenform von → Schemarja

Schimea bedeutet „der Ruhm"; aus dem Hebräischen

Schimon Nebenform von → Simon

Schimschon Nebenform von → Samson

Schorsch Nebenform von → Georg

Schuyler bedeutet „der Schüler"; aus dem Niederländischen

Scott bedeutet „der Schotte"; aus dem Englischen; Variation: Scotty; bekannte Namensträger: Scott Bakula, geboren 1954, US-amerikanischer Schauspieler; Scott McCloud, geboren 1960, US-amerikanischer Comic-Künstler

Scotty Nebenform von →
Scott

Sead bedeutet „der Erfolg";
aus dem Slawischen

Seaghdh bedeutet „der
Unerschrockene"; aus dem
Gälischen; Variationen:
Seaghdha, Segda

Seaghdha Nebenform von
→ Seaghdh

Seamus irische Form von →
James

Sean irische Form von →
Johannes; bekannte Namensträger: Sean Astin, geboren
1971, US-amerikanischer
Schauspieler; Sean Bean,
geboren 1959, britischer
Schauspieler; Sean Connery,
geboren 1930, schottischer
Schauspieler; Sean Dundee,
geboren 1972, südafrikanisch-
deutscher Fußballspieler;
Seán MacBride, 1904 bis
1988, irischer Politiker, Friedensnobelpreisträger 1974;
Sean Penn, geboren 1960, US-
amerikanischer Schauspieler

Sebald bedeutet „der kühne
Sieg"; aus dem Althochdeutschen; Namenstag: 19. August

Sebastiaan Nebenform von
→ Sebastian

Sebastian bedeutet „der
Erhabene"; aus dem Grie-
chischen; Variationen: Sebi,
Sebastiaan, Sebastián, Sebastiano; Namenstage: 20. Januar, 25. Februar; bekannte
Namensträger: Sebastian

Haffner, 1907 bis 1999, deutscher Historiker und Publizist;
Sebastian Kneipp, 1821 bis
1897, Naturheilkundiger;
Sebastian Krumbiegel, geboren 1966, Sänger und Musiker

Sebastián Nebenform von
→ Sebastian

Sebastiano Nebenform von
→ Sebastian

Sebastianos Nebenform
von → Sebastian

Sebastianus Nebenform
von → Sebastian

Sébastien Nebenform von
→ Sebastian

Sebe Nebenform von →
Sigbert

Sebastian Nebenform von
→ Sebastian

Sebi Nebenform von →
Sebastian

Sebo Nebenform von →
Sigbert

Sebulon bedeutet „der Ver-
weilende"; aus dem Hebrä-
ischen

Seckin bedeutet „der Exzel-
lente"; aus dem Türkischen

Secondo Nebenform von →
Secundus

Secundus bedeutet „der
Zweite"; aus dem Latei-
nischen; Variationen: Secondo, Segundo

Segda Nebenform von →
Seaghdh

Segimerus bedeutet „der
berühmte Sieg"; aus dem Althochdeutschen

Segimundus Nebenform
von → Siegmund

Segundo Nebenform von →
Secundus

Selby bedeutet „die Weidensiedlung"; aus dem Eng-
lischen

Selenio Nebenform von →
Selina

Selim bedeutet „der
Sichere"; aus dem Türkischen

Selver Bedeutung ungeklärt;
vermutlich aus dem Tür-
kischen

Sem bedeutet „der Name";
aus dem Hebräischen

Semih bedeutet „der Großzügige"; aus dem Türkischen

Semir Bedeutung ungeklärt;
vermutlich aus dem Slawi-
schen

Semjon russische Form von
→ Simon

Sener bedeutet „der Glücksbringer"; aus dem Türkischen

Senne Nebenform von →
Alexander

Sepp Nebenform von →
Josef; bekannter Namensträ-

S

ger: Sepp Herberger, 1897 bis 1977, ehemaliger deutscher Fußballtrainer

Seppe Nebenform von → Josef

Seppel Nebenform von → Josef

Seppi Nebenform von → Josef

Serafin Nebenform von → Seraphin; Namenstag: 12. Oktober

Serafino Nebenform von → Seraphin

Seraphim Nebenform von → Seraphin

Seraphin bedeutet „die Schlange"; aus dem Hebräischen; Variationen: Serafin, Serafino, Seraphim, Seraphinus

Seraphinus Nebenform von → Seraphin

Serdar bedeutet „der Befehlshaber"; aus dem Türkischen

Sereno Nebenform von → Serenus

Serenus bedeutet „der Heitere"; aus dem Lateinischen; Variation: Sereno

Serge Nebenform von → Sergius

Sergei Nebenform von → Sergius; bekannter Namens-

träger: Sergei Michailowitsch Eisenstein, 1898 bis 1948, russischer Filmregisseur

Sergej Nebenform von → Sergius; Namenstag: 25. September

Sergio Nebenform von → Sergius

Sergius bedeutet „der Diener"; aus dem Lateinischen; Variationen: Sergio, Sergej, Serge, Sergei; Namenstag: 8. September

Serhan bedeutet „der Anführer"; aus dem Türkischen

Serhat bedeutet „die Grenze"; aus dem Türkischen

Serjoscha Nebenform von → Sergius

Serkan bedeutet „das adlige Blut"; aus dem Türkischen

Serlo benannt nach einer Figur aus Goethes Roman „Wilhelm Meisters Lehrjahre"; aus dem Althochdeutschen

Servan benannt nach einer Stadt in Frankreich; aus dem Französischen

Servatio Nebenform von → Servatius

Servatius bedeutet „der Gerettete"; aus dem Lateinischen; Variationen: Servaz, Servatio, Zerves, Vaaz, Vals; Namenstag: 13. Mai

Servaz Nebenform von → Servatius

Sesto Nebenform von → Sextus

Seth bedeutet „der Setzling"; aus dem Hebräischen

Seumas schottische Form von → Jakob

Severiano Nebenform von → Severus

Séverin Nebenform von → Severus

Severin Nebenform von → Severus; Namenstag: 23. Oktober

Severino Nebenform von → Severus

Severinus Nebenform von → Severus

Severo Nebenform von → Severus

Severus bedeutet „der Ernsthafte"; aus dem Lateinischen; Variationen: Severin, Severino, Severinus, Severo, Severiano; Namenstag: 1. Februar

Sextus bedeutet „der Sechste"; aus dem Lateinischen; Variation: Sesto

Sha'ul Nebenform von → Saul

Shaban Bedeutung ungeklärt; vermutlich aus dem Albanischen

Shahim bedeutet „der Willkommene"; aus dem Arabischen

Shahin bedeutet „der Falke"; aus dem Arabischen

Shakil bedeutet „der Hübsche"; aus dem Arabischen

Shakir bedeutet „der Dankbare"; aus dem Arabischen

Shamariah Nebenform von → Schemarja

Shane irische Form von → Johannes

Shannon benannt nach einem Fluss in Irland; aus dem Englischen

Shaquille bedeutet „der Hübsche"; aus dem Arabischen; bekannter Namensträger: Shaquille O'Neal, geboren 1972, Basketballspieler

Sharafat bedeutet „der Adel"; aus dem Arabischen

Shaukat bedeutet „der Große"; aus dem Indischen

Shaun Nebenform von → Sean

Shawn Nebenform von → Sean

Shay Nebenform von → Johannes

Shayne Nebenform von → Johannes

Shea Nebenform von → Sean

Shelby bedeutet „die Weidensiedlung"; aus dem Englischen

Sheldon benannt nach einem englischen Ortsnamen; aus dem Englischen

Shem Nebenform von → Sem

Shemariah Nebenform von → Schemarja

Shemarya Nebenform von → Schemarja

Shemaryahu Nebenform von → Schemarja

Shemuel Nebenform von → Samuel

Sherlock bedeutet „der Kurzhaarschnitt"; aus dem Englischen; bekannter Namensträger: Sherlock Holmes, Romanfigur von Sir Arthur Conan Doyle

Sherman bedeutet „der Schafscherer"; aus dem Englischen

Sherwin bedeutet „die Zypresse"; aus dem Englischen

Sheth Form von → Seth

Shigeru bedeutet „der üppig Gewachsene"; aus dem Japanischen

Shimea bedeutet „der Ruhm"; aus dem Hebräischen

Shin bedeutet „der Wahre"; aus dem Japanischen

Shinichi bedeutet „der erste Sohn von Shin"; aus dem Japanischen; bekannter Namensträger: Shinichi Suzuki, 1898 bis 1998, Violinist

Shiro bedeutet „der vierte Sohn"; aus dem Japanischen; Variation: Shirou

Shirou Nebenform von → Shiro

Shkelqim Bedeutung ungeklärt; vermutlich aus dem Albanischen

Shkelzen Bedeutung ungeklärt; vermutlich aus dem Albanischen

Shkodran benannt nach einer Stadt in Albanien; aus dem Albanischen

Shlomo Nebenform von → Salomon

Shmerel Nebenform von → Schemarja

Shou bedeutet „der Fliegende"; aus dem Japanischen

Shouta bedeutet „der dicke Fliegende"; aus dem Japanischen

Shpend bedeutet „das Geflügel"; aus dem Albanischen

Shpetim Bedeutung ungeklärt; vermutlich aus dem Albanischen

Shtjefen Nebenform von → Stefan

S

Shun bedeutet „das gute Pferd"; aus dem Japanischen

Sibe Nebenform von → Siegbert

Sid Kurzform von → Sidney

Sidney Bedeutung ungeklärt; vermutlich aus dem Englischen; Namenstag: 4. August

Sidonius benannt nach einer phönizischen Stadt; aus dem Althochdeutschen; Namenstag: 14. November

Siegbald bedeutet „der mutige Sieg"; aus dem Althochdeutschen

Siegbert bedeutet „der glänzende Sieg"; aus dem Althochdeutschen; Variation: Siegbrecht; Namenstag: 12. Juli

Siegbrecht Nebenform von → Siegbert

Sieger bedeutet „der Sieg und der Speer"; aus dem Althochdeutschen; Variation: Siegher

Siegfried bedeutet „der Sieg und der Friede"; aus dem Althochdeutschen; Namenstage: 22. August, 15. Februar; bekannte Namensträger: Siegfried Fischbacher, geboren 1939, Stardompteur, Teil von Siegfried und Roy; Siegfried Kracauer, 1889 bis 1966, deutscher Journalist, Soziologe und Filmhistoriker; Siegfried Lenz, 1926 bis 2014,

deutscher Schriftsteller; Siegfried Unseld, 1924 bis 2002, Verleger und Leiter des Suhrkamp Verlages

Sieghard bedeutet „der harte Sieg"; aus dem Althochdeutschen; Variation: Sieghart; Namenstag: 13. November

Sieghart Nebenform von → Sieghard

Siegher Nebenform von → Sieger

Siegmar bedeutet „der berühmte Sieg"; aus dem Althochdeutschen; Namenstag: 10. Februar

Siegmund bedeutet „der Sieg und der Schutz"; aus dem Althochdeutschen; Variationen: Sigismund, Sigmund; Namenstage: 27. September, 1. Mai

Siegrich Form von → Sierk

Siegward Nebenform von → Sievert

Siegwart Nebenform von → Sievert

Sierk bedeutet „der mächtige Sieg"; aus dem Althochdeutschen; Variation: Siegrich

Sievert: bedeutet „der Sieg und der Hüter"; aus dem Althochdeutschen; Variationen: Siegwart, Siegward

Sigfrido Nebenform von → Siegfried

Sigfried Nebenform von → Siegfried

Siggi Nebenform von → Siegmund

Sighsten bedeutet „der Sieg und der Stein"; aus dem Althochdeutschen

Sighvardh Nebenform von → Sievert

Sigi Nebenform von → Siegfried

Sigisbert Nebenform von → Siegbert; Namenstag: 1. Februar

Sigismund Nebenform von → Siegmund

Sigmund Nebenform von → Siegmund; bekannter Namensträger: Sigmund Freud, 1856 bis 1939, österreichischer Begründer der Psychoanalyse

Sigo friesische Kurzform von → Namen mit Sieg-

Sigumari bedeutet „der berühmte Sieg"; aus dem Althochdeutschen

Sigurd Nebenform von → Sievert

Sigurdr Nebenform von → Sievert

Sigvard Nebenform von → Sievert

Sikko friesische Kurzform von → Namen mit Sieg-

Silas Nebenform von → Saul; Namenstag: 13. Juli

Sileno Nebenform von → Silenos

Silenos bedeutet „der Fließende"; aus dem Griechischen; Variationen: Sileno, Silenus

Silenus Nebenform von → Silenos

Silko Nebenform von → Silke

Silvain Nebenform von → Silvanus

Silvan Nebenform von → Silvanus

Silvano Nebenform von → Silvanus

Silvanus bedeutet „der Wald"; aus dem Lateinischen; Variationen: Silvan, Silvano, Silvian

Silvester bedeutet „der Wald"; aus dem Lateinischen; Variationen: Silvestre, Silvestro, Sylvester; Namenstag: 31. Dezember

Silvestre Nebenform von → Silvester

Silvestro Nebenform von → Silvester

Silvian Nebenform von → Silvius

Silviano Nebenform von → Silvius

Silvio Nebenform von → Silvius; bekannter Namensträger: Silvio Berlusconi, geboren 1936, ehemaliger italienischer Ministerpräsident und Unternehmer

Silvius bedeutet „der Wald"; aus dem Lateinischen; Variation: Silvio; Namenstag: 30. April

Simea Nebenform von → Schimea

Simen Nebenform von → Simon

Simeon Nebenform von → Simon; Namenstag: 1. Juni

Simeone Nebenform von → Simon

Simon bedeutet „der Erhörte"; aus dem Hebräischen; Variation: Simeon; Namenstage: 28. Oktober, 18. Februar, 16. Mai

Simone Nebenform von → Simon

Simson Nebenform von → Samson

Sinan bedeutet „die Speerspitze"; aus dem Türkischen

Sinclair Bedeutung ungeklärt; vermutlich aus dem Englischen

Sindbald Nebenform von → Sintbald

Sindram Nebenform von → Sintram

Sindre bedeutet „der Sprühende"; aus dem Skandinavischen; Variation: Sindri

Sindri Nebenform von → Sindre

Sinisa Bedeutung ungeklärt; aus dem Slawischen

Sintbald bedeutet „die kühne Reise"; aus dem Althochdeutschen

Sintbert bedeutet „die glänzende Reise"; aus dem Althochdeutschen

Sintram bedeutet „der Weg und der Rabe"; aus dem Althochdeutschen; Variation: Sindram

Sirach bedeutet „der Überfluss"; aus dem Hebräischen

Sirius bedeutet „der Stern"; aus dem Lateinischen

Sirk bedeutet „der mächtige Sieg"; aus dem Althochdeutschen

Siro Nebenform von → Sirius

Sisto Nebenform von → Sixtus

Sivert Nebenform von → Sievert

Siwert Nebenform von → Sievert

Sixt Nebenform von → Sixtus

Sixtus bedeutet „der Sechste"; aus dem Lateinischen;

S

Variationen: Sixt, Sisto;
Namenstage: 7. August,
6. April

Skender albanische
Nebenform von →
Alexander

Skylar bedeutet „der Schüler"; aus dem Englischen;
Variation: Skyler

Skyler Nebenform von →
Skylar

Slavko Bedeutung ungeklärt; vermutlich aus dem Slawischen

Slavoljub Bedeutung ungeklärt; vermutlich aus dem Slawischen

Slawomir bedeutet „der
Ruhm und der Friede"; aus
dem Slawischen

Slobodan Bedeutung ungeklärt; vermutlich aus dem Slawischen

Sobieslaw bedeutet „der,
der sich Ruhm aneignet"; aus
dem Polnischen

Socrate Nebenform von →
Socrates

Socrates bedeutet „die
ganze Kraft"; aus dem Griechischen; Variationen:
Sokrates, Socrate

Soeren Nebenform von →
Severus

Sofian Nebenform von →
Sophus

Sofiane Nebenform von →
Sophus

Sofus Nebenform von →
Sophus

Söhnke Nebenform von →
Sönke

Sokol bedeutet „der Falke";
aus dem Albanischen

Sokrates Nebenform von →
Socrates

Solal Bedeutung ungeklärt;
vermutlich aus dem Französischen

Solideo bedeutet „nur für
Gott allein"; aus dem Italienischen

Solomon Nebenform von →
Salomon

Soma Bedeutung ungeklärt;
vermutlich aus dem Eng-
lischen

Sondre Bedeutung ungeklärt; vermutlich aus dem
Skandinavischen

Sönke bedeutet „das Söhn-
chen"; aus dem Friesischen;
Variation: Söhnke

Sonny bedeutet „das Söhn-
chen"; aus dem Englischen

Sophos Nebenform von →
Sophus

Sophus bedeutet „der Wei-
se"; aus dem Griechischen;
Variationen: Sofus, Sofian,
Sofiane, Sophos

Sören Nebenform von →
Severus

Sorin Bedeutung ungeklärt;
vermutlich aus dem Rumä-
nischen

Soufiane Nebenform von →
Sophus

Souleymane Nebenform
von → Salomon

Souta bedeutet „plötzlich
dick"; aus dem Japanischen

Spartaco Nebenform von →
Spartacus

Spartacus bedeutet „der
aus Sparta Stammende"; aus
dem Lateinischen; Variationen: Spartakus, Spartaco

Spartakus Nebenform von
→ Spartacus

Spencer bedeutet „der Ver-
walter"; aus dem Englischen;
Variationen: Spenser

Spenser Nebenform von →
Spencer

Spike bedeutet „das drah-
tige Haar"; aus dem Eng-
lischen

Spiridon Nebenform von →
Spyridon

Spiros Nebenform von →
Spyridon

Spyridon bedeutet „der
Geist"; aus dem Griechischen;
Variationen: Spyro, Spiros,
Spiridon, Spyros

Spyro Nebenform von →
Spyridon

Spyros Nebenform von →
Spyridon

Stacey Bedeutung ungeklärt; vermutlich aus dem
Englischen

Stacy Bedeutung ungeklärt;
vermutlich aus dem Eng-
lischen

Stan Nebenform von →
Stanley

Stanimir bedeutet „der
feste Frieden"; aus dem Russischen

Stanislao Nebenform von →
Stanislaw

Stanislas Nebenform von →
Stanislaw

Stanislaus Nebenform von
→ Stanislaw; Namenstage:
15. August, 11. April, 13. November

Stanislav Nebenform von →
Stanislaw

Stanislaw bedeutet „der
beständige Ruhm"; aus dem
Slawischen; Variationen:
Stanislaus, Stanislav, Stanislas

Stanko bedeutet „der feste
Ruhm"; aus dem Polnischen

Stanley bedeutet „der
Steine Entfernende"; aus
dem Englischen; Variation:
Stan

Stavros bedeutet „das
Kreuz"; aus dem Griechi-
schen

Steen Kurzform von →
Namen mit Endung -sten

Steeven Nebenform von →
Stefan

Steevy Nebenform von →
Stefan

Stefan bedeutet „die Krone"; aus dem Griechischen;
Variationen: Stefanos, Stefano, Stephan, Stephanos, Stefanus; Namenstag: 7. September; bekannte Namensträger:
Stefan Andres, 1906 bis 1970,
deutscher Schriftsteller; Stefan Edberg, geboren 1966,
schwedischer Tennisspieler;
Stefan Effenberg, geboren
1968, deutscher Fußballspieler; Stefan George, 1868 bis
1933, deutscher Schriftsteller;
Stefan Heym, 1913 bis 2001,
deutscher Schriftsteller und
Journalist

Stéfane Nebenform von →
Stefan

Stefano Nebenform von →
Stefan

Stefanus Nebenform von →
Stefan

Steffen Nebenform von →
Stefan

Stein Kurzform von →
Namen mit Endung -sten

Stejn Kurzform von →
Namen mit Endung -sten

Stellario Nebenform von →
Stellarius

Stellarius aus dem Lateinischen; Variation: Stellario

Sten bedeutet „der Stein";
aus dem Keltischen

Stepan Nebenform von →
Stefan

Stephan Nebenform von →
Stefan; Namenstage:
16. August, 28. November

Stéphane Nebenform von →
Stefan

Stephano Nebenform von →
Stefan

Stephanos Nebenform von
→ Stefan

Stephanus Nebenform von
→ Stefan

Stephen Nebenform von →
Stefan

Stephon Nebenform von →
Stefan

Sterling bedeutet „das
Sternchen"; aus dem Eng-
lischen

Stetson Bedeutung ungeklärt; vermutlich aus dem
Englischen

Steve Nebenform von →
Stefan

Steven Nebenform von →
Stefan; bekannter Namens-
träger: Steven Spielberg,

S

289

geboren 1946, US-amerikanischer Filmregisseur

Stewart bedeutet „der Hüter des Hauses"; aus dem Englischen

Steyn Form von → Sten

Stian bedeutet „der Wanderer"; aus dem Skandinavischen; Variationen: Stian, Stígandr, Stig

Stig Nebenform von → Stian

Stígandr Nebenform von → Stian

Stígr Nebenform von → Stian

Stijn Nebenform von → Sten

Stillfried bedeutet „der stille Friede"; aus dem Althochdeutschen

Stjepan Nebenform von → Stefan

Stone bedeutet „der Stein"; aus dem Englischen

Storm bedeutet „der Sturm"; aus dem Englischen

Stuart bedeutet „der Hausbewahrer"; aus dem Englischen

Sturmi Nebenform von → Sturmius

Sturmius bedeutet „der heftige Wind"; aus dem Althochdeutschen; Variation: Sturmi; Namenstage: 16. Dezember, 17. Dezember

Sufjan Nebenform von → Sufyan

Sufyan Bedeutung ungeklärt; aus dem Arabischen

Suileabháin bedeutet „die schwarzen Augen"; aus dem Gälischen; Variationen: Sullivan, Sullyvan

Sulayman Nebenform von → Salomon

Suleiman Nebenform von → Salomon

Süleyman Nebenform von → Salomon

Sullivan Nebenform von → Suileabháin

Sullyvan Nebenform von → Suileabháin

Sulpiz Bedeutung ungeklärt; aus dem Lateinischen

Sünke Nebenform von → Sönke

Suno Nebenform von → Sönke

Suresh bedeutet „der Herrscher über die Götter"; aus dem Indischen

Surya bedeutet „der indische Sonnengott"; aus dem Indischen

Svante Nebenform von → Swante

Svantje Nebenform von → Swante

Sveinn Nebenform von → Sven

Sven bedeutet „der Jüngling"; aus dem Skandinavischen; Variationen: Sveinn, Svend, Swen

Svend Nebenform von → Sven

Swante bedeutet „das Kriegsvolk"; aus dem Skandinavischen; Variationen: Svante, Svantje, Swantje

Swantje Nebenform von → Swante

Swen Nebenform von → Sven

Swidgard bedeutet „der Starke und der Glänzende"; aus dem Althochdeutschen

Sydney Bedeutung ungeklärt; vermutlich aus dem Englischen

Syed Nebenform von → Said

Sylvain Nebenform von → Silvanus

Sylvester Nebenform von → Silvester

Szabolcs benannt nach einer Region in Ungarn; aus dem Ungarischen

Szebasztián Nebenform von → Sebastian

Szymon Nebenform von → Simon

Tad Nebenform von → Thaddäus

Tadashi bedeutet „der Richtige"; aus dem Japanischen

Taddeo Nebenform von → Thaddäus

Taddeus Nebenform von → Thaddäus

Tadeo Nebenform von → Thaddäus

Tadeu Nebenform von → Thaddäus

Tadeus Nebenform von → Thaddäus

Tadeusz Nebenform von → Thaddäus

Tadhg bedeutet „der Dichter"; aus dem Gälischen

Tage bedeutet „der Beiname eines Bürgen"; aus dem Schwedischen

Tahir bedeutet „der Saubere"; aus dem Türkischen

Tahsin bedeutet „der Schmuck"; aus dem Türkischen

Taiki bedeutet „der große Glanz"; aus dem Japanischen

Taip bedeutet „der Büßende"; aus dem Türkischen

Takashi bedeutet „der Respekt gegenüber den Eltern"; aus dem Japanischen

Takeo bedeutet „der Ehrenmann"; aus dem Japanischen

Takerku bedeutet „der Krieger"; aus dem Japanischen

Taki bedeutet „der Gottesfürchtige"; aus dem Türkischen

Takumi bedeutet „der Zimmermann"; aus dem Japanischen

Takuya bedeutet „der sich Öffnende"; aus dem Japanischen

Tal bedeutet „das Tau"; aus dem Hebräischen

Talon bedeutet „die Kralle"; aus dem Englischen

Tamás bedeutet „der Zwilling"; aus dem Ungarischen

Tamias Nebenform von → Tamino

Tamino bedeutet „der Gebieter"; aus dem Griechischen; Variation: Tamias

Tammo bedeutet „der Gedanke"; aus dem Althochdeutschen

Tancredi Nebenform von → Tankred

Tankred bedeutet „der Dank und der Rat"; aus dem Althochdeutschen; bekannter Namensträger: Tankred Dorst, geboren 1925, deutscher Schriftsteller

Tanner bedeutet „der Gerber"; aus dem Englischen

Tao Bedeutung ungeklärt; vermutlich aus dem Französischen

Tapani Nebenform von → Stefan

Taras Bedeutung ungeklärt; vermutlich aus dem Lateinischen

Tarasios Bedeutung ungeklärt; vermutlich aus dem Lateinischen

Tarcisio Bedeutung ungeklärt; vermutlich aus dem Lateinischen

Tarek bedeutet „der an die Tür Klopfende"; aus dem Arabischen; Variationen: Tarik, Tariq

Tarik Nebenform von → Tarek

Tariq Nebenform von → Tarek

Taro bedeutet „der große Junge"; aus dem Japanischen

Taron aus dem Englischen

Tarsitus Bedeutung ungeklärt; vermutlich aus dem Lateinischen

T

Tassilo bedeutet „die Eibe"; aus dem Italienischen; Variation: Tasso; Namenstag: 11. Dezember

Tasso Nebenform von → Tassilo

Tate bedeutet „der Fröhliche"; aus dem Englischen

Tatianus aus dem Lateinischen; Variation: Tatius

Tatius Nebenform von → Tatianus

Taulant Bedeutung ungeklärt; vermutlich aus dem Albanischen

Tavon Bedeutung ungeklärt; vermutlich aus dem Englischen

Tayler Nebenform von → Taylor

Taylor bedeutet „der Schneider"; aus dem Englischen; Variation: Tayler

Taziano Bedeutung ungeklärt; vermutlich aus dem Italienischen

Tazio Bedeutung ungeklärt; vermutlich aus dem Italienischen

Ted Nebenform von → Theodor

Teddy Nebenform von → Theodor

Teemu Nebenform von → Nikodemus

Teiwaz benannt nach einem germanischen Gott; aus dem Althochdeutschen

Telma Bedeutung ungeklärt; vermutlich aus dem Portugiesischen

Teo Nebenform von → Theodor

Teobald Nebenform von → Theobald

Teobaldo Nebenform von → Theobald

Teodor Nebenform von → Theodor

Teodorico Nebenform von → Dietrich

Teodoro Nebenform von → Theodor

Teofil Nebenform von → Theophil

Teofilo Nebenform von → Theophil

Teofilus Nebenform von → Theophil

Teoma Nebenform von → Thomas

Terentius Bedeutung ungeklärt; vermutlich aus dem Lateinischen

Terenz Bedeutung ungeklärt; vermutlich aus dem Lateinischen

Teresio bedeutet „der Jäger"; aus dem Italienischen

Terrance Bedeutung ungeklärt; vermutlich aus dem Lateinischen

Terrell bedeutet „der Ziehende"; aus dem Englischen

Terrence Bedeutung ungeklärt; vermutlich aus dem Lateinischen

Terry Bedeutung ungeklärt; vermutlich aus dem Englischen; bekannte Namensträger: Terry Gilliam, geboren 1940, US-amerikanischer Regisseur; Terry Jones, geboren 1942, britischer Schauspieler und Regisseur; Terry Pratchett, 1948 bis 2015, britischer Schriftsteller; Terry Brooks, geboren 1944, US-amerikanischer Fantasyautor

Tetsuya bedeutet „der Weise"; aus dem Japanischen

Tevin Nebenform von → Thomas

Thadäus Nebenform von → Thaddäus

Thaddäus bedeutet „lobpreisen"; aus dem Hebräischen; Variationen: Taddeus, Thaddeus; Namenstag: 28. Dezember

Thaddeus Nebenform von → Thaddäus

Thade Nebenform von → Thaddäus

Thadeus Nebenform von → Thaddäus

Thaer bedeutet „der Rebell"; aus dem Arabischen

Thaisen friesische Form von → Matthias

Thankmar bedeutet „der berühmte Gedanke"; aus dem Althochdeutschen

Thanos Bedeutung unge-klärt; vermutlich aus dem Griechischen

Thassilo Nebenform von → Tassilo

Thelma bedeutet „der Wil-le"; aus dem Griechischen

Theo Kurzform von → Theodor

Theobald bedeutet „das Volk"; aus dem Althochdeut-schen; Variation: Theodebald; Namenstage: 16. Januar, 30. Juni

Theodebald Nebenform von → Theobald

Theodegar bedeutet „das Volk und der Speer"; aus dem Althochdeutschen; Variation: Theodeger

Theodeger Nebenform von → Theodegar

Theoderich Nebenform von → Dietrich; Namenstag: 2. Februar

Theodor bedeutet „die Gabe Gottes"; aus dem Grie-chischen; Variationen: Teodo-ro, Theodoro; Namenstage:

16. August, 19. September, 9. November, 11. Februar; bekannte Namensträger: Theodor W. Adorno, 1903 bis 1969, deutscher Philosoph und Komponist; Theodor Fon-tane, 1819 bis 1898, deutscher Schriftsteller; Theodor Herzl, 1860 bis 1904, österrei-chischer Schriftsteller; Theo-dor Heuss, 1884 bis 1963, ers-ter Bundespräsident Deutsch-lands; Theodor Lingen, 1903 bis 1978, deutscher Schau-spieler; Theodor Storm, 1817 bis 1888, deutscher Schrift-steller; Theodor Mommsen, 1817 bis 1903, deutscher Alt-historiker des 19. Jahrhun-derts und Literaturnobel-preisträger; Theodor Waigel, geboren 1939, deutscher Poli-tiker; Theodor Winter, 1902 bis 1944, deutscher Tischler, Kommunist und Widerstands-kämpfer

Theodoro Nebenform von → Theodor

Theofil Nebenform von → Theophil

Theofilo Nebenform von → Theophil

Theofilus Nebenform von → Theophil

Theophil bedeutet „die Lie-be Gottes"; aus dem Grie-chischen

Theophilo Nebenform von → Theophil

Theophilus Nebenform von → Theophil

Thiemo Kurzform von → Namen mit Diet-; Namenstag: 28. September

Thierry französische Form von → Dietrich

Thies Nebenform von → Matthias

Thilo Nebenform von → Tillmann

Thimo Kurzform von → Namen mit Diet-

Thomas bedeutet „der Zwil-ling"; aus dem Hebräischen; Variationen: Tomas, Tom, Tommy, Tommi; Namenstage: 29. Dezember, 11. Januar, 28. Januar, 3. Juli, 25. Juli; bekannte Namensträger: Tho-mas Anders, geboren 1963, deutscher Popsänger; Tho-mas Bernhard, 1931 bis 1989, österreichischer Schriftstel-ler; Thomas Cook, 1808 bis 1892, britischer Tourismus-pionier; Thomas Alva Edison, 1847 bis 1931, US-amerika-nischer Erfinder; Thomas Gottschalk, geboren 1950, deutscher Entertainer; Tho-mas Hobbes, 1588 bis 1679, englischer Staatstheoretiker und Philosoph; Thomas Jef-ferson, 1743 bis 1826, dritter US-Präsident; Thomas Mann, 1875 bis 1955, Schriftsteller; Thomas Morus, 1478 bis 1535, Humanist, Heiliger

Thomi Nebenform von → Thomas

Thor Nebenform von → Thorwald

Thorben Nebenform von →
Torben

Thorsten Nebenform von →
Torsten

Thorwald benannt nach
dem Kriegsgott „Thor" und
„walten"; aus dem Althochdeutschen

Thure Nebenform von →
Thorwald

Tiago bedeutet „er möge
schützen"; aus dem Portugiesischen

Tiberio Nebenform von →
Tiberius

Tiberius benannt nach dem
Fluss Tiber; aus dem Latei-
nischen; Variationen: Tibor,
Tiberio

Tibor Nebenform von →
Tiberius

Tiemo Kurzform von →
Namen mit Diet-

Tihomir bedeutet „der
ruhige Friede"; aus dem Slawischen

Tijs Nebenform von →
Matthias

Tikhon aus dem Russischen

Til Form von → Tillmann

Till Nebenform von →
Tillmann

Tillman Nebenform von →
Tillmann

Tillmann bedeutet „der
Gefolgsmann"; aus dem Alt-
hochdeutschen; Variationen:
Tilmann, Till, Til, Tilo

Tillo Nebenform von →
Tillmann

Tilman Nebenform von →
Tillmann; Namenstag:
16. Januar

Tilo Nebenform von →
Tillmann

Tim Nebenform von → Timotheus; bekannte Namensträger: Tim Allen, geboren 1953,
US-amerikanischer Schau-
spieler; Tim Burton, geboren
1958, Regisseur

Timaeus Nebenform von →
Timotheus

Timaios Nebenform von →
Timotheus

Timeo Nebenform von →
Timotheus

Timeon Nebenform von →
Timotheus

Timm Nebenform von →
Timotheus

Timme Nebenform von →
Timotheus

Timmi Nebenform von →
Timotheus

Timmo Nebenform von →
Timotheus

Timmy Nebenform von →
Timotheus

Timo Nebenform von →
Timotheus

Timon bedeutet „die Ehre";
aus dem Griechischen

Timoteo Nebenform von →
Timotheus

Timothé Nebenform von →
Timotheus

Timothée Nebenform von →
Timotheus

Timotheos Nebenform von
→ Timotheus

Timotheus bedeutet „der
Ehrende"; aus dem Grie-
chischen; Variationen: Tim,
Timmy, Timo, Timothy;
Namenstage: 22. August,
26. Januar

Timothy Nebenform von →
Timotheus; bekannter
Namensträger: Timothy Dal-
ton, geboren 1946, britischer
Schauspieler

Timur bedeutet „das Eisen";
aus dem Türkischen

Tino italienische Kurzform
von → Namen mit -tino

Tinus Nebenform von →
Martinus

Titius Nebenform von →
Titus

Tito italienische Nebenform
von → Titus

Titouan französische Form
von → Titus

Titus bedeutet „der Geehrte"; aus dem Lateinischen; Variation: Tito; Namenstag: 26. Januar

Tiu benannt nach einem germanischen Gott; aus dem Althochdeutschen; Variationen: Tiw, Tiwaz

Tiw Nebenform von → Tiu

Tiwaz Nebenform von → Tiu

Tizian Nebenform von → Titus

Tiziano Nebenform von → Titus

Tizio Nebenform von → Titus

Tjaard bedeutet „das entschlossene Volk"; aus dem Althochdeutschen; Variation: Tjard

Tjalf bedeutet „das Erbe des Volkes"; aus dem Althochdeutschen

Tjard Nebenform von → Tjaard

Tjark bedeutet „im Volk mächtig"; aus dem Althochdeutschen; Variation: Tjarko

Tjarko Nebenform von → Tjark

Tobi Nebenform von → Tobias

Tobia Nebenform von → Tobias

Tobiah Nebenform von → Tobias

Tobias bedeutet „Gott ist gut"; aus dem Hebräischen; Variationen: Tobi, Tobia, Tobiah, Tobie, Tobijah; Namenstage: 13. September, 2. November, 3. März; bekannte Namensträger: Tobias Asser, 1838 bis 1913, niederländischer Friedensnobelpreisträger; Tobias Moretti, geboren 1959, österreichischer Schauspieler

Tobie Nebenform von → Tobias

Tobijah Nebenform von → Tobias

Tobin Nebenform von → Tobias

Toby Nebenform von → Tobias; bekannter Namensträger: Toby Maguire, geboren 1975, Filmschauspieler

Todd bedeutet „der Fuchs"; aus dem Englischen

Tolga bedeutet „der Eisenhelm"; aus dem Türkischen

Tom Nebenform von → Thomas; bekannte Namensträger: Tom Clancy, geboren 1947, US-amerikanischer Schriftsteller; Tom Cruise, geboren 1962, US-amerikanischer Schauspieler; Tom Hanks, geboren 1956, US-amerikanischer Schauspieler; Tom Jones, geboren 1940, britischer Sänger; Tom Petty, geboren 1950, US-amerikanischer Musiker; Tom Waits, geboren 1949, US-amerikanischer Musiker

Tomas Nebenform von → Thomas

Tomaso Nebenform von → Thomas

Tomasz Nebenform von → Thomas

Tomislav bedeutet „der Geizige"; aus dem Slawischen

Tommaso Nebenform von → Thomas

Tommi Nebenform von → Thomas

Tommy Nebenform von → Thomas

Tomor benannt nach einer albanischen Mythengestalt; aus dem Albanischen; Variation: Tomorr

Tomorr Nebenform von → Tomor

Toni Nebenform von → Anton; bekannte Namensträger: Toni Sailer, 1935 bis 2009, österreichischer Skirennfahrer; Toni Polster eigentlich Anton, geboren 1964, österreichischer Fußballspieler

Tonio Nebenform von → Anton

Tono Nebenform von → Anton

Tony Nebenform von → Anton; bekannte Namensträger: Tony Blair, geboren 1953, britischer Politiker; Tony Danza, geboren 1951, US-amerikanischer Schauspieler; Tony Randall, 1920 bis 2004, amerikanischer Schauspieler

Tor benannt nach dem Donnergott Thor; aus dem Skandinavischen

Toralf bedeutet „Donnergott Thor und die Elfe"; aus dem Skandinavischen

Torben bedeutet „Donnergott Thor und der Bär"; aus dem Skandinavischen; Variation: Thorben

Torbjörn bedeutet „Donnergott Thor und der Bär"; aus dem Skandinavischen

Tore Nebenform von → Tor

Torge Form von → Torger

Torger bedeutet „Donnergott Thor und der Speer"; aus dem Skandinavischen

Torgils bedeutet „Donnergott Thor und die Geisel"; aus dem Skandinavischen

Toribio Bedeutung ungeklärt; vermutlich aus dem Spanischen

Torolf bedeutet „Donnergott Thor und der Wolf"; aus dem Skandinavischen

Torquato bedeutet „das verdrehte Halsband"; aus dem Lateinischen; Variation: Torquatus

Torquatus Nebenform von → Torquato

Torrance Bedeutung ungeklärt; vermutlich aus dem Englischen

Torrence Bedeutung ungeklärt; vermutlich aus dem Englischen

Torsten bedeutet „der Steinhammer von Thor"; aus dem Skandinavischen; Variation: Thorsten; bekannte Namensträger: Torsten Fricke, geboren 1963, deutscher Journalist und Autor; Torsten Frings, geboren 1976, deutscher Fußballspieler

Torvald bedeutet „Donnergott Thor und der Herrscher"; aus dem Skandinavischen; Variation: Torwald

Torwald Nebenform von → Torvald

Tory Bedeutung ungeklärt; vermutlich aus dem Gälischen

Tosco bedeutet „der Etrusker"; aus dem Italienischen

Tove Nebenform von → Thor

Trace benannt nach einem englischen Familiennamen; aus dem Englischen; Variationen: Tracey, Tracy

Tracey Nebenform von → Trace

Tracy Nebenform von → Trace

Trae Bedeutung ungeklärt; vermutlich aus dem Englischen

Traian benannt nach einem römischen Kaiser; aus dem Lateinischen; Variationen: Traianus, Trajan

Traianus Nebenform von → Traian

Trajan Nebenform von → Traian

Traugott bedeutet „das Gottvertrauen"; aus dem Althochdeutschen; Namenstag: 20. September

Travis bedeutet „überqueren"; aus dem Englischen

Travon benannt nach einem englischen Familiennamen; aus dem Englischen

Tre Nebenform von → Trent

Trent benannt nach einem Fluss in England; aus dem Englischen; Variation: Tre

Trenton benannt nach einer Stadt in den USA; aus dem Englischen

Trever Nebenform von → Trevor

Trevon Nebenform von → Trevor

Trevor bedeutet „das große Dorf"; aus dem Keltischen; Variationen: Trever, Trevon

Trey bedeutet „drei"; aus dem Englischen

Tristan bedeutet „der Aufruhr"; aus dem Keltischen;

Variationen: Tristen, Tristian, Tristin, Triston

Tristen Nebenform von → Tristan

Tristian Nebenform von → Tristan

Tristin Nebenform von → Tristan

Triston Nebenform von → Tristan

Troy benannt nach der Stadt Troja; aus dem Englischen

Truls bedeutet „Donnergott Thor und die Geisel"; aus dem Skandinavischen

Truman bedeutet „der treue Mann"; aus dem Englischen; bekannter Namensträger: Truman Capote, 1924 bis 1984, US-amerikanischer Schriftsteller

Trutz bedeutet „der Trotz"; aus dem Althochdeutschen

Trym bedeutet „das Krachen"; aus dem Skandinavischen

Trystan Form von → Tristan

Tsephanyah bedeutet „Jahwe hat versteckt"; aus dem Hebräischen

Tsubasa bedeutet „der Flügel"; aus dem Japanischen

Tsuyoshi bedeutet „der Starke"; aus dem Japanischen

Tucker bedeutet „der Stoffmacher"; aus dem Englischen

Tufan bedeutet „der Sturm"; aus dem Türkischen

Tulio Nebenform von → Tullius

Tullio Nebenform von → Tullius

Tullius benannt nach einem römischen Familiennamen; aus dem Lateinischen; Variationen: Tulio, Tullio, Tullo

Tullo Nebenform von → Tullius

Tuncay bedeutet „Mond aus Bronze"; aus dem Türkischen

Tuomas Nebenform von → Thomas

Ture Nebenform von → Thor

Turi bedeutet „der Retter"; aus dem Italienischen

Turibio Bedeutung ungeklärt; vermutlich aus dem Lateinischen

Turibius Bedeutung ungeklärt; vermutlich aus dem Lateinischen

Tuscus bedeutet „der Etrusker"; aus dem Lateinischen

Ty Abkürzung für → Namen mit Ty-

Tycho bedeutet „der Glückliche"; aus dem Dänischen; bekannter Namensträger:

Tycho Brahe, 1546 bis 1601, dänischer Astronom

Tychon Nebenform von → Tycho

Tyge dänische Form von → Tycho

Tyler bedeutet „der Dachdecker"; aus dem Englischen; Variation: Tylor

Tylor Nebenform von → Tyler

Tyquan aus dem Englischen

Tyr benannt nach einem nordischen Gott; aus dem Skandinavischen

Tyree bedeutet „das Land"; aus dem Englischen

Tyrell bedeutet „die störrische Person"; aus dem Englischen; Variation: Tyrrell

Tyrese Bedeutung ungeklärt; vermutlich aus dem Englischen

Tyron benannt nach einer Grafschaft in Irland; aus dem Gälischen; Variation: Tyrone

Tyrone Nebenform von → Tyron

Tyrrell Nebenform von → Tyrell

Tyshawn Bedeutung ungeklärt; vermutlich aus dem Englischen

Tyson bedeutet „der Sohn des Ty"; aus dem Englischen

Ubald bedeutet „der Kühne"; aus dem Althochdeutschen; Variationen: Ubbo, Ubaldo, Ubbald

Ubaldo Nebenform von → Ubald

Ubbald Nebenform von → Ubald

Ubbo Nebenform von → Ubald

Ubert Bedeutung ungeklärt; vermutlich aus dem Althochdeutschen; Variation: Uberto

Uberto Nebenform von → Ubert

Uda ostfriesische Kurzform von → Namen mit Od-

Udalbert bedeutet „das Erbgut und glänzend"; aus dem Althochdeutschen

Udalfried bedeutet „die Heimat und der Friede"; aus dem Althochdeutschen

Udalrich ältere Form von → Ulrich

Udalwig bedeutet „das Erbgut und der Kampf; aus dem Althochdeutschen

Ude ostfriesische Kurzform von → Namen mit Od-

Udo bedeutet „der Besitz"; aus dem Althochdeutschen; Namenstag: 3. Oktober; bekannte Namensträger: Udo Jürgens, 1934 bis 2014, österreichischer Musiker; Udo Lindenberg, geboren 1946, deutscher Musiker

Ugur bedeutet „das gute Vorzeichen"; aus dem Türkischen

Ulf bedeutet „der Wolf"; aus dem Althochdeutschen

Ulfried bedeutet „der Besitz und der Friede"; aus dem Althochdeutschen; Namenstag: 18. Januar

Uli Nebenform von → Ulrich; bekannter Namensträger: Uli Hoeneß, geboren 1952, deutscher Fußballspieler und Manager

Ulises Nebenform von → Ulisses

Ulisses Bedeutung ungeklärt; vermutlich aus dem Griechischen; Variationen: Ulises, Ulixes, Ulysses

Ulixes Nebenform von → Ulisses

Ulli Nebenform von → Ulrich; bekannte Namensträger: Ulli Bäer, geboren 1955, österreichischer Popsänger und Gitarrist; Ulli Herzog, 1938 bis 2003, deutscher Hörspielregisseur, Autor und Sprecher; Ulli Jünemann, geboren 1967, deutscher Jazzsaxophonist, Komponist und Produzent; Ulli Potofski, geboren 1952, deutscher Sportmoderator

Ullrich Nebenform von → Ulrich

Ulric Nebenform von → Ulrich

Ulrich bedeutet „der mächtige Besitz"; aus dem Althochdeutschen; Variationen: Uli, Ulli, Ulrico, Ullrich, Ulrik; Namenstage: 11. März, 4. Juli, 14. Juli; bekannte Namensträger: Ulrich de Maizière, 1912 bis 2006, deutscher General und Generalinspekteur der Bundeswehr; Ulrich Noethen, geboren 1959, deutscher Schauspieler; Ulrich Tukur, geboren 1957, deutscher Schauspieler; Ulrich Wickert, geboren 1942, deutscher Journalist

Ulrico Nebenform von → Ulrich

Ulrik Nebenform von → Ulrich

Ulv Nebenform von → Ulf

Ulvi bedeutet „der Erhabene"; aus dem Türkischen

Ulysse Nebenform von → Ulisses

Ulysses Nebenform von → Ulisses

Umar Bedeutung ungeklärt; vermutlich aus dem Arabischen

Umberto aus dem Italienischen; bekannte Namensträger: Umberto Eco, geboren 1932, italienischer Schriftsteller; Umberto Giordano, 1867 bis 1948, italienischer Opernkomponist; Umberto Tozzi, geboren 1952, italienischer Musiker

Ümit bedeutet „die Erwartung"; aus dem Türkischen

Ümran bedeutet „die Blüte"; aus dem Türkischen

Umut bedeutet „die Hoffnung"; aus dem Türkischen

Unai bedeutet „der Hirte"; aus dem Baskischen

Uodalrich Nebenform von → Ulrich

Uran Nebenform von → Uranus

Urano Nebenform von → Uranus

Uranus bedeutet „der Himmel"; aus dem Griechischen; Variationen: Uran, Urano

Urbain Nebenform von → Urbanus

Urban Nebenform von → Urbanus; Namenstage: 19. Dezember, 25. Mai; bekannte Namensträger: Urban Priol, geboren 1961, deutscher Kabarettist, Schriftsteller, Radio- und Fernsehmoderator; Urban Gad, 1879 bis 1947, dänischer Drehbuchautor und Regisseur

Urbano Nebenform von → Urbanus

Urbanus bedeutet „der Stadtbewohner"; aus dem Lateinischen; Variationen: Urban, Urbain, Urbano

Uri Nebenform von → Uriel

Uriah Bedeutung ungeklärt; vermutlich aus dem Hebräischen

Urias Bedeutung ungeklärt; vermutlich aus dem Hebräischen

Uriel Bedeutung ungeklärt; vermutlich aus dem Hebräischen

Urim bedeutet „das Licht"; aus dem Althochdeutschen

Urs Nebenform von → Ursus; Namenstag: 30. September; bekannte Namensträger: Urs Jaeggi, geboren 1931, schweizerischer Schriftsteller; Urs Widmer, 1938 bis 2014, schweizerischer Schriftsteller; Urs Odermatt, geboren 1955, schweizerischer Regisseur; Urs Hostettler, geboren 1949, schweizerischer Spieleerfinder

Ursin Nebenform von → Ursus

Ursino Nebenform von → Ursus

Ursinus Nebenform von → Ursus

Ursio Nebenform von → Ursus

Ursus bedeutet „der Bär"; aus dem Lateinischen; Variationen: Urs, Ursinus, Ursio, Ursin

Usama bedeutet „der Löwe"; aus dem Arabischen

Usman bedeutet „der Osmane"; aus dem Türkischen

Usmar bedeutet „der berühmte Besitz"; aus dem Althochdeutschen

Uther Bedeutung ungeklärt; vermutlich aus dem Keltischen

Uthmann bedeutet „der Osmane"; aus dem Arabischen

Uthr Bedeutung ungeklärt; vermutlich aus dem Keltischen

Utz Kurzform von → Namen mit Ul-

Uwe Kurzform von → Namen mit Ul-; bekannte Namensträger: Uwe Barschel, 1944 bis 1987, deutscher Politiker; Uwe Hübner, geboren 1961, deutscher Fernseh- und Hörfunkmoderator; Uwe Ochsenknecht, geboren 1956, deutscher Schauspieler und Musiker; Uwe Rapolder, geboren 1958, deutscher Fußballtrainer

Uwo Kurzform von → Namen mit Ul-

Uz Kurzform von → Namen mit Ul-

U

Vaast Bedeutung ungeklärt; vermutlich aus dem Niederländischen

Václav Nebenform von → Wenzelaus; bekannter Namensträger: Václav Havel, 1936 bis 2011, tschechischer Schriftsteller und Staatsmann (Präsident)

Vadim Bedeutung ungeklärt; vermutlich aus dem Russischen

Vahdet bedeutet „die Einheit"; aus dem Türkischen

Vakur bedeutet „der Würdige"; aus dem Türkischen

Valdemar Nebenform von → Waldemar

Valdrin bedeutet „die Welle"; aus dem Albanischen

Valente Nebenform von → Valentin

Valentiano Nebenform von → Valentin

Valentin bedeutet „der Gesunde"; aus dem Lateinischen; Variationen: Valento, Valentino, Valentinus; Namenstage: 7. Januar, 14. Februar; bekannte Namensträger: Valentin Ostertag, circa 1450 bis 1507, Jurist, Stifter; Valentin Linhof, 1854 bis 1929, Fotokamerakonstrukteur, Erfinder und Firmengründer

Valentine Nebenform von → Valentin

Valentino Nebenform von → Valentin; bekannter Namensträger: Valentino Rossi, geboren 1979, italienischer Motorradrennfahrer und -weltmeister

Valentinus Nebenform von → Valentin

Valento Nebenform von → Valentin

Valère Nebenform von → Valerius

Valerian Nebenform von → Valerius

Valeriano Nebenform von → Valerius

Valerianus Nebenform von → Valerius

Valerio Nebenform von → Valerius

Valerius aus dem Lateinischen; Namenstag: 29. Januar

Valmir bedeutet „die gute Welle"; aus dem Albanischen

Valon bedeutet „die Welle"; aus dem Albanischen

Valter Nebenform von → Walter

Valtteri Nebenform von → Walter

Vance bedeutet „der Sumpf"; aus dem Englischen

Vanni Nebenform von → Johannes

Vanya Nebenform von → Johannes

Varujan Bedeutung ungeklärt; vermutlich aus dem Rumänischen

Varus bedeutet „der römische Statthalter"; aus dem Lateinischen

Vasco bedeutet „der Baske"; aus dem Spanischen

Vasfi bedeutet „etwas beschreiben"; aus dem Türkischen

Vasili Nebenform von → Basilius

Vasilii Nebenform von → Basilius

Vassilios Nebenform von → Basilius

Vassily Nebenform von → Bailius

Vasya Nebenform von → Basilius

Vaubert Nebenform von → Walbert

Vaughan bedeutet „der Kleine"; aus dem Keltischen; Variation: Vaughn

Vaughn Nebenform von →
Vaughan

Vautier Nebenform von →
Walter

Vecih bedeutet „der Gutaussehende"; aus dem Tür-
kischen

Vedastus aus dem Lateinischen

Vedat bedeutet „die Freundschaft"; aus dem Türkischen

Vefik bedeutet „die Harmonie"; aus dem Türkischen

Vegard Bedeutung ungeklärt; vermutlich aus dem
Skandinavischen

Veit Nebenform von → Vitus

Veland bedeutet „der
Schmied"; aus dem Eng-
lischen

Velasco Bedeutung ungeklärt; vermutlich aus dem
Baskischen

Veli bedeutet „der Hüter";
aus dem Türkischen

Velten Nebenform von →
Valentin

Veltin Nebenform von →
Valentin

Venantius bedeutet „der
Jäger"; aus dem Latei-
nischen; Variation: Venanzio

Venanzio Nebenform von →
Venantius

Venceslao Nebenform von
→ Wenzeslaus

Venceslav Nebenform von
→ Wenzeslaus

Verdiana bedeutet „der
Grüne"; aus dem Lateinischen

Vergil Bedeutung ungeklärt;
vermutlich aus dem Latei-
nischen; bekannter Namensträger: Vergil, eigentlich
Publius Vergilius Maro, 70 vor
Christus bis 1 vor Christus,
bedeutender römischer Dichter der „Augusteischen Zeit"
(„Aeneis")

Vergilius Bedeutung ungeklärt; vermutlich aus dem
Lateinischen

Veridiana Nebenform von →
Verdiana

Verner Nebenform von →
Werner

Vernon bedeutet „der Frühling"; aus dem Lateinischen

Vernon bedeutet „die Erle";
aus dem Gälischen

Vero bedeutet „der Wahre";
aus dem Italienischen; Variation: Verus

Verus Nebenform von →
Vero

Vetle Bedeutung ungeklärt;
vermutlich aus dem Skandinavischen

Veton bedeutet „der Blitz";
aus dem Albanischen

Vianney Bedeutung ungeklärt; vermutlich aus dem
Französischen

Vibianus bedeutet „der
Lebende"; aus dem Latei-
nischen; Variation: Vibius

Vibius Nebenform von →
Vibianus

Vic Nebenform von → Victor

Vicco Nebenform von → Victor; bekannter Namensträger:
Vicco von Bülow, auch
bekannt als „Loriot", 1923 bis
2011, deutscher Komödiant
und Humorist, Zeichner,
Schriftsteller, Bühnenbildner,
Kostümbildner, Schauspieler
und Regisseur

Vicenc Nebenform von →
Vincent

Vico Nebenform von →
Victor

Victor bedeutet „der Sieger"; aus dem Lateinischen;
Variationen: Vico, Vicco;
Namenstag: 30. September;
bekannte Namensträger: Victor Hugo, 1802 bis 1885, französischer Schriftsteller; Victor Klemperer, 1881 bis 1960,
deutscher Literaturwissen-
schaftler

Victoriano Nebenform von
→ Victor

Victorianus Nebenform
von → Victor

Victorien Nebenform von →
Victor

V

Victorino Nebenform von →
Victor

Victorinus Nebenform von
→ Victor

Victorius Nebenform von →
Victor

Vidal Bedeutung ungeklärt;
vermutlich aus dem Spa-
nischen

Vidar bedeutet „der Krieger"; aus dem Skandina-
vischen

Viggo bedeutet „die
Schlacht"; aus dem Skandinavischen; bekannter Namensträger: Viggo Mortensen,
geboren 1958, US-amerika-
nischer Schauspieler

Vigil bedeutet „der Wächter"; aus dem Spanischen

Vigilio Nebenform von →
Vigil

Vigilius Nebenform von →
Vigil; Namenstag: 26. Juni

Viktor Nebenform von →
Victor; Namenstage: 28. Mai,
10. Oktober; bekannte
Namensträger: Viktor Frankl,
1905 bis 1997, österrei-
chischer Neurologe und Psychiater; Viktor Kortschnoi,
geboren 1931, schweizerischer
Schachgroßmeister

Viktorian Nebenform von →
Victor

Vilfredo Nebenform von →
Wilfried

Vilgot Bedeutung ungeklärt;
vermutlich aus dem Skandinavischen

Vilhelm Nebenform von →
Wilhelm

Villano bedeutet „der Land-
arbeiter"; aus dem Latei-
nischen; Variation: Villanus

Villanus Nebenform von →
Villano

Ville Nebenform von →
Wilhelm

Vilmar bedeutet „der sehr
Berühmte"; aus dem Althochdeutschen

Vilmos Nebenform von →
Wilhelm

Vince Nebenform von → Vincent; bekannter Namensträger: Vince Vaughn, geboren
1970, US-amerikanischer
Schauspieler

Vincenco Nebenform von →
Vincent

Vincent bedeutet „der Sieger"; aus dem Lateinischen;
Variationen: Vinzenz, Vinzent,
Vincenz, Vincenco; Namenstag: 27. Oktober; bekannte
Namensträger: Vincent van
Gogh, 1853 bis 1890, niederländischer Maler; Vincent
Price, 1911 bis 1993, US-amerikanischer Schauspieler; Vincent Gallo, geboren 1962, US-
amerikanischer Schauspieler

Vincentius Nebenform von
→ Vincent

Vincenz Nebenform von →
Vincent

Vincete Nebenform von →
Vincent

Vinicio bedeutet „der Wein";
aus dem Lateinischen

Vinicius Nebenform von →
Vinicio

Vinzent Nebenform von →
Vincent

Vinzenz Nebenform von →
Vincent; Namenstage:
27. September, 5. April

Vinzenzo Nebenform von →
Vincent

Virgil Bedeutung ungeklärt;
vermutlich aus dem Latei-
nischen; Variationen: Virgile,
Virgilio; Namenstage: 24. September, 27. November; be-
kannte Namensträger: Virgil
Widrich, geboren 1967, österreichischer Regisseur, Drehbuchautor, Filmemacher und
Multimedia-Künstler; Virgil
Thomson, 1896 bis 1989, US-
amerikanischer Komponist

Virgile Nebenform von →
Virgil

Virgilio Form von → Virgil

Virginio Nebenform von →
Virginia

Virginius Nebenform von →
Virginia

Vital Nebenform von →
Vitalis

Vitale Nebenform von → Vitalis

Vitali Nebenform von → Vitalis; bekannter Namensträger: Vitali Klitschko, geboren 1971, ukrainischer Profiboxer und Weltmeister

Vitalis bedeutet „der Lebendige"; aus dem Lateinischen; Variationen: Vital, Vitali, Vitale; Namenstag: 20. Oktober

Vitaly Nebenform von → Vitalis

Vito Nebenform von → Vitus

Vittore Nebenform von → Vitus

Vittoriano Nebenform von → Vitus

Vittorio Nebenform von → Vitus

Viturin Nebenform von → Vitus

Vitus bedeutet „das Leben"; aus dem Lateinischen; Variationen: Veit, Vito, Vittore, Vittoriano, Vittorio; Namenstag: 15. Juni; bekannte Namensträger: Vitus B. Dröscher, 1925 bis 2010, deutscher Sachbuchautor; Vitus Huonder, geboren 1942, Bischof von Chur

Vivian Nebenform von → Vibianus

Viviano Nebenform von → Vibianus

Vivianus Nebenform von → Vibianus

Vivien Nebenform von → Vibianus

Vladimir Nebenform von → Waldemar

Vladimiro Nebenform von → Waldemar

Vladislaw Nebenform von → Ladislaus

Vlas Nebenform von → Blasius

Vojislav Bedeutung ungeklärt; vermutlich aus dem Slawischen

Volbrecht Nebenform von → Volkbert

Volfango bedeutet „der Wolfgänger"; aus dem Italienischen

Volkan bedeutet „der Vulkan"; aus dem Türkischen

Volkard Nebenform von → Volkhard

Volkbert bedeutet „das Volk und glänzend"; aus dem Althochdeutschen; Variation: Volbrecht

Volker bedeutet „das Volk und das Heer"; aus dem Althochdeutschen; Namenstage: 17. Juni, 2. März, 7. März, 30. November; bekannte Namensträger: Volker Beck, geboren 1960, deutscher Politiker; Volker Rühe, geboren

1942, deutscher Politiker; Volker Schlöndorff, geboren 1939, deutscher Regisseur

Volkert Nebenform von → Volkhard

Volkhard bedeutet „Volk und hart"; aus dem Althochdeutschen; Variationen: Volkert, Volkhart; bekannter Namensträger: Volkhard Knigge, geboren 1954, deutscher Historiker und Geschichtsdidaktiker

Volkhart Nebenform von → Volkhard

Volkmar bedeutet „Volk und berühmt"; aus dem Althochdeutschen; Variation: Volmar; Namenstage: 9. Mai, 20. Juli

Volkrad bedeutet „der Volksberater"; aus dem Althochdeutschen

Volkwein Nebenform von → Volkwin

Volkwin bedeutet „der Freund des Volkes"; aus dem Althochdeutschen; Variation: Volkwein

Volmar Nebenform von → Volkmar

Volodimeri Nebenform von → Waldemar

Volodya Nebenform von → Waldemar

Voutier Nebenform von → Walter

V

Waast Bedeutung ungeklärt; vermutlich aus dem Niederländischen

Wade bedeutet „die Furt"; aus dem Englischen

Wael Bedeutung ungeklärt; vermutlich aus dem Arabischen

Wahid bedeutet „der Einzigartige"; aus dem Arabischen

Walafried bedeutet „walten und der Schutz"; aus dem Althochdeutschen; Variationen: Walfried, Waldfried

Walahfried Nebenform von → Walafried

Walbert bedeutet „walten und glänzend"; aus dem Althochdeutschen; Variationen: Waldebert, Waldbert

Waldbert Nebenform von → Walbert

Waldebert Nebenform von → Walbert

Waldemar bedeutet „walten und berühmt"; aus dem Althochdeutschen; Namenstag: 15. Juli; bekannter Namensträger: Waldemar Hartmann, geboren 1948, deutscher Fernsehmoderator und Sportkommentator

Waldfried Nebenform von → Walafried

Waldo Nebenform von → Walter

Waleed Bedeutung ungeklärt; vermutlich aus dem Arabischen

Walfried Nebenform von → Walafried; Namenstag: 7. Juli

Walker bedeutet „der Tuchmacher"; aus dem Englischen

Wallace Bedeutung ungeklärt; vermutlich aus dem Keltischen

Wally Nebenform von → Walter

Walo Kurzform von → Namen mit Wald-

Walram Nebenform von → Waltram

Walt Nebenform von → Walter

Walter bedeutet „der Heeresherr"; aus dem Althochdeutschen; Variationen: Wally, Walt, Voutier, Walther; Namenstage: 8. April, 17. Mai; bekannter Namensträger: Walter Matthau, 1920 bis 2000, US-amerikanischer Schauspieler

Walther Nebenform von → Walter; Namenstag: 22. Januar; bekannter Namensträger: Walther von der Vogelweide, um 1170 bis um 1230, mittelhochdeutscher Lyriker

Walti Nebenform von → Walter

Waltram bedeutet „walten und Rabe"; aus dem Althochdeutschen; Variation: Walram

Wanja Nebenform von → Iwan

Warin bedeutet „der Beschützer"; aus dem Althochdeutschen; Variation: Warren

Warinheri bedeutet „der Warnende"; aus dem Althochdeutschen

Warren Nebenform von → Warin; bekannter Namensträger: Warren Beatty, geboren 1937, US-amerikanischer Schauspieler, Regisseur und Drehbuchautor

Waseem bedeutet „der Schöne"; aus dem Arabischen; Variation: Wasim

Wasim Nebenform von → Waseem

Wassili Nebenform von → Basilius

Wassily Nebenform von → Basilius; bekannter Namensträger: Wassily Kandinsky, 1866 bis 1944, russischer Maler, Grafiker und Kunsttheoretiker

Wassim Nebenform von → Waseem

Wastl Nebenform von → Sebastian

Wayne bedeutet „der Wagner"; aus dem Englischen

Wedekind bedeutet „das Waldkind"; aus dem Althochdeutschen; Variation: Wedigo

Wedigo Nebenform von → Wedekind

Weikgard bedeutet „der harte Kampf"; aus dem Althochdeutschen

Weke Kurzform von → Namen mit Wed-

Weko Kurzform von → Namen mit Wed-

Welch bedeutet „der aus Wales Kommende"; aus dem Englischen

Welf bedeutet „der Welpe"; aus dem Althochdeutschen

Wenceslas Nebenform von → Wenzeslaus

Wendel Nebenform von → Wendelin

Wendelin bedeutet „der Vandale"; aus dem Althochdeutschen; Variationen: Wendel, Wendell; Namenstag: 20. Oktober

Wendell Nebenform von → Wendelin

Wenzel Nebenform von → Wenzeslaus; Namenstag: 28. September

Wenzeslaus bedeutet „mehr Ruhm"; aus dem Alt-

hochdeutschen; Variation: Wenzel

Werand bedeutet „der Wehrende"; aus dem Althochdeutschen; Variation: Weriand

Weriand Nebenform von → Werand

Werinher Nebenform von → Werner

Werner bedeutet „wehren"; aus dem Althochdeutschen; Variation: Wernher, Werno, Werinher; Namenstage: 4. Juni, 1. Oktober, 18. April, 19. April

Wernher Nebenform von → Werner

Werno Nebenform von → Werner

Wesley bedeutet „die Westwiese"; aus dem Englischen; Variation: Westley

Westley Nebenform von → Wesley

Weston bedeutet „die Weststadt"; aus dem Englischen

Wetzel Nebenform von → Werner

Wiar bedeutet „das Holz und der Krieger"; aus dem Skandinavischen

Wibe bedeutet „der Kampf"; aus dem Althochdeutschen

Wibrecht Nebenform von → Wilbert

Widar bedeutet „der Wald und der Krieger"; aus dem Skandinavischen

Wido Nebenform von → Wibe

Widukind Nebenform von → Wedekind

Wiebe Form von → Wibe

Wiegand bedeutet „der Kämpfer"; aus dem Althochdeutschen

Wieland bedeutet „der Goldschmied"; aus dem Althochdeutschen

Wigand bedeutet „der Kämpfer"; aus dem Althochdeutschen; Namenstag: 26. Oktober

Wigbert bedeutet „Kampf und glänzend"; aus dem Althochdeutschen; Namenstage: 13. August, 18. April

Wigbrecht Nebenform von → Wigbert

Wighard bedeutet „der harte Kampf"; aus dem Althochdeutschen; Variation: Wighart

Wighart Nebenform von → Wighard

Wigmar bedeutet „der berühmte Kampf"; aus dem Althochdeutschen

Wignand Nebenform von → Wigand

Wikhard Nebenform von → Wighard

W

Wil Nebenform von → Wilhelm

Wilbert bedeutet „der glänzende Wille"; aus dem Althochdeutschen; Variation: Wilbrecht

Wilbrecht Nebenform von → Wilbert

Wilbur Nebenform von → Wilbert

Wilburg bedeutet „der Wille und die Burg"; aus dem Althochdeutschen

Wilfred Nebenform von → Wilfried

Wilfredo Nebenform von → Wilfried

Wilfrid Nebenform von → Wilfried

Wilfried bedeutet „der Wille und der Friede"; aus dem Althochdeutschen; Variationen: Willfried, Wilfred, Wilfrid; Namenstag: 24. April

Wilhard bedeutet „der harte Wille"; aus dem Althochdeutschen; Variation: Willhard

Wilhelm bedeutet „der Wille und der Helm"; aus dem Althochdeutschen; Variationen: Willem, Will, Willi, Willy, William; Namenstage: 10. Januar, 10. Februar, 6. April, 28. Mai, 4. Juli; bekannte Namensträger: Wilhelm I., 1797 bis 1888, König von Preußen und ab 1871 deutscher Kaiser; Wilhelm II., 1859 bis 1941, König von Preußen und ab 1888 deutscher Kaiser; Wilhelm Boller, 1904 bis 1943, deutscher Widerstandskämpfer; Wilhelm Busch, 1832 bis 1908, deutscher humoristischer Dichter; Wilhelm Grimm, 1786 bis 1859, Literatur- und Sprachwissenschaftler; Wilhelm von Humboldt, 1767 bis 1835, deutscher Gelehrter, Bildungsreformer und Diplomat; Wilhelm Conrad Röntgen, 1845 bis 1923, deutscher Entdecker der Röntgenstrahlung; Wilhelm Tell, sagenhafter schweizerischer Nationalheld

Wilibald Nebenform von → Willibald

Wilibrord Nebenform von → Willibrord

Wilko Nebenform von → Wilhelm

Will Nebenform von → Wilhelm

Willard Nebenform von → Willhard

Willem Nebenform von → Wilhelm

Willfried Nebenform von → Willfried

Willhard Nebenform von → Wilhard

Willhart Nebenform von → Wilhard

Willi Nebenform von → Wilhelm

William Nebenform von → Wilhelm; bekannte Namensträger: William Shakespeare, 1564 bis 1616, englischer Dichter und Dramatiker; William Shatner, geboren 1931, kanadischer Schauspieler, Sänger und Autor

Willibald bedeutet „der mutige Wille"; aus dem Althochdeutschen; Namenstag: 7. Juli

Willibert Nebenform von → Wilbert

Willibrord bedeutet „der Wille und der Speer"; aus dem Althochdeutschen; Namenstag: 7. November

Willie Nebenform von → Wilhelm

Willis Nebenform von → Wilhelm

Willo Nebenform von → Wilhelm

Willy Nebenform von → Wilhelm

Wilmar bedeutet „der berühmte Wille"; aus dem Althochdeutschen; Variation: Wilmer

Wilmer Nebenform von → Wilmar

Wilmont bedeutet „der Wille und der Schutz"; aus dem Althochdeutschen

Wilpert Nebenform von → Wilbert

Wilson Bedeutung ungeklärt; vermutlich aus dem
Englischen

Wim Nebenform von → Wilhelm; bekannter Namensträger: Wim Wenders, geboren
1945, deutscher Regisseur,
Fotograf und Professor

Winald bedeutet „der
Freund und walten"; aus dem
Althochdeutschen

Winfrid Nebenform von →
Winfried

Winfried bedeutet „der
Freund und der Friede"; aus
dem Althochdeutschen, Variation: Winfrid; Namenstag:
5. Juni

Winibald bedeutet „der
kühne Freund"; aus dem Althochdeutschen

Winston bedeutet „das
siegreiche Dorf"; aus dem
Englischen; bekannter
Namensträger: Winston Chur-
chill, 1874 bis 1965, englischer
Premierminister

Winton bedeutet „die win-
dige Stadt"; aus dem Eng-
lischen

Wioland Bedeutung ungeklärt; vermutlich aus dem Althochdeutschen

Wipert Nebenform von →
Wilbert

Witiko bedeutet „der Wald
und der tapfere Mann"; aus
dem Althochdeutschen

Witold bedeutet „der Wald
und herrschen"; aus dem Althochdeutschen

Wittekind Nebenform von →
Wedekind

Wladimir bedeutet „die
Herrschaft und der Friede";
aus dem Russischen

Wladislaw bedeutet „die
Herrschaft und der Ruhm";
aus dem Slawischen

Wolf bedeutet „der Wolf";
aus dem Althochdeutschen;
Variation: Wulf

Wolfdieter Kombination aus
→ Wolf und → Dieter

Wolfdietrich Kombination
aus → Wolf und → Dietrich

Wolfgang bedeutet „der
Wolf und der Streit"; aus dem
Althochdeutschen; Namens-
tag: 31. Oktober; bekannte
Namensträger: Wolfgang Clement, geboren 1940, deut-
scher Politiker; Wolfgang
Joop, geboren 1944, deut-
scher Modedesigner; Wolf-
gang Amadeus Mozart, 1756
bis 1791, Komponist der Wiener Klassik; Wolfgang Over-
ath, geboren 1943, deutscher
Fußballer; Wolfgang Pauli,
1900 bis 1958, österrei-
chischer Physiker und Nobelpreisträger; Wolfgang Paul,
1913 bis 1993, deutscher Physiker und Nobelpreisträger;
Wolfgang Petersen, geboren
1941, deutscher Filmregisseur
und Filmproduzent; Wolfgang
Petry, geboren 1951, deut-

scher Schlagerstar; Wolfgang
Schäuble, geboren 1942,
deutscher Politiker; Wolfgang
Szepansky, 1910 bis 2008,
deutscher Widerstandskämpfer, Autor und Maler

Wolfrad bedeutet „der Wolf
und der Rat"; aus dem Althochdeutschen

Wolfram bedeutet „der Wolf
und der Rabe"; aus dem Althochdeutschen; Namenstag:
20. März

Woodrow bedeutet „die
Hecke"; aus dem Englischen

Woody Nebenform von →
Woodrow; bekannter Namensträger: Woody Allen, geboren
1935, US-amerikanischer
Schauspieler und Regisseur

Wulf Nebenform von → Wolf

Wunibald bedeutet „die
kühne Wonne"; aus dem Althochdeutschen; Namenstage:
15. Dezember, 18. Dezember

Wunibert bedeutet „die
glänzende Wonne"; aus dem
Althochdeutschen

Wybren bedeutet „der
Kampf und der Bär"; aus dem
Althochdeutschen

Wyn Nebenform von →
Winald

Wyne Nebenform von →
Winald

Wyneke Nebenform von →
Winald

W

Xander Nebenform von →
Alexander

Xanthos bedeutet „der
Blonde"; aus dem Grie-
chischen; Variation: Xanthus

Xanthus Nebenform von →
Xanthos

Xaver Bedeutung ungeklärt;
vermutlich aus dem Spa-
nischen; Variationen: Xaverl,
Verlein, Xavier, Savy, Saverio,
Xavery, Verle, Vere, Ver;
bekannte Namensträger:
Xaver, 1730 bis 1806, säch-
sischer Prinzregent aus dem
Hause Wettin; Xaver Bayer,
geboren 1977, österrei-
chischer Schriftsteller; Xaver
Scharwenka, 1850 bis 1924,
polnisch-deutscher Kompo-
nist und Pianist; Xaver
Schwarzenberger, geboren
1946, österreichischer Kame-
ramann und Regisseur; Xaver
Unsinn, 1929 bis 2012, deutscher Eishockeybundestrai-
ner; Xaver Marnitz, 1855 bis
1919, evangelischer Pfarrer
und Märtyrer; Franz Xaver
Kroetz, geboren 1946, deutscher Schriftsteller, Theaterautor und Schauspieler; Franz
Xaver Gernstl, geboren 1951,
deutscher Dokumentarfilmer
und Produzent; Franz Xaver,
1506 bis 1552, spanischer
Jesuit, Apostel Indiens; Xaver
heißt auch der Titelheld in
der bayerischen Filmkomödie
„Xaver und sein außerirdi-
scher Freund"

Xaverius Bedeutung ungeklärt; vermutlich aus dem
Spanischen

Xaverl bayerische Koseform
von → Xaver

Xavery polnische Form von
→ Xaver

Xavier aus dem Spanischen;
bekannter Namensträger:
Xavier Naidoo, geboren 1971,
deutscher Sänger („Söhne
Mannheims") und Songwriter
mit deutschen, religiösen Tex-
ten; Xavier Beauvois, geboren
1967, französischer Regisseur
und Schauspieler; Xavier
Capdevila Romero, geboren
1976, andorranischer Skibergsteiger; Xavier Moyssén Eche-
verría, 1924 bis 2001, mexikanischer Kunsthistoriker;
Xavier Perrot, 1932 bis 2008,
schweizerischer Autorennfahrer; Xavier Ruiz, geboren
1970, schweizerischer Filmproduzent und -regisseur

Xeno Nebenform von →
Xenos

Xenofon Nebenform von →
Xenophon

Xenophon bedeutet „fremd-
sprachig"; aus dem Grie-
chischen; Variationen: Xenofon, Senofonte, Genofonte;
bekannter Namensträger:
Xenophon, 426 vor Christus
bis 354 vor Christus, griechischer Schriftsteller,
Geschichtsschreiber, Philosoph, Heerführer und Guts-
herr

Xenos bedeutet „der Fremde"; aus dem Griechischen;
Variation: Xeno

Xerxes aus dem Persischen;
Variation: Xeres, Xerus, Jerez,
Jerges; bekannte Namensträger: Xerxes I., 519 vor Christus bis 465 vor Christus,
achämenidischer Großkönig
des Persischen Reichs und
ägyptischer Pharao; Xerxes II.,
unbekannt bis 423 vor Christus, Großkönig des persischen
Achämenidenreichs; Xerxes,
unbekannt bis 212 vor Christus, König von Sophene und
Sohn Arsames II.

Xeres englische Form von →
Xerxes

Xerus englische Form von →
Xerxes

Xhelal bedeutet „die Größe"; aus dem Albanischen

Xhemail Nebenform von →
Kemal

Xhevat Bedeutung ungeklärt; vermutlich aus dem
Albanischen

Xhevdet Bedeutung ungeklärt; vermutlich aus dem
Albanischen

Xhoi Nebenform von →
Johannes

Xylon bedeutet „das Holz";
aus dem Griechischen

Yacine Bedeutung ungeklärt; vermutlich aus dem Arabischen

Yadigar bedeutet „die Erinnerung"; aus dem Persischen

Yadigar bedeutet „die Erinnerung"; aus dem Türkischen

Yago bedeutet „er möge schützen"; aus dem Spanischen

Yahir Bedeutung ungeklärt; vermutlich aus dem Hebräischen

Yahsi bedeutet „der Anmutige"; aus dem Türkischen

Yahwe bedeutet „ich bin, der ich bin"; aus dem Hebräischen; bekannter Namensträger: Yahwe, Gott im Alten Testament

Yale Bedeutung ungeklärt; vermutlich aus dem Englischen

Yan Nebenform von → Johannes; bekannte Namensträger: Yan Lianke, geboren 1958, chinesischer Schriftsteller; Yan Liben, um 600 bis 673, Figurenmaler der frühen Tang-Dynastie im Kaiserreich China; Yan Pei Ming, geboren 1960, chinesischer Maler

Yanick Nebenform von → Johannes

Yanik Nebenform von → Johannes

Yanis Nebenform von → Johannes

Yankel Nebenform von → Jakob

Yann Nebenform von → Johannes

Yanneck Nebenform von → Johannes

Yannic Nebenform von → Johannes

Yannick Nebenform von → Johannes; bekannte Namensträger: Yannick Dalmas, geboren 1961, französischer Autor und Rennfahrer; Yannick Pelletier, geboren 1976, schweizerischer Großmeister im Schach; Yannick Talabardon, geboren 1981, französischer Radrennfahrer

Yannik Nebenform von → Johannes

Yannis griechische Nebenform von → Johannes; Variationen: Yannes, Jannis

Yarden Nebenform von → Jordan

Yared Nebenform von → Jared

Yasin Bedeutung ungeklärt; vermutlich aus dem Arabischen

Yassin Bedeutung ungeklärt; vermutlich aus dem Arabischen

Yassine Bedeutung ungeklärt; vermutlich aus dem Arabischen

Yaver bedeutet „der Helfer"; aus dem Türkischen

Yavuz bedeutet „der Mutige"; aus dem Türkischen

Yazeed bedeutet „der Wachsende"; aus dem Arabischen; Variation: Yazid

Yazid Nebenform von → Yazeed

Yehudi Bedeutung ungeklärt; vermutlich aus dem Hebräischen; bekannte Namensträger: Yehudi Menuhin, auch Baron Menuhin of Stoke d'Abernon, 1916 bis 1999, US-amerikanisch-schweizerisch-britischer Violinist und Dirigent

Yekta bedeutet „der Einzigartige"; aus dem Türkischen

Yerai Bedeutung ungeklärt; vermutlich aus dem Spanischen

Yeray Bedeutung ungeklärt; vermutlich aus dem Spanischen

Yesha'yahu Bedeutung ungeklärt; vermutlich aus dem Hebräischen

Yevgeni Nebenform von → Eugen

X
Y

Yıldırım bedeutet „der Blitz"; aus dem Türkischen; bekannte Namensträger: Yıldırım Akbulut, geboren 1935, türkischer Ministerpräsident (1989 bis 1991); Yıldırım Demirören, geboren 1964 , türkischer Fußballfunktionär

Yilmaz bedeutet „der Furchtlose"; aus dem Türkischen

Ylan bedeutet „der Baum"; aus dem Hebräischen

Ylli bedeutet „der Stern"; aus dem Albanischen

Yngve benannt nach einem germanischen Gott; aus dem Skandinavischen

Yoan Nebenform von → Johannes

Yoann Nebenform von → Johannes; bekannter Namensträger: Yoann Chivard, bekannt als „Yoann", geboren 1971, französischer Comiczeichner

Yoash Bedeutung ungeklärt; vermutlich aus dem Hebräischen

Yohan Form von → Johannes

Yohann Nebenform von → Johannes

Yohannes Nebenform von → Johannes

Yohio bedeutet „der rechtschaffene Mann"; aus dem Japanischen

Yona Nebenform von → Jonas

Yorck Nebenform von → Georg

Yorick Nebenform von → Georg

York Nebenform von → Georg

Yorrick Nebenform von → Georg

Yoshua Nebenform von → Joshua

Yossi Nebenform von → Josef

Youcef Nebenform von → Josef

Youenn Nebenform von → Yves

Younes Nebenform von → Jonas

Younès Nebenform von → Jonas

Youssef Nebenform von → Josef

Youssouf Nebenform von → Josef

Yukio bedeutet „der Junge aus dem Schnee"; aus dem Japanischen

Yul schwedische Form von → Yule; bekannter Namensträger: Yul Brynner, 1920 bis 1985, russisch-mongolisch-schweizerisch-US-amerikanischer Schauspieler

Yule bedeutet „Weihnachten"; aus dem Keltischen

Yuma bedeutet „der Häuptlingssohn"; aus dem Indianischen

Yümnü bedeutet „das gute Vorzeichen"; aus dem Türkischen

Yunus bedeutet „der Delfin"; aus dem Hebräischen

Yuri Nebenform von → Georg

Yusuf Nebenform von → Josef

Yutaka bedeutet „der Üppige"; aus dem Japanischen

Yuudai bedeutet „die Pracht"; aus dem Japanischen

Yvain Nebenform von → Eugen

Yvan Nebenform von → Ivan

Yves bedeutet „die Eibe"; aus dem Französischen; Variationen: Yvo, Yvon; bekannte Namensträger: Yves Montand, 1921 bis 1991, französischer Sänger und Schauspieler; Yves Saint Laurent, 1936 bis 2008, französischer Modeschöpfer von Haute Couture und „Revolutionär" des Modedesigns

Yvo Nebenform von → Yves

Yvon Nebenform von → Yves

Zabdiel Bedeutung ungeklärt; vermutlich aus dem Hebräischen

Zabulon Bedeutung ungeklärt; vermutlich aus dem Hebräischen

Zac Nebenform von → Zacharias

Zaccaria Nebenform von → Zacharias

Zach Nebenform von → Zacharias

Zachariah Nebenform von → Zacharias

Zacharias bedeutet „die Erinnerung von Jahwe"; aus dem Hebräischen; Variationen: Zach, Zac, Zachary, Zachery; Namenstag: 15. März; bekannter Namensträger: Zacharias Werner, 1768 bis 1823, deutscher Dichter

Zacharie Nebenform von → Zacharias

Zachary Nebenform von → Zacharias

Zachäus bedeutet „der Unschuldige"; aus dem Hebräischen

Zachery Nebenform von → Zacharias

Zackary Nebenform von → Zacharias

Zackery Nebenform von → Zacharias

Zadok bedeutet „der Gerechte"; aus dem Hebräischen

Zafer bedeutet „der Sieg"; aus dem Arabischen

Zafer bedeutet „der Sieg"; aus dem Türkischen

Zahir bedeutet „der Helle"; aus dem Arabischen

Zahit bedeutet „der Gottesfürchtige"; aus dem Türkischen

Zahit bedeutet „der Gottesfürchtige"; aus dem Arabischen

Zaim bedeutet „der Anführer"; aus dem Türkischen

Zak Nebenform von → Isaak

Zakaria Nebenform von → Zacharias

Zakary Nebenform von → Zacharias

Zakir bedeutet „die Lobpreisungen Gottes"; aus dem Türkischen

Zalán Bedeutung ungeklärt; vermutlich aus dem Ungarischen

Zamir bedeutet „die gute Stimme"; aus dem Albanischen

Zammert ostfriesische Form von → Dietmar

Zander romanische Kurzform von → Alexander

Zane Nebenform von → Johannes

Zarif bedeutet „der Geistreiche"; aus dem Arabischen

Zarif bedeutet „der Geistreiche"; aus dem Türkischen

Zati bedeutet „der Wesentliche"; aus dem Türkischen

Zdenek Nebenform von → Zdenko

Zdenko bedeutet „der aus Sidon Stammende"; aus dem Tschechischen; Variation: Sidonius

Zdislav bedeutet „Ruhm und hier"; aus dem Tschechischen; Variation: Zdzislaw

Zdzislaw Nebenform von → Zdislav

Zé Nebenform von → Josef

Zeb Nebenform von → Zebedäus

Zebadiah Nebenform von → Zebedäus

Zebedäus bedeutet „Jahwe hat geschenkt"; aus dem Hebräischen; Variationen: Zeb, Zebedee, Zébédée

Zebedee Nebenform von → Zebedäus

Z

Zébédée französische Nebenform von → Zebedäus

Zebulun Nebenform von → Sebulon

Zechariah Nebenform von → Zacharias

Zef Nebenform von → Josef

Zefania bedeutet „Jahwe hat versteckt"; aus dem Hebräischen

Zefirino bedeutet „der Westwind"; aus dem Italienischen

Zeke Nebenform von → Hesekiel

Zeki bedeutet „der Kluge"; aus dem Türkischen

Zelindo Nebenform von → Sieglinde

Zeljko bedeutet „der Friedliche"; aus dem Slawischen; Variation: Zelko

Zelko Nebenform von → Zeljko

Zena bedeutet „Zeus"; aus dem Griechischen; Variation: Zenas

Zenas Nebenform von → Zena

Zeno benannt nach Zeus; aus dem Griechischen; Namenstag: 12. April

Zenobio bedeutet „das Leben und der Zeus"; aus

dem Griechischen; Variation: Zenobius

Zenobius Nebenform von → Zenobio

Zenon Form von → Zeno

Zenone Nebenform von → Zeno

Zephania benannt nach einem Propheten; aus dem Hebräischen; Variationen: Zephaniah, Zephanja

Zephaniah Nebenform von → Zephania

Zephanja Nebenform von → Zephania

Zephyrinus bedeutet „der Westwind"; aus dem Italienischen

Zerres Nebenform von → Severus

Zeus bedeutet „Zeus"; aus dem Griechischen

Zia bedeutet „der Glanz"; aus dem Arabischen; Variation: Ziad

Ziad Nebenform von → Zia

Zihni bedeutet „das Licht"; aus dem Türkischen

Ziliax Bedeutung ungeklärt; vermutlich aus dem Griechischen

Zinedine bedeutet „die Schönheit der Religion"; aus dem Arabischen; bekannter

Namensträger: Zinédine Yazid Zidane, geboren 1972, ehemaliger französischer Fußballspieler

Zion bedeutet „Jerusalem"; aus dem Hebräischen

Ziu benannt nach einem germanischen Gott; aus dem Althochdeutschen

Ziya Nebenform von → Zia

Ziyad Nebenform von → Zia

Zlatko bedeutet „das Gold"; aus dem Slawischen; bekannter Namensträger: Zlatko Perica, geboren 1969, kroatischer Gitarrist

Zölestin bedeutet „der Enthaltsame"; aus dem Lateinischen

Zoltán bedeutet „der Sultan"; aus dem Ungarischen

Zoran bedeutet „die Sonne"; aus dem Slawischen; bekannte Namensträger: Zoran Đinđić, 1952 bis 2003, serbischer Politiker

Zsolt bedeutet „der Sultan"; aus dem Ungarischen

Zsombor bedeutet „der Göttliche"; aus dem Ungarischen

Zwi bedeutet „der Hirsch"; aus dem Hebräischen

Zyprian bedeutet „der aus Zypern Stammende"; aus dem Griechischen

Die gängigsten Namenstage auf einen Blick

Dies ist eine Liste von im deutschsprachigen Bereich gängigsten Namenstagen sowie einigen festen Feiertagen und Tagen von Heiligen. Sie zählt sowohl die bedeutendsten Heiligen und Seligen auf (Namen aus dem Liturgischen Kalender, Bistums- und Patronatsheilige), als auch weniger bedeutende Namenspatrone für viele heute bekannte und beliebte Namen. Ein Anspruch auf Vollständigkeit wird nicht erhoben. Einige Namen können auch mehrfach vorkommen.

Januar

1. Neujahr, Maria
1. Neujahr, Maria
2. Makarius, Gregor, Otfried, Dietmar, Basilius
3. Genoveva, Odilo, Irma, Hermine
4. Angelika, Christiane
5. Emilia, Johann Nepomuk, Edward, Gerlach, Roger
6. Heilige 3 Könige, Raimund, Andreas, Balthasar, Erminold
7. Reinhold, Valentin, Sigrid, Knud, Raimund
8. Severin, Erhard, Gudula, Heiko
9. Adrian, Julian, Alice
10. Paulus Einsiedler, Leonie, Wilhelm
11. Thomas von Cori, Paulinus
12. Ernst, Tatjana, Xenia
13. Jutta, Hilmar, Hilarius, Remigius
14. Rainer, Felix, Engelmar, Benno
15. Arnold, Romedius, Mauro, Arno, Deirdre
16. Marcel, Tilman, Dietwald, Uli, Priscilla, Theobald
17. Anton Einsiedler, Rosalind
18. Margitta, Ulfried, Uwe, Prisca, Regina
19. Mario, Pia, Martha
20. Fabian, Sebastian, Ursula, Ute

21. Agnes, Meinrad, Ines, Patroklus
22. Vinzenz, Dietlinde, Jana, Irene, Walther
23. Hartmut, Emerentia, Guido, Eugen, Heinrich, Nikolaus
24. Franz von Sales, Vera, Thurid, Bernd, Arno
25. Pauli Bekehrung, Wolfram, Eberhard, Paulus
26. Timotheus und Titus, Paula, Alberich
27. Angela, Alrun, Gerd, Antonia, Georg, Julia
28. Manfred, Thomas von Aquin, Karl, Karolina
29. Gerhard, Gerd, Josef Freinademetz, Valerius
30. Martina, Adelgunde, Jacinta, Serena
31. Johannes Baptist, Marcella, Rudbert, Emma

Februar

1. Brigitta, Brigitte, Reginald, Barbara, Katharina, Severus
2. Mariä Lichtmess, Bodo, Stephan, Markward, Theoderich, Alfred, Jakob
3. Blasius, Ansgar, Oskar, Michael, Berlinde, Claudia, Helene
4. Andreas Corsini, Veronika, Jenny, Johanna, Hector, Rabanus

5. Agatha, Albuin, Adelheid
6. Dorothea, Doris, Paul Miki, Amandus, Gaston
7. Richard, Ava, Ronan, Moses
8. Elfrieda, Hieronymus, Philipp, Jacoba, Josefina
9. Apollonia, Anne-Kathrin, Anna, Katharina
10. Scholastika, Siegmar, Bruno, Wilhelm
11. Maria Lourdes, Theodora, Theodor, Eleonora, Benedikt
12. Benedikt, Eulalia, Almut
13. Christina, Irmhild, Adolf, Gisela, Almud, Reinhild, Castor, Jordan
14. Valentin, Cyrill, Method, Mathilda
15. Siegfried, Jovita, Georgia
16. Juliana, Liane, Phillipa
17. Alexis, Benignus, Lukas
18. Constanze, Simon, Simone, Angelikus
19. Irmgard, Irma, Hedwig, Alvaro, Benjamin, Bonifaz, Konrad
20. Corona, Falko, Jacinta, Amata
21. Petrus Damiani, Gunhild, Enrica, Peter, Irene, Dominik, German
22. Petri Stuhlfeier, Isabella, Pit, Maralda
23. Romana, Raffaela, Polykarp von Smyrna
24. Matthias
25. Walburga, Edeltraud, Sebastian
26. Gerlinde, Ottokar, Edigna, Denis, Mechthild, Dionysius
27. Gabriel, Marko, Baldur, August, Markward
28. Roman, Silvana, Oswald, Detlev
29. Schalttag, Oswald, Antonia

März

1. Albin, Roger, Leontina, Eudokia, David
2. Volker, Agnes, Karl, Hubert
3. Kunigunde, Camilla, Leif, Friedrich, Tobias
4. Kasimir, Edwin, Humbert
5. Gerda, Olivia, Dietmar, Tim, Ingmar
6. Fridolin, Nicola, Rosa, Nicole
7. Reinhard, Felicitas, Perpetua, Volker
8. Johannes von Gott, Gerhard, Dominik, Michael
9. Franziska, Bruno, Barbara, Dominik, Anne
10. Emil, Gustav, 40 Märtyrer, John
11. Rosina, Alram, Ulrich, Heinrich
12. Beatrix, Almut, Serafina, Innozenz, Maximilian
13. Judith, Pauline, Leander, Rodrigo
14. Mathilde, Eva, Evelyn
15. Klemens, Louise, Zacharias
16. Herbert, Rüdiger
17. Gertrud, Gertraud, Patrick, Jan
18. Edward, Sibylle, Cyrill, Eduard
19. Josef, Josefa, Josefine, Sibylle, Marcel
20. Claudia, Wolfram, Alexandra, Irmgard, Giselbert
21. Christian, Axel, Emilia, Alexandra, Quirin, Catharina, Benedikt, Nikolaus
22. Lea, Elmar, Reinhilde, Clemens
23. Otto, Rebekka, Toribio
24. Karin, Elias, Heidelinde, Katharina
25. Verkündigung des Herrn, Lucia, Judith
26. Ludger, Manuel, Manuela, Lara
27. Augusta, Heimo, Ernst, Frodewin, Rupert
28. Guntram, Ingbert, Willy, Adelheid
29. Helmut, Ludolf, Berthold

30. Amadeus, Diemut, Maria
31. Cornelia, Conny, Nelly, Ben, Amos

April

1. Irene, Irina, Hugo, Agape
2. Franz von Paola, Mirjam, Sandra, Frank, Maria
3. Richard, Lisa
4. Isidor, Konrad, Kurt
5. Crescentia, Vinzenz Ferrer, Juliane, Eva, Irene
6. Sixtus, William, Michael, Notker
7. Ralph, Johann Baptist, Burghard
8. Walter, Beate, Rose-Marie
9. Waltraud, Casilda, Hugo, Maria
10. Gernot, Hulda, Ezechiel, Engelbert, Magdalena
11. Stanislaus, Hildebrand, Rainer, Gemma
12. Herta, Julius, Zeno, Joana
13. Ida, Hermenegild, Gilda, Martin
14. Ernestine, Erna, Elmo, Lidwina
15. Anastasia, Una, Damian
16. Bernadette, Magnus, Joachim, Benedikt
17. Eberhard, Wanda, Isadora, Max, Rudolf
18. Werner, Wigbert, Barbara, Alexander
19. Gerold, Emma, Leo, Timo, Werner
20. Odetta, Hildegund, Christoph
21. Alexandra, Anselm, Konrad
22. Alfried, Kaj, Leonidas, Cajus
23. Georg, Jörg, Jürgen, Adalbert
24. Wilfried, Egbert, Virginia, Marion, Fidelis
25. Evangelist Markus, Erwin, Franka
26. Helene, Consuela, Cletus, Pedro, Ratbert
27. Zita, Petrus Canisius, Montserrat
28. Hugo, Pierre, Ludwig, Theodora

29. Katharina von Siena, Roswitha, Katja, Dieter, Dietrich
30. Pauline, Silvio, Pius V., Balbina, Quirin

Mai

1. Josef der Arbeiter, Arnold, Siegmund, August, Jeremias
2. Siegmund, Boris, Zoë, Athanasius
3. Philipp und Jakob, Viola, Alexander
4. Florian, Guido, Valeria
5. Gotthard, Sigrid, Jutta, Nunzio
6. Gundula, Antonia, Britto, Markward
7. Gisela, Silke, Notker, Helga, Heilika, Boris
8. Ida, Ulrike, Ulla, Klara, Wolfhilda, Friedrich
9. Beat, Caroline, Volkmar, Theresia
10. Isidor, Gordian, Liliana, Damian de Veuster
11. Joachim, Mamertus
12. Pankratius, Imelda, Joana, Achilles
13. Servatius, Rolanda
14. Bonifatius, Ismar, Pascal, Christian
15. Sophie, Sonja, Hertraud, Halvard, Rupert
16. Johann Nepomuk, Adolf, Brendan, Simon
17. Dietmar, Pascal, Antonella, Walter
18. Erich, Erika, Johannes I., Felix, Alexandra, Burghard
19. Ivo, Yvonne, Kuno, August, Cölestin
20. Bernhardin, Elfriede, Mira
21. Hermann, Wiltrud, Konstantin, Ehrenfried, Henning
22. Julia, Rita, Ortwin, Renate, Emil, Konstandin
23. Renate, Désirée, Alma, Bartholomäus
24. Dagmar, Esther, Sophia, Susanna

25. Urban, Beda, Magdalene, Miriam, Eilhard
26. Marianne, Philipp Neri, Elvin
27. August, Bruno, Randolph, Margarete
28. Wilhelm, German, Viktor
29. Erwin, Irmtraud, Maximin, Julia, Paulus
30. Ferdinand, Johanna, Emmelia, Jennifer, Reinhild
31. Petra, Mechthild, Helma

Juni

1. Simeon, Silka, Silvana, Konrad
2. Armin, Erasmus, Blandina, Petrus
3. Karl, Silvia, Hildburg, Karoline, Klothilde
4. Christa, Klothilde, Iona, Eva, Franz, Quirin, Werner
5. Winfried Bonifatius, Erika, Adelar, Eoban
6. Norbert, Bertrand, Kevin, Alice, Claudius, Falk
7. Robert, Gottlieb, Anita, Anna, Adelar, Eoban
8. Medardus, Ilga, Chlodwig, Marie
9. Grazia, Annamaria, Ephraim, Diana, Felician, Liborius, Primus
10. Diana, Heinrich, Heinz, Olivia, Bardo, Josef
11. Paula, Barnabas, Alice, Udo
12. Guido, Leo III., Florinda
13. Antonius von Padua, Bernhard
14. Hartwig, Meinrad, Gottschalk
15. Veit, Lothar, Gebhard, Bernhard, Germaine, Vitus
16. Benno, Luitgard, Quirin, Julietta, Kunigunde
17. Adolf, Volker, Alena
18. Elisabeth, Ilsa, Marina, Isabella, Roxana

19. Juliana, Romuald, Elisabeth, Michaela, Gervasius
20. Adalbert, Florentina, Margot, Mafalda
21. Alois, Aloisia, Alban, Ralf, Eberhard, Radulf
22. Rotraud, Thomas Morus, Achaz, Eberhard, John, Paulin
23. Edeltraud, Ortrud, Marion, Marie, Josef
24. Johannes der Täufer, Reingard, Dietger
25. Eleonora, Ella, Dorothea, Doris, Prosper
26. David, Konstantin, Vigil, Paul, Johannes, Ortwin
27. Hemma, Heimo, Cyrill, Daniel, Benvenuto, Maximus
28. Harald, Ekkehard, Irenäus, Senta
29. Peter und Paul, Gero, Judith
30. Otto, Bertram, Ehrentrud, Adolf, Erich, Ernst, Theobald

Juli

1. Dietrich, Aaron, Theobald, Regina
2. Mariä Heimsuchung, Wiltrud, Jakob
3. Thomas (Apostel), Ramon, Ramona, Anatol, Josef
4. Ulrich, Berta, Elisabeth, Else, Hasso
5. Albrecht, Kira, Letizia, Kyrilla, Anton, Wilhelm
6. Marietta Goretti, Goar, Isaias, Maria
7. Willibald, Edda, Firmin, Edelburga, Walfried
8. Kilian, Amalia, Edgar, Maria, Priscilla
9. Veronika, Hermine, Hannes, Adrian
10. Knud, Engelbert, Raphael, Sascha, Amalia, Erich, Olaf
11. Olga, Oliver, Benedikt, Rachel
12. Siegbert, Henriette, Felix, Eleonore, Fortunat, Nabor

13. Heinrich, Sarah, Arno, Johannes, Silas
14. Roland, Camillo, Goswin, Ulrich
15. Bonaventura, Egon, Björn, Rudolf, Waldemar
16. Carmel, Irmgard
17. Gabriella, Charlotte, Donata, Marina, Koloman
18. Arnulf, Ulf, Friedrich, Radegund
19. Marina, Reto, Bernold
20. Margaretha, Greta, Elias, Volkmar
21. Daniel, Daniela, Stella, Julia, Laurentius
22. Maria, Magdalena, Marlene, Verena, Elvira
23. Birgitta, Birgit, Liborius, Marcia
24. Christoph, Sieglinde, Luise, Christina, Kerstin, Kunigunde
25. Jakob der Ältere, Valentina, Thea, Thomas
26. Anna und Joachim, Gloria, Joachim
27. Rudolf, Rolf, Pantaleon, Natalie, Berthold
28. Adele, Ada, Innozenz, Benno, Beat
29. Martha, Olaf, Ladislaus, Flora, Lucilla
30. Ingeborg, Inga, Petrus Canisius, Beatrix, Leopold
31. Ignatius, Joseph von Arimathäa, Hermann, German

August
1. Alfons, Kenneth, Peter F., Uwe
2. Eusebius, Adriana, Julian, Julan
3. Lydia, August, Nikodemus, Benno
4. Johannes Maria Vianney, Rainer, Reinhard, Sidney
5. Oswald, Maria Schnee, Dominika
6. Christi Verklärung, Gilbert, Berta, Jacqueline, Hermann

7. Cajetan, Afra, Albert, Donatus, Friedrich, Sixtus
8. Dominik, Cyriak, Elgar
9. Edith, Altmann, Roman, Irene, Franz, Hademar
10. Laurenz, Lars, Astrid, Erik
11. Klara, Philomena, Donald, Susanna, Nikolaus,
12. Radegunde, Innozenz XI., Andreas, Leo
13. Hippolyt, Marko, Cassian, Gertrud, Radegund, Wigbert
14. Meinhard, Maximilian Kolbe, Eberhard
15. Mariä Himmelfahrt, Steven, Assunta, Mechthild, Arnulf, Stanislaus
16. Stephan, Rochus, Alfried, Stephanie, Theodor
17. Gudrun, Hyazinth, Jeanine, Clara
18. Helena, Rainald, Claudia
19. Sebald, Johann Eudes, Julius, Bert, Carita, Jean
20. Bernhard, Bernd, Ronald, Samuel, Oswin
21. Pius X., Maximilian, Pia, Grazia, Baldwin, Franz
22. Regina, Maria Regina, Sigfried, Timotheus
23. Rosa, Isolde, Zachäus
24. Bartholomäus, Michaela, Isolde, Emilia, Amadeus, Bartholomäus
25. Ludwig, Elvira, Ebba, Patricia, Gregor, Josef
26. Patricia, Miriam, Teresa, Margarita, Gregor
27. Monika, Gebhard, Vivian, Cäsar
28. Augustin, Adelinde, Aline, Vivian, Elmar, Hermes
29. Johannes Enthauptung, Beatrice, Verona

30. Felix, Heribert, Rebekka, Alma, Ingeborg, Adolf, Amadeus
31. Raimund, Aidan, Paulinus, Anja, Sieglinde, Marcello

September

1. Verena, Ruth, Ägidius
2. Ingrid, René, Salomon, Franz
3. Gregor, Silvia, Phoebe, Sonja, Sophia
4. Rosalie, Ida, Iris, Irmgard, Sven
5. Roswitha, Urs, Hermine
6. Magnus, Gundolf, Bertram, Beate
7. Regina, Otto, Ralph, Markus, Melchior, Stefan
8. Mariä Geburt, Adrian, Otmar, Allan
9. Otmar, Edgar, Petrus Claver, Emma, Korbinian, Sergius
10. Diethard, Isabel, Carlo, Niels, Nikolaus
11. Helga, Felix und Regula, Louis, Josef, Ludwig
12. Maria Namen, Gerfried, Maximus
13. Notburga, Tobias, Johann, Amatus
14. Kreuzerhöhung, Albert, Jens, Cornelius
15. Dolores, Melitta, Melissa, Gotlinde, Ludmilla, Gustav, Roland
16. Ludmilla, Cornelius, Edith, André, Cyprian
17. Hildegard, Robert, Ariane, Lambert, Robert
18. Lambert, Herlinde, Rica
19. Wilhelmine, Januarius, Thorsten, Igor, Lambert, Theodor
20. Hertha, Eustachius, Candida, Susanna
21. Matthäus, Deborah, Jonas, Iphigenie, Maura
22. Mauritius, Emmeram, Gundula, Gunthild, Otto

23. Linus, Thekla, Gerhild, Rotraud
24. Rupert, Virgil, Gerhard, Mercedes, Hermann
25. Klaus, Serge, Irmfried, Firmin
26. Kosmas, Damian, Cosima, Justine, Kaspar, René
27. Vinzenz, Hiltrud, Dietrich, Siegmund
28. Wenzel, Lioba, Giselher, Thekla
29. Michael, Michaela, Gabriel, Gabriela, Gabi, Raphael
30. Hieronymus, Urs, Victor, Alfred

Oktober

1. Remigius, Theresia von Lisieux, Werner, Andrea, Emanuel, Franz
2. Schutzengelfest, Gideon, Bianca, Jacqueline, Gottfried
3. Ewald, Udo, Bianca, Paulina
4. Franz von Assisi, Edwin, Aurora, Emma, Thea
5. Herwig, Meinolf, Gallina, Anna, Flavia, Attila, Placido
6. Bruno, Adalbero, Melanie, Brunhild, Gerald, Renatus
7. Rosa Maria, Justina, Jörg, Denise, Marc
8. Günther, Laura, Hannah, Gerda, Anna, Demetrios
9. Sibylle, Sara, Dionys, Elfriede, Emanuela, Ingrid, Johannes, Abraham
10. Viktor, Samuel, Gereon, Valerie, Cassius, Daniel
11. Alexander, Manuela, Georg, Bruno, Jakob
12. Maximilian, Horst, Pilár, David, Edwin, Jakob, Serafin
13. Koloman, Edward, Andre, Benedikt
14. Burkhard, Calixtus, Alan, Otilie, Fausto

15. Theresia von Ávila, Aurelia, Franziska, Thekla
16. Hedwig, Gallus, Gordon, Carlo
17. Rudolf, Marie-Louise, Adelheid, Astrid
18. Lukas, Gwenn, Justus, Viviana, Joel
19. Frieda, Frida, Isaak, Paul vom Kreuz, Jean, Laura
20. Wendelin, Ira, Irina, Jessica, Vitalis
21. Ursula, Ulla, Celia, Holger
22. Cordula, Salome, Ingbert
23. Johannes von Capestrano, Severin, Uta
24. Anton, Armella, Alois, Aloisia, Victoria, Nathan
25. Ludwig, Lutz, Darja, Hans, Arnold, Crispin
26. Amandus von Straßburg, Albin, Wieland, Anastacia, Josephine, Wigand
27. Sabina, Wolfhard, Christa, Stefan, Vincent
28. Simon, Judas Thaddäus, Freddy, Alfred, Georg
29. Ermelinda, Melinda, Franco, Grete, Narcissus
30. Dieter, Alfons, Angelo, Sabine
31. Wolfgang, Quentin, Melanie, Christoph

November
1. Allerheiligen, Harald, Arthur, Luitpold, Otmar, Rupert
2. Allerseelen, Angela, Tobias
3. Hubert, Pirmin, Martin von Porres, Silvia, Ida, Winnifred
4. Karl, Karla, Modesta, Charles, Reinhard
5. Emmerich, Zacharias, Hardy, Bernhard
6. Leonhard, Christine, Nina, Modesta, Sibylle
7. Engelbert, Carina, Willibrord, Tina, Ernst
8. Gottfried, Willehad, Karina, Claudio
9. Theodor, Herfried, Roland, Gregor, Aurel
10. Leo, Andrea, Andreas, Jens, Ted, Johannes, Justus
11. Martin, Senta, Mennas, Leonie, Innocentia
12. Christian, Kunibert, Diego
13. Eugen, Stanislaus, Livia, Rene, Gertrud, Carl, Herbert, Sieghard, Stanislaus
14. Sidonia, Nikolaus Tavelic, Karl, Bernhard
15. Leopold, Leopoldine, Albert, Nikolaus, Ilona, Arthur
16. Margarita, Otmar, Arthur, Edmund
17. Gertrud, Hilda, Florin, Walter, Gregor
18. Odo, Alda, Roman, Bettina, Leonardo
19. Elisabeth, Bettina, Lisa, Roman
20. Edmund, Corbinian, Felix, Elisabeth
21. Amalie, Amelia, Rufus, Edmund
22. Cäcilia, Silja, Salvator, Rufus, Philemon
23. Clemens, Detlef, Columbus, Salvator, Felicitas
24. Flora, Albert, Chrysogon, Clemens
25. Katharina, Kathrin, Katja, Jasmin, Elisabeth
26. Konrad, Kurt, Anneliese, Niko
27. Uta, Brunhilde, Albrecht, Ida, Oda, Virgil
28. Berta, Jakob, Albrecht, Stephan
29. Friedrich, Friederike, Berta, Christine
30. Andreas, Andrea, Volkert, Kerstin

Dezember

1. Blanka, Natalie, Eligius, Charlot, Edmund
2. Bibiana, Lucius, Jan, Hertha
3. Franz Xaver, Jason, Gerlinde
4. Barbara, Johannes von Damaskus, Adolf, Christian
5. Gerald, Reinhard, Niels, Anno, Modestus
6. Nikolaus, Denise, Henrike, Dionysia
7. Ambros, Farah, Benedikte
8. Mariä Empfängnis, Edith, Imaculada, Sabine, Reinmar
9. Valerie, Liborius, Reinmar, Abel, Pierre
10. Emma, Imma, Loretta
11. Arthur, Damasus, Tassilo, Daniel, David, Joseph
12. Johanna, Hartmann
13. Lucia, Ottilia, Jodok, Johanna
14. Berthold, Johannes vom Kreuz, Franziska
15. Christiane, Nina, Paola, Josefina, Carlo
16. Adelheid, Heidi, Elke, Albina, Dankrad
17. Lazarus, Jolanda, Viviana, Olympia, Johannes, Sturmius, Wunibald
18. Esperanza, Luise, Gratian, Samantha, Wunibald
19. Susanna, Benjamin, Edvina, Urban
20. Julius, Holger, Eike, Eugen, Makarius
21. Ingmar, Ingo, Hagar, Peter
22. Jutta, Francesca-Saveria, Cäcilia
23. Victoria, Johannes Calvin, Dagobert, Hartmann, Ivo
24. Hl. Abend, Adam und Eva, Hanno, Hans
25. Christfest (Weihnachten), Anastasia, Eugenia, Therese, Natalis
26. Stephan, Stephanie
27. Evangelist Johannes, Fabiola
28. Unschuldige Kinder, John, Matea
29. David, Tamara, Jessica, Jonathan, Thomas
30. Hermine, Minna, Herma, Elfriede, German, Lothar
31. Silvester, Melanie, Apollonia, Odilo

(Quellen: www.kalender-365.de / Jürgen Kummer; www.archiv.internetseelsorge.de bzw. www.pisinger.at / © Josef Kametler)